EL GASTO PÚBLICO

EN LOS IMPERIOS IBÉRICOS, SIGLO XVIII

Ernest Sánchez Santiró

(coordinador)

INSTITUTO DE INVESTIGACIONES DR. JOSÉ MARÍA LUIS MORA
CONSEJO NACIONAL DE CIENCIA Y TECNOLOGÍA

DEWEY   LC
336.39   HJ2005
GAS.p   G3

El gasto público en los imperios ibéricos. Siglo XVIII / Ernest Sánchez Santiró, coordinador ; Rafael Torres Sánchez [y otros]. – México : Instituto Mora, 2015.
Primera edición
302 páginas : gráficas, diagramas, mapas ; 23 cm.- (Historia económica)

Incluye referencias bibliográficas

1. Gastos públicos – Hispanoamérica – Historia – Siglo XVIII. 2. España – Colonias – Hispanoamérica – Política económica. 3. Portugal – Colonias – Hispanoamérica – Política económica. 4. México (Virreinato) – Real Hacienda – Historia – Siglo XVIII. I. Sánchez Santiró, Ernest, coordinador. II. Instituto de Investigaciones Dr. José María Luis Mora (México D.F.).

Imagen de portada: grabado publicado en Sebastián Fernández de Medrano, *Geographia o moderna descripción del mundo y sus partes: dividida en dos tomos*, Amberes, Henrico y Cornelio Verdussen, 1709.

Primera edición, 2015

ISBN: 978-607-9294-91-5

ÍNDICE

INTRODUCCIÓN

Ernest Sánchez Santiró
Instituto Mora

El siglo XVIII estuvo atravesado por numerosos y cada vez más destructivos conflictos bélicos en Europa y las Indias, lo que derivó en la creación o la ampliación de ejércitos permanentes y en el fortalecimiento de las capacidades tributarias y financieras de los imperios intercontinentales, en especial, del Reino Unido, Francia, España y Portugal.[1] Se trató de eventos que, en ciertas coyunturas relevantes, como sucedió en la guerra de la Oreja de Jenkins (1739-1748), la guerra de los Siete Años (1756-1763) o la de las Trece Colonias (1775-1783), provocaron no sólo que se entablasen batallas navales entre las diversas armadas reales,[2] sino también que se produjesen enfrentamientos terrestres que elevaron de forma considerable las demandas fiscales de los imperios y los problemas de obtención y movilización de los recursos humanos y materiales con los cuales se debían enfrentar tales retos.

La plasmación institucional más acrisolada de dicha situación fue la conformación de lo que una parte de la historiografía ha denominado el "Estado fiscal-militar" (*Fiscal-Military State*), término acuñado por John Brewer para el caso británico en el periodo que abarca desde la *Revolución Gloriosa*

---

[1] Para este binomio de guerra y fiscalidad en el marco de los estados europeos durante la época moderna y, con especial atención en el siglo XVIII, véase Bonney, *Rise*, 1999; Elliott, *Empires*, 2007; Kiser y Linton, "Determinants", 2001; Le Goff, "How", 1999; O'Brien, "Taxation", 2007; y Parker, *Revolución*, 2002. En el caso de la corona española y portuguesa: Carrara y Sánchez, *Guerra*, 2012. Para la inclusión de este fenómeno en el marco de una larga transición y transformación de los erarios de Europa y América entre el siglo XV y principios del XX, consultar: Bordo y Cortés, *Transferring*, 2001, y Yun, O'Brien y Comín, *Rise*, 2012.

[2] La importancia cada vez más notoria y onerosa de los aparatos bélicos navales durante los siglos XVII y XVIII, con crecientes exigencias humanas, técnicas, logísticas y financieras, se puede observar en Harding, *Seapower*, 1999. Para el caso de la armada española durante el gobierno de los Borbones, consultar a Baudot, *Estado*, 2014.

hasta la derrota de la corona frente a los colonos americanos (1688-1783), y según el cual Gran Bretaña logró convertirse en una máquina de guerra exitosa en la medida en que pudo generar en términos administrativos y fiscales un Estado potente y eficaz.[3] Una dinámica a la que se habría visto abocado el resto de los estados europeos, y en la que las monarquías española y portuguesa habrían tenido una intensa participación.[4]

Sin tener una conexión directa con esta historiografía, pero con un horizonte semejante (la interconexión entre la dinámica político-institucional, los conflictos internacionales y la fiscalidad), cabe apuntar la existencia de una extensísima y no siempre homogénea área de estudios históricos que ha mostrado y problematizado los desafíos que plantearon a los imperios europeos del siglo XVIII la sinérgica interconexión del binomio "guerra y fiscalidad". Retos que generaron respuestas, si bien desiguales en su amplitud, profundidad y eficacia, a través de un genérico accionar político denominado *absolutismo ilustrado* que tuvo plasmaciones en la aplicación de un intenso reformismo militar, fiscal y de la administración. Se trató de una política que, para los casos de la monarquía española y portuguesa, acabó siendo "etiquetada" por la historiografía bajo las categorías respectivas del reformismo borbónico y pombalino, los cuales, según el enfoque mayoritario, se habrían desarrollado *grosso modo* durante la segunda mitad del siglo XVIII.[5] Al respecto, hay que señalar que tanto las motivaciones, los detonantes y la temporalidad propuestos en esta historiografía están siendo cuestionados por nuevos estudios que han avanzado en el análisis de las políticas aplicadas desde, al menos, las dos últimas décadas del siglo XVII y las primeras del siglo XVIII, en ambas monarquías imperiales.[6]

---

[3] Brewer, *Sinews*, 1989. Un ejemplo notable de la expansión de dicha categoría, que abarcaría tanto estudios sobre Europa como de América y ciertas entidades políticas de Asia (caso de Japón) se encuentra en Torres, *War*, 2007, y Conway y Torres, *Spending*, 2011. Para una amplia revisión historiográfica del empleo de este término, así como del cuestionamiento de sus alcances y operatividad, consultar a Torres, "Triumph", 2007.

[4] Para los casos español y portugués, aunque con una desigual presencia de los espacios imperiales americanos, véase a Moreira, "Tracking", 2007, y Torres, *Precio*, 2013.

[5] Sobre la categoría y empleo del término "absolutismo ilustrado" para el conjunto europeo, destacamos a Scott, *Enlightened*, 1990. Para su extensión al caso hispano, véase Guimerá, *Reformismo*, 1996, mientras que en el portugués remitimos a Falcon, *Época*, 1982 y Paquette, "Political", 2013.

[6] Esta transformación es muy notoria en el caso de los últimos estudios sobre el reformismo militar y fiscal de la monarquía católica, en la medida en que han puesto de manifiesto que, al menos, desde finales del siglo XVII, en su conjunto, y desde la década de 1720, en el caso del espacio americano, se puede hablar de un reformismo preciso en sus objetivos y amplio y diversificado en sus medidas y esferas de acción. Al respecto, para el caso del virreinato del Perú tenemos, Pearce, "Early", 1998, mientras que para el novohispano contamos con Bertrand, *Grandeza*, 2011; Escamilla, *Intereses*, 2011, y Sánchez, *Corte*, 2013. Una visión global de reformismo borbónico de

En este marco general, la historiografía fiscal sobre los *imperios ibéricos*[7] en el siglo XVIII ha privilegiado el estudio de los aspectos tributarios y, en menor medida, administrativos, prestando una atención marginal al análisis de los gastos públicos,[8] en el entendido de que cualquier estudio iba a arrojar lo "obvio", a saber: la primacía indiscutible del gasto militar, seguida por las erogaciones de las cada vez más amplias y complejas estructuras fiscal-administrativas del imperio español y portugués enfocadas a obtener, gestionar y distribuir los recursos fiscales con los que se financió la creciente rivalidad imperial. Egresos que tenían su origen en el mismo momento preparatorio de las conflagraciones, pasaban por las diversas acciones bélicas y llegaban hasta los costos de desmovilización de los efectivos humanos y materiales empleados en las contiendas.[9]

El presente libro, fruto de un trabajo colectivo, arranca de una posición bien distinta a esta visión reduccionista de la problemática del gasto público en los Estados patrimoniales de antiguo régimen durante la época moderna. Los diversos trabajos que lo componen asientan, con las debidas modulaciones y enfoques particulares de cada autor, varios elementos comunes que vale la pena resaltar. Así, el lector del presente volumen hallará cómo los diferentes marcos institucionales, las diversas estructuras y desempeños de las economías, los desiguales impactos de la creciente beligerancia internacional y la posición y cambiante relevancia geoestratégica de los espacios imperiales

---

largo aliento, sin estar limitado tampoco a la segunda mitad del siglo XVIII y que conecta de forma necesaria el fenómeno bélico con las reformas, se halla en el reciente trabajo de Kuethe y Kenneth, *Spanish*, 2014.

[7] Por este término entendemos los espacios y sociedades bajo el dominio de las monarquías española y portuguesa durante la época moderna que, con desigual extensión y control territorial, estaban presentes en América, África y Asia, así como sus posesiones europeas. Para efectos de la presente obra, los trabajos remiten a los reinos de la península ibérica y las posesiones de las Indias Occidentales y Orientales. Para algunos ejemplos del empleo de esta categoría en diversas historiografías, véase Halperin, *Reforma*, 1985, Stols y Verberckmoes, *Naturalia*, 2006; Kohut y Torales, *Confines*, 2007; Alzate, Florentino y Valencia, *Imperios*, 2008; Voigt, "Historia", 2009; Wilde, "Relocalisations", 2011, y Pimenta, *Estado*, 2011.

[8] No contamos con una obra de síntesis que dé cuenta de esta situación, pero si atendemos a diversas historiografías se constata esta realidad. En el caso español, destacamos: Domínguez, "Gasto", 1983; Barbier y Klein, "Prioridades", 1985; Fontana, "Estado", 1989; Pieper, *Real*, 1992; Jurado, *Gasto*, 2006, y Torres, *Precio*, 2013. En la historiografía sobre Nueva España disponemos de revisiones historiográficas que muestran esta realidad: Marichal, "Historiografía", 1990; Klein, "Historia", 1992 y "Resultados", 1998; Jáuregui y Serrano, "Introducción", 1998; Jáuregui, "Avances", 2003 y "Vino", 2003; Aboites y Jáuregui, "Introducción", 2005. Finalmente, para el ámbito peruano, neogranadino y rioplatense, apuntamos: Amaral, "Public", 1984; Klein, *Fiscalidad*, 1994; Pearce, "Early", 1998; Flores, "Fiscalidad", 2010, y Meisel, "Ingresos", 2014.

[9] Bowen y González, *Mobilising*, 2006.

son factores que, integrados en el análisis, enriquecen y problematizan la explicación de la estructura, el comportamiento y la evolución de los egresos de los reales erarios en las distintas partes que componían el imperio español y portugués. En este sentido, la tarea historiográfica ya no queda limitada a una mera cuestión técnica abocada a la reconstrucción histórica de una contabilidad fiscal retrospectiva que reafirme la primacía del gasto militar y el ejercido en las estructuras administrativas de los erarios regios de España y Portugal o los de sus territorios imperiales.

El enfoque implica también la construcción y reconstrucción de categorías históricas que permitan dar cuenta de forma significativa del volumen, composición y clasificación del gasto público. Al respecto, cabe evitar cualquier presentismo en el empleo de esta categoría para el siglo XVIII, en la medida en que el uso que realizamos del término en este libro no remite a un pretendido "Estado moderno", antesala *lógica* y *secuencial* del Estado-nación decimonónico.[10] De hecho, las denominaciones, cargadas de contenidos, para referirse a esta modalidad de gastos en la época eran, entre otras, las de *cargas, distribución de valores, erogaciones* o *egresos* de la Real Hacienda o de *despesas da Fazenda Real.* Todas ellas aparecen en los diversos trabajos que componen esta obra.

Sin embargo, esta realidad amerita una explicación adicional. En términos jurídicos,[11] los fiscos regios de las monarquías española y portuguesa conformaban erarios pluricontinentales, con múltiples particularidades según los territorios, que presentaban una constante tensión entre sus aspectos "privados", en tanto que patrimonio del príncipe, y "públicos", al relacionarse con la soberanía y la *res publica.* Una tensión que, por ejemplo, podía ser mediada gracias a la figura de la "dote" (con la analogía del matrimonio entre el rey y la república de por medio) según la cual los ingresos del fisco debían destinarse al mantenimiento de los gastos del monarca pero también a la conservación de la república; aspecto este que remitía a dos facetas básicas del soberano como eran la defensa del reino (*pro defensione regni*) y la administración de la justicia,[12] lo que acababa condicionando la entera disposición de los recursos al príncipe.[13]

---

[10] Sobre la crítica al empleo del término *Estado moderno*, con sus ramificaciones en las Indias, consultar: Garriga, "Orden", 2004.

[11] Clavero, "Hispanus", 1982-1983, y Hespanha, *Vísperas*, 1989.

[12] Para estas responsabilidades básicas del monarca: Solórzano y Pereira, *Política*, 1648, p. 970.

[13] En tanto que *patrimonio* regio, el erario quedaba bajo el "dominio directo" y la "privada disposición" del monarca. Clavero, "Hispanus", 1982-1983, pp. 131-138. No sólo se condicionaba la plena disposición de los recursos al monarca con motivo de la defensa del reino, también sucedía esto con algunos de los recursos transferidos a la monarquía por la Iglesia. Sánchez, *Corte*, 2013, pp. 172-173 y 220-224.

Por otra parte, menesteres tan vitales para el mantenimiento del orden y la preservación de las monarquías motivaron que la fuente de su soporte económico, el fisco regio, gozase de una posición privilegiada que se materializó en la preeminencia de hipoteca general en la ejecución de sus créditos frente a los de los vasallos. Un privilegio que, sin embargo, se vio continuamente sometido a interferencias y limitaciones por la concurrencia de otras entidades privilegiadas, como era el caso de la Iglesia, o de individuos que, por ejemplo, ostentaban privilegios dado su estado de minusvalía (*misera persona*), entre varios supuestos.[14] Es en este contexto institucional que los diversos estudios del libro afrontan el análisis de los egresos de dos entidades políticas del antiguo régimen: los fiscos regios hispano y luso.

Pero no sólo es cuestión de precisar las categorías empleadas, la obra atiende también a la problemática de la ampliación y necesaria crítica de las fuentes fiscales que sirven de base para la reconstrucción de los egresos (y de los ingresos, claro está) de los erarios regios hispano y luso. Algo que, consideramos, se vuelve del todo necesario para el caso hispanoamericano durante la época moderna en la medida en que su estudio ha estado dominado historiográficamente por una modalidad documental muy precisa, las *cartas cuentas*, entendiendo por ellas los sumarios emanados de los libros comunes de cargo y data de las cajas reales. Ello es así, ante la evidencia de que nos enfrentamos a instrumentos concebidos como *contabilidades personalizadas* que, si bien eran adecuadas para el control de los oficiales reales, en tanto gestores del real erario, presentan problemas para aportar una visión ajustada de la evolución global y sectorial de los distintos ramos de ingreso y egreso que componían los reales erarios, en especial si lo que se pretende es una reconstrucción general de los principales componentes agregados (ingreso, gasto, déficit).[15]

Finalmente, si bien los capítulos se construyen desde diversos espacios institucionales y geoestratégicos (España, Nueva España, Perú, Río de la Plata, Brasil, Filipinas, el Gran Caribe), en el marco de las dinámicas internacionales de los imperios y en la que destaca al impacto del expansionismo británico en las Indias,[16] hay una clara conciencia de la necesidad de contar *al menos* con una mirada cruzada entre los dos imperios ibéricos presentes

---

[14] Clavero, "Hispanus", 1982-1983, pp. 124-127.

[15] Para esta problemática, véase Sánchez, *Corte*, 2013 y *Relaciones*, 2014.

[16] Especialmente en su rivalidad con el imperio español. Al respecto, consultar: Bowen y González, *Mobilising*, 2006; Elliott, *Empires*, 2007; Kuethe y Andrien, *Spanish*, 2014, y Stein y Stein, *Apogeo*, 2005.

en América. Un hecho que no sólo deriva de la similar matriz jurídica de ambas monarquías sino también por la interacción bélica que hubo entre ellas, tanto en la península ibérica (fue el caso, por ejemplo, de la expedición militar española contra Portugal en 1762, en el contexto de la guerra de los Siete Años), como por los constantes episodios bélicos que jalonaron el siglo XVIII a raíz de los ataques y expediciones españolas contra Brasil y la colonia de Sacramento (décadas de 1730 y 1760-1770), ya fuese desde el Río de la Plata o desde la propia España. Conflictos en los que ambos estados fiscales-militares midieron sus fuerzas.[17]

Sin embargo, como podrá apreciar el lector, el gasto público de los distintos territorios que componían los imperios ibéricos no se limitaba a los egresos en el campo militar y de la administración de Hacienda, puesto que los "fines y necesidades" de los impuestos y rentas de ambas coronas abarcaban una tríada básica: "la cristiana enseñanza, gobierno, defensa y amparo en guerra y paz".[18] En este sentido, vemos aparecer una gran diversidad de gastos entre los que destacan los efectuados en la impartición de justicia; un punto fundamental, en la medida en que las monarquías española y portuguesa contaban con un orden político constituido en términos jurisdiccionales donde gobernar consistía básicamente en administrar justicia.[19]

De igual manera, las coronas incurrían en una gran variedad de gastos de tipo religioso, educativo y de asistencia, en numerosas ocasiones como plasmación de la fundación y patronazgo regios, como sucedía con el sustento que otorgaban a misiones, clero diocesano, hospitales, universidades u obras pías. Un aspecto que, como matiz, tuvo un peso fiscal mucho mayor en el caso del imperio portugués en Brasil dado que allí la corona no sólo enfrentó el pago de su administración hacendaria y de justicia, sino también el de una verdadera "lista eclesiástica" como resultado del control que ejerció la monarquía portuguesa sobre los diezmos de la Iglesia.[20]

Asimismo, entre el reportorio de egresos cubiertos por los erarios regios de los imperios ibéricos hay que apuntar los que adoptaron la forma

---

[17] Además del propio trabajo de Fernando Jumar y María Emilia Sandrín sobre el asedio a la colonia de Sacramento, presente en este libro, remitimos a dos trabajos que han atendido a esta conflictividad entre los imperios ibéricos en el siglo XVIII: González, "Spain", 2006, y Marchena, "Llevar", 2014. Para la respuesta militar ante el expansionismo británico en el conjunto de la Indias españolas, véase Albi, *Defensa*, 1987.

[18] Así se expresaban Fabián Fonseca y Carlos de Urrutia, ministros del real erario novohispano en la década de 1790, al preparar la redacción del *Libro de la razón general de la Real Hacienda*. Al respecto, consúltese Sánchez, *Corte*, 2013, p. 35.

[19] Garriga, "Sobre", 2006, y Hespanha, *Vísperas*, 1989.

[20] Carrara y Sánchez, "Historiografía", 2013.

de *mercedes*, para el caso hispano, o *tenças*, para el luso; fondos con los cuales los soberanos daban sustento a sus "fieles vasallos" de forma graciosa, en el contexto de una cultura del don.[21] Unas retribuciones que implicaban desembolsos periódicos que iban a parar a numerosos linajes nobiliarios y corporaciones. Si bien estos rubros (gastos de justicia, religiosos y de mercedes) no implicaban en términos absolutos montos elevados eran del todo fundamentales ya que permitían el funcionamiento del orden político de ambas monarquías. En el fondo eran la plasmación fiscal de la legitimidad básica del gobierno que ejercían los monarcas, en tanto que soberanos, y del reconocimiento de la interlocución corporativa.

El libro arranca con un trabajo sobre el gasto público en España durante el siglo XVIII de Rafael Torres Sánchez, quien atiende esta problemática a partir de un enfoque claramente administrativo. Como señala el autor, los aspectos tributario y financiero eran claves para el buen desempeño de la monarquía en sus empresas internacionales pero ello no implicaba la distribución eficiente de los recursos. En este sentido, el trabajo pone de manifiesto el intenso reformismo que en materia de egresos desplegó la corona para asentar la autoridad de la Tesorería general y las tesorerías de ejército. Una política que consiguió afirmar la unidad de gasto e información. El capítulo, además, nos aporta una síntesis de la tipología del gasto, así como una evolución de los egresos del erario español a lo largo del siglo, ante los proyectos de expansión de la propia monarquía (especialmente bajo los reinados de Felipe V y Carlos III) y los embates del imperio británico.

El gasto público de la Real Hacienda de Nueva España es tratado por Ernest Sánchez Santiró a partir de tres objetivos fundamentales. En primer lugar, determinar su estructura, para lo cual establece las definiciones básicas de los rubros de gasto, problematiza el empleo de determinadas fuentes y propone diversos criterios de clasificación. En segundo lugar, mostrar su dinámica a lo largo de la centuria y, en tercer lugar, evidenciar las contradicciones que se establecieron entre los diversos compromisos financieros del real erario novohispano ante una geografía del gasto que abarcaba el Reino de Nueva España y sus provincias adyacentes, el Gran Caribe, Filipinas y la propia península ibérica.

El gasto público en las islas Filipinas es atendido en el trabajo de Luis Alonso Álvarez. Unos egresos que, como afirma el autor, estuvieron presi-

---

[21] Para la cultura del don: Clavero, *Antidora*, 1991. Sobre la plasmación fiscal de la cultura del don, consultar a Marichal, *Bancarrota*, 1999, y Torres, *Precio*, 2013.

didos por la obsesión de la defensa del imperio en el territorio más alejado de la monarquía católica, ante las continuas amenazas bélicas que generaban las potencias europeas y asiáticas, así como los levantamientos internos. A partir de una reconstrucción de la geografía del gasto, que logra ubicar de forma precisa los compromisos financieros del erario regio en el archipiélago, se muestran y ponderan los diferentes sectores en los que se ejercieron los recursos de la corona, al igual que su evolución secular.

Es conveniente señalar que los trabajos sobre Nueva España y Filipinas se centran en las lógicas internas del gasto público sin desatender a la realidad de las transferencias intraimperiales que realizaba la monarquía a partir de los denominados *situados*. Un enfoque compartido que permite complementar y profundizar en la comprensión del funcionamiento y los problemas de "colocación" del gasto público novohispano y filipino.[22]

El gasto público del erario regio en el virreinato del Perú es desarrollado por Carlos Contreras Carranza. Con una mirada cruzada entre los ingresos y los egresos, a partir de una reconstrucción espacial de los mismos en el territorio de la antigua Audiencia de Lima, el autor muestra cómo la Real Hacienda del Perú logró aplicar una gestión centralizada de los recursos, a partir de la caja real de Lima, en la que, a una reconstrucción de la accidentada tensión política regional, manifestada en movimientos "antitributarios", se contrapone el análisis de la distribución funcional de los recursos, como un elemento capaz de generar consensos (algo no siempre logrado), en tanto en cuanto se conformaba como una manifestación de la provisión de bienes públicos. Un trabajo que se acompaña del análisis de las relaciones entre los aspectos fiscales del erario regio y la economía virreinal peruana, medida en este caso a través de agregados macroeconómicos como el PIB y el peso del gasto público en dicha economía.

El gasto público en el Río de la Plata, centrado aquí en la primera mitad del siglo XVIII, es analizado por Fernando Jumar y María Emilia Sandrín. Los autores, además de proceder a la reconstrucción y discusión de las fuentes adecuadas para dicha tarea, entran en el estudio de la dimensión mercantil del gasto público gracias a su análisis de los sistemas de aprovisionamiento de la expedición del sitio de la Colonia de Sacramento en la década de 1730. Un ejercicio en el que no sólo reconstruyen las magnitudes de los recursos movilizados sino también los actores económicos presentes en dicha activi-

---

[22] Para un estudio global sobre los situados intraimperiales en las Indias españolas, consultar a Marichal y Grafenstein, *Secreto*, 2012.

dad y gracias al cual evidencian el papel dinamizador del gasto público de la corona española en una economía regional americana de antiguo régimen.[23]

El libro concluye con el estudio de Angelo Alves Carrara sobre el gasto público del imperio portugués durante los siglos XVII y XVIII. Una tarea que, ante la carencia de estudios generales sobre la fiscalidad del imperio luso, se aboca primero a la reconstrucción de la geografía político-fiscal del imperio para, de ahí, mostrar y analizar los ingresos y egresos de los dos erarios más relevantes de la corona portuguesa durante el siglo XVIII: el del reino de Portugal y el de Brasil. Una tarea en la que el autor no sólo nos aporta los componentes del gasto público y su evolución temporal, sino también los sistemas de control administrativo y su plasmación espacial, en una dinámica económica que se desplazó del ciclo productivo del oro al del comercio y su control fiscal en las aduanas.

De la lectura de estos trabajos, el lector podrá apreciar no sólo las similitudes en la reconstrucción y el análisis del gasto público en los imperios ibéricos durante el siglo XVIII (balances historiográficos de la temática en los diversos erarios, la localización y crítica de fuentes o la composición, clasificación y evolución de los egresos), sino también la diversidad de enfoques, gracias a los cuales podemos adentrarnos en los aspectos administrativos y geoestratégicos del gasto público y en las relaciones e impactos de la actividad de los Estados patrimoniales de antiguo régimen sobre las economías del periodo moderno. Miradas que transcienden y superan una visión tradicional que, reiteramos, limitaba al análisis historiográfico a una especie de clasificación funcional del gasto en la que se reafirmaba como único propósito la primacía del componente bélico y de la administración hacendaria. Con este ejercicio esperamos haber aportado una visión más rica, compleja y matizada del gasto público en los erarios regios imperiales de las coronas de España y Portugal durante el siglo XVIII; una obra que contribuya al debate general que existe en torno a su desarrollo específico como Estados fiscales-militares y al de las políticas reformistas que se aplicaron en aras de lograr unos objetivos imperiales que, de manera estructural, estuvieron mediatizados por el orden corporativo el cual daba forma a ambas entidades políticas.

Cabe recalcar que el presente libro atiende al gasto público en diversos espacios de los imperios ibéricos durante el siglo XVIII (en algunos trabajos, se precede de aspectos referidos al siglo XVII y, en otros, se prolonga a las dos primeras décadas del siglo XIX) y no al gasto público en la totalidad de

---

[23] Para una visión general sobre este enfoque, véase Bowen y González, *Mobilising*, 2006.

dichas entidades. La realidad historiográfica no nos permite aportar todavía una visión que combine el desglose y la globalidad del gasto público en ambos espacios imperiales. Una tarea que se dificulta sobremanera en la medida en que nunca llegó a existir una especie de "tesorería general" que integrase y consolidase la información fiscal en el conjunto de la monarquía española y portuguesa durante la época moderna.[24] Consideramos que, sin la reconstrucción general de esta faceta, no se puede proceder a una tarea fundamental como es la comparación adecuada de la dimensión fiscal entre los imperios hispano y luso, así como entre estos y otras entidades políticas de la época, en especial, con el imperio británico. Omitir las Indias occidentales y orientales en los casos de las coronas ibéricas implicaría una grave distorsión en la comprensión del fenómeno, pero para ello necesitamos una reconstrucción unificada de las categorías contables y un ejercicio que evite faltantes y dobles contabilidades.

Para concluir, es necesario señalar que los trabajos que componen este libro fueron presentados y debatidos inicialmente en un coloquio internacional realizado en la ciudad de México en octubre de 2013. Al respecto, sólo queda agradecer los comentarios, críticas y sugerencias que recibimos los autores por parte de los profesores Carlos Marichal, Luis Jáuregui y Guillermina del Valle Pavón, en el entendido de que cualquier error u omisión es responsabilidad de los autores. Asimismo, hay que reconocer el apoyo otorgado por el CONACYT (proyecto de ciencia básica núm. 153670) y por el Instituto de Investigaciones Dr. José María Luis Mora para la realización de dicho evento y la publicación de la obra.

Ciudad de México, diciembre de 2014

---

[24] Especialmente relevante sería contar en el caso de la corona española con estudios que aportasen una visión *general* y de *largo plazo* del gasto público en espacios tan relevantes como Cuba, Puerto Rico, Santo Domingo y los virreinatos de Nueva Granada y el Río de la Plata. La primacía todavía la ocupa el estudio de los ingresos fiscales, a pesar de contar con trabajos fundamentales sobre ciertos aspectos del gasto bélico en estos espacios. Al respecto, consultar: Merino, *Armada*, 1981; Marchena, *Oficiales*, 1983; Serrano, "Introducción", 2002, *Fortificaciones*, 2004, *Ejército*, 2006, y *Astillero*, 2008; Pacheco, *Situado*, 2005; Roldán, *Haciendas*, 2008; Valdez-Bubnov, *Poder*, 2011; Grafenstein, "Situado", 2012; Serrano y Kuethe, "Transferencias", 2012, y Meisel, "Ingresos", 2014.

BIBLIOGRAFÍA

Aboites, Luis y Luis Jáuregui, "Introducción" en Luis Aboites y Luis Jáuregui (coords.), *Penuria sin fin. Historia de los impuestos en México, siglos XVIII-XX*, México, Instituto Mora, 2005, pp. 11-36.

Albi, Julio, *La defensa de las Indias (1764-1799)*, Madrid, Instituto de Cooperación Iberoamericana, 1987.

Alonso Álvarez, Luis, *El costo del imperio asiático. La formación colonial de las islas Filipinas, bajo dominio español, 1565-1800*, México, Instituto Mora/Universidade da Coruña, 2009.

Alzate Echeverri, Adriana María, Manolo Florentino y Carlos Eduardo Valencia Villa (eds.), *imperios ibéricos en comarcas americanas: estudios regionales de historia colonial brasilera y neogranadina*, Bogotá/Río de Janeiro, Editorial Universidad del Rosario/Universidad Colegio Mayor de Nuestra Señora del Rosario, escuela de Ciencias Humanas, Universidad Federal de Río de Janeiro, 2008.

Amaral, Samuel, "Public Expenditure Financing in the Colonial Treasury: An Analysis of the Real Caja de Buenos Aires Accounts, 1789-1791", *Hispanic American Historical Review*, vol. 62, núm. 2, mayo de 1984, pp. 287-295.

Baudot Monroy, María (ed.), *El Estado en guerra. Expediciones navales españolas en el siglo XVIII*, Madrid, Ediciones Polifemo, 2014.

Barbier, J. A. y H. S. Klein, "Las prioridades de un monarca ilustrado: el gasto público bajo el reinado de Carlos III", *Revista de Historia Económica*, núm. III, 1985, pp. 473-495.

Bertrand, Michel, *Grandeza y miseria del oficio. Los oficiales de la Real Hacienda de la Nueva España, siglos XVII y XVIII*, México, FCE/El Colegio de Michoacán/Centro de Estudios Mexicanos y Centroamericanos/Embajada de Francia/Instituto Mora/CIDE, 2011.

Bonney, Richard (ed.), *The Rise of the Fiscal State in Europe, c. 1200-1815*, Oxford, Oxford University Press, 1999.

Bordo, Michael D. y Roberto Cortés Conde (eds.), *Transferring Wealth and Power from the Old to the New World. Monetary and Fiscal Institutions in the 17th through the 19th Centuries*, Cambridge, Cambridge University Press, 2001.

Bowen, H. V. y A. González Enciso (ed.), *Mobilising Resources for War: Britain and Spain at Work During the Early Modern Period*, Navarra, Ediciones Universidad de Navarra S. A., 2006.

Brewer, John, *The sinews of Power: War, Money and The English State 1688-1783*, Nueva York, KNOPF, 1989.

Carrara, Angelo Alves y Ernest Sánchez Santiró (eds.), *Guerra y fiscalidad en la Ibe-roamérica colonial (siglos XVII-XIX)*, México y Brasil, Instituto Mora/Universidade Federal Juiz de Fora, 2012.

————, "Historiografia econômica do Dízimo Agrário na Ibero-América: os Ca-sos do Brasil e Nova Espanha, Século XVIII", *Estudos Economicos*, vol. 43, núm. 1, 2013, Brasil (São Paulo), pp. 167-202.

Clavero, Bartolomé, "*Hispanus Fiscus, persona ficta.* Concepto del sujeto político en el *ius commune* moderno", *Quaderni Fiorentini per la Storia del Pensiero Giuridico Moder-no*, vols. 11-12, 1982/1983, pp. 95-167.

————, *Antidora: Antropología católica de la economía moderna*, Milán, Giuffrè Edi-tore, 1991.

Conway, Stephen y Rafael Torres (eds.), *The Spending of States: Military Expenditure dur-ing the Long Eighteenth Century. Patterns, Organization and Consecuences, 1650-1815*, Saarbrücken, Verlag Dr. Muller, 2011.

Domínguez Ortiz, Antonio, "El gasto público en la España del siglo XVIII", *II Simposio sobre el Padre Feijoo y su siglo*, Oviedo, Centro de Estudios del Siglo XVIII, vol. 2, 1983, pp. 121-133.

Elliott, John H., *Empires of the Atlantic World: Britain and Spain in America 1492-1830*. New Haven, Yale University Press, 2007.

Escamilla González, Iván, *Los intereses malentendidos: el Consulado de Comerciantes de Mé-xico y la monarquía española, 1700-1739*, México, Instituto de Investigaciones Históricas-UNAM, 2011.

Falcon, Francisco José Calazans, *A época pombalina: política, economia e monarquia ilustra-da*, São Paulo, Editora Atica, 1982.

Flores Guzmán, Ramiro Alberto, "Fiscalidad y gastos de gobierno en el Perú Borbó-nico" en Magdalena Chocano, Carlos Contreras, Francisco Quiroz, Cristina Mazzeo y Ramiro Flores, *Compendio de historia económica del Perú. Tomo 3. Economía del periodo colonial tardío*. Lima, Banco Central de reserva del Perú/Instituto de Estudios Peruanos, 2010, pp. 295-280.

Fontana, Josep, "Estado y Hacienda en el 'despotismo ilustrado' " en Bartolomé Ben-nassar, *Estado, Hacienda y sociedad en la historia de España*, Valladolid, Instituto de Historia Simancas-Universidad de Valladolid, 1989, pp. 123-147.

Garriga, Carlos, "Orden jurídico y poder político en el Antiguo Régimen", *Istor. Re-vista de Historia Internacional*, año IV, núm. 16, 2004, pp. 13-44.

————, "Sobre el gobierno de la Justicia en las Indias (siglos XVI-XVIII)", *Revista de Historia del Derecho*, núm. 34, 2006, pp. 67-160.

González Enciso, Agustín, "Spain's Mobilization of Resources for the War with Por-tugal in 1762" en H. V. Bowen y A. González Enciso (eds.), *Mobilising Resources for War: Britain and Spain at Work During the Early Modern Period*, Navarra, Ediciones Universidad de Navarra S. A., 2006, pp. 159-191.

Grafenstein, Johanna von, "El situado novohispano al Circuncaribe, un análisis de su composición, distribución y modalidades de envío, 1791-1808" en Carlos Marichal y Johanna von Grafenstein (coords.), *El secreto del imperio Español: los situados coloniales en el siglo XVIII*, México, El Colegio de México/Instituto Mora, 2012, pp. 143-169.

Guimerá, Agustín (ed.), *El reformismo borbónico. Una visión interdisciplinar*, Madrid, CSIC/Alianza Editorial, 1996.

Halperin Donghi, Tulio, *Reforma y disolución de los imperios ibéricos. 1750-1850*, Madrid, Alianza Editorial, 1985.

Harding, Richard, *Seapower and Naval Warfare, 1650-1830*, Annapolis, Maryland, Naval Institute Press, 1999.

Harding, Richard y Sergio Solbes Ferri (eds.), *The Contractor State and its Implications (1695-1815)*, Las Palmas de Gran Canaria, Universidad de Las Palmas de Gran Canaria, 2012.

Hespanha, Antonio Manuel, *Vísperas de Leviatán: instituciones y poder político (Portugal, siglo XVII)*, Madrid, Taurus, 1989.

Jáuregui, Luis, "Avances de la historia de las finanzas públicas, 1750-1850" en Leonor Ludlow y Virginia Guedea (eds.), *El historiador frente a la historia. Historia económica de México*, México, Instituto de Investigaciones Históricas-UNAM, 2003, pp. 103-122.

_____, "Vino viejo en odres nuevos. La historia fiscal en México", *Historia Mexicana*, vol. 52, núm. 3, enero-marzo de 2003, pp. 725-771.

Jáuregui, Luis y José Antonio Serrano Ortega, "Introducción" en Luis Jáuregui y José Antonio Serrano Ortega (coord.), *Las finanzas públicas en los siglos XVIII-XIX*, México, Instituto Mora/El Colegio de Michoacán/El Colegio de México/Instituto de Investigaciones Históricas-UNAM, 1998, pp. 7-26.

Jurado Sánchez, José, *El gasto de la Hacienda española durante el siglo XVIII. Cuantía y estructura de los pagos del Estado (1703-1800)*, Madrid, Ministerio de Economía y Hacienda/Instituto de Estudios Fiscales, 2006.

Kiser, Edgar y April Linton, "Determinants of the Growth of the State: War and Taxation in Early Modern France and England", *Social Forces*, vol. 80, núm. 2, 2001, pp. 411-448.

Klein, Herbert S., "Historia fiscal colonial: resultados y perspectivas", *Historia Mexicana*, vol. XLII, núm. 2, octubre-diciembre de 1992, pp. 261-307.

_____, *Las finanzas americanas del imperio español, 1680-1809*, México, Instituto Mora/Universidad Autónoma Metropolitana, 1994.

—————————, *Fiscalidad real y gastos de gobierno: el virreinato del Perú 1680-1809*, Lima, Instituto de Estudios Peruanos, 1994.

—————————, "Resultados del estudio de las finanzas coloniales y su significado para la historia fiscal republicana en el siglo XIX" en José Antonio Serrano Ortega y Luis Jáuregui (eds.), *Hacienda y política. Las finanzas públicas y los grupos de poder en la primera República Federal Mexicana*, México, Instituto Mora/El Colegio de Michoacán, 1998, pp. 317-352.

Kohut, Karl y María Cristina Torales Pacheco (eds.), *Desde los confines de los imperios ibéricos. Los jesuitas de habla alemana en las misiones americanas*, Madrid, Iberoamericana, 2007.

Kuethe, Allan J. y Kenneth J. Andrien, *The Spanish Atlantic World in the Eighteenth Century. War and the Bourbon Reforms, 1713-1796*, Cambridge, Cambridge University Press, 2014.

Le Goff, T. J. A., "How to Finance an Eighteenth-Century War" en William Mark Ormrod, Margaret Bonney y Richard Bonney (eds.), *Crises, Revolutions and Self-Sustained Growth: Essays in European Fiscal History, 1130-1830*, Stamford, Shaun Tyas, 1999, pp. 377-413.

Marchena Fernández, Juan, *Oficiales y soldados en el ejército de América*, Sevilla, Escuela de Estudios Hispanoamericanos, 1983.

—————————, "Llevar la guerra al otro lado del mundo: Reforma e Ilustración en las guerras de España contra Portugal. La gran expedición militar al Brasil y al Río de la Plata en 1776" en María Baudot Monroy (ed.), *El Estado en guerra. Expediciones navales españolas en el siglo XVIII*, Madrid, Ediciones Polifemo, 2014, pp. 195-259.

Marichal, Carlos, "La historiografía económica reciente sobre el México borbónico. Los estudios del comercio y las finanzas virreinales, 1760-1820", *Boletín del Instituto de Historia Argentina y Americana "Dr. Emilio Ravignani"*, 3ª serie, núm. 2, 1990, pp. 161-180.

—————————, *La bancarrota del virreinato. Nueva España y las finanzas del imperio español, 1780-1810*, México, FCE/El Colegio de México, 1999.

Marichal, Carlos y Johanna von Grafenstein (coords.), *El secreto del imperio Español: Los situados coloniales en el siglo XVIII*, México, COLMEX/Instituto Mora, 2012.

Meisel Roca, Adolfo, "Los ingresos fiscales y la economía del virreinato de Nueva Granada, 1761-1800" en Jorge Gelman, Enrique Llopis y Carlos Marichal (coords.), *Iberoamérica y España antes de las independencia, 1700-1820. Crecimiento, reformas y crisis*, México, Instituto Mora/COLMEX, 2014, pp. 265-305.

Merino Navarro, Patricio, *La Armada española en el siglo XVIII*, Madrid, Fundación Universitaria Española, 1981.

Moreira, María Cristina, "Tracking down signs of the Portuguese Fiscal-Military State 1762-1816" en Rafael Torres Sánchez (ed.), *War, State and Development. Fiscal-Military States in the Eighteenth Century*, Pamplona, EUNSA, 2007, pp. 251-276.

O'Brien, Patrick, "Taxation and British Mercantilism from the Treaty of Utrecht (1713) to the Peace of Paris (1783)" en Rafael Torres Sánchez (ed.), *War, State and Development. Fiscal-Military States in the Eighteenth Century*, Pamplona, EUNSA, 2007, pp. 295-356.

Pacheco Díaz, Argelia, *El situado de Nueva España a Puerto Rico, 1765-1821*, México, Instituto Mora, 2005.

Paquette, Gabriel, "Political Economy, Local Knowledge and the Reform of the Portuguese Empire in the Enlightenment" en Jesús Astigarraga y Javier Usoz (ed.), *L'économie politique et la sphère publique dans le débat des Lumières*, Madrid, Casa de Velázquez, 2013, pp. 245-258 (Colección Casa Velázquez, núm. 135).

Parker, Geoffrey, *La revolución militar: innovación militar y apogeo en Occidente, 1500-1800*, Madrid, Alianza Editorial, 2002.

Pearce, Adrian John, "Early Bourbon Government in the Viceroyalty of Peru, 1700-1759", tesis de doctorado, Liverpool, University of Liverpool, 1998.

Pieper, Renate, *La Real Hacienda bajo Fernando VI y Carlos III (1753-1788)*, Madrid, Instituto de Estudios Fiscales, 1992.

Pietschmann, Horst, *Las reformas borbónicas y el sistema de intendencias en Nueva España. Un estudio político administrativo*, México, FCE, 1996.

Pimenta, João Paulo, *Estado y nación hacia el final de los imperios ibéricos. Río de la Plata y Brasil, 1808-1828*, Buenos Aires, Editorial Sudamericana, 2011.

Roldán de Montaud, Inés (ed.), *La Hacienda pública en el Caribe hispano durante el siglo XIX*, Madrid, Consejo Superior de Investigaciones Científicas, 2008.

Sánchez Santiró, Ernest, *Corte de Caja. La Real Hacienda de Nueva España y el primer reformismo fiscal de los Borbones (1720-1755). Alcances y contradicciones*, México, Instituto Mora, 2013.

——————— (estudio introductorio), *Relaciones de valores y distribución de la Real Hacienda de Nueva España, 1744-1748*, México, Archivo General de la Nación/Instituto Mora/El Colegio de Michoacán/El Colegio de San Luis, 2014.

———————, Luis Jáuregui y Antonio Ibarra (coords.), *Finanzas y política en el mundo iberoamericano. Del antiguo régimen a las naciones independientes*, México, Universidad Autónoma del Estado de Morelos/Instituto Mora/Facultad de Economía-UNAM, 2001.

Scott, Hamish M., *Enlightened Absolutism. Reform and Reformers in Later Eighteenth-Century Europe*, Ann Arbor, University Michigan Press, 1990.

Serrano Álvarez, José Manuel, "Introducción a la metodología del gasto militar en las Indias", *Temas Americanistas*, núm. 15, 2002, pp. 32-38.

——————, *Fortificaciones y tropas. El gasto militar en Tierra Firme, 1700-1788*, Sevilla, Consejo Superior de Investigaciones Científicas, 2004.

——————, *Ejército y fiscalidad en Cartagena de Indias. Auge y declive en la segunda mitad del siglo XVII*, Bogotá, El Áncora Editores, 2006.

——————, *Astillero de La Habana y la construcción naval, 1700-1750*, Madrid, Cuartel General de la Armada, 2008.

Serrano, José Manuel y Allan J. Kuethe, "El situado mexicano y la Cuba borbónica" en Carlos Marichal y Johanna von Grafenstein (coords.), *El secreto del imperio Español: Los situados coloniales en el siglo XVIII*, México, COLMEX/Instituto Mora, 2012, pp. 95-114.

Solórzano y Pereira, Juan de, *Política indiana. Sacada en lengua castellana de los dos tomos del derechos y gobierno municipal de las Indias Occidentales que más copiosamente escribió en la latina...*, Madrid, por Diego Díaz de la Carrera, 1648.

Stols, Eddy, Werner Thomas y Johan Verberckmoes (eds.), *Naturalia, Mirabilia & Monstrosa en los imperios ibéricos*, Leuven, Leuven University Press, 2006.

Stein, Stanley J. y Barbara H. Stein, *El apogeo del imperio. España y Nueva España en la era de Carlos III, 1759-1789*, Barcelona, Crítica, 2005.

Torres Sánchez, Rafael, "The Triumph of the Fiscal-Military State in the Eighteenth Century. War and Mercantilism" en Rafael Torres Sánchez (ed.), *War, State and Development. Fiscal-Military States in the Eighteenth Century*, Pamplona, EUNSA, 2007, pp. 13-45.

——————, *El precio de la guerra. El Estado fiscal-militar de Carlos III (1779-1783)*, Madrid, Marcial Pons, 2013.

Torres Sánchez, Rafael (ed.), *War, State and Development. Fiscal-Military States in the Eighteenth Century*, Pamplona, EUNSA, 2007.

Valez-Bubnov, Iván, *Poder naval y modernización del Estado: política de construcción naval española (siglos XVI-XVIII)*, México, Instituto de Investigaciones Históricas-UNAM/Bonilla Artigas Editores: Iberoamericana, 2011.

Voigt, Lisa, "La 'historia verdadera' del cautiverio y del naufragio en los imperios ibéricos", *Revista Iberoamericana*, vol. LXXV, núm. 228, julio-septiembre de 2009, pp. 657-674.

Wilde, Guillermo, "Relocalisations autochtones et ethnogenèse missionnaire à la frontière sud des empires ibériques: Paracuaria (1609-1768)", *Recherches Amérindiennes au Québec*, vol. 41, núms. 2-3, 2011, pp. 13-28.

Yun-Casalilla, Bartolomé, Patrick O'Brien y Francisco Comín Comín, *The Rise of Fiscal States: a Global History, 1500-1914*, Cambridge, Cambridge University Press, 2012.

EL GASTO PÚBLICO EN LA ESPAÑA DEL SIGLO XVIII

Rafael Torres Sánchez
Universidad de Navarra

EL GASTO PÚBLICO Y LA REALIDAD HISTÓRICA

Plantear un encuentro científico sobre el gasto público parece conveniente y oportuno. En la prioridad que la historiografía ha concedido a la búsqueda y determinación de los niveles cuantitativos de la recaudación y la distribución social de la fiscalidad, el gasto ha quedado en un lugar secundario. Ha interesado conocer la capacidad fiscal del Estado, sus posibilidades y los límites para aumentarla, porque supuestamente era en ese terreno donde el Estado entraba en contacto directo con la sociedad. Mientras que el gasto quedaba relegado a ser una cuestión particular del propio Estado, de sus prioridades y necesidades. Si el gasto ha interesado ha sido sólo porque contribuía a explicar los desequilibrios presupuestarios, la existencia de deuda, la justificación de nuevos incrementos o las características del régimen político. El ejemplar trabajo de Jacques Barbier y Herbert Klein, sin duda el mejor trabajo disponible sobre el gasto público en España, era esencialmente un estudio de los gastos estatales para explicar la naturaleza del Estado de Carlos III, y con ello explicar la menor disponibilidad para afrontar reformas o para promover un verdadero crecimiento.[1] Klein estudia el gasto público con un sentido marcadamente finalista y extrae las consecuencias políticas de su distribución.

Tenemos algunas dudas sobre seguir recorriendo ese camino, esto es, que el gasto público es menos importante que el ingreso fiscal, y que la principal utilidad del gasto está en las consecuencias que se pueden extraer de su

---

[1] Barbier y Klein, "Prioridades", 1985, y Domínguez, "Gasto", 1983.

distribución presupuestaria. El análisis de Barbier y Klein de la composición del gasto público durante el reinado de Carlos III mostraba con claridad que la única y verdadera prioridad del Estado era la guerra. El interés de estos autores no está en el gasto público, sino en la naturaleza del Estado. Si la prioridad era bélica y no verdaderamente reformista quiere decir que el gasto estatal no servía para crecer. Detraía recursos fiscales hacia la guerra y el pago de la deuda, en lugar de emplearlo en las reformas o las inversiones modernizadoras. Es decir, el gasto del Estado era un factor de retraso y pérdida de inversiones, que muestra la auténtica naturaleza de un Estado caduco, pese a la retórica de reformismo, que políticos coetáneos e historiadores habían sostenido. En realidad, lo destacable de esta interpretación no es que fuera estrictamente novedosa, sino que, simplemente, se limitaba a constatar estadísticamente lo que otros autores venían repitiendo tiempo atrás: que la prioridad del gasto estatal en el siglo XVIII era la actividad bélica.[2] Como concluía Mauro Hernández, una vez descontados los gastos militares y los de la Corte "pocos caudales quedaban para financiar reformas, por muy ilustradas que fueran".[3] En la misma línea, Josep Fontana ha seguido insistiendo que en Carlos III había mucho de "despotismo" y poco de "ilustrado" porque para este monarca era más importante conseguir los recursos para atender el gasto militar que abordar verdaderas reformas modernizadoras.[4] La proyección de esta idea ha sido notable y la podemos rastrear con facilidad en obras más generales. John Lynch, por ejemplo, atribuye al fuerte carácter militar del Estado de Carlos III una de las principales causas de lo que él llama "los límites del absolutismo",[5] o en la misma dirección, la síntesis de Roberto Fernández: "estos datos vienen a significar que los aumentos en el presupuesto nacional no vinieron por las políticas de fomento económico de los Borbones sino por la defensa militar de lo que se consideraron intereses

---

[2] Fontana, *Quiebra*, 1971, p. 25; Domínguez, *Sociedad*, 1976, p. 306; Fernández, "Coyuntura", 1976, pp. 9-173, y Artola, *Hacienda*, 1982, p. 321.

[3] Hernández, "Carlos", 1988, p. 4.

[4] "el caso español, donde tenemos la misma impotencia de la Hacienda, la misma necesidad de recursos para financiar el gasto militar –en este caso esencialmente naval–, la misma retórica reformista y la misma despreocupación, en la realidad por cualquier cosa que no fuese la recaudación de más ingresos para atender el gasto estatal", Fontana, "Alimento", 1988, p. 165. La misma idea en Fontana, "Estado", 1989, p. 131.

[5] Según John Lynch "la inclinación del monarca hacia la guerra, la presencia de los militares en la administración civil, el desarrollo de las fuerzas armadas y el aumento del presupuesto de defensa son signos de un rasgo indiscutible del Estado borbónico: su fuerte dimensión militar. En el centro de los intereses de los Borbones se situaban la política exterior e imperial y de ahí derivaba la determinación de conseguir para España las fuerzas armadas de una potencia mundial." Lynch, *Siglo*, 1991, p. 274.

prioritarios para el país, especialmente en Indias" o Renate Pieper.[6] De tal manera que Barbier y Klein lo que hace fundamentalmente es ratificar con los datos estadísticos una opinión ampliamente compartida.

El principal problema de este enfoque es que no ayuda a avanzar en el conocimiento del gasto público. Un ejemplo claro de las limitaciones de vincular, y justificar, el estudio del gasto público en la posibilidad que ofrece de comprender la naturaleza del Estado es el trabajo de José Jurado. Este trabajo, que ofrece el extraordinario avance e interés de completar la serie de datos de Barbier y Klein con la primera mitad del siglo, ofrece pocas ideas para avanzar en la comprensión del gasto del Estado en el siglo XVIII. De hecho, su principal conclusión es que el gasto militar fue la prioridad más importante y que esta fue la causa de la escasez de inversiones más productivas para el desarrollo económico.[7] Es decir, vuelve a ratificar la tesis de Barbier y Klein y de todos los que han insistido en esta idea. Como afirma acertadamente un comentarista de este libro, Guillermo Pérez Sarrión, este trabajo muestra "que el ejército y la marina consumieron la mayor parte del gasto contabilizado del Estado de los Borbones… pero por sí no explica lo que pasó con el gasto del Estado en el siglo XVIII".[8] Para Pérez Sarrión el problema está en que ha confiado en que la agregación de datos, por sí sola y con criterios contemporáneos, podría explicar la relación entre gasto y Estado. Pérez Sarrión alerta que desconocer la realidad histórica y no tener en cuenta el contexto histórico preciso de desarrollo administrativo y político en el cual se produjo el gasto lo que hace realmente es empequeñecer el debate sobre el gasto del Estado, que él mismo llama una "implosión intelectual".

Con estos comentarios, el profesor Pérez Sarrión no quita valor al, a nuestro juicio, extraordinario avance que supone contar con una estadística del gasto público para todo el siglo, pero sí centra el problema y nos ayuda a seguir avanzando. En primer lugar, aumenta el número de investigadores que advierten de los peligros de seguir interpretando los presupuestos de ingresos y gastos de la Real Hacienda, y menos hacerlo sin tener en cuenta la realidad histórica. Ernest Lluch, por ejemplo, advirtió del error que supone interpretar y valorar los datos de la Real Hacienda a partir de ideas contemporáneas y no coetáneas, un riesgo que ha llevado, según este autor, a realizar valoraciones poco históricas del significado de los déficits presupues-

---

[6] Fernández, *España*, 1985, p. 528. En la misma línea Pieper, *Real*, 1992, p. 159.
[7] Jurado, *Gasto*, 2006.
[8] Un agudo y crítico comentario a este libro en Pérez, *Investigaciones*, 2008, pp. 193-197.

tarios.[9] En la misma dirección, Pedro Tedde, utilizando los mismos datos de Barbier y Klein, Merino, Pieper o Jurado, es crítico con la tesis de Barbier y Klein. No cree que haya un cambio sustancial en la distribución del presupuesto y del gasto público en el reinado de Carlos III, al menos como para justificar la prioridad bélica supuesta a ese monarca. Es decir, Tedde niega incluso que no parece que hubiera "una progresiva polarización de los recursos del Estado en la cobertura de los gastos militares".[10] Esta posición de revisión va atrayendo a más investigadores como es el caso de Vicent Llombart, quien ha criticado abiertamente la tesis de Barbier y Klein, que él denomina "tesis fiscalista-belicista", y ha propuesto incluso una forma de superar este estadio de interpretación: "quizá un análisis comparativo sistemático del caso español con los países europeos de su entorno permitiría precisar aún más la 'sobriedad' de las finanzas de Carlos III".[11] Con ese antídoto, en realidad lo que se busca es sacar el debate de planteamientos contemporáneos y acercarlo a la realidad histórica del siglo XVIII: la cual no es otra sino la de que todas las naciones, independientemente de su naturaleza política o estructura económica, dedicaban la mayor parte de su gasto estatal a la guerra.

La persistencia de esta realidad proviene de la prioridad absoluta que el Estado, el español o cualquier otro, dio a la actividad militar respecto a cualquier otro tipo de función gubernamental. Para la historiografía internacional actual es evidente que, independientemente del régimen político o constitucional del Estado considerado, hasta mediados del siglo XIX todos los Estados dedicaron la práctica totalidad de sus recursos disponibles al gasto militar.[12] Todos los esfuerzos por establecer diferencias entre los Estados según el tipo de gasto estatal y la estructura política sólo han servido para seguir reforzando la conclusión de que el gasto del Estado en la actividad militar era siempre y en todos los casos la prioridad suprema de aquellos Estados. Como nos recuerdan Philip T. Hoffman y Jean-Laurent Rosenthal, realizar este tipo de ejercicios no tiene mucho sentido. En cualquier Estado, concluyen, sea cual sea su estructura política, todos los recursos disponibles se iban de forma ordinaria a atender la actividad militar, pues todos atendían tres objetivos estrechamente relacionados con la guerra: las fuerzas armadas y la administración del Estado que gestionaba la recaudación de recursos

---

    [9] Lluch, "Cameralismo", 1990, p. 84.
    [10] Tedde, "Política", 1989, p. 145. El autor ha vuelto a insistir en esta idea en Tedde, "Economía", 1998, p. 368.
    [11] Llombart, "Política", 1994, p. 32.
    [12] Harling, "Fiscal", 1993, p. 45.

para pagarlas y controlarlas, la diplomacia exterior y subsidios extranjeros, con los que el Estado reunía información principalmente por razones bélicas, y, en tercer lugar, la deuda, que servía para pagar las guerras anteriores.[13] La opción de destinar parte del gasto militar hacia otro tipo de acciones políticas no pareció razonable hasta el siglo XIX, fundamentalmente porque en todos los países los recursos disponibles para la acción militar siempre resultaron insuficientes.[14]

La propuesta de Barbier y Klein de interpretar la naturaleza del Estado de los Borbones a partir de la distribución del gasto no deja de demostrar lo obvio que el gasto del Estado se destinaba a la función militar. Los Estados europeos, por lo tanto, movilizaron todos los recursos que pudieron mayoritariamente para la actividad militar, y lo hicieron porque era el medio de desplegar la soberanía, pero también porque era la principal razón para justificar la recaudación de impuestos. Conviene insistir en que fuera de la actividad militar, los Estados de la Edad Moderna tenían serias dificultades para movilizar recursos fiscales o financieros de sus sociedades. Esta era otra realidad histórica en la que se desenvolvía las haciendas estatales europeas, en las cuales incluso en las economías más desarrolladas, como la inglesa u holandesa, en las que durante el siglo XVIII sus impuestos crecieron mucho más que su economía y sólo lo hicieron con cada nuevo conflicto bélico.[15] Para cualquier Estado era muy difícil justificar un incremento fiscal fuera del argumento supremo de la urgencia y la necesidad que demanda la guerra.

De tal manera que no parece razonable seguir interpretando o valorando la naturaleza del Estado sin tener presente la doble realidad histórica, ampliamente compartida por los europeos, de que el gasto y los ingresos se fundamentan en la actividad bélica del Estado. Intentar deducir diferencias estructurales entre Estados por la comparación entre el gasto "militar" frente al gasto "civil" es un ejercicio que da la espalda a la historiografía. Probablemente Barbier y Klein podrían haber suscrito su tesis con los datos de la Hacienda de Felipe II, que analiza acertadamente Javier de Carlos, sin por ello explicarnos realmente en qué podía consistir la naturaleza del Estado de los Austrias y Borbones.[16] Concluir en el estudio de Jurado sobre el gasto público español del siglo XVIII, que las "inversiones" fueron las "cenicientas del presupuesto", el 4% del gasto durante toda centuria, porque "padecieron

---

[13] Hoffman y Rosenthal, "Political", 1997, p. 35.
[14] Le Goff, "How", 1999, p. 377.
[15] O'Brien, "Nature", 2011, p. 409.
[16] Carlos, *Felipe*, 2009.

recortes por la voracidad presupuestaria de la defensa",[17] tiene un notable valor, pero no deja de salirse del marco impuesto por la realidad histórica en la cual se desenvolvía el Estado.

Hay otro problema no menos grave para avanzar en el estudio del gasto público. Trabajamos con datos de gasto cuyo origen, características e interpretación no siempre es fácil de comprender por el historiador. Detrás de cada uno de los gastos del Estado hay una lógica y unas estructuras administrativas, que además eran cambiantes. Confiar en agregaciones de datos usando tipologías contables contemporáneas sólo sirve para introducir más confusión en unos datos ya de por sí confusos de comprender. Del mismo modo, los datos de gasto del Estado manejados por el historiador pueden responder a estadios desiguales en el control administrativo del gasto, como ya advirtiera en 1978 Didier Ozanam.[18] No se trata de recordar la importancia de una crítica de fuentes, absolutamente imprescindible, sino de insistir en que cada dato responde a una administración y a un estadio en la evolución de la misma. Si desconocemos esta tercera realidad, la administrativa, difícilmente podremos avanzar, cuando no cometer graves errores. Así, por ejemplo, las diferencias entre los datos de Barbier y Klein y Merino está en que los primeros utilizan los libros de cuenta de la caja de la Tesorería General, mientras que Merino recoge los presentados por la Tesorería General a la Secretaría de Hacienda. O por poner un ejemplo más, si Jurado no tiene presente que una parte importante del gasto militar, como eran los suministros militares o la creación de regimientos, no era contabilizado porque respondía a negociaciones privadas entre asentistas y empresarios militares y Estado, se está reduciendo la cuantía del gasto militar, o al menos desvirtuando su distribución. Del mismo modo, y sin querer excederme, si una parte de la deuda pública se hace flotante y se puede compensar por vías tan diferentes, como el pago de media anata, no estamos valorando adecuadamente lo que pudo suponer ese gasto.[19]

Todo ello me lleva a plantear la necesidad urgente de comprender cómo se gestionaba el gasto público. Creo que es imprescindible tener un marco de referencia que nos permita avanzar sobre cuestiones, a nuestro juicio, importantes para conocer la naturaleza del Estado, como era: cómo se producía el gasto, quién lo decretaba, cómo sabía dónde había la posibilidad de gastarlo y, finalmente, cómo se controlaba el gasto realizado. Mi propuesta es avanzar

---

[17] Jurado, *Gasto*, 2006, p. 111.
[18] Ozanám, "Notas", 1977.
[19] Sanz, "Canon", 2011.

en el estudio del significado del gasto a partir de su gestión, con el objetivo final de entender algo más cómo funcionaba aquel Estado de los Borbones.

AUTORIDAD Y GESTIÓN DE PAGOS. EL CAMBIO DE MODELO

La principal diferencia en el terreno del gasto entre los Austrias y los Borbones no está en los tipos y distribución del gasto sino en su grado de control. Ambas van a compartir la misma estructura fundamental de gestión de la Hacienda. Durante los Austrias: Consejo de Hacienda, Tesorería General, pagadores de ejército y, en el último nivel, tesoreros y administradores de rentas, todo revisado por la Contaduría Mayor de Cuentas. El esquema se mantuvo en lo esencial con los Borbones. Las tareas ejecutivas del Consejo de Hacienda fueron asignadas a la Secretaría de Hacienda y el resto de instituciones se mantuvieron: Tesorería General, tesorerías de ejército, tesorerías de rentas y Tribunal Mayor de Cuentas. Esta aparente continuidad administrativa y funcional no refleja el cambio notable en algo menos visible pero mucho más importante para la gestión del gasto, como era la autoridad y el control de información. Precisamente, lo que se produjo en el conjunto del gobierno de la Hacienda en el paso de la administración de los Austrias a la de los Borbones es un considerable aumento de la autoridad, con la que los gobiernos fueron ganando progresivamente capacidad para controlar de forma eficaz el gasto.

El modelo de gasto de los Austrias se puede esquematizar con la idea de una progresiva pérdida de control en el gobierno de la Hacienda. Las instituciones que gobernaban los dineros del rey fueron perdiendo capacidad de gestión, en beneficio de las tesorerías y tesoreros que concentraban la recaudación, y con ella la capacidad de gasto. El origen del problema está en la escala de endeudamiento de la Real Hacienda y en la necesidad de incrementar la presión fiscal. La razón principal fue la escalada de gasto público y la pérdida de autoridad de la Corona sobre su propia Real Hacienda. Desde el primer momento quedó claro que los recursos fiscales ordinarios de la monarquía eran insuficientes para atender los gastos. Conseguir dinero a crédito y dar liquidez a la Real Hacienda se convirtió en el mayor de los problemas de la Corona, y uno de los medios de resolver estos problemas fue, precisamente, darle al tesorero general y a todos los tesoreros, administradores de cajas y pagadores una función diferente a la que había motivado su creación.

El grave déficit financiero del Estado obligó a priorizar la búsqueda de crédito entre los agentes públicos y privados. Las funciones de algunas de las instituciones del gobierno de la Hacienda se fueron adaptando a la realidad que iba surgiendo. Así, el tesorero general, que era el principal encargado de centralizar y controlar la información de los recursos fiscales y así poder ejecutar y coordinar los pagos de la monarquía, fue dejando sus funciones en beneficio de la financiación. Los tesoreros generales terminaron siendo útiles para facilitar el proceso de financiación de la monarquía; su principal cometido pasó a ser el ofrecer préstamos y adelantos a la corona en los repetidos momentos de falta de liquidez y, sobre todo, "negociar en las ferias la contratación de asientos que permitían el desarrollo de las operaciones militares".[20] En adelante, del tesorero general no se esperaba que fuese el coordinador de pagos, sino el procurador del crédito a la monarquía, mientras que los pagos comenzaron a ser responsabilidad de las tesorerías y tesoreros situados por debajo. Paralelamente, el incremento en el número de impuestos para atender el déficit financiero llevó a la multiplicación del número de administraciones específicas para su recaudación y a un fortalecimiento de la figura de los tesoreros y administradores de rentas.

Al tiempo que el tesorero general perdía capacidad de gestión se produjo un rápido proceso de fortalecimiento en la gestión en el nivel inferior del gobierno de la Hacienda. Cualquier tesorero de la administración hacendística de los Austrias tuvo cada vez más posibilidades de utilizar la recaudación para lograr crédito, público y particular, con el cual hacer frente a las órdenes de pago. Esta posibilidad se fue ampliando desde mediados del siglo XVII, con la agudización del crédito público y la multiplicación de impuestos. Cada nueva figura fiscal requería una administración específica, que fragmentaba aún más el sistema. Los intentos de reformar el sistema en la dirección de concentrar los recursos fiscales para canalizar los pagos se hizo imposible. Al final, se impuso la realidad de que cada orden de pago se libraba sobre una renta específica y no sobre el conjunto de la recaudación. El método de pagos comenzó a reproducir lo ocurrido en las altas instancias de la tesorería general. Cada tesorero, pagador o depositario evolucionó en la dirección de fijar y negociar las condiciones de pago. En cada caja local o tesorería provincial de cada renta, cualquier orden de pago era sometida a todo tipo de presiones por los acreedores, públicos o privados. Tesoreros y poseedores de cualquier dinero del rey encontraron en estas presiones una

---

[20] Carlos, *Consejo*, 1996, p. 215.

vía con elites económicas y políticas, en la que la arbitrariedad o la preferencia en los pagos podía ser moneda de pago. El resultado era el peor de los mundos para la Real Hacienda: se podía llegar a tener el dinero, pero no se disponía de la autoridad para hacer cumplir el pago, porque en el lugar de abono se había preferido retrasar el pago o diferirlo. Una Hacienda así, que Jean Pierre Dedieu denominó con acierto "de reino de Taifas",[21] no podía desplegar una gestión de pagos mínimamente eficiente. Faltaba lo esencial: autoridad e información.

Frente a este modelo de gestión del gasto desagregado, en el cual los pagos responden a lógicas, alianzas e intereses más locales que gubernamentales, se fue imponiendo otro modelo, el de los Borbones. El proceso está todavía por estudiarse y seguimos teniendo importantes lagunas, pero comenzamos a valorar su importancia y podemos plantear líneas de fuerza que lo impulsaron.[22] Comprender el cambio de modelo de gestión es especialmente importante porque, creemos, nos da la clave para entender cómo se fue adquiriendo la autoridad necesaria para hacer efectivo el gasto ordenado por el gobierno.

Ahora sabemos que ni los Borbones fueron los únicos que impulsaron el cambio de modelo ni tampoco ellos fueron capaces de imponer un modelo, sino que tuvo que superar las resistencias que opusieron los intereses creados, de instituciones, funcionarios e instituciones. De hecho, el tránsito entre un modelo y otro, el de los Austrias al de los Borbones, parece que se extiende desde aproximadamente 1680 a 1750. Es importante destacar esto porque no se trata de una mera aplicación de legislación, sino más bien de capacidad para implementar.

Los primeros signos de cambios se pueden ver con la claridad durante el último tercio del siglo XVII. Paradójicamente, el cambio más importante para iniciar una transformación definitiva en el modelo de gestión del gasto vino del terreno de la recaudación. En concreto, con las medidas adoptadas durante el reinado de Carlos II para centralizar en unas tesorerías provinciales toda la administración y cobranza de las rentas ordinarias y servicio de millones.[23] Se pretendía que estas tesorerías estuviesen controladas por unos superintendentes provinciales, que a su vez serían vigilados por un superintendente general de la Real Hacienda, a los que informarían sobre los ingresos y las disponibilidades reales para ordenar gasto. Las serias limitaciones que tenían el Estado de los Austrias con los tesoreros locales para hacer

[21] Dedieu, "Tres", 1994, p. 91.
[22] Torres, Llave, 2012.
[23] Sánchez, Política, 1996, p. 54.

efectivo el gasto animó a crear una nueva estructura administrativa, que se superpusiera a la existente, sin suprimirla, pero en la cual el Estado podría ejercer una autoridad más directa y conseguir un control más seguro de la información sobre caudales y deudas. Con esta novedad, tampoco se logró mejorar notablemente la situación. Los superintendentes no lograron atraer e incorporar la mayor parte de las rentas, que siguieron siendo gestionadas en las administraciones tradicionales. Esta nueva institución, además, tuvo que enfrentarse a numerosas oposiciones, desde los tesoreros que pretendía controlar hasta en el seno del propio Consejo de Hacienda.[24]

El segundo intento, ya con los Borbones, de modificar el sistema de pagos de la monarquía fue la creación en 1703 de una nueva institución: la Tesorería Mayor de Guerra. De nuevo, el Estado prefirió superponer una estructura administrativa nueva a lo existente, en este caso a la Tesorería General, con la esperanza de crear ese espacio nuevo de autoridad y control. El interés del Estado en la Tesorería Mayor de Guerra era claro: el control del gasto militar. Para ello, la nueva institución no fue puesta en manos del Consejo de Hacienda, ni siquiera del tesorero general, sino del secretario de Guerra.[25] La principal novedad de esta nueva institución es que era el tesorero general de Guerra el que nombraba a los pagadores y contadores y supervisados por intendentes. Es decir, se buscaba el control directo desde Madrid y superar así las limitaciones existentes. Con esta medida, como ha señalado Ana Dubet, no había un interés unificador ni centralizador de la Hacienda, sino un medio de resolver el grave problema de falta de autoridad.[26] Esta nueva institución resultó un fracaso porque no logró superar el enfrentamiento con las instituciones existentes, principalmente la Tesorería General, ni logró atraer a esa caja, como ocurrió en el caso de la Superintendencia de Rentas, los recursos necesarios para atender los gastos que requería. Después de varias refundaciones fue suprimida definitivamente en 1718. Con todo, la Tesorería Mayor de Guerra logró en esos años, principalmente por su importancia durante los años de la guerra de Sucesión, junto con el creciente respaldo de la Secretaría de Hacienda, reducir el número de tesorerías y pagadurías existentes. Comenzaba a ser evidente que el Estado no lograría un control efectivo del gasto mientras subsistiera la duplicidad de instituciones. La autoridad no podía ser compartida.

---

[24] *Ibid.*, p. 49.
[25] Castro, *Sombra*, 2004, p. 75, y Dubet, *Estadista*, 2008.
[26] Esta autora ofrece una interpretación sólida y sugerente sobre esta institución y estos años, véase Dubet, "Nueva", 2008.

Para resolver este problema se dieron pasos firmes para simplificar la gestión. En 1718 la Tesorería Mayor de Guerra fue suprimida y convertida en una nueva Tesorería General, que eliminaba también a la anterior. El objetivo seguía siendo el mismo que cuando se creó la Tesorería General en 1523, la unidad de caja de la monarquía, y que ahora se expresaba: "que todos los caudales pertenecientes al Real Erario se reciban y paguen debajo de un solo cargo y de una sola data",[27] pero ahora se iba a iniciar un camino que llevaría a que fuera una realidad. Para conseguir este ideal, el tesorero general dejó de estar exclusivamente bajo las órdenes del secretario de Guerra, como el tesorero mayor de Guerra, o del Consejo de Hacienda, como el antiguo tesorero general, y quedó bajo las órdenes del gobierno y todos los secretarios. Este paso abrió el cambio para sacar en definitiva al tesorero general de las viejas instituciones de los Austrias, principalmente del Consejo de Hacienda, y vincularlo de manera exclusiva a un único secretario, el de Hacienda. No obstante, la caída de Alberoni permitió un último intento del Consejo de Hacienda de volver a la situación anterior, con la consiguiente supresión temporal de la Tesorería General, que no volvió a instaurarse de nuevo hasta 1726.[28] Entonces el énfasis del legislador fue dirigido a definir mejor la autoridad en el gobierno de la Hacienda mediante la supeditación de las tesorerías y tesoreros a la superioridad indiscutible del tesorero general y su jefe, el secretario de Hacienda. Se declaró expresamente la superioridad del tesorero general sobre cualquier tesorero "siendo tan preciso constituir al Tesorero General en autoridad sobre todos los demás Tesoreros, Pagadores y Depositarios". Esta superioridad le serviría para conseguir su objetivo principal: coordinar información y conseguir "el universal conocimiento"; es decir, saber dónde hay recursos y cuáles son las necesidades. Para ello se le autorizaba "pedir todas las relaciones y noticias que necesitare". Esta capacidad de coordinar información le serviría para ponerla a disposición del superintendente general de la Real Hacienda, el único secretario de Despacho que a partir de ahora –y esto era otro cambio significativo–, podría darle órdenes. Sin duda, todo ello era un medio de solucionar el caos que debió producir la anterior situación, en la que se podían recibir órdenes de secretarías diferentes, pero también una medida esencial para acercarse a una

[27] Instrucción, 4 de julio de 1718, en Archivo Histórico Nacional (en adelante AHN), Hacienda, libro 8011, núm. 277.

[28] "Instrucción i Ordenanza para el gobierno de la Tesorería General sobre cuyo pie ha de continuar". Autos Acordados, t. III, libro IX, tít. III, auto II, Madrid, 1745 (estos autos fueron editados por Lex Nova con el mismo título en 1982, véase la referencia en las pp. 400-404).

verdadera unidad de acción, sin la cual era imposible definir las prioridades y ejercer política. Del mismo modo, frente a una falta total de definición en 1718 de cuáles eran los "caudales pertenecientes al Real Erario", en 1726 se fijó con todo detalle lo que se consideraba que abarcaba la "Real Hacienda". Además de indicar cuáles eran las rentas que debían estar a disposición del tesorero general, se especificaba que también se incluirían los caudales de Indias y derechos de embarco en Cádiz, y se detallaba que las rentas eclesiásticas también estaban incluidas. Todo ello culminaba con el deseo de que esta nueva Tesorería General fuese "perpetua".

Desde entonces, sólo el tesorero general debía coordinar todos los pagos de la monarquía, y sólo a partir de una orden, que de forma exclusiva sólo le podía dar el secretario de Hacienda, y nadie más. El sistema quedaba definido y legislado, pero nada garantizaba que se hiciese efectivo. Para ello era imprescindible superar dos problemas esenciales: el control de las tesorerías, a las que se les ordenaría el pago, y unificar la información entre tesorerías. Si los tesoreros locales, de rentas o de cualquier depósito de caudales del rey tenían algún margen de maniobra para decidir sobre los pagos ordenados, o si la información que llegaba sobre la disponibilidad de fondos en cualquier tesorería de la monarquía no era correcta, las órdenes de pago del tesorero general no se podrían cumplir, por mucha autoridad que el Estado le hubiese concedido.

LA UNIDAD DE GASTO. LA SUPERIORIDAD DE LAS TESORERÍAS DE EJÉRCITO

Los Borbones lograron aumentar la eficacia en el sistema de pagos al apoyarse en las tesorerías de ejército. Los últimos Austrias habían iniciado el cambio confiando en un control nuevo y directo sobre las tesorerías de rentas mediante el superintendente, pero los Borbones no van a seguir esa dirección. Para los Borbones, la posibilidad lógica de tener en las tesorerías de recaudación a las agencias de pago no fue a mejor opción. En un proceso largo y complejo, los Borbones fueron concentrando la gestión del gasto en las tesorerías de ejército, y no en las rentas, lo que tuvo importantes repercusiones para acelerar el objetivo último de conseguir una unidad de gasto.

De entrada, trasladar el gasto a las tesorerías de ejército no era tarea sencilla, porque se corría el riesgo de reforzar aún más el acceso de los militares y de la administración militar al control del dinero. Es decir, se podía caer en el error de mover el problema de autonomía de los tesoreros de rentas a los pagadores, veedores y tesoreros de ejército. Había, pues, que sacar toda la gestión del gasto militar del control del Consejo de Guerra y de los capitanes generales en beneficio de la Secretaría de Hacienda y la Tesorería Mayor o General.[29] Buena parte del proceso de implantación de este sistema necesitó que los cargos de veedores, contadores, pagadores y comisarios de guerra fuesen pasando a ser controlados y nombrados directamente por los responsables económicos de la nueva monarquía (tesorero general y secretario de Hacienda). El objetivo era claro y fue anticipado por Puységur quien, según Ana Dubet, expresó con claridad el significado que tenían las reformas emprendidas: "haberles quitado a los capitanes generales el manejo del dinero".[30] El resultado fue que, en teoría desde 1718, el control del gasto bélico quedó totalmente supeditado a la Real Hacienda, que en adelante se ejercería a través de la Secretaría de Hacienda, tesorero general e intendentes.

Para conseguir hacer efectiva esta supeditación de militares y tesoreros a la Secretaría de Hacienda, el Estado se apoyó en los intendentes de ejército. El Estado dividió a los intendentes en de "ejército" o de "provincia", según hubiese que atender tropas en su jurisdicción o no.[31] Esta división entre intendentes no ha interesado especialmente a la historiografía, más atenta a la novedad de la función asignada de promotor económico y social,[32] aun cuando en realidad lo que prevaleció, como veremos, fue precisamente la función de gestión del gasto militar. El gobierno mostró desde el primer momento una firme voluntad de enfatizar y priorizar el papel de los intendentes de ejército frente al de los intendentes de provincias. De hecho, los intendentes de ejército contaron con el apoyo del gobierno para superar la primera y más grave crisis de la nueva institución. Para una buena parte de la historiografía la llamada "crisis de las intendencias de 1721"[33] puso de manifiesto la oposición de los poderes tradicionales a convivir con las intendencias. En 1720 el Consejo de Castilla propuso abiertamente la supresión de esta institución al hacerse eco de las numerosas críticas surgidas entre los corregidores y la creciente oposición de los capitanes generales, como el de Cataluña o el de Canarias, que veían en la figura del intendente una clara intromisión y

---

[29] Dubet, *Estadista*, 2008, p. 175.
[30] *Ibid.*, p. 236.
[31] "es mi ánimo tener Intendentes de Exercito, unidos o separados a los de las Provincias, si fuereis nombrado para Intendente de Exercito, será de vuestro cargo la subsistencia, economía y policía en general de todo el Exército", *Colección*, 1764, vol. X, núm. 68, p. 55.
[32] Corona, "Historiografía", 1990.
[33] Orduña, *Intendentes*, 1997, p. 72.

pérdida de competencias.[34] Acosado por estas críticas ampliamente respaldas por el propio Consejo de Castilla, el gobierno analizó el problema en una junta especial y finalmente accedió a suprimir los intendentes de provincia, pero no los intendentes de ejército.[35] La interpretación más habitual que encontramos de esta medida de supresión de los intendentes, insistimos que parcial, es que paralizó el proceso de desarrollo de la intendencia como institución. Así, según Gisela Morazzani "los intendentes pasaron a un segundo plano, al quedar constreñidos al desempeño de las funciones de los antiguos superintendentes",[36] y para Enrique Orduña los intendentes quedan como una "reserva de funcionarios", que se podrán usar cuando se produzca en 1749 "la implantación definitiva de la intendencias".[37] No obstante, consideramos que para los propósitos del control del gasto podríamos decir casi lo contrario: los únicos nueve intendentes que quedaron, los de ejército, mantuvieron íntegras sus funciones en cuanto a control del gasto militar y presencia geográfica.[38] Según esto, cabe pensar si el gobierno aceptó suprimir lo "menos" importante para conservar lo verdaderamente importante para el Estado, esto es, el control sobre el gasto militar. De cualquier forma, esta persistencia dio una preeminencia de salida a los intendentes de ejército que se fue confirmando en los años siguientes. La "desaparición" de las intendencias en 1721, por lo tanto, no afectó realmente al proyecto del Estado de gestionar directamente el gasto militar. Y, de nuevo, en 1749, cuando la intendencia fue reintroducida, la superioridad de los intendentes de ejército quedó confirmada y ampliada, como demuestra la desigualdad de rango y sueldo respecto a los de provincia.

Unos intendentes de ejército, supervivientes de la crisis y fortalecidos por el Estado, fueron los instrumentos perfectos para aumentar el control de la Secretaría de Hacienda sobre el gasto militar, y con ello de la mayor parte del gasto estatal. Los intendentes de ejército fueron puestos bajo las órdenes exclusivas del tesorero general. El intendente de ejército no podría librar ningún gasto sin la aprobación expresa del tesorero general. El Estado reducía así el número de responsables que debían atender las órdenes de gasto del

[34] Castro, *Sombra*, 2004, p. 359. El enfrentamiento entre el general Valhermoso y el intendente Ceballos en Canarias (1718-1724) fue especialmente grave, véase Alamo, *Capitán*, 2000, p. 264.

[35] Pérez, *Patiño*, 2006, p. 83.

[36] Morazzani, *Intendencia*, 1966, p. 33.

[37] Orduña, *Intendentes*, 1997, pp. 76-77.

[38] Los intendentes de ejército siguieron siendo los nueve existentes desde 1718: Aragón (Zaragoza), Cataluña (Barcelona), Valencia (Valencia), Navarra (Pamplona), Mallorca (Palma de Mallorca), Andalucía (Sevilla), Galicia (La Coruña), Extremadura (Badajoz) y Castilla (Salamanca).

tesorero general. Los intendentes de ejército pasaban a ser los principales responsables del gasto del Estado, y sus tesorerías las más importantes de la Real Hacienda. ¿Por qué el Estado confió en los intendentes de ejército para establecer al principal agente ejecutor y controlador del mayor gasto militar, y con ello de la mayor parte del gasto público? La principal razón de ser de la permanencia y fortalecimiento de los intendentes de ejército no era otra que la posibilidad que se ofrecía a la Secretaría de Hacienda de un control directo sobre los recursos asignados a la actividad militar. Toda la organización interna de la intendencia del ejército, sus distintos cargos y su funcionamiento quedó supervisada directamente, y de forma exclusiva, por la Secretaría de Hacienda, incluso en detrimento de la Secretaría de Guerra. El proceso de supeditación y control no fue fácil de establecer, y de hecho ambas secretarías mantuvieron durante toda la centuria un enfrentamiento abierto por el control de las intendencias de ejército. Cuestiones esenciales como era qué secretaría podía nombrar y promover los miembros que componían una intendencia de ejército se convirtió en un intenso frente de batalla institucional dentro del gobierno. La Secretaría de Hacienda no podía permitir la intromisión de la Secretaría de Guerra en las intendencias de ejército porque habría supuesto una previsible fuente de enfrentamiento entre secretarías y de limitación del grado del control total al que aspiraba. Del mismo modo, la Secretaría de Hacienda no podía consentir que las intendencias de ejército desarrollasen cualquier capacidad de gestión autónoma, al margen de las decisiones directas del gobierno de la Hacienda, ya que habría provocado una vuelta a la situación de partida. El medio adoptado para evitar estos riesgos fue una apuesta decidida de la Secretaría de Hacienda por fortalecer a la intendencia de Ejército y ponerla bajo su exclusiva autoridad. Esta solución obligaba a ejercer una continua defensa de la intendencia de ejército frente a la intervención y aspiraciones de los militares o de la propia intendencia de ejército. Para lograr este doble objetivo, defensa y control, la Secretaría de Hacienda impuso una férrea supervisión sobre la estructura organizativa de la Intendencia de Ejército, y todos sus cargos fueron directamente controlados por el tesorero general: el intendente, el contador, el tesorero y los comisarios ordenadores y de guerra.[39] El control de cada uno de esos cargos se hizo con el evidente objetivo de evitar que un fortalecido intendente de ejército pudiese alcanzar un cierto grado de autonomía, bajo la excusa del carácter estratégico que se le asignaba a su capacidad de gasto. El Estado

---

[39] Torres, *Llave*, 2012, pp. 50-56.

prefirió que el intendente de ejército y la intendencia de ejército quedasen bajo un doble control ejercido desde fuera, el tesorero general, y desde dentro, el contador y el tesorero. En resumen, el gasto militar finalmente quedó controlado por unos pocos funcionarios directamente supervisados por el tesorero general, y por extensión por el secretario de Hacienda.

Lo que hizo verdaderamente importante el éxito de las intendencias y tesorerías de ejército como principales agencias de pago de la monarquía fue la paralela supresión de esta función al resto de tesorerías y cajas de la monarquía. El principal problema estaba en las tesorerías de rentas provinciales y locales heredadas de los Austrias, que todavía subsistían integradas en las administraciones de recaudación de impuestos de los Borbones y dirigidos por los directores generales de Rentas. Cabe plantear si estas tesorerías de rentas podían haber sido una alternativa real al apoyo de la Secretaría de Hacienda y Tesorería General en las tesorerías de ejército. En teoría, un control contable y de información desde la Tesorería General hubiera podido realizarse del mismo modo apoyándose en los directores generales de Rentas y en las tesorerías de rentas provinciales y locales. Además, el proceso llevado a cabo por los Borbones de unificación de rentas y administración directa de algunas de las rentas a mediados de siglo daba oportunidades más que razonables para realizar el control de la circulación del dinero desde las tesorerías de rentas, y con él una vía alternativa de coordinación de la gestión de caudales y gastos de la Real Hacienda. Había incluso otra notable ventaja, y es que las tesorerías de rentas ofrecían respecto a las tesorerías de ejército una muy extensa implantación geográfica. Es decir, teóricamente, sí había una alternativa a las tesorerías de ejército. Se podía haber articulado una buena parte de la gestión del gobierno de la Hacienda en colaboración con los directores generales de Rentas. Es decir, haber mantenido, como en tiempos de los Austrias, a las tesorerías de rentas en lugares de ingreso y de pago. Esto hubiera supuesto el crecimiento de una Real Hacienda más "civil". En realidad, no conocemos bien las razones por las cuales la Tesorería General no se apoyó directamente en las tesorerías de rentas, pero es conveniente recordar que la nueva Tesorería General de los Borbones se creó precisamente para romper la coincidencia de las funciones de recaudación y pago de las tesorerías de rentas heredadas de los Austrias. Mantener cualquier grado de autonomía en la capacidad de gestión de recursos y gasto en las tesorerías de rentas provinciales y locales hubiera significado una fuente inagotable de conflictos, y una grave pérdida de autoridad para la Tesorería General. Sabemos que los tesoreros de rentas en la última etapa de los Austrias actuaron como agentes financieros privados, negociando con contribuyentes, asentistas e instituciones. El riesgo de una vuelta a esa situación pudo ser suficiente para evitar ese camino. Para cumplir las órdenes del secretario de Hacienda sobre gestión de fondos, el tesorero general necesitaba contar con una red de cajas centralizada y de su completo control, y para ello se optó por vincular las tesorerías de rentas a las tesorerías de ejército, y con ello el sentido de la circulación de la información y del dinero.

La posibilidad de que las tesorerías de rentas hubiesen tenido una evolución diferente a la de ser subsidiarias de las de ejército fue definitivamente limitada en 1759, cuando se determinó lo que la propia documentación llamó "el modo de hacer los pagos a las consignaciones del tesorero general".[40] Para conseguir "la seguridad de los caudales del rey, como la pronta satisfacción de lo que se consigna y libra, para conservación de la causa pública", el conde de Valparaíso ordenó a los directores generales de Renta que, en adelante, todos los tesoreros de rentas enviasen "inmediatamente" todos los caudales sobrantes, una vez atendidas las consignaciones ordinarias, a los tesoreros de ejércitos más próximos. Se pretendía concentrar los recursos en pocas manos, que, además, estaban directamente supervisadas por el tesorero general. Los tesoreros de ejército se encargarían de hacer directamente todos los pagos.[41] Es decir, se reducía el tiempo de permanencia del dinero en manos de los tesoreros de rentas. De este modo, la mayor parte la gestión del gasto de la monarquía quedaba en manos de los tesoreros de ejército, porque tenían los caudales físicamente y porque tenían la facultad de consignar. Las tesorerías de rentas quedaban para atender las peticiones de los tesoreros de ejército y se limitaban a ser una caja de depósito de caudales transitorio.

Todo este esquema de supeditación de las tesorerías de rentas a las de ejército quedó aún más claro bajo el siguiente gobierno, el del marqués de Esquilache. El nuevo secretario de Hacienda terminó de vaciar de contenido a las tesorerías de rentas en beneficio de las tesorerías de ejército. En 1760 se reordenó el régimen de gobierno de las Administraciones de Rentas y se estableció que era responsabilidad de cada tesorero de rentas que, una vez pagados los sueldos y gastos de administración, el resto de caudales en la tesorería de rentas debía enviarse a las tesorerías de ejército, donde "se han

---

[40] AHN, Hacienda, libro 8021, Real Orden de 31 de julio de 1759.
[41] "en los parajes donde no hay estos tesoreros y no puede seguirse esta regla, es preciso que la consignación que se haga del caudal que exista en los tesoreros de rentas, lo libren por harebuenos los de ejército o marina bajo de la misma regla" Conde Valparaíso a Directores Generales de Rentas, 31-7-1759, en AHN, fondo Contemporáneo, libro 8021.

de pasar inmediatamente todas las existencias que hubiere al fin del mes".[42]
Los caudales no se podrían retener en las tesorerías de rentas más de un
mes, y todo debía pasarse a manos de las tesorerías de ejército. Con esta
medida Esquilache reducía aún más la capacidad de gasto de las tesorerías
de rentas y la posibilidad de evolucionar hacia otra función que no fuera la
de unidad de recaudación fiscal. En los años siguientes desde la Secretaría
de Hacienda se insistió en mantener este flujo constante y rápido de caudales desde las tesorerías de rentas a las de ejército. El siguiente secretario de
Hacienda, Miguel Múzquiz, ordenó en 1768 a los directores generales de
Rentas y Administrador General de la Renta del Tabaco que por ninguna
excusa se retrasase el envío "sin dilación alguna a las tesorerías de ejército
que correspondan, todos los caudales que hubiese existente".[43] Estas órdenes
no eran puntuales ni motivadas por alguna urgencia de la corona, sino que
insistían en que debía ser la norma a cumplir en todo el tiempo y para todas
las rentas. No obstante, en casos de urgencia financiera del Estado el tiempo
de permanencia de los caudales en las tesorerías de rentas se podía reducir
aún más, como ocurrió en 1781 con motivo de la guerra contra Gran Bretaña. En ese caso Múzquiz pidió que no se esperase a final de mes para hacer
los envíos a las tesorerías de ejército, tal y como estaba legislado, sino que se
hiciese por "semanas, todo lo que líquidamente vayan rindiendo las rentas
de SM, en las mismas especies que se cobren, sin dejar parar caudal alguno
en las tesorerías de ellas".[44] La prioridad bélica y las urgencias contribuyeron
a reforzar el flujo de caudales hacia las tesorerías de ejército y, consecuentemente, a reducir las posibilidades de desarrollo de las tesorerías de rentas.

Todo parece indicar que ninguna administración de renta dispuso en
sus tesorerías de capacidad suficiente, ni los caudales recaudados permanecieron tanto tiempo, como para haber iniciado una evolución diferente. La
que sin lugar a dudas estuvo más cerca de conseguir esa hipotética evolución
diferente fue el monopolio fiscal de la renta del tabaco. Como ya demostró
González Enciso, la renta del tabaco pudo actuar como intermediario financiero en algunas tareas encomendadas por la Real Hacienda, especialmente
atendiendo créditos y consignaciones sobre sus recaudaciones,[45] pero ni siquiera en este caso hubo una clara separación y autonomía respecto a su de-

---

[42] Instrucción de 10 y 22 de noviembre de 1760 comunicada a Intendentes y Dirección General
de Rentas. Reproducción en Ripia y Gallard, *Práctica*,1795, t. III, p. 238.
[43] AHN, Hacienda, libro 8025, 22 de febrero de 1768, p. 70.
[44] Miguel Múzquiz, 29 de octubre de 1781. Gallardo, *Origen*, 1805, p. 252.
[45] González, "Usos", 2000.

pendencia de las tesorerías de ejército. Más bien parece ser que fue la propia Real Hacienda quien se frenó a la hora de destinar esta renta para el pago de más consignaciones y, con ello, a hipotecar sus ingresos, principalmente porque era esencial para el sostenimiento del ejército.[46] La renta del tabaco nunca llegó a superar de forma clara el estadio fiscal ni a separarse de su fin último, que era poner a disposición del tesorero general y de los tesoreros de ejércitos sus recaudaciones. Es más, para los tesoreros generales la única renta que cumplía con eficacia la tarea fundamental asignada a las tesorerías de rentas, es decir, poner sin dilación las recaudaciones en manos de los tesoreros de ejército, era precisamente la renta del tabaco. Desde el punto de vista de la Tesorería General, la renta del tabaco era todo un ejemplo para el resto de rentas. Como afirmaba el tesorero general marqués de Zambrano a los directores generales: "para que se atendiera a la providencia general, tantas veces repetida, y tan indispensable para el gobierno de la Tesorería Mayor, de que en fin de cada mes se pasen a las tesorerías de ejército todos los productos de rentas, como lo hace la del tabaco".[47]

Otro elemento que pudo contribuir a fortalecer a las tesorerías de ejército, en detrimento de las tesorerías de rentas fue la mayor dificultad de control que tenía la Tesorería General sobre las administraciones de rentas. Los tesoreros de ejército eran pocos y estaban controlados directamente por la Tesorería General, mientras que los administradores y dependientes de rentas eran miles y dependían de los directores generales de rentas. Además, las relaciones entre el tesorero general y los directores de rentas se realizaban mediante la intermediación del secretario de Hacienda y en un clima de frecuente rivalidad y desconfianza, como se demostró con claridad cada vez que el Estado ordenaba una subida de impuestos.[48] Las reticencias de los tesoreros generales para utilizar o movilizar recursos existentes en las tesorerías de rentas se pueden justificar, además, por la alarmante falta de información real sobre los caudales efectivamente disponibles en aquellas tesorerías. Por si fuera poco, el mundo de las administraciones de rentas era visto desde los responsables de la Secretaría de Hacienda como un descontrolado

---

[46] Acabó el siglo XVIII y el total de consignaciones acumuladas hasta entonces (juros, hospitales, academias o deuda pública), apenas suponían una carga anual de 6.1% del total recaudado. Torres, *Precio*, 2013.

[47] Marqués de Zambrano a Miguel Múzquiz, Madrid, 5 de octubre de 1781, en Archivo General de Simancas (en adelante AGS), Secretaría y Superintendencia de Hacienda, leg. 747. Múzquiz al Administrador General de la Renta del Tabaco, San Lorenzo, 29 de octubre de 1781.

[48] Esta rivalidad fue manifiesta en el caso del establecimiento de la Extraordinaria Contribución en 1779, es analizado en Torres, *Precio*, 2013.

estadio de la Real Hacienda, donde con más frecuencia de la deseada se hablaba abiertamente de malversación de fondos en las tesorerías de rentas. Eran más que habituales las acusaciones y las llamadas desde la Secretaría de Hacienda a los directores de rentas para que los administradores controlasen a sus "dependientes" y se atuvieran a una recta economía. Para acabar con los continuos "desfalcos y quiebras en las tesorerías de rentas", según calificó el propio marqués de Esquilache, el gobierno dio poderes específicos a los intendentes para aumentar el control sobre "todas las dependencias de Rentas y sus incidencias, sin la menor excepción", y estableció en 1760 que los intendentes tuviesen "juntas semanales" con los administradores, contadores y tesoreros de todas la rentas.[49] Algunos de los manejos particulares de los administradores de rentas se trataban con frecuencia de pura y clara especulación monetaria.[50] Para resolver este problema, "y el de otros casos", la solución entonces propuesta fue, una vez más, la de que "se ponga en arcas todas las semanas los caudales que produzcan las rentas en las mismas especies que los reciban, pasando los administradores generales en fin de cada mes, los que haya en ellas a las tesorerías de ejército".[51] Parece ser que la especulación monetaria en las tesorerías de rentas se hizo con todo tipo de monedas, incluidos los títulos de deuda pública, vales reales, que eran aceptados como dinero para pagar las contribuciones fiscales. Así, el tesorero general se quejó repetidamente al secretario de Hacienda en 1782 del "excesivo número de billetes reales que los tesoreros de rentas entregan en las tesorerías de ejército… le parece que los tesoreros hacen negociación con los billetes porque no es regular que se les entreguen tanto".[52] Ante tanto des-

---

[49] A juicio del Marqués de Esquilache los "numerosos desfalcos y contrabando existente" surgía de "la falta de arcas de tres llaves y falta de rigor en la cuenta y razón" en las tesorerías de rentas. Madrid, 10 de noviembre de 1760, Ripia y Gallard, *Práctica*,1795, t. III, p. 233.

[50] En 1767, Miguel Múzquiz tuvo que remediar la práctica que había en Aragón de que "los administradores y tesoreros de rentas de aquel reino comercian con los caudales de ellas, resultando de esto no sólo el perjuicio de pasarse con mucho atraso a la tesorería de ejército, sino también el de entregarse casi el todo en vellón, de modo que si no se pone remedio llegará el caso de tener que pagar la Real Hacienda premio por las reducción de las cantidades que es preciso enviar a Guipúzcoa y Navarra", Miguel Múzquiz a Directores Generales de Rentas, 14 de marzo de 1767, en AHN, Hacienda, libro 8024, p. 49.

[51] Miguel Múzquiz a Directores Generales de Rentas, 14 de marzo de 1767, en AHN, Hacienda, libro 8024, p. 49.

[52] Miguel Múzquiz a directores generales de Rentas, 5 de octubre de 1782, en AHN, Hacienda, libro 8033, p. 318. Múzquiz dio importancia a la información suministrada por el tesorero general Francisco Montes sobre la malversación que se estaba haciendo en las tesorerías de rentas y se inició un expediente que concluyó que funcionarios de rentas aceptaban cambiar el efectivo de los impuestos por vales, con el concurso de los comerciantes y un lucro personal. El expediente en AGS, Secretaría y Superintendencia de Hacienda, leg. 275. Aunque no quedan claros los márgenes de

control y desconfianza hacia las tesorerías de rentas, la opción más eficaz era reducir el tiempo de permanencia de la recaudación en aquellos depósitos y transferirla o ponerlas a disposición de las tesorerías de ejército lo antes posible. Los Borbones renunciaron a concentrar el gasto del Estado en las tesorerías de ejército porque era lo más sencillo y fácil de controlar. De este modo, el Estado podía tener la seguridad de concentrar en pocos puntos todos los recursos y ordenar el gasto sobre ellos. Es decir, había logrado las bases administrativas para alcanzar el ideal de la unidad de gasto. Pero, de nuevo, esa estructura de gestión no era útil si el Estado no tenía información real y fiable de cuál era la disponibilidad de fondos en cada tesorería. O lo que es lo mismo, para gestionar eficazmente el gasto se debía tener información sobre dónde estaban los recursos depositados y cuántos estaban disponibles. Sólo así se podría hacer un verdadero control del gasto.

LA UNIDAD DE INFORMACIÓN Y EL CONTROL DEL GASTO. LA TIPOLOGÍA DEL GASTO DEL ESTADO

Sin información contable real, el gobierno de la Hacienda actuaba a ciegas. Los controles de las contadurías de los Austrias o incluso del Tribunal Mayor de Cuentas de los Borbones no servían para la gestión de gasto. Esas instituciones tenían como objetivo principal la supervisión a posteriori de la actividad de los tesoreros, lo que en la práctica significaba que, por esas instituciones, el Estado no conocería los movimientos de la Hacienda hasta muchos años después de haberse producido. Esos controles contables no tenían un valor para el gobierno ejecutivo de la Hacienda. De tal manera que el gobierno de los Borbones necesitaba disponer de vías de información más eficaces y rápidas. La pretendida unidad de "conocimiento" establecida en 1718 con la creación de la Tesorería General, no aseguraba que se lograse. El principal obstáculo estaba en el intercambio de información entre tesorerías, en lo que la siempre pretendida y difícil "unidad de cargo y data" entre tesorerías. El camino para que las diferentes administraciones y tesorerías unificasen y compartiesen su información contable con los órganos de gobierno de la Hacienda, principalmente la Tesorería General, fue largo y todavía mal

---

beneficio de esta especulación, en algunos casos parecen atractivos. Por ejemplo, se acusó al tesorero de rentas de San Lúcar de Barrameda de que "en lugar de pasar las rentas en las misma especie a las tesorerías respectiva, las reduce a billetes con el lucro de un siete por ciento que es a como está el cambio", AGS, Secretaría y Superintendencia de Hacienda, Madrid, 13 de agosto de 1782, leg. 1638.

conocido. No obstante, parece casi seguro que comenzó a ser una realidad irreversible a mediados del siglo.

El camino de la normalización contable entre tesorerías estaba implícito en todas las ordenanzas y plantas, que desde 1703 habían reclamado que se "refundasen" las cuentas. No obstante, el procedimiento para realizarlo no estaba claro, ni tampoco los tiempos para realizarlo. En la reorganización interna de la Tesorería General de 1743 se avanzó algo, pues se ordenó que el tesorero general enviase "formularios" a los tesoreros de ejército y provincias para que estos devolviesen la información contable, "divididos por clases". Desconocemos cuál fue la respuesta de los tesoreros de ejército, pero lo cierto es que diez años más tarde hubo que resolver este problema de forma expresa, y acabar así con la autonomía contable que subsistía en las tesorerías de ejército desde 1726.[53] El tesorero general Nicolás de Francia al presentar al rey la cuenta de la Tesorería General correspondiente al año 1752 puso de manifiesto la dificultad de alcanzar un conocimiento exacto y actualizado de los gastos de la corona, y apuntaba como principal culpable a los tesoreros de ejército.[54] Según el tesorero general, los tesoreros de ejército presentaban sus cuentas tarde y mal. Sus contabilidades estaban pensadas para superar el control de la Contaduría Mayor y no tanto para informar con agilidad al tesorero general. A juicio de Nicolás de Francia, la única solución era que las cuentas de los tesoreros de ejército "se refundan en la del tesorero general". Su propuesta, finalmente aprobada a finales de 1753, era sencilla y en adelante todos los tesoreros de ejército, utilizarían la misma contabilidad que la utilizada por la Tesorería General.[55] Para conseguirlo, el secretario de Hacienda marqués de la Ensenada aceptó que todos los apuntes y partidas, tanto del cargo como de la data, fueran distribuidos en los tesoreros de ejército según su naturaleza, del mismo modo que se hacían en la Tesorería General.

Esta unificación contable facilitó el control del tesorero general sobre el conjunto de la Real Hacienda, ya que podía agilizar la reunión de información de todas las tesorerías de ejército en cualquier momento, y por este procedimiento conocer la situación real de los caudales y gastos, sin tener que esperar a que la Contaduría Mayor informase a la Tesorería General varios meses, cuando no años después. Para facilitar esta presentación uniforme

---

[53] Torres, *Precio*, 2013.

[54] Nicolás de Francia a Julián Arriaga, Madrid, 18 de diciembre de 1753, en Archivo General de Indias (en adelante AGI), Arribadas, leg. 524.

[55] Real Orden de 10 de diciembre de 1753 firmada por el Marqués de Ensenada.

y rápida de informes el tesorero general propuso que en aquellos casos en los que las tesorerías de ejército llevaran una contabilidad precisa para cada regimiento, como era su obligación, en adelante se debía, además, hacer resúmenes mensuales por cuerpos militares "como se practica en la Tesorería General", y remitirlos directamente a ella, sin pasar por la Contaduría Mayor y sólo "intervenidos y visados por las Contadurías e intendentes de ejército". Del mismo modo, el registro final de la gestión de caudales y gastos realizados debía presentarse también directamente a la Tesorería General, con los mismos rótulos usados por esta y en unos plazos precisos y cortos.[56]

Para que la unificación contable fuese efectiva exigió que la propia Tesorería General diese instrucciones precisas a todos tesoreros de ejército y a cualquier depositario o pagador de la Real Hacienda el significado preciso de cada uno de los ingresos y gastos que podía atender la monarquía española, y a la que debía ajustar y referir toda información contable intercambiada entre tesorerías.[57] La pretendida normalización contable se centró de forma especial en una precisa definición de la gestión de los gastos. En cuanto a los ingresos, el objetivo no fue tanto definir en qué consistían las rentas sino en cómo transmitir la información sobre los ingresos a la Tesorería General. Lo más importante era que todo tesorero debía distinguir con claridad el origen de los ingresos, la persona que lo entregaba, lugar, fecha y motivo. El principio general sobre el que se articulaba toda la contabilidad de la Tesorería General y de la Real Hacienda, el de *cuenta y razón*, era simple y buscaba la posibilidad de contrastar las contabilidades de los tesoreros. La idea era que todo ingreso recibido por un tesorero suponía un "cargo" para el tesorero que lo recibía, y generaba un registro de gasto, "data", por la misma cantidad y motivo en la contabilidad del tesorero, depositario o pagador que hubiera hecho la entrega. El sistema quedaba trabado por dos mecanismos. Por un lado, nadie podía hacer un ingreso o un gasto sin expresa autorización del tesorero general, quien, a su vez, sólo podía recibir órdenes del secretario de Hacienda. Por otro lado, nadie podía hacer una anotación sin dar una "carta de pago", que servía de justificante de la operación realizada. Además, la

---

[56] "en dos meses los tesoreros de ejército de Galicia, Extremadura, Castilla y Pagador de Presidios Menores; en tres meses los de Aragón, Cataluña, Valencia, Mallorca, Andalucía, Orán, Ceuta y el Depositario de caudales de Indias, no obstante lo que prescribe la Ordenanza del año 1718 y otras posteriores".

[57] La estructura de gasto de 1753 en "Instrucción para los thesoreros de exercito y provincia, depositarios y pagadores, cuyas quentas estan mandadas comprehender en la del Thesorero General, sobre la forma y modo en que deben presentarlas", AGI, Arribadas, leg. 524. Una copia de esta instrucción en Ripia y Gallard, *Práctica*, 1795, t. III, pp. 178-200.

"carta de pago" dada por el tesorero que recibía el ingreso al que lo entregaba era siempre provisional, y sólo se hacía definitiva cuando el tesorero que
había entregado el dinero y recibido una carta de pago provisional la enviara
a la Tesorería General, donde se le entregaba una carta de pago definitiva.
De esta manera, según las cartas de pagos provisionales iban llegando a la
Tesorería General, el tesorero general podía conocer que el ingreso se había
realizado realmente.[58]

Todo este sistema obligaba al tesorero a identificar el origen de los
ingresos y a mantenerlo identificado en todo momento. Esta individualiza-
ción de los caudales impidió que se evolucionara hacia fondos conjuntos. Es
decir, ninguna tesorería tendría tesoro de caudales de la Real Hacienda con
el que pagar indiscriminadamente, sino que todo pago se atendería con ingresos de rentas específicas. La unidad de cuenta interna siempre sería cada
renta. En consecuencia, debía realizarse una relación por cada renta de los
ingresos recibidos, identificando quién lo había entregado. Era importante
que se identificase siempre el origen del ingreso para poder exigir carta de
pago en la Tesorería General con la que se demostraba que otro tesorero lo
había entregado. Esta estructura sencilla se repetía para todos los tipos de
rentas, y se insistió en repetidas ocasiones en que las rentas la mantuvieran
por separado. Sin duda era un medio de control de la actividad del tesorero,
pero, insistimos, la realidad fue que impuso la obligación de llevar una contabilidad individualizada para cada renta.[59]

En cuanto a definición y distribución de gastos, lo importante fue asegurar que todas las tesorerías lo hiciesen de la misma forma. En el esfuerzo por explicar la estructura de gasto del estado había una clara intención
unificadora y de unificación con la distribución del gasto realizada por la
Tesorería General, pero no deja de ser sorprendente que todavía en 1753,
primero, hiciese falta decir cuál era, y, segundo, hubiese que explicar a un
tesorero el significado de cada partida de gasto. Sin duda, si se dio este paso
fue para atajar una probable historia de confusiones entre los tesoreros. No

---

[58] Dubet, "Tesorería", 2010.
[59] "que siguiendo este orden se le han de hacer, usando de las nominillas que fuesen necesarias,
de todos los caudales que hubiese percibido en el tiempo de su ejercicio, del producto de la Renta del
Tabaco, con distinción de Partidos, tesoreros, administradores, recibos que les dieron, y en qué días,
sacando el total importe de este ramo, y los que siguen en una sola partida al margen, con prevención
de que si por los administradores generales, o directores de esta renta, o las demás, se diesen créditos
a favor de los tesoreros generales, y por estos se endosasen al de cualquier tesorero de ejército, los
han de considerar en su respectiva Renta", Nicolás de Francia, 10 de diciembre de 1753, en AGI,
Arribadas, leg. 524.

disponemos de estudios al respecto, pero podemos suponer que a lo largo de toda la mitad del siglo XVIII se debieron suceder los intentos por definir y clasificar todos los tipos de gastos que atendía de forma habitual el Estado. Una tipología, o una estructura de partidas de gasto, determinada, pública y compartida por las tesorerías implicadas en el control de la Real Hacienda era un primer paso serio para ejercer el control del gasto y para hacerlo de forma rápida, pues era el control que más interesaba desde el punto de vista de la acción de gobierno, ya que ofrecía información y evitaba la malversación de fondos. Si atendemos a la importancia y al rigor con que se mantuvo la tipología de gasto durante la segunda mitad del siglo XVIII, podemos suponer que conseguirla fue algo importante, que debería ser considerado y comprendido en sus antecedentes. De cualquier modo, podemos apuntar que en 1753 hubo un esfuerzo normativo por definir con claridad cuál debía ser la estructura de gasto del Estado, o lo que es lo mismo, cómo debía clasificarse y distribuirse cualquier desembolso que debiera hacer la Real Hacienda en cualquier tesorería del Estado. La tipología resultante se fijaba con un propósito práctico evidente: se pretendía alcanzar una verdadera unificación contable entre las tesorerías de la corona. La información y el control estatal se acelerarían si se lograba realizar una agregación rápida de cuentas entre las diversas tesorerías de la Real Hacienda, y de forma expresa entre las de Tesorería General y tesorerías de ejército.

La tipología de gasto que el Estado español determinó en 1753 fue mantenida a lo largo de todo el resto del siglo XVIII. Con ella, la Real Hacienda comenzó a disponer de una estructura fija de gasto, de "clases de Data", que todos los tesoreros principales de la corona debían conocer y tener presente para distribuir los gastos que hubiesen tenido.

La estructura de gasto establecida en 1753 determinó 34 partidas diferentes tipos de gasto, "clases", con títulos específicos y un orden que el mismo ordenamiento recomendaba mantener (véase cuadro 1).[60]

La determinación y definición de esta tipología de gasto del Estado es importante porque, además, nos ayuda a comprender la verdadera naturaleza del Estado, es decir, qué pensaba el propio Estado sobre cuáles eran sus

---

[60] En realidad, el número de datas en 1753 era superior (36) puesto que había dos tipos de data que aparecían al final de esta relación; se trataba de "Caudales remitidos a otros tesoreros" y "Remitido a la Caja". Estas dos categorías tenían sentido desde el punto de vista del control de cuentas que se realizaba por la Tesorería General a las de Ejército, pero que se terminaron separando del resto de partidas de gasto, puesto que eran movimientos contables. De tal manera que según se cuente, hablaríamos de 34 o 36 categorías de gasto. La pervivencia de esta estructura original se puede comprobar todavía en 1799, AGS, Secretaría y Superintendencia de Hacienda, leg. 294.

Cuadro 1. "Clases" de gasto del Estado. 1753

1. Casas Reales.
2. Secretarías del despacho y Tesorería Mayor.
3. Ministros y tribunales.
4. Pensiones de Hacienda.
5. Ministros en cortes extranjeras.
6. Consignaciones de amas.
7. Tres por ciento. Juros y censos.
8. Extraordinario de Hacienda.
9. Cartas de pago de tesorería antecedente.
10. Cartas de pago de tesorería sucesiva.
11. Créditos de testamentaría.
12. Menaje y vestuarios.
13. Provisión de víveres.
14. Pagadores de Hacienda.
15. Guardias de corps y alabarderos.
16. Guardias de infantería.
17. Infantería, inválidos y milicias.
18. Regimiento real de artillería.
19. Caballería y dragones.

20. Estados mayores de plazas.
21. Estados mayores de artillería.
22. Oficiales generales.
23. Ministros de Hacienda y guerra.
24. Diferentes.
25. Ingenieros.
26. Viudas de seis mil doblones.
27. Pensiones de guerra.
28. Viudas de dos pagas y limosnas.
29. Familias de Oran y Moros de Paz.
30. Hospitales.
31. Marina.
32. Fortificaciones y artillería.
33. Extraordinario de guerra.
34. Tesoreros y pagadores de marina.
35. *(Caudales remitidos a otros tesoreros)*
36. *(Remitido a la Caja)*
37. Montes Píos Militar y Ministerio.
38. Cuatro por ciento por los vales.

Fuente: Ripia y Gallard, *Práctica*,1795, t. III, pp. 178-200.

funciones y objetivos. Una simple lectura de esta estructura de gasto nos habla con claridad de cuál era la prioridad del Estado y para qué existía ese Estado. A nuestro juicio, esta tipología de gasto está subrayando su esencia militar y administrativa. La realidad histórica que nos muestra esta estructura de gasto es la de un Estado articulado para atender tres objetivos: el sostenimiento de la Casa Real, las fuerzas armadas y la administración del Estado. No parece existir nada comparativamente más relevante fuera de esas tres funciones. Es decir, un Estado esencialmente patrimonial y militar. La voluntad con la que el Estado mantuvo esa tipología de gasto hasta finales del siglo XVIII puede ser igual de revelador de la naturaleza del Estado. Hemos podido comprobar que en las operaciones de ordenación y control contable, tanto de la Tesorería General como la Tesorería de Ordenación, donde se comprobaba las contabilidad del año anterior, se mantuvieron esas categorías de gasto, e incluso en gran medida el orden específico en el que fueron establecidas en 1753. De hecho, la estructura no se modificó ni siquiera cuando años más tarde se introdujo el sistema de ministerios en el gobierno, que podría haber acarreado algún tipo de cambio, aunque hubiese sido una distribución de las clases de gasto por ministerios. Entonces, lo que finalmente se hizo fue duplicarla, es decir, se mantuvo la estructura del gasto impuesta en la Tesorería General y después se desagregaba según los nuevos ministerios. Esta novedad de finales de siglo, ni siquiera se mantuvo ni llegó a sustituir la estructura definida, puesto que los cambiantes ministerios, y con ellos nuevas desagregaciones, sólo sirvió para confirmar la conveniencia de mantener la estructura del gasto frente a la más volátil estructura de ministerios.[61] Como reconocía Francisco de la Dehesa a Diego Gardoqui en 1792: "las cuentas vienen ordenadas por clases, y no por Ministerios... y es una obra terrible [pues] es necesario reconocer 38 Datas que tiene la cuenta de la Tesorería General".[62]

Los cambios introducidos en la estructura de gasto con posterioridad a 1753 fueron mínimos. Podemos afirmar que sólo se crearon dos nuevas partidas de gasto. La primera novedad fue el gasto denominado: "Montes Píos Militar y Ministerio", que respondía a la creación de estos institutos a comienzos de la década de 1760.[63] Este caso, además, ilustra la voluntad de modificar lo menos posible la estructura de gasto: pese a que lo lógico hubiese sido unir varios tipos de gasto que tenían un objetivo similar, como por el ejemplo el pago de pensiones ("Viudas de seis mil doblones", "Pensiones de guerra" o "Viudas de dos pagas y limosnas"), lo que se hizo fue distinguir este nuevo gasto y colocarlo al final en la relación de gastos del Estado, pasando a ser la categoría número 35. Probablemente la naturaleza diferente de cada uno de los tipos de gastos y la voluntad de mantener la estructura

[61] Desconocemos la fecha exacta en la que se decidió presentar información sobre gastos utilizando una estructura por ministerio. No obstante, podemos afirmar que el 2 de febrero de 1785, la Secretaría de Hacienda ordenó a la Tesorería General que hiciese un informe sobre los ingresos y gastos realizados desde 1781 hasta el 1785, con el fin de conocer la situación de la Real Hacienda y realizar un "presupuesto de un año corriente". Entonces los datos sobre gasto fueron presentados conforme la estructura de gasto habitual, pero, además, se presentó también un resumen del gasto, distribuyendo esas mismas datas entre cinco ministerios: Estado, Guerra, Indias, Marina y Hacienda. El Pardo al Marqués de Zambrano, 2 de febrero de 1785, en AGS, Secretaría y Superintendencia de Hacienda, leg. 293. Aunque la distribución en "clases" de ministerio se aplicará a informes de la Tesorería General anteriores, la más antigua encontrada es de 1768, todo parece indicar que se trata de distribuciones realizadas posteriores. AGS, Dirección General del Tesoro, inv. 16, guión 24, leg. 49.

[62] Francisco de la Dehesa a Diego Gardoqui, junio de 1792, AGS, Secretaría y Superintendencia de Hacienda, leg. 284.

[63] En 1763 se creó el Montepío de Ministerios y Tribunales, en 1764 el de Oficinas de la Real Hacienda, 1765 el de Ultramar, 1770 el de Lotería, 1785 el de las Minas de Almadén, y 1785 el de Correos y Caminos. Véanse García, "Montepío", 1987, y Herráiz, "Montepíos", 2005.

del gasto debió aconsejar finalmente no alterar la estructura y distinguir el nuevo gasto.[64] La segunda novedad, y última, vino por la creación de Vales Reales a partir de 1780, lo que supuso la incorporación de un nuevo tipo de gasto, "la clase de vales", que tuvo varias denominaciones[65] y que se mantuvo también hasta finales de siglo.

La unificación contable hizo aún más valiosa la supeditación férrea de las tesorerías de ejército al tesorero general, y de este al secretario de Hacienda, para que el ministro responsable de la Real Hacienda pudiese estar constantemente informado de cuál era la situación financiera del Estado. Hemos podido comprobar que desde mediados del siglo XVIII, aparte de las peticiones a las tesorerías de ejército de información puntual, se logró establecer plazos fijos para que los tesoreros de ejército le enviasen sus cuentas de ingresos, gastos y disponibilidad en sus tesorerías, en las rentas y hasta de las haciendas municipales.[66] Así, en 1753 se ordenaba que "no obstante lo que prescribe la Ordenanza del año de 1718", los tesoreros de ejército enviasen en el plazo inferior a tres meses sus cuentas anuales; en el caso de los tesoreros de Galicia, Extremadura, Castilla y pagador de presidios menores este plazo era de dos meses, una vez acabado el año natural, y en el caso de los tesoreros de Aragón, Cataluña, Valencia, Mallorca, Andalucía, Oran, Ceuta y Depositaría de India el plazo era de tres meses.[67] En los años siguientes estos plazos se fueron reduciendo aún más, y a partir de 1760 la información desde las tesorerías de ejército hacia la Tesorería General comenzó a llegar mensualmente. Según afirmó años más tarde un tesorero

---

[64] Para ilustrar la desigual naturaleza de aquellos gastos en pensiones, podemos apuntar que, antes del establecimiento del Montepío Militar, la Tesorería General pagaba desde 1717 a las viudas de oficiales con cargo a un fondo específico que el Estado había dotado con 6 000 doblones, de ahí el nombre con el que se le conocía. Véase Herráiz, "Montepíos", 200, p. 180. Del mismo modo, el gasto llamado "Pensiones de Guerra" contemplaba como beneficiarios a viudas de no militares, a las de militares de la Plaza de Ceuta y también a militares, que las tienen además de sus sueldos, y, por poner algún ejemplo significativo de la variedad de situaciones, a "censos, censales y cargos de justicia de los reinos de Aragón, Valencia, Mallorca y Principado de Cataluña […] las consignaciones de gastos de capillas, de fortalezas y Castillos". Por último, con el gasto llamado de "Viudas de dos pagas y limosna" se atendía a aquellas viudas que el marido no había dejado crédito alguno, y que se debían cargar "en la de Créditos de la Testamentaría del Reinado anterior" además de atenderse en este gasto a las pagas que se "hacen a cautivos y estropeados", AGI, Arribadas, leg. 524. Es decir, una naturaleza de gasto en cada caso muy específica y diferente que no era fácil unificar, pero que historiadores no han tenido ningún reparo en hacerlo.

[65] En 1780 se le denominaba "negociación de Vales" y desde 1781 "4% por los Vales". Este nombre hace referencia al tipo de interés, pero también es una clara copia de otra partida de deuda, como era la llamada "3% por Juros y Censos", AGS, Dirección General del Tesoro, inv. 16, guión 24, leg. 49.

[66] Torres, *Precio*, 2013.

[67] AGI, Arribadas, leg. 524.

general, la práctica que terminó imponiéndose por propia decisión de los tesoreros generales, como señalaba el mismo tesorero con cierto orgullo, fue que los tesoreros de ejército enviasen a final de cada mes las "relaciones de todo el caudal que ha entrado en su poder, y se ha distribuido por su mano, que vienen intervenidas por los contadores, y con el VB de los intendentes".[68] Esta práctica de relaciones mensuales se aplicó también a la Depositaría de Indias en Cádiz, donde "como no está establecida intervención determinada para la entrada y salida de ellos [caudales]… está dispuesto [también] por los tesoreros generales, que el depositario remita mensualmente relaciones puntales de las entradas de caudales y de los pagamentos que han hecho".[69] El tesorero general Francisco Montes se mostraba especialmente orgulloso al informar al ministro que "por estos documentos se han tenido exactas noticias de aquellos caudales y librándose para las atenciones del Real Servicio los que efectivamente debían existir allí, y no se ha experimentado en los veinte y cuatro años que van a cumplir en esta práctica, desfalco alguno".[70] Todo esto daba una sorprendente regularidad al envío de la información contable a Madrid, imprescindible para la gestión política, y a todas luces muy superiores a la manejada en etapas anteriores.

Por lo tanto, podemos concluir que el Estado creyó necesario disponer de una estructura de gasto fija en sus tesorerías y mantenerla fue porque era el único medio de lograr una unificación contable de la Hacienda, y con ella una mejor gestión de la información y de la movilización de los caudales. Por lo tanto, los Borbones fijaron una estructura de gasto con el fin de facilitar el intercambio de información entre tesorería, y con ello la calidad de la gestión del gasto. El proceso no fue rápido, al menos hasta mediados de siglo no quedó impuesto de forma irreversible, pero cuando finalmente se implantó el Estado lo mantuvo sin apenas variación. En definitiva, para lograr incrementar la gestión en el gasto, el Estado necesitó imponer su autoridad sobre los tesoreros y fijar una jerarquía entre tesorerías que le permitió lograr una unidad de gasto y de información. Con todo ello, el

---

[68] Informe de Francisco Montes al Conde de Gausa, 23 de octubre de 1784, en AHN, Estado, leg. 3472.

[69] Informe de Francisco Montes al Conde de Gausa, 23 de octubre de 1784, en AHN, Estado, leg. 3472. Por otras fuentes sabemos que estos envíos mensuales de información contable desde las tesorerías de ejército fueron efectivamente una realidad. Así, cuando el secretario de Hacienda pidió al tesorero general un estado de los ingresos y gastos de todo el Estado, este se excusó diciendo que esperaba el envío de estos datos a final de mes.

[70] Informe de Francisco Montes al Conde de Gausa, 23 de octubre de 1784, en AHN, Estado, leg. 3472.

Estado pudo ser más eficaz en la gestión y movilización del gasto hacia las tesorerías y atender las demandas que la acción política fue imponiendo a lo largo del siglo.

LOS NIVELES DEL GASTO PÚBLICO

Esta evolución en el control institucional del gasto del Estado nos permite concluir que la monarquía fue mejorando a lo largo del siglo XVIII la calidad de la información manejada, y con ello la fiabilidad de los datos manejados por los historiadores. Como hemos visto, la introducción de cambios administrativos no impidió que hubiese desfases de tiempo en su aplicación efectiva. De tal modo que podemos afirmar que hay dos grandes etapas en la calidad de la información sobre el gasto manejada por los gobiernos borbónicos. La primera etapa se extendería hasta mediados de siglo. Las sucesivas refundaciones de la Tesorería General y su convivencia con la Tesorería Mayor limitaron la posibilidad de conocer cuál era el gasto total real de la monarquía. Además, el pretendido control de las tesorerías de Ejército tampoco fue lento y requirió, primero, un fortalecimiento de estas intendencias de ejército y, después, una supeditación de las tesorerías de rentas. El proceso no parece que estuviera acabado totalmente hasta mediados de siglo. La segunda etapa se extendería a partir de entonces y estaría caracterizada por una mejora sustancial de la calidad de la información, ya que se pudo avanzar, primero, en establecer una estructura de gasto fija y compartida por todas la tesorerías, y, posteriormente, en la superposición de una tesorería de ordenación, que hacía aún más fiable la información reunida y manejada por la Tesorería de General.

Esta teórica desigualdad en la calidad de la información queda confirmada en parte en los propios datos reunidos, tanto en el volumen como, lo que es aún más importante, en la sensibilidad para reflejar las variaciones introducidas por los conflictos bélicos (véase gráfica 1). Entre 1703 y 1750 el gasto público promedio en España fue de 246 000 000 de reales de vellón (rsv), mientras que en la segunda mitad de siglo el gasto medio casi se triplicó, alcanzando los 651 000 000. Es cierto que el coste de los conflictos bélicos fue aumentando conforme avanzó el siglo, pero todo apunta a que la actividad bélica durante el reinado de Felipe V (1701-1746) no quedó suficientemente reflejada en el gasto público. De entrada, si atendemos al número de años en los que España estuvo en guerra, la primera mitad de siglo

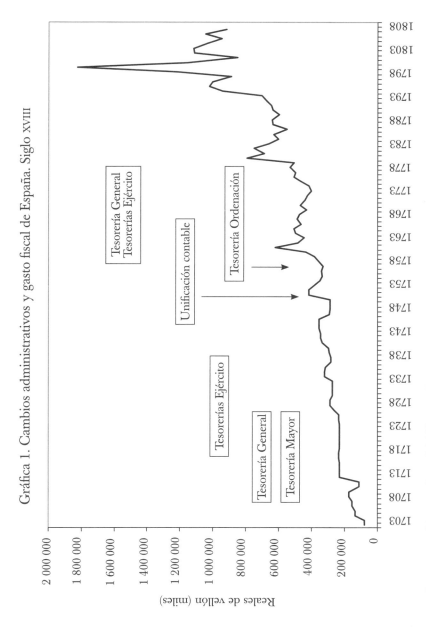

Gráfica 1. Cambios administrativos y gasto fiscal de España. Siglo XVIII

Tesorería General
Tesorerías Ejército

Unificación contable

Tesorería Ordenación

Tesorerías Ejército

Tesorería General

Tesorería Mayor

Reales de vellón (miles)

Fuentes: AGS, Dirección General del Tesorero, inv. 16, guión 24, leg. 49; inv. 16, guión 3, legs. 5-10, e inv. 16, guión 15, legs. 7-11, y AGS, Secretaría y Superintendencia, legs. 253-294, 385-386, 2354.

es con diferencia el periodo de mayor actividad bélica (cuadro 2 y gráfica 2). De los 46 años que duró el gobierno del primer Borbón, más de la mitad, 27, fueron de guerra. Mientras que en la segunda mitad del siglo XVIII, y hasta 1793, sólo hubo siete años de guerra. Incluso si se incluye el ciclo bélico hasta 1808, tendríamos 20 años de guerra. Como señaló Edgar Kiser, con frecuencia el investigador no tiene en cuenta el dato esencial que supone el número de años en los que un Estado permanecía en guerra. A su juicio, la duración de la actividad bélica era el elemento más importante a la hora de explicar el impacto de la guerra sobre el Estado, su economía y su sociedad, por lo que él mismo denominada el "ratchet effect".[71]

Aunque los conflictos bélicos que enfrentaron a los principales estados europeos durante el siglo XVIII no fueron iguales, el desarrollo técnico y administrativo de las fuerzas armadas hizo que los europeos tendieran a realizar esfuerzos administrativos, económicos, fiscales, logísticos y humanos similares a sus contrincantes.[72] Esto significa que las guerras entre poderes europeos tuvieron un nivel similar en los países beligerantes. Si nos fijamos en las principales guerras desarrolladas entre los europeos podemos afirmar que hasta 1748 España mantuvo una actividad bélica muy intensa, similar a la inglesa, e incluso, según este indicador de años en guerra, superior a la francesa. Por el contrario, a partir de entonces los compromisos militares de España se redujeron notablemente, al menos en comparación con la primera mitad y con los sostenidos por ingleses y franceses.

En la misma dirección apunta la sensibilidad de las cuentas públicas a los conflictos bélicos. Una nueva guerra siempre era un motivo de aumento rápido y rotundo en el gasto público, y el tránsito entre la paz y la guerra dejaba siempre una clara huella en su contabilidad. Como sostiene Joël Felix, se debe descartar completamente la posibilidad de que los Estados europeos del siglo XVIII iniciasen preparativos para la guerra con antelación a la declaración de un conflicto. Precisamente la diplomacia europea tenía como principal cometido vigilar cualquier variación súbita en los volúmenes de gastos e ingresos de los Estados en tiempos de paz. Hasta el punto que un nuevo

---

[71] Kiser, "Determinants", 2001, p. 411.
[72] Precisamente las razones del éxito mundial europeo alcanzado al final de la Edad Moderna se ha atribuido a la continua competencia mantenida por los europeos en todos los órdenes, de forma especial en el terreno científico, armamentístico y de difusión de ideas, debido a su peculiar sistema de Estados rivales y entrelazados, Jones, *Milagro,* 1990, pp. 36 y 181. La misma idea en Mokyr, *Palanca,* 1993, p. 261, y Pomeraz, *Great,* 2000. Para el siglo XVIII el mejor ejemplo de los efectos concretos de esta competencia entre europeos lo encontramos en la carrera mantenida por los tres grandes poderes europeos por asegurar el poder marítimo, Harding, *Seapower,* 1999.

Cuadro 2. Años de participación en los principales conflictos bélicos

	Guerra	Años en guerra		
		Gran Bretaña	España	Francia
1701-1713	Guerra de Sucesión Española	12	12	12
1718-1720	Cuádruple alianza	5	5	5
1727-1729	Guerra hispano-inglesa	3	3	
1739-1748	Sucesión de Austria	10	10	10
1754-1763	Guerra Francoindia	2		2
1756-1763	Guerra de los Siete Años	8	2	8
1775-1783	Guerra de la Independencia Norteamericana	8	5	6
1793-1802	Guerra de la Convención y Revolucionarias	10	10	10
1701-1748		30	30	27
1754-1802		28	17	26

Fuente: Dupy y Dupuy, *Encyclopedia*, 1977.

impuesto en tiempos de paz podía ser interpretado inmediatamente como una declaración de guerra.[73] De tal manera que todas las medidas necesarias para afrontar una guerra, y sus consecuencias para el gasto, se tomaban en el mismo momento de iniciarse el conflicto.

Según esto, el tránsito entre años de paz y guerra debe tener un reflejo claro en la contabilidad estatal, y lo podemos utilizar como una especie de "test bélico" para comprobar la sensibilidad de las cuentas públicas ante este suceso capital para el gasto del Estado (véase gráfica 3). De nuevo, lo que encontramos es una menor capacidad de reacción, o si se prefiere de sensibilidad, de las cuentas públicas a estos tránsitos en la primera mitad del siglo. Considerando como "año de paz" el promedio del gasto de los tres años anteriores al conflicto, podemos comprobar que en la guerra de la Cuádruple Alianza, 1718-1720, apenas hubo cambios en el volumen del gasto, y el aumento fue sólo de 0.10%, algo que resulta difícil de explicar. En cambio, conforme avanzamos en el siglo, este porcentaje de incremento aumenta. En la guerra de 1739-1748, el tránsito de paz a guerra registró un aumento del gasto de 10.5%, en la de 1779-1783 de 32.6% y en la de 1793-1802 de 64%. Es decir, la "sensibilidad" de las cuentas públicas fue claramente aumentando conforme avanzaba el siglo. O dicho

[73] Félix, "Financial", 2006, p. 55.

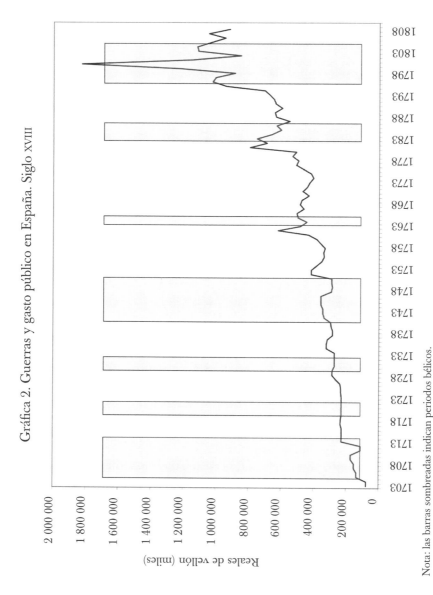

Gráfica 2. Guerras y gasto público en España. Siglo XVIII

Nota: las barras sombreadas indican periodos bélicos.
Fuente: AGS, Dirección General del Tesorero, inv. 16, guión 24, leg. 49; inv. 16, guión 3, legs. 5-10, e inv. 16, guión 15, legs. 7-11, y AGS, Secretaría y Superintendencia, legs. 253-294, 385-386, 2354.

Gráfica 3. El gasto público en España y el "test bélico"

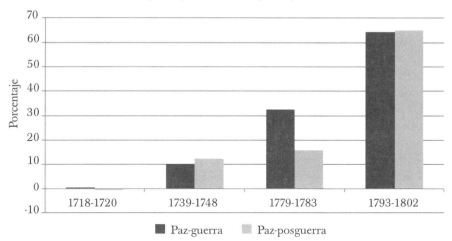

Fuente: AGS, Dirección General del Tesorero, inv. 16, guión 24, leg. 49; inv. 16, guión 3, legs. 5-10, e inv.16, guión 15, legs. 7-11, y AGS, Secretaría y Superintendencia, legs. 253-294, 385-386, 2354.

de otro modo, la contabilidad pública manejada fue mejorando en fiabilidad durante el siglo XVIII. La razón última, de nuevo, nos lleva a lo explicado al comienzo del trabajo sobre el control del gasto.

El tránsito de la paz a la guerra no sólo dejaba huella en las cuentas públicas, la variación debía dejar su impronta en la posguerra inmediata, porque el aumento del gasto que provocaba la guerra no acaba con la vuelta a la paz. Era en la posguerra y el retorno a la paz cuando se hacía imprescindible atender las deudas, de forma urgente el pago de deudas no oficiales, que se habían ido acumulando durante el conflicto. Así, las deudas con proveedores militares, financieros o las propias fuerzas armadas se convertían en la mayor preocupación para los secretarios de Hacienda y tesoreros generales. Al capítulo de deudas por retraso e impagos se sumaba el elevado coste de la desmovilización de tropas, porque suponía el pago de sueldos atrasados, que en el caso de la marina podía llegar a alcanzar cifras astronómicas por la acumulación de sueldos y fletes. De nuevo, podemos comprobar cómo la huella en la posguerra fue aumentando. Si en 1718-1720 el retorno a la paz supuso incluso una disminución de 0.6% en el nivel de gasto anterior al conflicto, en 1748 los gastos se mantuvieron por encima de la paz en 12.4%, llegando a 15.8% en 1783 y a 64.9% en 1802.

Parece razonable concluir que hubo una evolución en la calidad de la información sobre el gasto del Estado, con una sensiblemente mejor en la segunda mitad del siglo XVIII. Teniendo en cuenta esto, y asumiendo que pudo haber un probable mayor ocultamiento durante la primera mitad de siglo, podemos establecer que el gasto público medio anual desde 1703 a 1808 fue de 466 300 000 de reales de vellón. La tendencia fue marcadamente ascendente. El promedio anual del gasto se situó en el reinado de Felipe V en los 242 800 000 de reales, que se incrementó en 0.8% anual en el reinado siguiente de Fernando VI. El mayor aumento en el gasto medio se produjo durante el reinado de Carlos III, cuando se superaron los 528 000 000 de reales de vellón, a un ritmo de 4.2% anual. Con todo, el máximo de gasto público se registró en los últimos años del siglo XVIII, donde se volvió a superar el 4% de incremento anual, alcanzándose el gasto medio anual de 966 000 000 de reales, lo que suponía más de 48 000 000 de pesos fuertes. Es decir, el gasto medio por reinado se cuadruplicó a lo largo del siglo en los sucesivos Borbones, y si lo consideramos por el promedio de quinquenios, el gasto se multiplicó por más de nueve. A modo de anécdota, pero como reflejo del posible subregistro en los datos de los primeros años del siglo, se puede añadir que el mayor diferencial anual se alcanzó entre 1703 y 1798, cuando el gasto declarado pasó de 77 000 000 de reales a 1 289 millones de reales; o lo que es lo mismo, se multiplicó por más de 16 veces, con un crecimiento anual de crecimiento anual de 15.4 por ciento.

La evolución del gasto público dio lugar a un aumento notable del teórico coste per cápita (véase cuadro 3). A lo largo del siglo XVIII el gasto estatal no fue acompañado por el crecimiento de la población.[74] Mientras que el gasto casi se multiplicó por nueve, la población no llegó a doblarse, aumentó de 6 900 000 habitantes a 11 200 000, apenas 63% más. Consecuentemente, el coste per cápita de este gasto fue aumentando e intensificándose. Si a comienzos de siglo el gasto estatal suponía 18.9 reales de vellón por español, el coste llegó a quintuplicarse ampliamente. Si tomamos el siglo en su conjunto y lo referimos al inicio del siglo XVIII las diferencias son evidentes: el gasto se incrementó en 356, la población en 123 y el gasto per cápita en 290.

Para valorar las dimensiones de este gasto público de España es preciso tomar algún punto de referencia similar. Creemos que el mejor referente

[74] Agradezco a Antonio Moreno Almárcegui el facilitarme los datos anuales sobre la evolución española en el siglo XVIII, de su estudio "Población y familia en España durante la Edad Moderna", en fase de realización.

Cuadro 3. El costo per cápita del gasto público en España siglo XVIII
(1704-1808=100)

Promedio	Gasto estatal (miles de rsv)		Población		Per cápita rsv	
1704-1708	131 068	100	6 925 893	100	18.9	100
1709-1713	171 271	131	7 027 843	101	24.4	129
1714-1718	231 080	176	7 129 794	103	32.4	171
1719-1723	229 710	175	7 205 381	104	31.9	169
1724-1728	251 376	192	7 280 968	105	34.5	183
1729-1733	275 708	210	7 451 129	108	37.0	196
1734-1738	306 069	234	7 621 291	110	40.2	212
1739-1743	344 320	263	7 754 770	112	44.4	235
1744-1748	329 391	251	7 888 250	114	41.8	221
1749-1753	359 007	274	8 036 405	116	44.7	236
1754-1758	343 329	262	8 184 561	118	41.9	222
1759-1763	473 381	361	8 385 499	121	56.5	299
1764-1768	486 438	371	8 586 438	124	56.7	300
1769-1773	434 293	331	8 813 056	127	49.3	261
1774-1778	484 071	369	9 039 674	131	53.5	283
1779-1783	680 657	519	9 330 131	135	73.0	386
1784-1788	611 921	467	9 620 588	139	63.6	337
1789-1793	650 871	497	9 889 360	143	65.8	348
1794-1798	1 015 204	775	10 158 132	147	99.9	529
1799-1803	1 211 776	925	11 029 583	159	109.9	581
1804-1808	986 254	752	11 257 896	163	87.6	464
1704-1808	466 321	356	8 505 554	123	54.8	290

Fuente: AGS, Dirección General del Tesorero, inv. 16, guión 24, leg. 49; inv. 16, guión 3, legs. 5-10, e inv.16, guión 15, legs. 7-11, y AGS, Secretaría y Superintendencia, legs. 253-294, 385-386, 2354.

para comparar es el gasto inglés, por la calidad de las fuentes y por el protagonismo que tuvo Gran Bretaña en los conflictos del siglo XVIII (véase cuadro 4). Según este indicador, a lo largo de esta centuria España gastó aproximadamente un tercio de lo gastado por los ingleses, con un promedio de 23 000 000 de pesos de plata anuales frente a 76 000 000 en el caso británico. Esta notable diferencia fue cambiando a lo largo del siglo. Sólo en los años

Cuadro 4. El gasto público comparado en España y Gran Bretaña en el siglo XVIII

	Gasto (pesos plata)		España/	Población		Per cápita (pesos plata)	
	Gran Bretaña	España	Gran Bretaña	Gran Bretaña	España	Gran Bretaña	España
1704-1708	29 920 500	6 103 933	20.4	5 184 000	6 925 893	5.8	0.9
1709-1713	43 472 700	7 990 780	18.4	5 229 667	7 027 843	8.3	1.1
1714-1718	28 555 200	11 553 980	40.5	5 283 600	7 129 794	5.4	1.6
1719-1723	27 608 400	11 485 480	41.6	5 362 000	7 205 381	5.1	1.6
1724-1728	25 974 900	12 568 780	48.4	5 429 800	7 280 968	4.8	1.7
1729-1733	23 580 900	13 785 380	58.5	5 292 400	7 451 129	4.5	1.9
1734-1738	25 073 100	15 303 450	61.0	5 441 400	7 621 291	4.6	2.0
1739-1743	32 643 900	16 157 460	49.5	5 512 000	7 754 770	5.9	2.1
1744-1748	46 366 200	16 469 550	35.5	5 622 600	7 888 250	8.2	2.1
1749-1753	35 228 700	17 950 360	51.0	5 776 200	8 036 405	6.1	2.2
1754-1758	42 436 800	17 166 435	40.5	5 979 200	8 184 561	7.1	2.1
1759-1763	83 025 000	23 669 070	28.5	6 129 400	8 385 499	13.5	2.8
1764-1768	46 620 900	24 321 920	52.2	6 265 400	8 586 438	7.4	2.8
1769-1773	45 810 900	21 714 640	47.4	6 452 400	8 813 056	7.1	2.5
1774-1778	60 457 500	24 203 540	40.0	6 741 200	9 039 674	9.0	2.7
1779-1783	108 785 700	34 032 840	31.3	7 055 800	9 330 131	15.4	3.6
1784-1788	88 989 300	30 596 040	34.4	7 376 400	9 620 588	12.1	3.2
1789-1793	78 649 200	32 543 570	41.4	7 838 400	9 889 360	10.0	3.3

1794-1798	193 630 500	50 760 190	26.2	8 296 800	10 158 132	23.3	5.0
1799-1803	240 673 500	60 588 790	25.2	8 747 200	11 029 583	27.5	5.5
1804-1808	300 060 000	49 312 688	16.4	9 219 200	11 257 896	32.5	4.4
1704-1808	76 110 750	23 316 054	30.6	6 352 790	8 505 554	12.0	2.7

Fuente: AGS, Dirección General del Tesorero, inv. 16, guión 24, leg. 49; inv. 16, guión 3, legs. 5-10, e inv. 16, guión 15, legs. 7-11, y AGS, Secretaría y Superintendencia, legs. 253-294, 385-386, 2354.

centrales del siglo España logró aproximarse a los niveles de gasto inglés. Entonces hubo quinquenios donde el gasto español llegó a representar la mitad del británico. Significativamente, los máximos del gasto español comparado se registraron en los periodos de paz, cuando la falta del estímulo bélico permitía a Gran Bretaña reducir considerablemente el volumen del gasto. Durante los años 1734 a 1738 el gasto español llegó al récord de representar algo más de 60% del gasto inglés. Esto, de alguna manera, nos ilustra uno de los rasgos más característicos de la Hacienda inglesa, como es su notable flexibilidad, una peculiaridad que contrastaba con la extraordinaria rigidez del modelo español. La comparación con el gasto inglés no señala, además, que España se alejó de forma irreversible de la capacidad de gasto británica desde la guerra de Independencia de Norteamérica. A partir de entonces, y pese al fuerte aumento del gasto español, su gasto fue perdiendo progresivamente posiciones frente al inglés. Desde el punto de vista del gasto comparado, parece claro que desde 1774 España ha perdido la carrera. Su capacidad de gasto se alejó a pasos agigantados de las posibilidades de movilización de recursos que mostró Gran Bretaña. De nada sirvió el retorno a la paz tras la guerra de Independencia norteamericana, con la consiguiente mejora del gasto español frente al inglés, que alcanzó su último cenit durante los años de paz anteriores a 1793, con un escaso 41% del total inglés. Desde entonces, el retroceso fue imparable y los mínimos se alcanzaron precisamente al finalizar el siglo, cuando el gasto español alcanzó el mínimo del siglo, por debajo del 20 por ciento.

El diferencial del gasto español frente al inglés se queda puesto aún más en evidencia cuando se refiere al reparto per cápita de esa carga. Con una población ligeramente inferior, los ingleses tuvieron que soportar un gasto per cápita muy superior a los españoles. Por término medio, a lo largo del siglo XVIII, el gasto per cápita inglés supuso doce pesos de plata por persona, mientras que en España este gasto representó cuatro veces menos, 2.7 pesos por español. De nuevo, fue la guerra de Independencia norteamericana donde se hizo evidente las diferencias nacionales, y donde la escala del gasto dejó una huella clara en el lado inglés. Mientras que los españoles llegaron a doble de ese gasto, rebasando los cinco pesos por persona, los ingleses lo llegaron a sextuplicar y alcanzaron los 32 pesos de plata. El inicio del siglo XIX dejó claro que la diferencia era abismal y el gasto per cápita de un español era siete veces menor que el de un inglés.

De tal manera que España hizo un enorme esfuerzo en aumentar el gasto público. Lo llegó a multiplicar por nueve a lo largo del siglo XVIII. Aunque la evolución del gasto español siguió la tendencia del inglés, no fue capaz de aproximarse a los niveles alcanzados por los británicos y quedó siempre a mucha distancia del protagonizado por los ingleses. Sólo en momentos de paz y en las décadas centrales del siglo, España logró mantener un nivel de gasto que pudiera aproximarse a los niveles ingleses, pero cualquier esperanza de recortar la diferencia fue finalmente alejada durante el último tercio del siglo XVIII, cuando España fue incapaz de sostener la carrera del gasto impuesta por los ingleses.

No sólo fue en el volumen y su evolución del gasto donde España mantuvo ciertas peculiaridades respecto al caso inglés, también lo hizo en la composición del gasto público (véanse gráficas 4 y 5). Como era de esperar, la mayor parte del gasto público español se dirigió a las fuerzas armadas y a las actividades militares, pero lo importante es que no lo hizo en una mayor proporción, en contra de lo tradicionalmente afirmado. Como dijimos al comienzo del trabajo, la historiografía ha querido destacar una supuesta tendencia belicistas de los Borbones, que, también supuestamente, terminaría lastrando y dificultando el progreso económico. En realidad el gasto militar fue similar en ambos países. En todo el siglo (1714-1808), en Gran Bretaña el total de su gasto público destinado al ejército y marina fue de 54.2%, mientras que en España fue de 58.9%. Una diferencia que no permite seguir sosteniendo ninguna peculiaridad realmente estructural en el comportamiento del gasto. La única diferencia en ese gasto en "defensa" está en algo bien conocido como fue una mayor tendencia inglesa al gasto naval, frente a una mayor presencia del gasto en el ejército en el caso español. En realidad, lo que hace diferente a España es más bien la elevada proporción de gasto "extraordinario" y la menor presencia de deuda pública. En todo el siglo, la deuda pública en España sólo supuso 9.4% de total del gasto, mientras que en Gran Bretaña llegó a 35.2%. Por el contrario, el gasto extraordinario, incluido aquí el gasto de la administración, llegó a suponer 31.7% de todo el gasto, mientras que en Gran Bretaña apenas fue de 8.6% del total del gasto público.

Para explicar esta notable diferencia hay que volver de nuevo a la evolución en el control del gasto explicada anteriormente. La evolución institucional hacia una mayor centralización e intervención en el gasto dio como resultado una estructura de control muy rígida y una menor sensibilidad hacia las fluctuaciones del gasto. El resultado es que el gasto "extraordinario" se convirtió en un verdadero cajón sin definición, donde se podía incluir tanto los gastos de caza del monarca, que podían llegar a suponer hasta 10 000 000 de reales, como el pago de los primeros vales

Gráfica 4. Composición del gasto público en España (1714-1808)

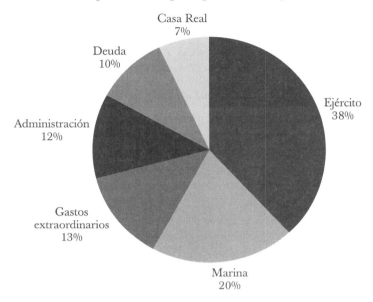

Fuente: AGS, Dirección General del Tesorero, inv. 16, guión 24, leg. 49; inv. 16, guión 3, legs. 5-10, e inv. 16, guión 15, legs. 7-11, y AGS, Secretaría y Superintendencia, legs. 253-294, 385-386, 2354.

reales o, por poner otro ejemplo, los gastos de la expedición militar a Argel. Es decir, el mayor control del gobierno sobre el gasto no fue acompañado de ningún control externo de alguna institución, como fue el Parlamento en Gran Bretaña, que hubiera permitido pedir responsabilidades sobre la asignación del gasto. Al final, los gobiernos borbónicos preferían controlar a los tesoreros de sus cajas reales, pero evitar cualquier control sobre sus propias decisiones.

Junto a una imagen estática del gasto público habría que añadir alguna consideración sobre lo que podríamos llamar la imagen dinámica. Todo parece indicar que aquí es donde estaba la verdadera peculiaridad del gasto público español. España no sólo mostró una destacada incapacidad para movilizar recursos con los que pudiera sostener el esfuerzo militar en una escala parecida o similar a la de su principal enemigo, sino que además lo hizo con alarmante falta de flexibilidad. Una forma de aproximarse al grado de flexibilidad con la cual los Estados podían reaccionar a los compromisos bélicos puede ser

Gráfica 5. Composición del gasto público comparado en
España y Gran Bretaña (1714-1808)

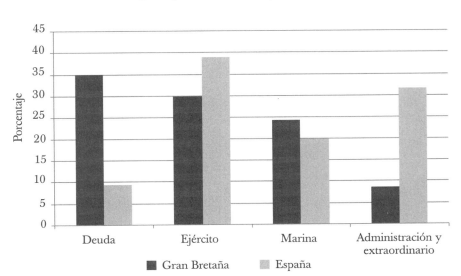

Fuente: AGS, Dirección General del Tesorero, inv. 16, guión 24, leg. 49; inv. 16, guión 3, legs.
5-10, e inv. 16, guión 15, legs. 7-11, y AGS, Secretaría y Superintendencia, legs. 253-294, 385-386,
2354.

comparando en un periodo amplio. Pongamos un ejemplo, si por término
medio entre 1759 y 1793 el gasto en defensa (ejército y marina) en España fue
sólo de 41.1% del total realizado por Gran Bretaña, en los momentos críticos
de guerra esta diferencia aumentaba dramáticamente. Así, durante la guerra
de Independencia norteamericana (1779-1783) los recursos movilizados por el
Estado español para pagar la defensa fueron sólo 27.3% de lo empleado por los
ingleses. En concreto, durante esa guerra España gastó cada año en sus fuerzas
armadas 422 000 000 de reales de vellón frente a los 1 543 millones de los
ingleses. Por el contrario, en los periodos de paz el esfuerzo militar del Estado
español aumentaba sensiblemente en comparación con el inglés y podía llegar
a ser casi 80% del inglés, como ocurrió durante los años 1769 a 1773 (78.1%).
Es decir, existía una extraordinaria rigidez a la hora de adecuar el esfuerzo
militar a las urgencias bélicas.

Con el fin de profundizar algo más en este rasgo, hemos comparado
la evolución de cada arma de las fuerzas armadas de Gran Bretaña y Es-

paña respecto a la media de un periodo amplio (1759-1793). De este modo podemos aproximarnos a lo que podía significar esa flexibilidad a la hora de movilizar recursos para la guerra (véase gráfica 6).

El esfuerzo militar tenía unos ciclos de intensidad que coincidían con los momentos de actividad bélica. Al comparar el caso español con el inglés podemos confirmar que esos ciclos aparecen bastante menos pronunciados en el Estado español. Tanto la armada española como el ejército español muestran una notable rigidez frente a la mayor flexibilidad de sus rivales ingleses. La marina española fue armada y desarmada a ritmo similar al inglés, aunque siempre con menor intensidad. Por el contrario, el nivel de movilización del ejército español fue constante y extraordinariamente rígido en comparación con las fluctuaciones inglesas. La conocida particularidad constitucional inglesa de impedir la presencia de fuerzas armadas en su territorio en tiempo de paz, aunque eso no afectó para el incremento de fuerzas fuera en bases exteriores, jugó a favor de enfatizar las diferencias con España. Si la guerra era un momento de movilización de recursos militares, cuando el Estado fiscal militar mostraba toda su musculatura, la escasa flexibilidad del esfuerzo militar español, un esfuerzo muy reducido para el nivel máximo que marcaba Gran Bretaña, nos indica las limitaciones del Estado español y también la existencia de estructuras militares más rígidas que las inglesas. Según esto, el gasto militar en España no estaba tan condicionado por los conflictos bélicos como cabría esperar, al menos no tanto como en el caso inglés, y respondía más a la necesidad de mantener de forma permanente unas estructuras militares, debido principalmente a los intereses creados en torno a la función militar, tales como privilegios, reconocimiento social o promoción.[75]

A la menor flexibilidad del esfuerzo militar español habría que unir el desproporcionado, y aparentemente ilógico, gasto en el ejército. Aunque el gasto en la marina española muestra una tendencia ligeramente ascendente, el destino más importante del gasto militar español fue en todo momento su ejército. El diferencial en el gasto entre ambas armas se mantuvo en torno a los 11 puntos, alcanzándose el máximo durante la primera mitad del reinado de Carlos III. A pesar del descenso en el gasto en el ejército durante la guerra de Independencia norteamericana, la vuelta a la paz produjo también la vuelta al patrón tradicional de gasto y al incremento del gasto público en el ejército. La importancia de este gasto en fuerzas terrestres es significativo porque, primero, llegó a equipararse al nivel de gasto inglés, en algunos años

---

[75] Andújar, *Sonido*, 2004, pp. 315-358.

Gráfica 6. Flexibilidad del esfuerzo militar por armas (100=1759-1793)

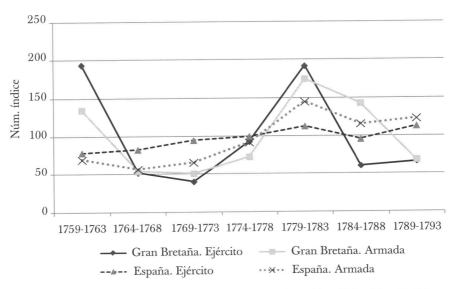

Fuente: AGS, Dirección General del Tesorero, inv. 16, guión 24, leg. 49; inv. 16, guión 3, legs. 5-10, e inv. 16, guión 15, legs. 7-11, y AGS, Secretaría y Superintendencia, legs. 253-294, 385-386, 2354.

incluso por encima (entre 1769 y 1773 el gasto del ejército español llegó a ser 34% más elevado que el inglés), y, segundo, no respondía a estrategias políticas o económicas. Mientras que Gran Bretaña avanzaba hacia lo que Patrick O'Brien ha denominado "fiscal naval State",[76] España eligió mantener de forma permanente unas desproporcionadas fuerzas terrestres a pesar de que no tenía serias amenazas terrestres, ya que mantuvo una fuerte alianza con Francia y alcanzó la paz con Portugal en 1777, y cuando su principal interés económico y fiscal estaba en la protección de los mercados americanos, por lo que necesitaba una mayor fortaleza naval.

Si el Estado inglés se fue desarrollando a lo largo del siglo XVIII a partir de los efectos catalizadores de las guerras emprendidas, el español tuvo que desarrollarse con un menor estímulo bélico y un escaso esfuerzo militar. La ausencia en España de políticas mercantilistas más agresivas y de un firme compromiso con la acción bélica limitó el principal estímulo existente en la

[76] O'Brien, "Nature", 2011.

época para aumentar el nivel de gasto público. Según los datos que hemos manejado, los españoles tuvieron que atender a un esfuerzo militar considerablemente menor que el realizado por los ingleses, no asistieron a la hipoteca del Estado por una escalada presupuestaria que sí vivieron los ingleses, e incluso se pudieron ver beneficiados de un Estado capaz de atender un nivel de gasto en administración y política económica bastante mayor que los ingleses.

Creemos que este menor compromiso español con el principal objetivo de cualquier Estado del siglo XVIII, la guerra y las políticas mercantilistas agresivas, pudo tener efectos restrictivos sobre el desarrollo de un Estado fiscal-militar.[77] Sin el estímulo de la guerra se favorecieron las políticas conservadoras sobre las estructuras militares existentes, que potenciaban la función militar en lugar de una maquinaria de guerra. Al final se estaba en el peor de los mundos. Se gastaba en defensa de forma timorata y no se estaba dispuesto a movilizar los recursos necesarios para ser consecuentes con una política mercantilista más agresiva. Su gasto público nos muestra con claridad que España no consiguió movilizar sus recursos militares ni con la flexibilidad ni con la intensidad con la que lo hacían en esos años los ingleses. Si el gasto público nos tiene que servir para seguir avanzando en la comprensión del Estado, en el caso español nos abre muchas y muy interesantes vías para seguir investigando.

En resumen, teniendo en cuenta esta comparación, podemos establecer un cierto perfil de cuáles eran los rasgos particulares del gasto público en España durante el siglo XVIII. En primer lugar, fue un gasto en el que hubo una mejora constante de las herramientas de control. En segundo lugar, el gasto evolucionó exclusivamente por el gasto militar, fue su verdadero motor de crecimiento. En tercer lugar, el coste de este gasto se triplicó a lo largo del siglo XVIII. En cuarto lugar, la composición del gasto apunta a más gasto en el ejército, menos en marina y deuda pública, con una desproporcionada presencia de gasto extraordinario, fruto de la falta de control institucional del gobierno. En quinto lugar, el modelo de gasto español estuvo presidido por una acusada falta de flexibilidad, que nacía de unos niveles de gasto inferiores y de una escasa tendencia a confiar en el sistema que triunfa en el país más desarrollado de más deuda pública y más impuestos.

---

[77] Torres, *Precio*, 2013.

FUENTES CONSULTADAS

Archivo

AGI   Archivo General de Indias, Sevilla.
AGS   Archivo General de Simancas, Simancas.
AHN   Archivo Histórico Nacional, Madrid.

Bibliografía

Alamo Martell, María Dolores, *El Capitán General de Canarias en el siglo XVIII*, Las Palmas, Universidad de Las Palmas, 2000.

Andújar Castillo, Francisco, *El sonido del dinero. Monarquía, ejército y venalidad en la España del siglo XVIII*, Madrid, Marcial Pons, 2004.

Artola, Miguel, *La Hacienda del antiguo régimen*, Madrid, Alianza Universidad, 1982.

Barbier, J. A. y H. S. Klein, "Las prioridades de un monarca ilustrado: El gasto público bajo el reinado de Carlos III", *Revista de Historia Económica*, núm. 3, 1985, pp. 473-495.

Carlos Morales, Carlos Javier de, *El Consejo de Hacienda de Castilla, 1523-1602. Patronazgo y clientelismo en el gobierno de las finanzas reales durante el siglo XVI*, Ávila, Junta de Castilla y León, 1996.

——————, *Felipe II. El imperio en bancarrota: la Hacienda Real de Castilla y los negocios financieros del Rey Prudente*, Madrid, Dilema, 2009.

Castro, Concepción de, *A la sombra de Felipe V: Jose Grimaldo ministro responsable (1703-1726)*, Madrid, Marcial Pons, 2004.

Colección general de las ordenanzas militares, sus innovaciones y aditamentos, dispuesta en diez tomos, con separación de clases, por don Joseph Antonio Portugués, Caballero del orden de Santiago, Comendador de Villarubia de los Ojos en la de Calatrava, del Consejo de SM y su Secretario, con ejercicio en la primera Mesa de la Secretaría de Estado, y del Despacho universal de la Guerra, Madrid, Imprenta de Antonio Marín, 1764.

Corona Marzol, María del Carmen, "Historiografía sobre la intendencia española del siglo XVIII", *Hispania: Revista Española de Historia*, vol. 50, núm. 176, 1990, pp. 1207-1218.

Dedieu, Jean Pierre y José Ignacio Ruiz, "Tres momentos en la historia de la Real Hacienda", *Cuadernos de Historia Moderna*, núm. 15, 1994, pp. 77-98.

Domínguez Ortiz, Antonio, "El gasto público en la España del siglo XVIII", *II Simposio sobre el Padre Feijoo y su siglo*, Oviedo, Centro de Estudios del Siglo XVIII, vol. 2, 1983, pp. 121-133.

Domínguez Ortiz, Antonio, *Sociedad y Estado en el siglo XVIII español*, Barcelona, Ariel, 1976.

Dubet, Anne, "¿Tesorería Mayor o Tesorería General? El control contable en los años 1720: una historia conflictiva", *DE COMPUTIS Revista Española de Historia de la Contabilidad, Spanish Journal of Accounting History*, núm. 13, 2010, pp. 95-131.

Dubet, Anne, "La nueva política crediticia de la corona a principios del siglo XVIII: la creación del tesorero mayor de Guerra en España (1703-1706)", *Studia Historica. Historia Moderna*, núm. 30, 2008, pp. 191-216.

Dubet, Anne, *Un estadista francés en la España de los Borbones. Juan Orry y las primeras reformas de Felipe V (1701-1706)*, Madrid, Biblioteca Nueva, 2008.

Dupy, R. Ernest y Trevor N. Dupuy, *The Encyclopedia of Military History*, Nueva York, Harper & Row, 1977.

Félix, Joël, "The Financial Origins of the French Revolution" en Peter R. Campbell, *The Origins of the French Revolution*, Londres, Palgrave, 2006, pp. 35-62.

Fernández de Pinedo, Emilio, "Coyuntura y política económica" en Emilio Fernández de Pinedo, *Centralismo, Ilustración y agonía del antiguo régimen (1715-1833)*, Barcelona, Labor, 1976, pp. 9-173.

Fernández Díaz, Roberto, *La España moderna. Siglo XVIII*, Madrid, Cambio 16, 1993.

Fontana, Josep, *La quiebra de la monarquía absoluta (1814-1820). La crisis del antiguo régimen en España*, Barcelona, Ariel, 1971.

_____, "El alimento del Estado. Política y Hacienda en el despotismo ilustrado", *Hacienda Pública Española*, vols. 108-109, 1988, pp. 157-168.

_____, "Estado y Hacienda en el 'despotismo ilustrado' en Bartolomé Bennassar, *Estado, Hacienda y sociedad en la historia de España*, Valladolid, Instituto de Historia Simancas/Universidad de Valladolid, 1989, pp. 123-147.

Gallardo Fernández, F., *Origen, progresos y estado de las rentas de la corona de España, su gobierno y administración*, t. VII: *Rentas de salinas y tabaco*, Madrid, Imprenta Real, 1805.

García de la Rasilla, María del Carmen: "El montepío militar. La asistencia social en el ejército de la segunda mitad del siglo XVIII", *Revista de Historia Militar*, vol. 31, núm. 63, 1987, pp. 123-159.

González Enciso, Agustín, "El 'Estado económico' en la España del siglo XVIII", *Memoria y civilización: anuario de historia de la Universidad de Navarra*, núm. 6, 2003, pp. 97-139.

González Enciso, Agustín (ed.), *Política económica y gestión de la renta del tabaco en el siglo XVIII*, Madrid, Altadis, 2008.

Harding, Richard, *Seapower and Naval Warfare, 1650-1830*, Maryland, Naval Institute Press, Annapolis, 1999.

Harling, Peter y P. Mandler, "From 'Fiscal-Military' State to Laissez-Faire State, 1760-1850", *The Journal of British Studies*, vol. 32, núm. 1, 1993, pp. 44-70.

Hernández Benítez, Manuel, "Carlos III: un mito progresista" en Equipo Madrid, *Carlos III, Madrid y la Ilustración. Contradicciones de un proyecto reformista*, Madrid, Siglo XXI, 1988.

Herráiz de Miota, César, "Los montepíos militares del siglo XVIII como origen del sistema de clases pasivas del Estado, *Revista del Ministerio de Trabajo e Inmigración*, núm. 56, 2005, pp. 177-208.

Hoffman, Philippe y Jean-Laurent Rosenthal, "The Political Economy of Warfare and Taxation in Early Modern Europe: Historical Lessons for Economic Development" en J. N. Drobak, *The Frontiers of the New Institutional Economics*, San Diego, The Academic Press, 1997, pp. 31-56.

Jones, Enric Lionel, *El milagro europeo*, Madrid, Alianza, 1990.

Jurado Sánchez, José, *El gasto de la Hacienda española durante el siglo XVIII. Cuantía y estructura de los pagos del Estado (1703-1800)*, Madrid, Ministerio de Economía y Hacienda/Instituto de Estudios Fiscales, 2006.

Kiser, Edgar y April Linton, "Determinants of the Growth of the State: War and Taxation in Early Modern France and England", *Social Forces*, vol. 80, núm. 2, 2001, pp. 411-448.

Le Goff, T. J. A., "How to Finance an Eighteenth-Century War" en Mark Ormrod, Margaret Bonney M. y Richard Bonney (eds.), *Crises, Revolutions and Self-Sustained Growth: Essays in European Fiscal History, 1130-1830*, Stamford, Paul Watkins Publishing, 1999, pp. 377-413.

Llombart, Vicent, "La política económica de Carlos III ¿Fiscalismo, cosmética o estímulo al crecimiento?", *Revista de Historia Económica*, núm. 11, 1994, pp. 11-39.

Lluch, Ernest, "El cameralismo ante la Hacienda de Carlos III: influencia y contraste" en *Hacienda Pública Española*, Monografías 2, 1990, pp. 73-93.

Lynch, John, *El siglo XVIII, Historia de España*, vol. XII, Barcelona, Crítica, 1991.

Mokyr, Joel, *La palanca de la riqueza. Creatividad tecnológica y progreso económico*, Madrid, Alianza, 1993.

Morazzani de Pérez Enciso, Gisela, *La intendencia en España y América*, Caracas, Universidad Central de Venezuela, 1996.

O'Brien, Patrick, "The Nature and Historical Evolution of an Exceptional Fiscal State and its Possible Significance for the Precocious Commercialization and Industrialization of the British Economy from Cromwell to Nelson", *The Economic History Review*, vol. 64, núm. 2, 2011, pp. 408-446.

Orduña Rebollo, Enrique, *Intendentes e intendencias*, Madrid, Tres Américas, 1997.

Ozanám, Didier, "Notas para un estudio de los presupuestos de la monarquía española a mediados del siglo XVIII" en Alfonso Otazu (ed.), *Dinero y crédito (siglos XVI al XIX)*. *Actas del primer coloquio internacional de Historia Económica*, Madrid, 1978, pp. 49-61.

Pérez Fernández Turégano, Carlos, *Patiño y las reformas de la administración en el reinado de Felipe V*, Madrid, Ministerio de Defensa, 2006.

Pérez Sarrión, Guillermo, recensión a Jurado Sánchez, José, *El gasto de la Hacienda española durante el siglo XVIII. Cuantía y estructura de los pagos del Estado (1703-1800)*, Madrid, Ministerio de Economía y Hacienda, Instituto de Estudios Fiscales, 2006, pp. 193-197 (Investigaciones de Historia Económica, núm. 12).

Pieper, Renate, *La Real Hacienda bajo Fernando VI y Carlos III (1753-1788)*, Madrid, Instituto de Estudios Fiscales, 1992.

Pomeraz, Kenneth, *Great Divergence. China, Europe and the Making of the Modern World Economy*, Princeton, Princeton University Press, 2000.

Ripia, J. de la y D. M. Gallard, *Práctica de la administración, cobranza de las rentas reales y visita de los ministros que se ocupan de ellas*, Madrid, Antonio Ulloa, 1795, 5 tt.

Sánchez Belén, Juan, *La política fiscal en Castilla durante el reinado de Carlos II*, Madrid, Alianza, 1996.

Sanz Ayán, Carmen, "El canon a la nobleza en la monarquía hispánica: la media anata de mercedes" en Alberto Marcos Martín (ed.), *Hacer historia desde Simancas. Homenaje a José Luis Rodríguez de Diego*, Valladolid, Junta de Castilla y León/Consejería de Cultura y Turismo, 2011, pp. 705-726.

Tedde de Lorca, Pedro, "Política financiera y política comercial en el reinado de Carlos III" en *Actas del Congreso Internacional sobre Carlos III y La Ilustración,* t. III, *Economía y Sociedad,* 1989, pp. 139-217.

Tedde de Lorca, Pedro, "Una economía en transformación: de la ilustración al liberalismo" en *Historia de España*, vol. XXX, A. Morales Moya, Madrid, Espasa Calpe, 1998, pp. 334-424.

Torres Sánchez, Rafael, *La llave de todos los tesoros. La Tesorería General de Carlos III*, Madrid, Silex, 2012.

_____, *El precio de la guerra. El Estado fiscal militar de Carlos III*, Madrid, Marcial Pons, 2013.

EL GASTO PÚBLICO DE LA REAL HACIENDA DE NUEVA ESPAÑA DURANTE EL SIGLO XVIII: ESTRUCTURA, DINÁMICA Y CONTRADICCIONES*

Ernest Sánchez Santiró
Instituto Mora

INTRODUCCIÓN

El estudio del gasto público de la Real Hacienda de Nueva España presenta un claro desequilibro respecto al de los ingresos; un desbalance que también se percibe en la temporalidad. De hecho, el análisis de las bases y figuras fiscales del real erario novohispano ha sido dominante, toda vez que el periodo que abarca desde la década de 1760 hasta 1810 ha recibido una atención prioritaria, ante el interés que representaba el mostrar los cambios fiscales acaecidos con motivo del llamado "reformismo borbónico", suponiendo que este se circunscribió al tiempo que medió entre las consecuencias de la derrota de la corona española en la guerra de los Siete Años (detonante de la visita general de José de Gálvez) y la crisis imperial vivida durante el bienio de 1808-1810.[1]

En este marco, el estudio de los egresos del real erario novohispano se ha abocado a reconstruir las prioridades de la corona en materia de gastos,[2] lo que ha provocado una atención preferente al gasto bélico "externo", entendido como las remesas periódicas que la Real Hacienda de Nueva España mandaba a las posesiones de la corona en el Gran Caribe y Filipinas para

* Este trabajo ha recibido el apoyo del CONACYT (proyecto de ciencia básica núm. 153670).

[1] Para una reconsideración del reformismo borbónico en materia fiscal en Nueva España, consúltese Sánchez, *Corte*, 2013, pp. 29-32.

[2] Por lo general, han predominado clasificaciones contables y funcionales del gasto público que han resaltado un número reducido de componentes (gasto ordinario y extraordinario; gasto fijo y temporal; gasto general, particular y ajeno; gasto bélico, administrativo y de la deuda pública). Al respecto, véase Lira, "Aspectos", 1968; Pérez, "Beneficiarios", 1991, Klein, *Finanzas*, 1994, y Jáuregui, *Real*, 1999.

financiar los sueldos y la manutención de las tropas, así como la construcción y reparación de las fortalezas de los presidios ubicados en esta extensa geografía.[3] Cuando el gasto militar ejercido en el reino de Nueva España y sus provincias adyacentes ha sido atendido, resalta el hecho de que los trabajos se hayan centrado en la única fuerza naval del reino, la Armada de Barlovento, en los presidios de las fronteras septentrional (las Provincias Internas) y meridional (Yucatán) o en una de las entidades creadas por el reformismo borbónico: el departamento de Marina ubicado en el puerto de San Blas,[4] lo cual ha dejado en un segundo plano los costos del ejército regular en Nueva España. El otro rubro que ha recibido una atención preferente es el que atañe a la deuda del real erario, a partir de dos facetas. Por una parte, la percepción de suplementos y préstamos por parte del erario regio, con un énfasis en la cuantificación de los montos percibidos, su temporalidad, las garantías e intereses ofertados, la existencia de intermediarios financieros, los contextos político-militares que los originaron y la mayor o menor respuesta de los prestamistas. Por la otra, el contexto y consecuencias económicas en los que se desenvolvieron, en especial, la existencia, tamaño y modalidades del mercado crediticio virreinal y los impactos que tuvieron en el proceso de descapitalización de la economía novohispana.[5] En este sentido, no ha sido tan común el análisis de la deuda pública novohispana desde el punto de vista de los costos que representó para el real erario, es decir, el pago de intereses y su grado de amortización. A la luz de estos dos contenidos básicos, es evidente que continúa siendo marginal la atención prestada a una gran diversidad de temáticas relacionadas con el estudio del gasto público como son, sin ánimo de exhaustividad, el análisis del control en la toma de decisiones sobre los egresos fiscales, la distribución territorial del gasto, su clasificación administrativa, la capacidad de movilización de los recursos o las relaciones entre las prioridades del gasto y los agentes económicos llamados a satisfacerlas.[6]

---

[3] Aquí la nómina de trabajos es muy extensa, de entre ellos destacamos: Alonso, *Costo*, 2009; Celaya, *Alcabalas*, 2010; Grafenstein, "Abasto", 2000, "Provisión", 2003 y "Situado y gasto", 2012 y "Situado", 2012; Marichal y Souto, "Silver", 1994 y "Nueva", 2012; y Souto, "Costos", 2012. Para obras colectivas que atienden a los situados en un contexto imperial, véase Marichal y Grafenstein, *Secreto*, 2012, y Carrara y Sánchez, *Guerra*, 2012.

[4] Celaya, "Costo", 2012; Serrano, "Dominio", 2012; Sánchez, "Armada", 2012, "Impactos", 2012" y *Corte*, 2013; Pinzón, *Acciones*, 2011, y "Políticas", 2012.

[5] De entre la amplia historiografía que ha tratado estos aspectos durante el siglo XVIII, destacamos: Marichal, "Guerras", 1990, "Bancarrota", 1992, "Iglesia", 1995, *Bancarrota*, 1999; Valle, "Consulado", 1997, "Empréstitos", 1998, "Apoyo", 1998, "Oposición", 2000, "Respaldo", 2012, *Finanzas*, 2012; Cervantes, "Consolidación", 1998; y Wobeser, *Dominación*, 2003.

[6] Algunos de estos rubros pretendemos analizarlos en posteriores estudios.

En aras de enriquecer nuestra comprensión sobre los egresos del real erario novohispano, el presente trabajo tiene tres propósitos básicos. En primer lugar, se propone una conceptualización del gasto público a partir de las categorías empleadas durante los gobiernos de la dinastía borbónica en Nueva España. En segundo lugar, se reconstruye cuantitativamente las magnitudes básicas y la evolución secular del gasto total y sectorial de dicha variable fiscal. En tercer lugar, se relacionan estos indicadores con los ingresos tributarios percibidos por el real erario de Nueva España y, en caso de existir el déficit, con el empleo más o menos extendido del crédito público. Con este ejercicio se pretende captar la solvencia financiera del real erario novohispano a lo largo del siglo XVIII.

Sin embargo, y como puntos previos, cabe determinar el alcance espacial y temporal de nuestra exposición. El criterio que empleamos en este trabajo para definir la territorialidad del gasto público de la Real Hacienda de Nueva España es de carácter *jurídico-fiscal*: se incluye la información de las cajas reales y contadurías de rentas (tributos, alcabalas, azogues, tabaco, etc.) que estuvieron sometidas al control directo del Real Tribunal y Audiencia de Cuentas de México, lo que delimita un territorio formado por el Reino de México y sus provincias "adyacentes" de Nueva Galicia, Nueva Vizcaya, Tabasco y Yucatán.[7] En relación con la temporalidad, el trabajo arranca con el ascenso de la dinastía de los Borbones al trono español en 1700 y se prolonga hasta las crisis dinástica de 1808, derivada de las abdicaciones de Bayona. Con ello se pretende captar la evolución del real erario novohispano bajo el influjo de las políticas desplegadas por la nueva dinastía gobernante que, en ocasiones, reflejaron una continuidad con las iniciativas adoptadas a finales del reinado de Carlos II, aunque en otras supusieron profundas transformaciones fiscales como resultado de las denominadas "reformas borbónicas". El trabajo abarca hasta las renuncias al trono de Carlos IV y Fernando VII, las cuales generaron un "vacío de poder" en términos imperiales y la apertura de una crisis sistémica en el funcionamiento del *Hispanus Fiscus*,[8] en general, y el novohispano, en particular. Por tanto, nos enfocamos temporalmente a lo que podríamos denominar el siglo XVIII "largo" (1700-1808), guiados por un esquema político-fiscal.

---

[7] Ese fue el término empleado a mediados del siglo XVIII. Como ejemplos de esta territorialidad fiscal, véase Archivo General de la Nación (en adelante AGN), Archivo Histórico de Hacienda, vol. 1381. Que otras opciones eran posibles, lo ejemplifica el informe elaborado por los contadores del Consejo de Indias en 1726, en el cual, bajo la denominación de Nueva España, se agrupó toda la información del virreinato en sentido amplio, lo que llevó a incluir datos del Gran Caribe, Filipinas y Centroamérica. Archivo Histórico Nacional (en adelante AHN), Estado, libro 917, s. f.

[8] Clavero, *Tantas*, 1986.

EL GASTO PÚBLICO DEL REAL ERARIO NOVOHISPANO: DEFINICIONES BÁSICAS, FUENTES Y CLASIFICACIÓN

La Real Hacienda de Nueva España estaba llamada a proveer los recursos con los cuales el monarca debía gobernar y defender a sus vasallos novohispanos, lo que implicaba ejercer las funciones de defensa, gobierno y promoción de la fe católica.[9]

La plasmación contable de esta diversidad de facetas del gasto público tuvo una notable casuística, según se tratase de libros manuales, libros comunes, libros mayores, libros de caja, certificaciones, relaciones, informes o, simplemente, resúmenes de cuentas.[10] En este sentido, la opción óptima para su estudio sería emplear una misma fuente fiscal para todo el periodo aquí considerado, por ejemplo, las *cartas cuentas*, es decir los sumarios resumen de los libros comunes de cargo y data de las tesorerías del real erario.[11] Sin embargo, en estos instrumentos contables se combinaban categorías que señalaban el destino final de un recurso fiscal y aquellas que marcaban el ramo sobre el que se iba a cargar el egreso.[12] A todo ello, se añade un problema todavía mayor, como es el que afecta a la rápida asimilación que en numerosos trabajos se ha realizado entre "cargo", como sinónimo de "ingreso", y "data", como muestra del "egreso" fiscal. Una equiparación que oculta las grandes diferencias que había entre ambos conceptos.[13]

En aras de atender al problema de localizar fuentes dotadas de relativa homogeneidad que cubriesen el periodo y al de la diversidad en la clasificación de los egresos hemos adoptado dos decisiones. Por lo que hace a las fuentes, hemos construido los elementos cuantitativos de nuestra exposición a partir de dos modalidades de documentos. Para las visiones globales, abarcadoras del conjunto de los ingresos y egresos del real erario novohispano,

---

[9] Solórzano, *Política*, 1647, p. 970.

[10] Como ejemplos de estas posibilidades, véase AHN, Estado, libro 917; AGN, Archivo Histórico de Hacienda, vols. 1168, 1183 y 1381.

[11] Mientras los *libros manuales* iban asentando por sus fechas las diversas entradas y salidas de caudales en la caja real o contaduría de rentas, según la fórmula de "cuenta y razón", los *libros comunes* procedían, primero, a la clasificación de los asientos contables según los ramos del real erario (alcabalas, tributos, diezmos, etc.) y, segundo, en cada uno de ellos se ordenaban los registros según las fechas en que se realizaban las operaciones. Normalmente, al final de los libros comunes aparecía el "sumario" de los ramos de cargo y data, que constituía la pieza central de la carta cuenta que era remitida a las autoridades capitalinas y metropolitanas al acabar el año. Para esta división entre libros manuales y comunes, consúltese Jáuregui, *Real*, 1999.

[12] Sobre esta problemática de las cartas-cuentas, véase TePaske y Klein, *Ingresos*, 1986-1988, en especial la introducción.

[13] Sánchez, *Corte*, 2013, pp. 14-26.

hemos empleado diversos informes que emitieron las contadurías mayores (ya fuese la del Consejo de Indias o la del Tribunal de Cuentas de México) y los virreyes de Nueva España.

Cinco son los reportes. El primero de ellos lo constituye la "Relación de valores y cargas anuales" del virreinato de Nueva España de 1726 elaborado por los contadores del Consejo Real de Indias. Un documento que, lamentablemente, no es homogéneo en términos contables ni en la temporalidad, de ahí que haya de considerarse como una aproximación muy somera al erado del real erario de Nueva España en el primer tercio del siglo XVIII.[14] El segundo informe surge de las "Relaciones de valores y distribución de todas las rentas reales en el reino de la Nueva España y sus provincias adyacentes" del quinquenio de 1744-1748, realizado por el Tribunal de Cuentas de México entre 1749 y 1751. Este reporte presenta una notable calidad contable al computar la totalidad de ingresos y egresos del real erario novohispano durante el lustro consignado, haciendo una clara separación conceptual y contable entre el cargo y el ingreso, por una parte, y entre la data y el egreso, por la otra. No obstante estas virtudes, las relaciones contienen un problema a efectos de determinar el desglose de los egresos ya que algunas partidas indican el destino final de los recursos (por ejemplo, sueldos, situados, estipendios religiosos, pensiones, remisiones a Castilla, etc.), mientras que otras computan el gasto a partir del ingreso específico que iba a financiarlo (por ejemplo, en reales alcabalas, reales tributos, bulas de Santa Cruzada, Casa de Moneda, etc.). Para subsanar esta situación, hemos acudido a los asientos contables aparecidos en las *Relaciones de distribución* y los hemos reacomodado según los destinos finales a los cuales estaban enfocados.[15] El tercer documento, titulado "Plan que manifiesta el total producto, gastos, líquido caudal sobrante o deficiente de cada uno y todos los ramos de Real Hacienda del Reino de la Nueva España…", elaborado durante la administración del virrey Frey Antonio María Bucareli y Ursúa, muestra, entre otros elementos, el estado del real erario durante el quinquenio de 1768-1772. Si bien parece incluir todos los ingresos y egresos, en realidad omite los datos de un rubro fundamental para el periodo: los del estanco del tabaco que había sido creado en 1765. En aras de obtener una imagen global, al promedio general de gastos que aporta el "Plan" se ha añadido el promedio de gastos incurridos en el estanco del tabaco durante

---

[14] AHN, Estado, libro 917.
[15] AGN, Archivo Histórico de Hacienda, vol. 1381.

el citado quinquenio.[16] El cuarto informe, que reproduce la conceptualización de las relaciones del quinquenio de 1744-1748, es el "Estado de valores y distribución que tuvieron los ramos de Real Hacienda del Reino de Nueva España destinados a sufragar los gastos comunes y generales de ella en el quinquenio de 1785 a 1789, según los estados que anualmente presenta la contaduría mayor de cuentas" y fue elaborado por Fabián Fonseca y Carlos de Urrutia entre 1791 y 1793, siguiendo las instrucciones del virrey segundo conde de Revillagigedo, como parte del *Libro de la razón general de Real Hacienda*.[17] El quinto reporte, denominado "Extracto general de valores, gastos y líquido de los ramos comunes y particulares de la Real Hacienda de Nueva España deducido el año común por el quinquenio corrido desde el de 1795 al de 1799", se formó para satisfacer lo prevenido en una real orden de 3 de septiembre de 1809 de la Junta Suprema Central y Gubernativa del Reino, en el contexto de la guerra contra Francia.[18] Su estructura contable reproduce lo establecido en el "Estado de valores y distribución" del quinquenio de 1785-1789, aunque presenta una omisión: no muestra los ingresos y egresos de los ramos ajenos. Ante ello cabían dos opciones. O bien desagregar en los informes de 1726, 1751 y 1772 lo que en la instrucción de 1784 se definía como "ramo ajeno", una conceptualización que en dichos momentos no existía, o bien incorporar el ingreso y el egreso de los ramos fiscales ajenos para el quinquenio de 1795-1799, de forma tal que los cuatro reportes presentasen una información homogénea. Hemos optado por esta segunda opción.[19]

Cuando de las estimaciones globales pasamos a ciertos aspectos específicos (*v.g.* situados, deuda pública, gastos militares, etc.), hemos combinado los informes generales con los datos que aparecen en las cartas cuentas de determinadas Cajas Reales y con los emanados de las contadurías de rentas (tabaco, alcabalas, tributos, etc.) y tesorerías regias, asumiendo que, al emplear las cartas cuentas para ciertos cálculos agregados se presentan distorsiones, de ahí que, más que datos definitivos, lo que se obtiene sean órdenes de magnitud y tendencias para ciertos fenómenos.

---

[16] Los gastos promedio que aparecen en el informe de Bucareli durante el quinquenio ascienden a 7 406 453.2 pesos, mientras que los efectuados en el estanco del tabaco suman 1 258 288 pesos anuales. *Administración*, t. I, 1936, pp. 205-211. Para los datos del estanco del tabaco, AGN, Historia, vol. 600.

[17] "Estado núm. 1", Fonseca y Urrutia, *Historia*, t. I, 1845, s. f.

[18] AGI, México, leg. 1145, fs. 663-665 y AGN, *Historia*, vol. 600, fs. 88-89v. Para su empleo por la historiografía consultar: Marichal, *Bancarrota*, 1999, y Sánchez, "Peso", 2011.

[19] Para los datos de 1795 véase Archivo General de Indias (en adelante AGI), México, leg. 1581; para 1796 (AGI, México, leg. 1588), para los de 1797 y 1798 (AGI, México, leg. 2026) y para los de 1799 (AGI, México, leg. 2034).

Para la clasificación del gasto público hemos optado por categorías abarcadoras que sinteticen los principales rubros presentes en el conjunto del periodo analizado, con miras a dar cuenta de las prioridades y la evolución del egreso de la Real Hacienda de Nueva España durante el siglo XVIII largo. Así, los gastos de "guerra" [20] se han construido a partir del agregado de tres rubros: sueldos de guerra, situados "foráneos" y gastos de guerra varios; para los gastos de la administración de Hacienda, lo hemos efectuado a partir de otros tres componentes: sueldos de Hacienda, gastos de operación de Hacienda y compras de tabaco en La Habana. Estas dos categorías son acompañadas de otros tres conceptos, a saber: remisiones a Castilla y España, deuda pública y *otros gastos*, compuestos en este caso por los estipendios y gastos religiosos, los gastos de justicia, las mercedes reales y una miscelánea de egresos agrupados bajo el rubro "gastos varios".

Con esta clasificación pretendemos evitar dos posibles situaciones. Por una parte, reconstruir la evolución del real erario novohispano a partir de un repertorio tan reducido de categorías que no diese cuenta de sus cuatro cometidos básicos: los gastos en materia de guerra, Hacienda, justicia y promoción de la religión católica.[21] Por la otra, ordenar la información a partir de una clasificación contable establecida en un momento dado y suponer que así fue para el conjunto del periodo. Sería el caso, por ejemplo, de trasladar la contabilidad ordenada implantada en las Indias en 1784, con motivo de la aplicación del método de partida doble, a la totalidad del siglo XVIII. Una clasificación que supondría la existencia de "ramos comunes", "ramos particulares", "ramos remisibles" y "ramos ajenos" de forma casi atemporal, cuando esta categorización es el resultado de un proyecto reformista muy acotado en el tiempo.[22]

[20] "Guerra" era la denominación empleada en la documentación contable de la época, razón por la cual no hemos empleado los términos "gastos de defensa" o "gastos militares", por citar dos posibles alternativas.

[21] En numerosas ocasiones el gasto público novohispano queda reducido apenas a tres variables (gastos de guerra, administración y remesas), caso de Klein, *Finanzas*, 1994, o, incluso, a prácticamente dos (gastos militares y transferencias), caso de Slicher, *Real*, 1989.

[22] Donoso, "Nuevo", 1999, y Avella, "Experiencia", 2001. Para la prolongación de este modelo contable fuera de su momento de aplicación, véase Bobb, *Viceregency*, 1962.

ESTRUCTURA Y DINÁMICA DEL GASTO PÚBLICO EN LA REAL HACIENDA DE NUEVA ESPAÑA DURANTE EL SIGLO XVIII

Como ha mostrado el conjunto de la historiografía, en la medida en que la monarquía católica pretendió revertir los efectos políticos, territoriales, económicos y fiscales derivados del Tratado de Utrecht (1713), a fin de mantener su posición como gran potencia en el escenario europeo y en las Indias, se vio obligada a incrementar el gasto público en el conjunto del imperio a lo largo de la centuria.[23] Una dinámica que tuvo su reflejo en el real erario novohispano (véase gráfica 1).[24]

En términos seculares, los egresos de la Real Hacienda de Nueva España crecieron del orden de 3.3% anual, al pasar de 2 370 152 pesos en 1726 a 26 089 808 pesos en el quinquenio de 1795-1799, es decir, se multiplicaron más de diez veces en dicho periodo.[25] Ese dato constata la enorme presión que se ejerció sobre el erario regio novohispano y de este sobre el conjunto de la economía y la sociedad virreinales. De igual forma, resalta el hecho de que el ascenso más acelerado se produjo en la primera mitad del siglo XVIII, en la medida en que los egresos crecieron anualmente 4.5% entre 1726 y 1744-1748, cuando en los otros tres periodos (1744-1748 y 1768-1772, 1768-1772 y 1785-1789 y 1785-1789 y 1795-1799) fueron, respectivamente, del orden de 1.4, 4.2 y 4.2% anuales.

En este esquema son perceptibles las repercusiones que experimentó el real erario durante los periodos de guerra y paz en términos del volumen general de egresos. De forma obvia, en un contexto bélico el crecimiento del egreso fue superior al mostrado en la centuria que, recordamos, fue del 3.3% anual entre 1726 y 1799. Fueron coyunturas en las que La Real Hacienda novohispana tuvo que responder, como veremos, a las demandas de defensa existentes en una amplia geografía que iba desde el estricto reino de Nueva España y sus provincias adyacentes, pasando por el Gran Caribe y

---

[23] Marichal, *Bancarrota*, 1999; Delgado, *Dinámicas*, 2007; Alonso, *Costo*, 2009, y Torres, *Precio*, 2013.

[24] Los egresos totales en los cuatro momentos fueron: 2 370 152.2 pesos en 1726, 6 254 269.3 pesos en 1744-1748, 8 664 741 pesos en 1768-1772, 17 338 012.5 en 1785-1789 y 26 089 808.0 pesos en 1795-1799.

[25] Si bien se trata de pesos corrientes no cabe esperar una gran desviación provocada por la variación en los precios al no haber constancia de una inflación a largo plazo en el virreinato durante el siglo XVIII. Para esta cuestión y su repercusión en las series fiscales del real erario de Nueva España, consultar, Arias, "Building", 2013.

Gráfica 1. Evolución del gasto público de la Real Hacienda de Nueva
España en el siglo XVIII

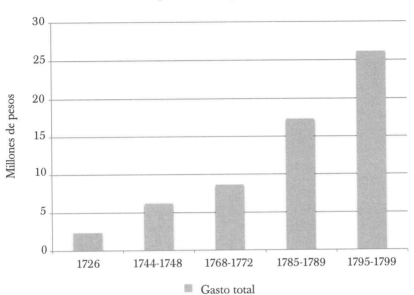

Fuentes: 1726 (AHN, Estado, libro 917); 1744-1748 (AGN, Archivo Histórico de Hacienda, vol. 1381); 1768-1772 (*Administración*, 1936 y AGN, Historia, vol. 600); 1785-1789 (Fonseca y Urrutia, *Historia*, t. I, 1845), y 1795-1799 (AGN, Historia, vol. 600, y AGI, México, legs. 1145, 1588, 2026 y 2034).

Filipinas, hasta llegar al erario metropolitano. El único caso que se aparta de este patrón es el que afecta al quinquenio de 1785-1789, respecto del nivel de egresos que manifestó el informe del virrey Bucareli sobre el quinquenio de 1768-1772, ya que entre dichos años se produjo un ascenso de los egresos muy potente, del orden de 4.2% anual. Incremento que, como veremos, respondió a un periodo de "paz armada" y al desarrollo que adquirió el estanco del tabaco; un factor que elevó de manera considerable los egresos de la administración de Hacienda.

Para comprender mejor esta dinámica nos adentramos a continuación en un estudio que ilustre la composición y evolución sectorial del gasto público del erario regio novohispano.

*El gasto de guerra: sueldos de guerra, situados "foráneos"
y gastos de guerra varios*

Sin lugar a dudas, el gasto bélico constituyó la mayor parte de las erogaciones de las tesorerías novohispanas durante el siglo XVIII. Un egreso que, como ya anunciamos, se componía de tres grandes agregados, a saber: los suelos que percibían los distintos cuerpos militares con cargo a la Real Hacienda de Nueva España, los situados "foráneos"[26] remitidos a dos espacios geográficos, el Gran Caribe y Filipinas, y los "gastos de guerra varios", entendidos como un agregado de numerosas partidas que iban desde el armamento y la vestimenta de los destacamentos militares, pasando por la construcción y mantenimiento de fortalezas, presidios y astilleros militares, hasta llegar a los gastos de manutención de estos contingentes, entre una pluralidad de partidas.

El primer componente del gasto bélico, los sueldos militares, su volumen y distribución, dependía de la lógica militar existente en Nueva España desde el último tercio del siglo XVI, la cual se articulaba a partir de tres principios. En primer lugar, la escasa presencia de fuerzas armadas regulares en el interior del territorio, al no preverse una amenaza militar terrestre que pusiese en entredicho su dominio. Las pocas unidades castrenses creadas se ubicaron en la ciudad de México, como tropa al servicio del virrey. En segundo lugar, la aparición de fuerzas terrestres y navales en las costas del virreinato. Las acciones de los corsarios y de las crecientes armadas de Holanda, Francia e Inglaterra, especialmente a partir de la década de 1630, implicaron que el Seno Mexicano dejase de ser un *mare clausum*, al igual que las costas del Mar del Sur, en el océano Pacífico, lo que motivó el establecimiento de presidios y fortalezas en las plazas de Veracruz, Acapulco y Campeche y la creación de una Armada de Barlovento en 1635, con sede en el puerto veracruzano.[27] A la par, y conectado con esta estrategia, se desarrolló un sistema de guarniciones, fortalezas y baluartes en diversos puntos del Gran Caribe (La Habana, Santiago de Cuba, Santo Domingo, Puerto Rico,

---

[26] La calificación de "foráneos" se la atribuimos en tanto en cuanto el pago a las guarniciones militares del Reino de Nueva España y provincias adyacentes, por ejemplo en el presidio de Veracruz y el castillo de San Juan de Ulúa, en los presidios ubicados en las Provincias Internas o el realizado en los presidios del Carmen y la guarnición de Campeche, también aparecía denominado en la documentación como "situados de los presidios…". Con la adjetivación pretendemos distinguir la diferente territorialidad de los "situados": en el reino de Nueva España y sus provincias adyacentes y los remitidos fuera de él. Al respecto, consultar AGN, Archivo Histórico de Hacienda, vol. 1381 (distribuciones de las cajas reales de México, Veracruz y Acapulco, 1744-1748, s. f.).

[27] Torres, *Armada*, 1981, pp. 35-37, y Calderón, *Fortificaciones*, 1984.

La Florida, Cumaná, etc.) que implicó el envío periódico de remesas en moneda y especie por parte de la Real Hacienda de Nueva España, los llamados "situados" foráneos.[28] En tercer lugar, la expansión y consolidación de la frontera frente a la población indígena no sometida al dominio político de la monarquía, los denominados genéricamente "indios chichimecas", ubicados mayoritariamente en el septentrión novohispano. Cabe señalar que este proceso colonizador, articulado bajo el binomio presidio-misión, tuvo en ocasiones su origen en cuestiones geopolíticas, como sucedió con las regiones de Texas y La Luisiana, ante las amenazas de expansión colonial de Francia e Inglaterra.[29]

Las modificaciones más relevantes a este esquema se produjeron en tres momentos. En 1748 se abolió la Armada de Barlovento con sede en el puerto de Veracruz, de forma que las unidades militares navales del Seno Mexicano se concentraron en el puerto de La Habana.[30] En 1764, dos años después de la pérdida, si bien temporal, de Manila y La Habana se inició un lento y laborioso camino para la conformación de un ejército regular en Nueva España que, con vaivenes, incrementó la presencia militar en el virreinato durante el último tercio del siglo XVIII.[31] Finalmente, en 1768, y en el marco de dicha política de rearme, se creó el Departamento Marítimo de San Blas, en el Mar del Sur, como unidad naval que debía vigilar y controlar las rutas mercantiles del Pacífico norte y servir, entre otros cometidos, como base para la realización de expediciones marítimas en las regiones de Sonora y las Californias.[32]

El volumen total de los efectivos militares del ejército regular, conformado por las tropas veteranas (o de línea) más las compañías presidiales y volantes de las costas y los presidios internos, así como su evolución y distribución territorial, dejan constancia del proceso de creciente militarización que vivió el virreinato de Nueva España desde la guerra de la Oreja de Jenkins (1744-1748)[33] hasta los albores de la crisis de 1808 (véase cuadro 1).

---

[28] Dos trabajos colectivos que actualizan y dan cuenta de la magnitud de lo que representaron estas remesas para el erario novohispano son Marichal y Grafenstein, *Secreto*, 2012 y Carrara y Sánchez, *Guerra*, 2012.

[29] La historiografía sobre la colonización y los presidios del norte novohispano es muy abundante. De entre ella destacamos: Moorhead, *Presidio*, 1975; Velázquez, *Frontera*, 1982, y Weber, *Spanish*, 1992.

[30] Ogelsby, "Spain", 1969; Sánchez, "Armada", 2012, y Celaya, "Costo", 2012".

[31] Archer, *Ejército*, 1983; Albi, *Ejército*, 1987, y Pablo, "Ejército", 2003.

[32] Pinzón, "Entre", 2004 y *Acciones*, 2011.

[33] Cerdá, "Guerra", 2008.

Cuadro 1. Volumen y distribución territorial de las tropas veteranas y presidiales del ejército en Nueva España y sus sueldos anuales –en pesos– (1744-1748 y 1803-1804)

| | | | Tropas veteranas (de línea) y presidiales | | |
Cuerpos (1744-1748)	Hombres	Porcentaje	Cuerpos (1804)	Hombres	Porcentaje
Reino de México	2 875	69	Reino de México	6 225	59
Provincia de Yucatán	367	9	Provincia de Yucatán	645	6
Provincias Internas	911	22	Provincias Internas (dependientes del virrey y las comandancias internas)	3 694	35
Total hombres	4 153	100	Total hombres	10 564	100
Sueldos anuales	957 183		Sueldos anuales (1803)	3 576 826	

Fuentes: Para 1744-1748, AGN, Archivo Histórico de Hacienda, vol. 1381, s. f. (Distribuciones de las Cajas Reales de Veracruz, Campeche, Mérida y Acapulco, 1744); AGN, Indiferente Virreinal, caja 3367, exp. 3; AGN, Impresos oficiales, vol. 2, exp. 13; Villaseñor, *Theatro*, 1992, pp. 224-25; Salas, "Apuntes", 1940, p. 627; Sarrablo, *Conde*, 1966, p. 111. Para 1804, Humboldt, *Ensayo*, 1966, pp. 554-557; Sánchez, "Impactos", 2012; Torre, *Instrucciones*, t. II, 1991, p. 1342. Los datos de sueldos del segundo periodo son de 1803.

En poco más de medio siglo, el ejército regular financiado por el real erario novohispano creció 154%, pasando de 4 153 efectivos a mediados del siglo XVIII a 10 564 hombres a principios del siglo XIX. Si bien las tropas veteranas estacionadas en el Reino de México constituían el principal contingente (69% en 1744-1748 y 59% en 1804), destaca el crecimiento más acelerado de los efectivos destinados a la frontera septentrional ubicados en las denominadas Provincias Internas, ya fuese en las que estaban bajo el control directo del virrey (las Californias, Nuevo León y Nuevo Santander) como en las que se hallaban bajo el mando de las comandancias internas (Nuevo México, Sonora, Nueva Vizcaya, Coahuila y Texas). Frente a ello, el crecimiento relativo experimentado por las tropas estacionadas en la provincia de Yucatán y en el Reino de México fue mucho menor. La razón de esta distribución de los efectivos y, por ende, del gasto en sueldos militares responde tanto a la voluntad de conformar un ejército regular en Nueva España que pudiese hacer frente a una posible invasión de Gran Bretaña o Francia por las costas del Golfo de México (algo que pasó a ser considerado factible tras los eventos de 1762), como al deseo de consolidar la frontera septentrional frente a los ataques de grupos indígenas que, periódicamente, incursionaban en haciendas, ranchos, reales mineros y presidios, y como respuesta también a los procesos expansivos de otras potencias coloniales (Gran Bretaña, Francia, en torno al Misisipi y la provincia de Texas, y el imperio Ruso, en la Alta California).

La elevación en los contingentes armados de la tropa veterana y presidial[34] implicó un incremento en el volumen de sueldos militares pagado por el real erario. Si en el quinquenio de 1744-1748 los 4 153 efectivos representó en promedio un gasto anual de 957 183 pesos, para 1804, el costo ascendió a 3 152 427 pesos. Es decir, los sueldos militares crecieron de forma más acelerada (229 y 154%, respectivamente). Un hecho que remite a dos fenómenos: la mayor presencia relativa de cuerpos de oficiales y suboficiales respecto a los de la tropa y a la ampliación de efectivos de caballería y artillería, que gozaban de un mayor nivel de retribuciones.

Esta evolución en la distribución del gasto en sueldos militares semeja paradójica si tenemos en cuenta que la principal amenaza militar para la monarquía católica en Nueva España durante la segunda mitad del siglo XVIII

---

[34] La composición y evolución de la tropa veterana y de presidios sufrió continuos cambios entre 1764 y 1808 al socaire de las exigencias militares y financieras de la corona. Archivo General de Simancas (AGS), Secretaría del Despacho de Guerra, leg. 6977,1; Humboldt, *Ensayo*, 1966, p. 555 y Sánchez, "Impactos", 2012.

no se ubicaba en el lejano norte, sino en el Golfo de México. La causa de esta configuración se encuentra en el otro tipo de fuerzas armadas implicado en la defensa de las Indias: las milicias provinciales. Hasta 1764, las escasas tropas veteranas y presidiales novohispanas compartían la defensa del territorio con un heterogéneo grupo de milicias, en su mayoría urbanas, compuestas y financiadas por cabildos municipales y, sobre todo, por corporaciones de artesanos y comerciantes.[35] Efectivos sobre los que las autoridades virreinales e imperiales dudaban de su efectividad en caso de tener que enfrentar una amenaza exterior. A partir de ese año, con la llegada de Juan Villalba y Angulo como comandante general e inspector del ejército de Nueva España, se procedió a una doble estrategia: incrementar el número y mejorar la formación militar de la tropa veterana y presidial (algo que se asoció a la llegada periódica de cuerpos militares desde España que instruyesen a los nuevos contingentes) y la ampliación de unidades milicianas en las principales ciudades y villas del virreinato.[36] Gracias a esta estrategia se esperaba conformar una fuerza militar lo suficientemente numerosa como para neutralizar y derrotar una posible invasión. Por otra parte, se confiaba en que su costo fuese muy bajo debido a que la financiación de las milicias provinciales[37] iba a recaer sobre los municipios y, en ciertos casos, sobre los donativos que realizasen gremios y sujetos distinguidos del orden corporativo novohispano.[38] Sólo cuando se movilizaban estas tropas, en coyunturas de peligro externo, el costo de su mantenimiento se cargaba sobre el real erario.[39]

El segundo componente del gasto bélico con cargo a la Real Hacienda de Nueva España era el envío de fondos a las tesorerías de la corona en el Gran Caribe y Filipinas: los situados "foráneos".[40] El origen y destino de estas remesas se hallan también en el siglo XVI ante la evidencia de que

---

[35] Para el caso del regimiento del comercio financiado por el consulado de mercaderes de México, véase Valle, "Consulado", 1997.

[36] Archer, *Ejército*, 1983, y Albi, *Ejército*, 1987.

[37] En 1804, los principales regimientos y batallones de infantería de las milicias provinciales eran los de México, Puebla, Tlaxcala, Jalapa-Orizaba-Córdoba, Celaya, Toluca, Valladolid, Guanajuato, Oaxaca y Guadalajara. En el caso de los regimientos y dragones de caballería eran los de Querétaro, del Príncipe, Puebla, San Luis, San Carlos, la Reina y Nueva Galicia. A su vez estaban las compañías de infantería de morenos y pardos y las compañías de caballería y escuadrones de lanceros de Veracruz, además de las milicias de Yucatán. Humboldt, *Ensayo*, 1966, pp. 554-557; Sánchez, "Impactos", 2012, y Torre, *Instrucciones*, 1991, t. II, p. 1342.

[38] Archer, "Bourbon", 1981, y Ortiz, *Guerra*, 1997 y *Teatro*, 2008.

[39] Para el costo que representaban estos acuartelamientos y acantonamientos de parte del ejército regular y las milicias, como los sucedidos en Jalapa, Córdoba y Orizaba entre 1797 y 1809, consultar: Archer, "Bourbon", 1981; Ortiz, *Guerra*, 1997, y Rodríguez, "Días", 2013.

[40] Para su consideración como sueldos mayoritariamente de guerra, véase Sánchez, *Corte*, 2013, pp. 235-238.

los gastos, especialmente de defensa, de ciertas plazas del Seno Mexicano y Filipinas no podían financiarse localmente. Su cálculo se establecía a partir de un ejercicio relativamente simple: los ingresos y egresos del distrito y el déficit resultante. Una muestra de ello lo encontramos en la *Relación de valores y cargas anuales* del virreinato de Nueva España de 1726, cuando trata, por ejemplo, de la Caja Real de La Habana a principios de la década de 1720. Así, tras asentar los contadores del Consejo de Indias que el ingreso promedio de dicha tesorería era de 52 287.7 pesos anuales[41] y que "las cargas" ascendían a 180 212.3 pesos anuales,[42] afirmaron: "De suerte que regulado su valor y cargas (en la forma expresada) […] resulta faltar para su cumplimiento 127 924 pesos 3 tomines, y *que se deben remitir de México*".[43] Este mismo raciocinio funcionaba en el resto de situados foráneos.[44]

Los principales núcleos militares perceptores en el Gran Caribe de los situados foráneos durante la primera mitad del siglo XVIII se ubicaban en diversas plazas de las Antillas mayores bajo soberanía de la monarquía católica, esto es, los presidios de La Habana y Santiago, en la isla de Cuba, el presidio de Santo Domingo, en la isla de La Española y el de San Juan en la isla de Puerto Rico, junto con los presidios de San Agustín en la península de La Florida, Santa Rosa Punta de Sigüenza en Pensacola y Cumaná, en la provincia homónima en la costa de Nueva Andalucía (Venezuela). En la segunda mitad del siglo, se añadieron otros puntos receptores, como por ejemplo La Luisiana y Trinidad, mientras que en ciertos momentos se cancelaban algunos destinos, en ocasiones de forma temporal (fue el caso de la Florida), según el vaivén de las adquisiciones y pérdidas territoriales derivadas de las conquistas y los tratados de paz. Todos ellos eran puntos estratégicos para el control y protección de las rutas del comercio atlántico que unían España y las Indias Occidentales, al funcionar como "antemural"[45] (defensa) frente

---

[41] "*Habana*. El ingreso de estas cajas se compone de almojarifazgos, armada de Barlovento, sisa antigua, comisos, oficios vendibles, novenos, extraordinario, penas de cámara, media annata y otros efectos accidentales y cortos, y en los cinco años corridos desde marzo de 1717 hasta mayo de 1722, importaron 261 439 pesos 6 tomines y 6 granos que corresponden en cada uno a 52 287 pesos 7 tomines y 8 granos", AHN, Estado, libro 917, s. f. La cursiva en el original.

[42] "Las cargas de estas cajas son los sueldos del gobernador y capitán general, los de los ministros que las componen, el vino y el aceite de las religiones, la guarnición de la Plaza y sus fuertes, con algunos gastos extraordinarios que importan 180 212 pesos 3 tomines y 1 grano". *Ibid.*

[43] *Ibid.* La cursiva es nuestra.

[44] Marichal y Souto, "Silver", 1994.

[45] En 1749 el virrey conde de Revillagigedo definía así el papel de la isla de Puerto Rico: "Siendo aquella Plaza y su Isla una de las preciosas partes que S. M. tiene en estas Américas *tanto por ser uno de sus antemurales* y preciso recurso para la navegación a este Reino desde esos, como porque produce […] abundantes frutos en todos los años…". Valle Menéndez, *Juan*, 1998, p. 353. La cursiva es nuestra.

a las potencias europeas presentes en el Gran Caribe (Inglaterra, Francia, Holanda, Dinamarca) y como base para la lucha contra el contrabando y la piratería. El otro destino primordial de los situados foráneos novohispanos fueron las islas Filipinas y las Marianas, allende el Pacífico, con el fin de asegurar el control territorial, muy reducido por cierto hasta finales del siglo XVIII, sobre ciertos espacios en dichos archipiélagos, y, sobre todo, el flujo mercantil entre Asia y Nueva España.[46]

Durante el siglo XVIII, los situados foráneos constituyeron una de las partidas principales del gasto de guerra y, lógicamente, del gasto total de la Real Hacienda de Nueva España. Un egreso que, además, corrió paralelo al proceso de crecimiento general que experimentaron los gastos públicos del erario regio novohispano (véase cuadro 2).[47]

El crecimiento experimentado por los situados "foráneos" enviados al Gran Caribe y Filipinas fue del orden de 2.8% anual, pasándose de remesas de 602 095 pesos anuales en 1726 a 4 647 964 pesos en el quinquenio de 1795-1799. Montos que, a pesar de las variaciones internas derivadas de las necesidades bélicas (envío de tropas, obras de fortificación, etc.) tuvo como destino principal a las plazas militares cubanas (La Habana y Santiago de Cuba), con el 41% de las remesas mandadas en promedio a lo largo de la centuria, seguidas por los situados de Filipinas (13%), Santo Domingo (12%), Puerto Rico (11%) y San Agustín de la Florida (5%). Por otra parte, resalta el hecho de que, a medida que avanzó la centuria, fueron creciendo las cantidades remitidas hacia otros espacios del Gran Caribe, en especial La Luisiana y Trinidad (junto a los envíos de poco monto a Cumaná y, de forma esporádica, a la costa de "los Mosquitos", dependiente en principio de la Audiencia de Guatemala), de forma tal que entre los cortes temporales de 1785-1789 y 1795-1799, este rubro llegó a representar entre 25 y 14% de los situados foráneos, cuando apenas ocupaban 6 o 10% en los momentos previos.

Ahora bien, si en lugar de un análisis por cortes temporales adoptamos un enfoque serial, es posible detectar cuatro grandes etapas en el envío de situados foráneos al Gran Caribe, que era el principal espacio

[46] La bibliografía fiscal sobre los situados ha crecido de forma notable en las dos últimas décadas, como ejemplos de las últimas producciones en torno a este fenómeno, tenemos: Alonso, *Costo*, 2009; Celaya, *Alcabala*, 2010; Marichal y Grafenstein, *Secreto*, 2012, y Carrara y Sánchez, *Guerra*, 2012.
[47] Esta realidad se evidencia en el alto coeficiente de correlación existente (0.979) entre los gastos totales y el efectuado en los situados foráneos en los cinco cortes temporales considerados (1726, 1744-1748, 1768-1772, 1785-1789 y 1795-1799).

Cuadro 2. Composición y evolución de los situados del Gran Caribe
y Filipinas y su comparación con los gastos totales (1726-1795/1799)

Situados foráneos	1726	1744-1748	1768-1772	1785-1789	1795-1799
La Habana y					
Santiago de Cuba	166 993	560 556	1 156 713	1 200 000	2 073 089
Filipinas	195 737	85 802	270 248	208 585	734 390
Santo Domingo	95 756	142 687	215 767	274 881	690 675
Puerto Rico	60 634	101 919	367 190	376 896	389 895
San Agustín					
de la Florida	82 976	173 263	0	100 000	131 531
Otros (Santa Rosa					
Punta de Sigüenza,					
Cumaná, Trinidad,					
Luisiana y Costa de					
Mosquitos)	0	69 159	215 868	715 784	628 384
Total situados	602 095	1 133 385	2 225 784	2 876 146	4 647 964
Egreso total	2 370 152	6 254 269	8 664 741	17 338 013	26 089 808
Situados vs.					
egreso total (%)	25	18	26	17	18

Nota: en los situados de La Habana, Santo Domingo y Luisiana se han descontado las remesas para compra de tabacos. Asimismo, para el periodo de 1768-1772 sólo se cuenta con datos del bienio 1768-1769.
    Fuentes: 1726 (AHN, Estado, libro 917); 1744-1748 (AGN, Archivo Histórico de Hacienda, vol. 1381); 1768-1772 (Grafenstein, "Situado novohispano", 2012, y Alonso, Costo, 2009); 1785-1789 (Fonseca y Urrutia, Historia, t. I, 1845, y Alonso, "Ayuda", 2012), y 1795-1799 (AGN, Historia, vol. 600 y AGI, México, legs. 1145, 1588, 2026 y 2034).

receptor de las remesas emitidas desde las Cajas Reales de Nueva España (véase gráfica 2).

La primera etapa, que engloba desde 1720 a 1778, presenta crecimiento lento pero constante sólo modificado al alza levemente durante la guerra de la Oreja de Jenkins (1739-1748) y por la entrada de la monarquía española (1761-1763) en la denominada guerra de los Siete Años. La segunda etapa, que abarca de 1779 a 1788, evidencia el crecimiento exponencial que vivieron los situados al Gran Caribe con motivo de la guerra contra Gran Bretaña (1779-1783) en el marco de la rebelión de las Trece Colonias, así como

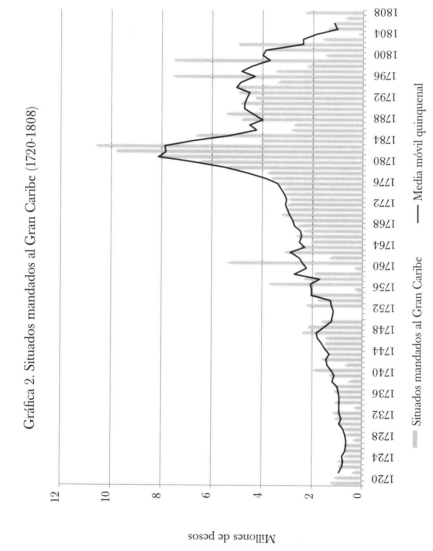

Gráfica 2. Situados mandados al Gran Caribe (1720-1808)

Situados mandados al Gran Caribe — Media móvil quinquenal

Fuentes: Para el periodo 1720-1800 (Marichal y Souto, "Silver", 1994), y para el periodo 1801-1808 (TePaske y Klein, *Ingresos*, 1986-1988 y AGN, Caja matriz, vols. 202, 604, 654, 661, 671, 684, 748).

el reflujo de dichos envíos al nivel existente en 1788.[48] La tercera etapa, que va de 1789 a 1800, muestra el estancamiento en el envío de remesas, según el nivel alcanzado a finales de la década de 1770. A pesar de la existencia de algunos envíos puntuales muy elevados (1796, 1799) efectuados con motivo de la denominada Primera Guerra Naval contra Gran Bretaña (1796-1802), las remesas al Gran Caribe no sobresalieron de forma notable, como sí lo hicieron en el periodo previo. La última etapa, que discurre desde 1801 a 1808, presenta la caída sin retorno de los situados novohispanos al espacio caribeño. En este sentido, es constatable la ruptura del binomio "guerra-situados", en la medida en que durante la Segunda Guerra Naval (1804-1808) contra Gran Bretaña no se produjeron aportaciones significativas que mitigasen la caída en el envío de los situados. De hecho, al final del periodo aquí considerado se había retornado a los niveles de la década de 1720.

Al respecto, cabe señalar que las tesorerías del Gran Caribe, en especial, las de Cuba, solicitaron continuamente recursos para atender la guerra. Sin embargo, su petición no fue atendida, como luego veremos, ante el cambio de prioridades en el gasto público novohispano, lo que derivó en descubiertos crecientes de los gastos militares de la zona.[49] A partir de entonces, tuvieron que cubrir sus déficits con préstamos locales, con reformas en la tributación o con la incautación de ramos en principio indisponibles para los erarios indianos y "en calidad de reintegro", tal y como sucedió con los fondos colectados con motivo de la consolidación de vales reales (1804-1808).[50]

Si hemos afirmado que esta caída fue sin retorno se debe a que, con el estallido de la guerra contra Francia en 1808 y con el posterior proceso de insurgencia, los recursos del erario regio novohispano susceptibles de ser enviados como remesas se mandaron primero a España y, a partir de 1810, permanecieron en el virreinato para financiar la contrainsurgencia.[51]

---

[48] Los trabajos de Carlos Marichal y Matilde Souto, así como los de Johanna von Grafenstein, muestran cómo los años de la guerra contra Gran Bretaña (1779-1783) fueron el momento en el cual los situados foráneos al Gran Caribe tuvieron su cénit. Marichal y Souto, "Silver", 1994; Marichal y Souto, "Nueva", 2012, y Grafenstein, "Situados novohispanos", 2012.

[49] Según un informe de la Tesorería general de Ejército de La Habana, en 1807 el adeudo del erario regio novohispano con La Habana, Luisiana, Florida, Puerto Rico, Santo Domingo y la delegación diplomática de Filadelfia ascendía a 14 144 721 pesos. Archer, "Bourbon", 1991, pp. 337-338.

[50] Vázquez y Santamaría, "Cuba", 2012. La tesis doctoral de Lorgio Cobá Noh ha puesto en evidencia que este proceso de retención de los productos de la consolidación de vales reales también se dio en la provincia de Yucatán, ante el impago de los situados que la caja de Veracruz debería haber efectuado a las cajas de Campeche y Mérida entre 1801 y 1808. El dato es relevante porque matiza la idea de que la consolidación consiguió la transferencia de sus productos netos al erario metropolitano. Cobá, "Hacienda", 2014, cf. Wobeser, *Dominación*, 2003.

[51] Sánchez, "Impactos", 2012.

Todo esto derivó no sólo en que la participación de los situados foráneos sobre el gasto total del real erario cayese, sino en el hecho de que, desde principios del siglo XIX, Nueva España comenzó a perder la función de *submetrópoli* que había desempeñado desde, al menos, el siglo XVII, antes incluso del estallido de los procesos bélicos originados en el crítico bienio de 1808-1810.[52]

El tercer componente del gasto bélico, que hemos denominado como "gastos de guerra varios" era el conformado por una variedad de egresos de naturaleza militar que hemos agrupado bajo tres rubros: provisiones, obras de fortificación y trabajos navales y una miscelánea que hemos llamado "gastos militares diversos". Ante esta variedad de cometidos y lo azaroso del rubro "gastos de guerra varios", mostramos su volumen global en dos momentos: los quinquenios de 1744-1748 y 1795-1799, inmersos respectivamente, como vimos, en los contextos de la guerra de la Oreja de Jenkins y en el de la denominada Primera Guerra Naval, ambas contra Gran Bretaña. Mientras que en el primer quinquenio los gastos de guerra varios ascendieron en promedio a 632 139 pesos anuales, dedicados en su mayor parte al gasto en fortificaciones y provisiones de navíos de la armada española en el Caribe, en el segundo quinquenio sumó la cantidad de 1 227 914 pesos, con un peso más elevado del gasto militar en manutención y campamento, en especial, con motivo de los acantonamientos de parte del ejército novohispano en el interior de la intendencia de Veracruz (Jalapa, Córdoba y Orizaba) entre 1796 y 1797, además de continuarse erogando recursos para el mantenimiento de fortificaciones.[53] Una evolución que nos muestra una tasa de crecimiento anual del orden de 1.3%, inferior pues al vivido por los otros dos sectores que componen el gasto de guerra, lo cual remite al hecho de que el ejército novohispano crecía sin estar acompañado de un gasto paralelo en armas, fortificaciones, vestuarios, etc. Todo ello debió derivar en un fenómeno creciente de desabasto que, en caso de una guerra continental, dificultaría la capacidad defensiva y ofensiva.

---

[52] Para la definición y funciones de "submetrópoli" en el caso de Nueva España, consúltese Marichal, *Bancarrota*, 1999. Para los situados novohispanos de la primera mitad del siglo XVII, véase Reichert, "Entre", 2012.

[53] Para los datos de 1744-1748 (AHN, Archivo Histórico de Hacienda, vol. 1381), para los de 1795-1798 (AGN, Historia, vol. 600 y AGI, México, legs. 1145, 1588, 2026 y 2034). Cabe señalar que en este quinquenio se han incluido como "gastos de guerra varios", 225 990 pesos de donativo para la guerra que aparecen etiquetados en el informe de 1809 como "carga ultramarina" y 2 912 pesos como gasto en fortificaciones). Sobre el gasto en provisiones, consúltese Grafenstein, "Abasto", 2000 y "Provisión", 2003. En el caso de los acantonamientos, véase Archer, "Bourbon", 1981; Ortiz, *Guerra*, 1997, y Rodríguez, "Días", 2013.

El gasto de la administración de Hacienda: sueldos de Hacienda,
gastos de operación de Hacienda y compras de tabaco en La Habana

La atención preferente que dedicó la corona a los gastos de guerra sólo fue posible con la implantación de una maquinaria fiscal que recaudase, gestionase y distribuyese los ingresos del real erario. Esa entidad fue la Real Hacienda de Nueva España. En ella, el principal egreso lo constituyó el pago de sueldos a los miembros de las distintas oficinas que la componían, seguido de los gastos de funcionamiento de la referida maquinaria.

Para apreciar el contenido específico de lo que entendemos por gastos de la administración de Hacienda, es conveniente desglosar su contenido. En primer lugar hemos considerado el pago de sueldos a los ministros, oficiales y empleados de las distintas oficinas del real erario que, a lo largo del periodo, fueron las Cajas Reales, la Real Casa de Moneda de la ciudad de México, el Tribunal de Cuentas y las distintas contadurías de rentas (alcabalas, azogue, tabacos, pólvora, tributos, bula de santa cruzada, media annata, etc.). En segundo lugar, los gastos de operación de estos organismos (básicamente, compra o alquiler y reparación de edificios, gastos de escribanía y contabilidad y los de compra y almacenaje de ciertas especies –tabaco, azogue, pólvora, papel sellado, etc.).[54] Asimismo, hemos incluido el envío de fondos de la caja de México a la caja de La Habana para la compra de tabacos, con los cuales se proveía de materia prima a las fábricas del estanco del tabaco en España, especialmente a la de Sevilla.[55]

De igual forma hemos incluido en los gastos de la administración de Hacienda los sueldos de algunos cargos de gobierno (como el caso del virrey, su secretaría, ciertos corregidores y alcaldes mayores y, a partir de 1786, los intendentes de provincia y sus reducidas estructuras administrativas) dado que así era como se consignaba en la documentación. Además de ejercer, según los casos, funciones militares, de justicia y policía, esta inclusión evidenciaba también responsabilidades en la supervisión general –en el caso del virrey, en tanto superintendente de Real Hacienda, o de los intendentes en sus distritos– o sobre algunos ramos del real erario (así

---

[54] No se han incluido bajo el rubro, *gastos de operación de la Hacienda*, los gastos de transporte de personas y efectos con cargo al real erario, que han sido englobados bajo la categoría "Otros" (que veremos más adelante) en la medida en que con esta actividad se movilizaban no sólo los recursos pecuniarios y materiales de la Real Hacienda (azogue, papel sellado, bulas, pólvora, etc.), sino también tropas, armas, religiosos, etcétera.

[55] Sánchez, *Corte*, 2013, pp. 62-63.

sucedía, por ejemplo, con el alcalde mayor de Tabasco sobre el real erario de la provincia).

Los sueldos de Hacienda eran las percepciones monetarias que recibían los ministros, oficiales y empleados de las distintas oficinas que componían el real erario.[56] Por lo general, se trataba de remuneraciones fijas, según los reglamentos de los distintos cuerpos y tribunales de Hacienda, o según cédulas y órdenes reales, que se distribuían jerárquicamente según la importancia de la entidad y de la plaza a ocupar. En ocasiones, estas percepciones monetarias se podían incrementar con motivo de trabajos extras. Asimismo, y según la importancia o las condiciones del cargo a desempeñar, el salario se complementaba con "ayudas de costa" como gratificación.[57]

Dos cortes temporales permiten apreciar la composición y evolución experimentada por los sueldos de Hacienda durante el siglo XVIII "largo": el quinquenio de 1744-1748 y el de 1795-1799. En el primero, los sueldos de Hacienda sumaron en promedio 427 944 pesos anuales, mientras que en el segundo ascendieron a 2 044 316 pesos anuales. Esto supuso un crecimiento del orden de 377% entre ambos periodos, lo que significa que el gasto en sueldos de Hacienda creció de forma mucho más acelerada que el destinado a los sueldos de las tropas veteranas, presidiales y milicias que, recordamos, fue de 229%. El desglose de este gasto entre ambos periodos permite apreciar el salto cualitativo vivido por la Real Hacienda entre la primera y la segunda mitad del siglo XVIII en su estructura y funcionamiento.

Como punto previo, cabe señalar que organizamos la exposición en dos secciones. Por una parte, el cambio que experimentaron las dependencias del erario existentes en la primera mitad del siglo XVIII (véase cuadro 3) y, por la otra, por las oficinas creadas con posterioridad a la década de 1750 (véase cuadro 4).

Como se puede apreciar, el número de plazas dotadas de sueldo fijo con cargo al real erario creció de forma notable, concretamente 550% entre mediados del siglo XVIII y las dos últimas décadas de la centuria,[58] al pasar de 107 a 696 empleados. Una ampliación en el personal de Hacienda que significó una elevación de la masa salarial en el real erario, del orden del

---

[56] En ocasiones en los sueldos se incluían los gastos de papel y tinta.

[57] Para las condiciones de acceso, trabajo y salario de algunos de los empleados que formaban parte de la Real Hacienda, consúltese Arnold, *Burocracia*, 1991, pp. 133-182; Bertrand, *Grandeza*, 2011, pp. 169-234, y Castro, *Historia*, 2012, pp. 123-179.

[58] Hemos establecido como periodo 1782-1804 ya que los reportes salariales de las distintas contadurías con los que contamos se engloban en dicha cronología.

Cuadro 3. Dotación de plazas y sueldos fijos anuales asignados a las contadurías de rentas de Nueva España (1744-1748 y 1782-1802)

Contadurías de rentas	1744-1748 Plazas	1782-1804 Plazas	Crecimiento porcentaje	1744-1748 Sueldos en pesos	1782-1804 Sueldos en pesos	Crecimiento porcentaje
Real Casa de Moneda	41	84	105	54 788	107 395	96
Contaduría de alcabalas, Aduana de México y Dirección general de Alcabalas	5	508	10 060	3 775	272 809	7 127
Caja Real de México	15	37	147	17 100	43 515	154
Tribunal de Cuentas de México	26	38	46	40 546	54 600	35
Superintendencia de reales azogues	9	7	-22	4 900	6 200	27
Contaduría de reales tributos/ de retasas	8	13	63	6 100	14 700	141
Media annata	1	7	600	689	3 200	364
Papel sellado	2	2	0	1 300	300	-77
Total	107	696	550	129 198	502 719	289

Fuentes: AGN, Archivo Histórico de Hacienda, vol. 1381 (distribuciones de las cajas reales de Nueva España, 1744-1748, s. f.); Fonseca y Urrutia, *Historia*, t. I, 1845, pp. 223-325, t. II, 1849, pp. 96-118 y 420-437, t. III, 1850, pp. 51-61; Torre, *Instrucciones*, t. II, 1991, pp. 1169-1170, y Arnold, *Burocracia*, 1991, pp. 211-230.

Cuadro 4. Plazas y sueldos de las nuevas oficinas de la Real Hacienda
creadas durante la segunda mitad del siglo XVIII

Contadurías de rentas	Plazas	Sueldos (en pesos)	Año[a]
Estanco del tabaco	5 277	715 904	1788
Temporalidades	13	16 900	1768
Administración principal de correos y postas	19	15 415	1790
Real Lotería	17	11 700	1794
Comisaría de bulas de santa cruzada	7	7 150	1792
Propios y arbitrios	6	4 450	1802
Total	5 339	771 519	

[a] Se refiere al año del reporte de plazas y sueldos.
Fuentes: Fonseca y Urrutia, *Historia*, t. II, 1849, pp. 420-437, y Arnold, *Burocracia*, 1991, pp. 211-230.

289% (de 129 198 pesos anuales en el quinquenio de 1744-1748 a 502 719 pesos entre 1782 y 1804).

De entre las diversas contadurías destaca sobremanera lo ocurrido en la renta de alcabalas, que mostró una transformación a todas luces espectacular. La razón básica se halla en el cambio en el modelo de recaudación y gestión del impuesto. Así, el reporte de 1744-1748 nos muestra un impuesto que estaba gestionado de forma abrumadora mediante el sistema de arrendamiento, bien a particulares, bien a corporaciones (aquí la denominación del contrato era de "encabezamiento"), como sucedía con los cabildos municipales y las corporaciones mercantiles (era el caso del consulado de mercaderes de la ciudad de México). En ese contexto, la Real Hacienda sólo necesitaba una mínima estructura para gestionar el control y distribución de los productos que generaban las alcabalas (apenas cinco plazas). Cuando, en 1754, la aduana de la ciudad de México pasó a ser administrada por los ministros de la Real Hacienda, perdiendo su control el Consulado de México, y se generalizó este sistema en el conjunto de virreinato en 1776, se hizo necesario el crecimiento de las plazas para hacer viables los dos organismos que iban a gestionar el impuesto: la Real Aduana de la ciudad de México y la Dirección General de Alcabalas "foráneas". El resultado fue la elevación de las plazas con dotación fija a 508 empleados.

A la par de estos empleados, se articuló una gran cantidad de recaudadores de alcabalas en las numerosas receptorías ubicadas en los 266 suelos alcabalatorios del virreinato, los cuales percibían un ingreso como porcentaje de lo recaudado, el cual se movió, por lo general, entre 8% y 14%, según las condiciones del territorio (tamaño del distrito, volumen y tipo de población, actividades económicas, etc.) que debían controlar.[59] El crecimiento también se produjo, si bien en un rango mucho menor, en otras dependencias como fueron la Real Casa de Moneda o la Caja Matriz de la ciudad de México, como casos más destacados. Cuando en algunas dependencias se produjo el fenómeno contrario, esto es una reducción en el personal adscrito, se debió a que sus funciones fueron absorbidas por otra dependencia. Fue lo que ocurrió con la contaduría del papel sellado, en la medida en que sus cometidos pasaron a ser desempeñados por los administradores de la renta del tabaco a partir de 1786, tras la promulgación de la Ordenanza de intendentes de Nueva España. Sólo quedó un escribiente y un oficial, adscritos a la caja de México, para consolidar las cuentas que se enviaban desde las oficinas de la renta del tabaco.[60]

El segundo fenómeno que explica la elevación en las plazas y el volumen total de sueldos se halla en la creación de nuevas oficinas con cargo al real erario, ya fuese como resultado de la creación de rentas (el estanco del tabaco, temporalidades o la real lotería) o por el cambio administrativo experimentado en otras rentas y dependencias (oficinas de correos y postas, comisaría de la bula de santa cruzada y la contaduría de propios y arbitrios). Rentas y dependencias para las cuales no existían oficinas específicas con cargo a la Real Hacienda durante la primera mitad del siglo XVIII (véase cuadro 4).

Con estos datos es patente el tremendo impacto salarial que representó la creación del estanco del tabaco entre 1761-1765, tanto en la vertiente administrativa (dirección general, contaduría, tesorería, resguardo, administraciones foráneas, factorías, etc.) como en la fase fabril de la renta (fábricas de puros y cigarros). En 1788, una vez asentado plenamente el monopolio, había 5 277 empleados con sueldo fijo con cargo a los ingresos de la renta que percibían globalmente 715 904 pesos anuales. A todo ello había que añadir "los demás empleados en esta fábrica [de México que] están a sueldos diario [*sic*] en los días útiles de trabajo". Un colectivo enorme que en 1788 sumaba

---

[59] Garavaglia y Grosso, *Alcabalas*, 1987; Valle, "Consulado", 1997; Sánchez, "Hacienda", 2001, y Celaya, *Alcabalas*, 2010.
[60] Fonseca y Urrutia, *Historia*, 1850, t. III, pp. 51-52.

12 028 personas entre "mandones, jornaleros y elaborantes de cigarros", lo cual arrojaba una cifra de empleados totales superior a los 17 200 efectivos. Se trataba de un colectivo que, como sucedía con los trabajos de braceaje de la Casa de Moneda, cobraban según la tarea realizada.[61]

De mucha menor importancia en términos cuantitativos fue el resto de las nuevas dependencias, como el caso de la contaduría de Temporalidades, creada para gestionar los bienes de la Compañía de Jesús tras su expulsión de los territorios de la monarquía católica en 1767, o la creación de la "Real Lotería de Nueva España" en 1770, durante el gobierno del virrey marqués de Croix,[62] y la de la bula de santa cruzada, cuando pasó a ser administrada por el real erario en 1767, entre diversos casos. Si a todo ello añadimos la ampliación de la red de cajas reales (de catorce en el quinquenio de 1744-1748 se pasó a 23 a finales del siglo XVIII), se entiende la enorme elevación que vivió el real erario de Nueva España en plazas y sueldos de Hacienda.[63] De esta forma, en términos globales, durante el periodo de 1782-1804, la Real Hacienda de Nueva España pasó a tener más de 6 000 empleados, con un costo fijo anual levemente superior a 1 274 000 pesos.[64] La diferencia que surgía entre esta cifra y los cerca de 2 044 000 pesos anuales que se reportaron para el quinquenio de 1795-1799 (una cifra próxima a los 769 000 pesos) surgía de los sueldos que se pagaban a los empleados de las fábricas del estanco del tabaco, de lo satisfecho a los operarios del braceaje de la Casa de Moneda o a los recaudadores que en diversas rentas cobraban un porcentaje de lo colectado (alcabalas, pulques, papel sellado, media annata, etc.) y, claro está, por los sueldos "políticos" que aparecían en la documentación sin solución de continuidad insertos en los "sueldos de Hacienda", como ocurría con el pago que percibía el virrey y los dependientes de su

---

[61] Deans-Smith, *Bureaucrats*, 1992; Céspedes, *Tabaco*, 1992, y Marichal, *Bancarrota*, 1999.

[62] Cordoncillo, *Historia*, 1962.

[63] Algunas cajas reales surgieron dentro de la lógica económica y militar que caracterizó a dichas oficinas hasta la década de 1780. Así, al aparecer una fuerte bonanza, resultado por lo general del sector minero, se creaba una caja real para llevar el control fiscal sobre las actividades económicas de la zona, fueron los casos de las cajas reales de Bolaños, Chihuahua y Rosario. En otras ocasiones era el factor militar el que daba pie a la creación: fue lo que sucedió con la caja del Presidio del Carmen, en el Seno Mexicano. Sin embargo, con la implantación de la Ordenanza de intendentes en 1786, vino aparejada la creación de cajas reales en aquellas capitales de intendencia que no contaban con esta oficina (fue el caso de Arizpe, Oaxaca, Puebla y Valladolid de Michoacán). Una razón administrativa también dio origen a la caja real de Saltillo, en el marco de las Provincias Internas de Oriente. Jáuregui, *Real*, 1999, y Commons, *Intendencias*, 1993.

[64] La cifra exacta no se ha podido determinar porque se desconoce el costo total de los empleados de las cajas reales y de los sueldos y las estructuras administrativas de las intendencias creadas en 1786. Luego los 1 274 000 pesos anuales constituye el escalón inferior de dicho egreso.

secretaría, además del que retribuía a los intendentes, por citar los casos más emblemáticos.[65]

Es notorio, ante este panorama, el gran cambio ocurrido como resultado de la creación de una incipiente administración hacendaria que se desplegó por el territorio novohispano, en especial, gracias a la renta de alcabalas y al estanco del tabaco, al estar dotados de una amplia capilaridad en los espacios urbanos, mineros y portuarios y al permitir una incipiente entrada al vasto espacio rural.[66] Nada semejante, como término de comparación, logró desarrollar la Real Hacienda española ya que la mayor parte de la renta de alcabalas estuvo bajo el sistema de encabezamientos, mientras que el estanco del tabaco celebró arrendamientos en ciertos territorios de la península.[67]

El segundo componente del gasto de la administración de Hacienda fue el conformado por los desembolsos que había que realizar para mantener en funcionamiento la maquinaria fiscal que le permitía recaudar, gestionar y distribuir los recursos fiscales de la monarquía en Nueva España. En este rubro destacaban las compras de especies estancadas, los de escribanía y contabilidad, los gastos de almacenaje, los de compra, alquiler y reparación de edificios y navíos relacionados con funciones de Hacienda –por ejemplo, en el envío de situados– y los gastos en la compra de materiales e insumos necesarios para el funcionamiento de diversas rentas o instalaciones, tal y como sucedía con la Real Casa de Moneda.[68]

La suma de estos egresos durante el quinquenio de 1744-1748 ascendió en promedio a 199 405 pesos anuales. Si comparamos esta cifra con la que arroja el quinquenio de 1795-1799, el salto experimentado es remarcable ya que este rubro alcanzó la cifra de 4 002 517 pesos anuales.[69] Una vez más, el responsable principal de este tremendo aumento se debe al estanco del tabaco que, globalmente, erogó en promedio 2 816 574 pesos anuales como resultado de la compra de tabaco en rama a los vegueros de la zona de Veracruz,

---

[65] Para los intendentes, véase Pietschmann, *Reformas*, 1996; Jáuregui, *Real*, 1999, y Franco, *Intendencia*, 2001.

[66] Para el concepto de "capilaridad", aplicado a la renta de alcabalas, véase Ibarra, "Mercado", 2000.

[67] Artola, *Hacienda*, 1982; Rodríguez, "Renta", 2006, y Angulo, *Hacienda*, 2002.

[68] Un pequeño monto se corresponde con el apoyo dado a otras actividades (de guerra, misionales, edilicias, etc.) que aparecen compactadas en la contabilidad junto a los gastos de operación de la Real Hacienda y que no hemos podido desagregar.

[69] Esta cifra surge de la agregación de los "gastos de Hacienda" consignados para el informe de 1809 sobre el quinquenio de 1795-1799 y los 313 333 pesos anuales que, en promedio, se destinaron a la compra de azogues de Castilla y Alemania. AGI, México, leg. 1145 y AGN, Historia, vol. 600.

los gastos administrativos de la renta y los ocasionados en las fábricas del estanco. A mucha distancia quedaba los egresos por las compras del azogue de España y Alemania, el pago de sus fletes desde Veracruz a los almacenes de la renta en México, que sumó en promedio 93 287 pesos anuales, y los ocasionados en la renta de alcabalas, que ascendieron a 41 534 pesos. Si en la primera mitad del siglo XVIII la Real Casa de Moneda fue el establecimiento más caro y complejo del real erario, acabó siendo desplazado con la creación del estanco del tabaco, que se transformó en la "renta más pingüe del erario regio" de Nueva España.

El tercer componente del gasto de la administración de Hacienda consistió en las "compras de tabacos en La Habana para Su Majestad". Se trata de remesas monetarias que, desde 1723, el erario novohispano tuvo que enviar para la compra de tabacos de La Habana, con destino a las fábricas del estanco en España.

La comparación de los datos de los quinquenios de 1744-1748 y 1795-1799 permite comprobar el grado de cumplimiento de las reales órdenes. En el primer periodo se remitieron en promedio 280 000 pesos anuales, cuando la cifra prevista era de 400 000 pesos. Es decir, muy por debajo de lo estipulado, concretamente 30% menos. Esta realidad era el resultado de un erario que tenía que enfrentar los gastos extraordinarios de un periodo de guerra, especialmente cruenta y activa en el Seno Mexicano hasta 1744, aunque con prolongaciones hacia 1748, así como los problemas de seguridad en los envíos. De hecho, en una visión más amplia, al considerar las libranzas giradas contra la renta del azogue de Nueva España durante el periodo 1741-1753 (últimos años en que la renta estuvo bajo el régimen de asientos), tenemos que se remitieron a La Habana 4 076 352 pesos, lo cual significa que se enviaron en promedio 313 565 pesos anualmente, por debajo pues de lo ordenado por la corona.[70] De forma contrastante, las remesas para compra de tabacos en La Habana durante el periodo de 1795-1799 fueron muy regulares, cubriéndose la cantidad prevista de 500 000 pesos anuales.[71]

---

[70] AGN, Archivo Histórico de Hacienda, vol. 1381 (Distribuciones de la caja de Veracruz, 1744-1748), s. f. y Heredia, *Renta*, 1978, p. 261.

[71] AGI, México, leg. 1145 y AGN, Historia, vol. 600. Grafenstein, "Situado novohispano", 2012.

Las remesas a Castilla y España[72]

Las remesas al erario metropolitano por parte de la Real Hacienda de Nueva España constituyen el tercer rubro en importancia en el conjunto de los egresos. Consistía mayoritariamente en el envío de los excedentes de la caja real de México a la Depositaría de Indias, sita en Cádiz, vía la Caja Real de Veracruz. Aunque de forma absolutamente mayoritaria los fondos remitidos desde Veracruz tenían su origen en Nueva España, de forma puntual otros erarios mandaban también sus excedentes a través de la Hacienda novohispana (por ejemplo, Guatemala o Nueva Granada).

Como parte de una política general de la monarquía católica, reforzada de manera notable durante la dinastía de los Borbones, se esperaba que Nueva España remitiese un volumen considerable de recursos monetarios a la metrópoli, en especial desde las reformas emprendidas durante el gobierno del virrey marqués de Casafuerte (1722-1734). Una política que discurría entre tres realidades: el volumen de los ingresos netos del erario regio novohispano, las coyunturas bélicas por las que atravesase la corona y los espacios en los cuales se producían los conflictos.[73]

De forma similar a lo sucedido en los anteriores rubros, se aprecia la notable elevación que experimentaron las remesas a Castilla al comparar los quinquenios de 1744-1748 y 1795-1799. Si en el primero sumaron en promedio 901 528 pesos anuales, en el segundo alcanzaron 5 543 763 pesos (2 427 425 pesos de "remesas a Castilla" y 3 116 338 pesos de "cargas ultramarinas del estanco del tabaco"), lo cual significó una elevación del orden de 515%. Sin embargo, al igual que ocurre con los situados "foráneos", para apreciar las coyunturas que atravesaron las remesas a Castilla y España durante el siglo XVIII "largo" es más útil un análisis secuencial (véase gráfica 3).

Dentro de una tendencia secular de crecimiento, se detecta cómo durante la mayor parte del siglo XVIII, concretamente entre 1720 y 1782, las remesas a Castilla mostraron un ascenso moderado, pautado por tres grandes ciclos de elevación y retroceso en las remesas (1720-1739, 1740-1767 y 1768-1782), en los que poco a poco fue creciendo el nivel medio de transferencias hacia el erario metropolitano. Así, el ciclo de 1740-1767 respecto al de 1720-1739 mostró una tasa de crecimiento anual de 0.5%, mientras que el ciclo de

---

[72] Hasta finales del siglo XVIII predominó en la contabilidad de la caja de Veracruz la denominación "remitido a Castilla", a principios del siglo XIX primó la de "remitido a España".
[73] Pieper, "Aportación", 1990, y Marichal y Souto, "Silver", 1994.

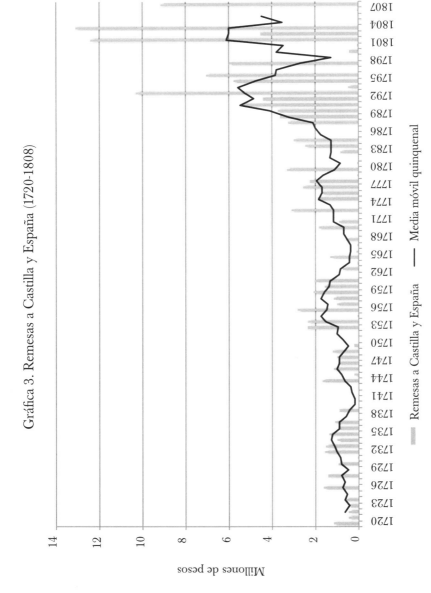

Gráfica 3. Remesas a Castilla y España (1720-1808)

Fuente: Para el periodo 1720-1800 (Marichal y Souto, "Silver", 1994), y para el periodo 1801-1809 (TePaske y Klein, *Ingresos*, 1986-1988, y AGN, Caja matriz, vols. 202, 604, 654, 661, 671, 684, 748).

■ Remesas a Castilla y España   — Media móvil quinquenal

1768-1782, respecto al de 1740-1767, fue de 2.2% anual. Una evolución que, siguiendo la curva de medias móviles, llevó desde los 771 669 pesos anuales como promedio en el primer ciclo (1720-1739) hasta 1 256 749 pesos anuales en el tercer ciclo (1768-1782). De forma contrastante, durante el cuarto y último periodo, de 1783 y hasta 1808, se abandona este patrón de crecimiento para entrar en una etapa de aceleración notable que, con altibajos, llevaría a que las remesas dirigidas a la Depositaría de Indias alcanzasen en promedio los 3 664 747 pesos anuales, lo cual implicó una tasa de crecimiento anual del orden de 4% respecto del periodo anterior (1768-1782). El contraste no podía ser más notorio, en 62 años (1720-1782) el promedio anual de las remesas creció 62%, mientras que en el cuarto de siglo posterior (1783-1808) lo hizo 191 por ciento.

El antiguo ideal de la corona, tantas veces anhelado y muchas veces pospuesto, esto es, el arribo de frecuentes y, sobre todo, voluminosas remesas del erario novohispano al metropolitano se hizo realidad.[74] Se trataba de la plasmación fiscal de las necesidades financieras de la Real Hacienda española para hacer frente a la guerra contra la Convención francesa y los posteriores enfrentamientos contra Gran Bretaña, en el marco de una creciente dependencia de la corona española ante los dictados de la política exterior de Francia. El precio de este esfuerzo financiero para el erario regio novohispano consistió, como vimos, en sacrificar de manera notoria sus compromisos financieros con las plazas militares del Gran Caribe y Filipinas, en especial, a partir de 1801.[75]

Los gastos de la deuda pública novohispana: pago de intereses y amortización

Junto a los egresos de guerra, Hacienda y las remesas a Castilla y España, el real erario novohispano tuvo que responder a los gastos derivados del pago de intereses y la amortización de la deuda pública novohispana, con miras a cubrir su déficit.

La práctica financiera de la monarquía en España durante los reinados de Felipe V, Fernando VI y Carlos III consistió, primero, en intervenir la deuda heredada de reinados anteriores al rebajar los intereses a pagar por los juros, sin amortizar los capitales, y al descontar sus montos cuando los obligó al pago, entre otros, del derecho de media annata. En segundo lugar,

---

[74] Pérez, "Beneficiarios", 1991, pp. 207-208.
[75] Grafenstein, "Situados y gasto", 2012, y Pacheco, "Transferencias", 2012.

se demandaron nuevos préstamos, con o sin intereses, que se intentaron amortizaran lo más rápidamente posible, aunque sin plenas garantías de que así fuese, lo que obstaculizó la creación y el desempeño adecuado de un mercado de deuda pública.[76] Esta praxis financiera se reprodujo en el real erario de Nueva España.[77]

Como punto previo cabe determinar lo que en la época se consideraba como una deuda de la Real Hacienda. Una primera acepción era la que se refería a los adeudos que se originaban por cuenta corriente como resultado de impagos, en especial a militares y empleados de la corona. Aunque hubo ejemplos de este tipo de compromisos en el reino de Nueva España, sus provincias adyacentes, y en las posesiones de la corona en el Gran Caribe y Filipinas, en general nunca se prolongaron de forma ostensible. Una situación que contrasta, por ejemplo, con los abultados adeudos que se crearon por cuenta corriente en el erario regio español durante el reinado de Felipe V y que se prolongaron hasta el reinado de Carlos III.[78] En Nueva España este tipo de deudas empezaron a ser relevantes, como vimos, a partir de la primera década del siglo XIX, en especial, en el rubro de los situados al Gran Caribe.

Una segunda acepción era la que se refería a los "préstamos" que ciertos ramos excedentarios del real erario realizaban a otros que eran deficitarios. Este caso, se trataba de las transferencias que "a título de reintegro" se efectuaban entre ramos fiscales, por ejemplo, de los productos de la Casa de Moneda de México al ramo de tributos o al de penas de cámara, con el propósito de cubrir, entre otros rubros, los pagos de mercedes y sueldos que no habían podido satisfacerse en su totalidad con los ramos fiscales que, en principio, debían hacerlo. En este sentido, cabe señalar que la Real Hacienda no se estructuraba como un conjunto de ramos fiscales destinados a conformar un fondo común que atendiese la totalidad de gastos. Lejos de esta realidad, el diseño fiscal implicaba una segmentación por ramos de manera tal que si existía déficit en uno de ellos, este era cubierto con los excedentes de otros. Una trasferencia entre ramos fiscales que, por lo general, se debía reintegrar. El caso más emblemático de este tipo de deudas fue el que afectó al estanco del tabaco; un monopolio creado para remitir *todos* sus excedentes a la metrópoli. Sin embargo, las necesidades del erario regio novohispano en momen-

---

[76] Torres, "Incertidumbre", 2008, p. 282 y *Precio*, 2013.
[77] Sánchez, *Corte*, 2013, pp. 206-209.
[78] Para las deudas de Felipe V por cuenta corriente y su prolongación hasta el reinado de Carlos III, consúltese Torres, *Precio*, 2013, pp. 293-305.

tos críticos no lo permitió. Así, por ejemplo, entre 1779 y 1789 se emplearon más de 15 000 000 de pesos de sus ingresos netos para atender gastos en América, en especial, el pago de los situados y gastos extraordinarios en el Gran Caribe con motivo de la guerra contra Gran Bretaña (1779-1783).[79] Si bien se esperaba que estos adeudos fueran compensados más adelante, no generaban la petición de fondos *ajenos al real erario*, los cuales sí representaban una carga adicional para el real fisco novohispano en el momento en que se pagaba intereses o se procedía a amortizarlos. Este último tipo de adeudos son los que consignamos en el presente apartado.

Entre las diversas posibilidades que existen para establecer una periodización de la deuda pública novohispana hemos adoptado un doble criterio, a saber: el monto adeudado y la existencia o ausencia de intereses con cargo a la Real Hacienda de Nueva España. A partir de estos principios, se aprecia la existencia de tres momentos en las finanzas públicas virreinales durante el siglo XVIII "largo" (véase cuadro 5).[80]

La primera etapa cubre desde el cambio de dinastía reinante hasta la finalización de la guerra de la Oreja de Jenkins (1700-1748). Una deuda que, según hemos podido calcular,[81] sumó 7 067 566 pesos y se componía de los siguientes rubros. En primer lugar, los juros heredados del reinado de Carlos II que ascendían a 838 539 pesos, sobre los cuales la Real Hacienda debía pagar un interés de 5% anual.[82] En segundo lugar, el suplemento de 1 000 000 de pesos solicitado por el virrey duque de Alburquerque en 1706 para apoyar a Felipe V en la guerra de Sucesión. En tercer lugar, el préstamo de 1 000 000 de pesos, con un interés de 5%, que fue levantado por el virrey marqués de Casafuerte en 1726, para las urgencias de la guerra contra Gran Bretaña, especialmente para el asedio a Gibraltar. En cuarto lugar, los juros que se crearon en 1733 con motivo de la reincorporación de los principales oficios (tesorero, ensayador, fundidor, balanzario, etc.) de la Casa de Moneda a la co-

---

[79] Dicho "adeudo" de la Real Hacienda de Nueva España con el estanco del tabaco fue cancelado según una real orden de Carlos III de 25 de mayo de 1788. Torre, *Instrucciones*, 1991, t. II, pp. 1160-1162.

[80] Para una periodización, también tripartita, en este caso a partir del grado de participación del consulado de mercaderes de la ciudad de México en los préstamos y suplementos a la corona, véase Valle, "Apoyo", 1998.

[81] Se trata de una estimación muy inicial dada la falta de estudios específicos sobre el periodo, de forma tal que la cifra aportada debe ser entendida como el escalón inferior de los adeudos del erario público.

[82] Para el caso novohispano, consultar, Sánchez, *Corte*, 2013, pp. 206-211 y AGN, Bienes de Comunidad, vol. 4, exps. 15, 17, 22, 32, 33 y 39. Para el caso español, véase Torres, *Precio*, 2013, pp. 285-293.

Cuadro 5. Composición y evolución de la deuda pública novohispana, 1700-1808

Periodo	Sin intereses para la Real Hacienda		Con intereses para la Real Hacienda	
	Suplementos sin réditos	Préstamos[a]	Préstamos	Total
1700-1748	4 599 927		2 467 639	7 067 566
1749-1780	3 487 625			3 487 625
1781-1808	4 350 574	5 486 410	18 550 460	28 387 445
Total	12 438 126	5 486 410	21 018 099	38 942 636

[a] Intereses pagados por el consulado de mercaderes y el Tribunal de Minería.

Fuentes: AGN, Archivo Histórico de Hacienda, vols. 1373, 1505, 1801 y 2130: *Administración*, t. II, 1936, p. 2; *Informe*, 2002, p. 198; Marichal, *Bancarrota*, 1999; Sánchez, *Corte*, 2013, pp. 94-102; TePaske y Klein, *Ingresos*, 1986-1988; Valle, "Consulado", 1997 y "Apoyo", 1998, y Méndez, "Quiebra", 2012.

rona, que sumaron un principal de 629 100 pesos, con un rédito de 5%. Se consideró que el capital aportado para la compra de los oficios, y que ahora perdían sus herederos, debía ser tratado como si se hubiese realizado un depósito al real erario por el cual se debía pagar intereses hasta su efectiva devolución, réditos que se calcularon según la tasa aceptada en la época: el 5%. Finalmente, y en quinto lugar, los suplementos que por valor de 3 599 927 pesos obtuvieron los virreyes conde de Fuenclara y conde de Revillagigedo durante la guerra de la Oreja de Jenkins (1739-748) para apoyar la financiación de la guerra contra Gran Bretaña en Nueva España, el Gran Caribe y Filipinas.

Como se puede apreciar, tres de estos adeudos implicaban el pago de intereses, los juros novohispanos heredados por Felipe V, el préstamo de 1726 y los originados en la Casa de Moneda en 1733. El resto de la deuda se creó en los suplementos que diversos sujetos y corporaciones, en especial el consulado de mercaderes de la ciudad de México, otorgaron al real erario siguiendo la estela de lealtades, apoyos y contraprestaciones que existía en el antiguo régimen colonial novohispano entre la corona y los vasallos. Si bien no se cobraba intereses se podía obtener prestigio, favores y honores, elementos fundamentales en la vida social y económica de la época.

En el caso de los préstamos, resalta el hecho de que los réditos se pagasen a partir de rentas específicas de la corona. De esta forma, en el caso de los juros heredados del reinado de Carlos II, los intereses se cargaron sobre los ramos de reales tributos y alcabalas; en el del préstamo de 1726, se satisficieron a partir de la renta de alcabalas de la ciudad de México, que estaba encabezada al consulado de mercaderes,[83] mientras que en los juros en manos de los herederos de los oficios de la Casa de Moneda, los intereses fueron pagados por la ceca capitalina.[84]

En este panorama destaca la amortización sin demora de los préstamos y suplementos solicitados por Felipe V con motivo de eventos bélicos (guerra de Sucesión, guerra contra Gran Bretaña, guerra de la Oreja de Jenkins). En el caso de la deuda de 1706 parece que quedó saldada antes de 1710, cuando el virrey Alburquerque terminó su gobierno.[85] En el adeudo contraído durante el gobierno del marqués de Casafuerte, se estableció la cláusula de que sería amortizado pasados poco más de tres años y medio,[86] mientras que los empréstitos solicitados entre 1739 y 1748 ya estaban saldados en 1755, cuando el virrey conde de Revillagigedo informaba a su sucesor, el marqués de las Amarillas, que "se halla la Real Hacienda sin empeño de suplementos".[87] En este sentido, a mediados de la década de 1750, la Real Hacienda de Nueva España sólo enfrentaba compromisos financieros a largo plazo (los juros heredados del reinado de Carlos II y los originados en 1733, en la Real Casa de Moneda), que suponían un gasto en intereses de 73 381 pesos anuales, es decir, aproximadamente 1% de los ingresos totales del erario regio novohispano de la época.[88] A la luz de estos datos, se comprueba que la Real Hacienda de Nueva España no mostraba un nivel de endeudamiento que pusiese en peligro su capacidad de gasto, como sí sucedía con el real erario metropolitano con motivo de la carga derivada de los juros al quitar y de los préstamos solicitados por Felipe V durante la guerra de Sucesión y las campañas contra Gran Bretaña y las guerras en Italia.

La segunda etapa abarca desde 1749, tras la finalización de la guerra de la Oreja de Jenkins, hasta 1779-1780, en la antesala de la entrada en la

---

[83] Como ha señalado Guillermina del Valle, el consulado actuó no sólo como intermediario financiero para colectar el préstamo de 1726, sino que realizó también las funciones de pagaduría de los intereses, a partir de los ingresos fiscales que colectaba por el arrendamiento de las alcabalas de la ciudad de México. Un monto que, finalmente, era detraído de la renta que debían entregar anualmente a la corona según el contrato celebrado. Valle, "Apoyo", 1998, p. 135.

[84] Valle, "Apoyo", 1998, y Sánchez, *Corte*, 2013, pp. 94-95.

[85] Así lo da a entender a su sucesor, el virrey duque de Linares. Escamilla, "Memoria", 2001, pp. 175-176.

[86] Valle, "Apoyo", 1998.

[87] Torre, *Instrucciones*, 1991, t. II, p. 823.

[88] En 1755, el conde de Revillagigedo informaba que los ingresos totales del erario regio de Nueva España en el año de 1753 ascendieron a poco más de 7 400 000 pesos. *Ibid.*

guerra de las Trece Colonias contra Gran Bretaña. Un periodo marcado por la participación de la monarquía católica, a partir de 1761, en la denominada guerra de los Siete Años que llevaría a la pérdida, si bien temporal, de La Habana y Manila.

En este periodo se detectan dos fenómenos. Por una parte, la disminución del volumen global de la deuda, la cual hemos podido estimar en cerca de 3 487 625,[89] y, por la otra, la ausencia de préstamos con intereses, ya que todo parece indicar que las cantidades libradas por los vecinos capitalinos, los comerciantes del consulado y las tomadas de los depósitos de la Real Audiencia y del Juzgado de difuntos intestados lo fueron bajo la modalidad de suplementos que únicamente habría que amortizar.

No sólo no pagó intereses la Real Hacienda por los suplementos obtenidos desde 1761, sino que tuvo la capacidad de amortizarlos de manera ágil. Hacia 1765, el real erario novohispano había amortizado 69.3% de los adeudos contraídos desde 1761 (2 000 850 pesos). En este sentido, en julio de 1771 quedaban por amortizar 249 469 pesos, mientras que en septiembre del mismo año ya sólo restaban 178 939 pesos.[90] Una deuda escasa, con respecto a los ingresos del erario,[91] que le permitió al virrey Bucareli obtener sin dificultades un suplemento adicional por valor de 600 000 pesos, al inicio de su gobierno en 1771. Un adeudo que quedó saldado en su totalidad en 1775. En lo que restó de su mandato, Bucareli se ufanó de haber cubierto los com-

---

[89] Esta cantidad surge de dos componentes. El primero, por valor de 2 887 625 pesos, se originó en los préstamos obtenidos por la Real Hacienda de Nueva España, vía la caja de México, con motivo de la participación de la monarquía en la guerra de los Siete Años, a partir de 1761, y de los elevados gastos que hubo que realizar en Cuba a partir de 1763 tras la salida de las tropas británicas de la isla. Concretamente entre 1761 y 1765, el real erario obtuvo 1 950 900 pesos por suplementos de vecinos y comerciantes de la ciudad de México, 468 461 pesos por suplementos de depósitos de la Real Audiencia de México a la Real Hacienda y 448 264 pesos por suplementos del Juzgado de Difuntos intestados al real erario. El resto, 600 000 pesos, tuvo su origen en el suplemento solicitado en 1771 por Bucareli a los comerciantes consulares al inicio de su gobierno. AGN, Archivo Histórico de Hacienda, vols. 1373, 1504, 1801 y 2130; *Administración*, t. 1936, II, p. 2; *Informe*, 2002, p. 198. Consideramos que la reducción en el volumen global de la deuda contraída entre 1749-1780 tuvo dos motivaciones. En primer lugar, la breve participación de la corona en la guerra de los Siete Años, apenas once meses durante el bienio de 1761-1762. En segundo lugar, el hecho de que el virrey Cruíllas, al inicio de su mandato en 1760, se encontró con unas existencias muy voluminosas por valor de 5 533 746 pesos, acumuladas durante los gobiernos de los virreyes conde de Revillagigedo y marqués de las Amarillas. *Informe*, 2002, pp. 195-196. Para una situación semejante, léase, el bajo impacto financiero de la guerra de los Siete Años, referida en este caso a la Real Hacienda metropolitana, consultar: Delgado, "Construir", 2010, p. 78.

[90] *Informe*, 2002, pp. 195-196, 198, y *Administración*, 1936, t. II, p. 2.

[91] El promedio anual de ingresos del erario regio novohispano entre 1766 y 1770, incluyendo los productos del estanco del tabaco, fue de 8 658 958 pesos, luego el adeudo sin intereses en 1771 apenas representaba el 2%. *Informe*, 2002, pp. 179 y 189.

promisos del erario sin acudir "al comercio ni vecindario para que supla las cantidades que en otros tiempos ha obligado la urgencia del servicio". Más aún, Bucareli logró ese mismo año amortizar los juros creados en 1733 con motivo de la reincorporación de los oficios de la Casa de Moneda. Es decir, los 629 100 pesos de principales que gravaban con 31 455 pesos de intereses anuales al erario regio, desaparecieron.[92] A partir de 1775 sólo restaban los juros heredados del reinado de Carlos II.

La tercera etapa, la más tratada historiográficamente, que discurre entre los préstamos y suplementos levantados a partir de 1781, con motivo de la guerra de las Trece Colonias, hasta 1808, con la suspensión de la consolidación de vales reales en Nueva España, representa un cambio notable desde el punto de vista de los egresos financieros de la Real Hacienda de Nueva España. En primer lugar, por el monto adeudado; entre 1781 y 1808 el real erario obtuvo 28 387 445 pesos de corporaciones e individuos,[93] de los cuales 4 350 574 pesos fueron suplementos sin réditos, 5 486 410 pesos fueron préstamos con intereses, normalmente a 4.5 y 5%, con cargo al Tribunal del consulado de mercaderes de la ciudad de México y el Tribunal de Minería, y 18 550 460 pesos fueron préstamos, por lo general a 5%, a pagar con los fondos de la Real Hacienda de Nueva España. Es decir, 34% de la deuda creada o bien no contemplaba el pago de intereses o bien se cargaban sobre dos ramos fiscales conceptuados como "ajenos" al real erario, en tanto pertenecían y sustentaban el funcionamiento de dos corporaciones claves del orden virreinal: la avería consular y la participación otorgada por la corona a los mineros en el derecho de señoreaje. La Real Hacienda permitió que se elevasen los montos percibidos por ambas instituciones, en aras de afrontar el pago de los intereses. Este aspecto es relevante porque el real erario novohispano consiguió no sólo que estas corporaciones desempeñasen la función de intermediario financiero para la captación de depósitos, algo similar a lo realizado, por ejemplo, en España por los Cinco Gremios de Madrid,[94] sino que *trasladó el pago de intereses del adeudo* a las finanzas de las corporaciones,[95] lo cual constituyó una

---

[92] *Administración*, 1936, t. II, pp. 59-60 y 77-78.

[93] De la creciente historiografía sobre el periodo, destacamos: Marichal, *Bancarrota*, 1999; Valle, "Consulado", 1997 y *Finanzas*, 2012, y Wobeser, *Dominación*, 2003. Todo el siguiente apartado está basado en estos trabajos.

[94] Fue el caso, por ejemplo, del Fondo Vitalicio creado en 1769, gestionado por los Cinco Gremios de Madrid. Torres, *Precio*, 2013, pp. 306-339.

[95] Un traslado que se realizó en un contexto de complejos acuerdos y tensiones entre las corporaciones y las autoridades virreinales, como pone de manifiesto el empréstito gestionado por el consulado de mercaderes de México en 1793, y que fue posible, entre otros factores, a que el pago

notable diferencia con el erario metropolitano de la época, donde el pago de intereses corrió a cargo de diversos ramos de la Real Hacienda (rentas generales, estanco del tabaco, etc.). El restante 65% de la deuda se configuró como préstamos con interés a pagar por el erario regio novohispano.

Si estos tres grandes agregados de deuda se desglosan temporalmente, se obtienen consideraciones adicionales. Así, entre 1781 y 1794, la totalidad de los adeudos, que sumaron la cantidad de 7 942 576 pesos, fueron suplementos o préstamos con intereses a pagar por las corporaciones.[96] Sin embargo, en 1794 se produjo un cambio cualitativo. No sólo se solicitó el préstamo más alto demandado hasta entonces por la Real Hacienda novohispana, por un valor de 15 000 000 de pesos, sino que se estipuló que los intereses se pagarían con los productos de la renta más pingüe del real erario: el estanco del tabaco. Un hecho que hay que relacionar, como ha puesto de manifiesto la historiografía, con varios factores, entre los cuales estaban la rápida sucesión de los conflictos (guerra contra Gran Bretaña –1779/1783–, guerra contra la Convención Francesa –1793/1794–) y el creciente endeudamiento del erario regio de España, que demandó la llegada de copiosas remesas, ya fuese por excedentes fiscales, ya por préstamos contratados en América. A finales de 1794, el erario novohispano tuvo que asumir las consecuencias de casi tres lustros de guerra y préstamos: volver a pagar los intereses.[97]

Lo más sintomático del préstamo sobre la renta del tabaco, que empezó a colectarse en 1795, fue que se canceló en 1803 (tras la Paz de Amiens), después de haber recaudado 8 197 198 pesos, es decir, sin haber cubierto la totalidad prevista. Una suspensión que no fue producto de la ausencia de inversores interesados, que los hubo, sino de la voluntad de la corona de no hacer de los préstamos un mecanismo cotidiano de financiación.[98]

---

final de los intereses con cargo a la avería consular se pudo trasladar a los precios de las mercancías. Valle, "Oposición", 2000, pp. 98-104. Para la elevación de los derechos de amonedación colectados por el Tribunal de Minería, consúltese Méndez, "Quiebra", 2012.

[96] La única excepción fue la deuda creada en 1783 sobre los depósitos de mayorazgos, patronatos, capellanías y obras pías, por un valor de 523 376 pesos, que se cargó sobre los productos de las alcabalas y el estanco del tabaco con un interés de 5%. Un empréstito que fue amortizado rápidamente. Valle, "Consulado", 1997, y Marichal, *Bancarrota*, 1999.

[97] Aunque la Real Hacienda obtuvo un "préstamo patriótico" sin intereses en 1798 por un valor de 836 159 pesos, no pudo mantener esta política. *Ibid.*

[98] En julio de 1803, Miguel Cayetano Soler, ministro de Hacienda, transmitió al virrey Iturrigaray la real orden de 25 de marzo de 1803 según la cual no se debían admitir más depósitos. Los términos literales fueron: "Ha resuelto S. M. que respecto estar hecha la paz no se continúe en lo sucesivo gravando las Rentas Reales con semejantes imposiciones". AGN, Bienes de Comunidad, vol. 4, exp. 35, f. 128.

La nueva guerra contra Gran Bretaña, iniciada en 1804, y los acuerdos con Napoleón obligaron al erario novohispano a duplicar el esfuerzo financiero, aunque con una notable modificación: los interlocutores dejaron de ser el Tribunal del consulado de mercaderes y el Tribunal de Minería, cada vez más reticentes a seguir colaborando. A partir de 1804, las miradas se trasladaron a los capitales eclesiásticos con motivo de la consolidación de vales reales. A cambio de las propiedades desamortizadas y de los capitales incorporados al real erario y transferidos casi en su totalidad fuera de Nueva España, por valor de 10 353 262 pesos entre 1805 y 1809,[99] el real erario incrementó su carga financiera.

El incumplimiento creciente en la amortización de los capitales y los retrasos en el pago de intereses de la deuda pusieron en evidencia el deterioro experimentado por el erario regio novohispano durante la primera década del siglo XIX. Algunos ejemplos lo ilustran. De los 3 452 035 pesos colectados entre 1793 y 1794, con motivo de la guerra contra la Convención francesa, que se habían obtenido con la expresa condición de devolverse en dos años o antes, todavía no se había amortizado nada en 1802.[100] Del pago de intereses con cargo al real erario, 409 860 pesos anuales sobre el estanco del tabaco y 517 663 pesos respecto a los fondos de consolidación (este dato se corresponde a 1808), todo parece indicar que sí se cumplió con los acreedores del monopolio, a diferencia de los de la consolidación. En un reporte de 1809 se señaló que por pago de intereses se debería haber satisfecho desde 1805 la cantidad de 1 406 406 pesos, cuando lo efectivamente pagado sólo alcanzó los 800 107 pesos, es decir, se arrastraba una demora de 43 por ciento.[101]

Con este comportamiento, la Real Hacienda de Nueva España comenzó a perder el crédito interno arduamente labrado desde principios del siglo XVIII, ante los incumplimientos cada vez más notorios de sus obligaciones financieras. Todo se confió a una mejoría en las condiciones externas, léase, la finalización de la actividad bélica, para restaurar el pago de obligaciones y recuperar un crédito que se diluía. Una expectativa que nunca se produjo.

---

[99] La llegada de fondos a las cajas de consolidación se inició en 1805 y se prolongó hasta 1809. Wobeser, *Dominación*, 2003. Para su compleja salida a Europa, consúltese Marichal, *Bancarrota*, 1999.

[100] Es muy probable que las últimas amortizaciones de la deuda se produjeran con el virrey Miguel José de Azanza (1798-1800). Torre, *Instrucciones*, 1991, t. II, pp. 1160-1162 y 1351.

[101] Wobeser, *Dominación*, 2003, pp. 80-84.

Otros gastos: estipendios y gastos religiosos, mercedes y pensiones,
gastos de justicia y "gastos varios"

Desde el siglo XVI, la monarquía católica había asumido parte del costo de mantenimiento de las actividades del clero regular y secular en las Indias. Sin embargo, durante el siglo XVIII, la corona apoyaba *de forma directa*[102] y prioritaria el trabajo misional de las órdenes regulares, así como una pequeña proporción de los gastos del clero secular, en caso de ser insuficientes las rentas diocesanas. Una obligación pecuniaria que satisfacía el monarca en tanto patrono de la Iglesia católica en las Indias. La mayor parte de este egreso se destinó a los estipendios de los religiosos de las misiones, colegios y custodias del norte novohispano. Sólo de forma marginal se remitieron apoyos a las misiones y diócesis del lejano Oriente (Filipinas, China, Tíbet, Tonkín, etc.). De igual manera, una pequeña fracción se erogó en diversos cometidos que hemos denominado "gastos religiosos", como eran el pago de la vestimenta de ciertos clérigos, el vino para misas, el aceite para las lámparas de los altares, algunas festividades sufragadas con recursos reales, las honras a los militares muertos en el servicio a la corona o una miscelánea de gastos extraordinarios de carácter religioso.

El elemento que más sobresale en este tipo de gasto es la permanencia del sistema de colonización del septentrión novohispano (así como de ciertas bolsas internas en el territorio central) mediante el sistema de "presidio-misión". Un modelo instaurado en el siglo XVI y que a mediados del siglo XVIII todavía estaba vigente, a pesar de la novedad que representó el proyecto de colonización de Nuevo Santander en la década de 1740, gracias al predominio del elemento militar. Asimismo, se aprecia el apoyo otorgado, si bien en mucha menor cuantía, al proyecto misional del lejano Oriente.

Los gastos derivados de la concesión de *mercedes* sobre los ingresos del real erario consistían en pensiones otorgadas por la corona, y por orden de importancia, a destacados miembros de la alta nobleza residente en España, Italia o las Indias (algunos de ellos miembros del selecto grupo de los "Grandes de España"), a diversas corporaciones que gozaban de patronato real, como sucedía con la Real Universidad de México, el Colegio de Niñas de San Juan de Letrán o la ermita de Monserrate, y las pensiones otorgadas

---

[102] Bajo este término queremos señalar que la corona aportaba de su Real Hacienda fondos para el apoyo de la actividad evangelizadora y colonizadora del clero regular, mientras que en la mayoría del clero secular el apoyo era *indirecto* en la medida en que la monarquía española había cedido a las iglesias catedrales la recaudación y administración del diezmo.

a diversos individuos que habían prestado servicios a la monarquía (era el caso de altos cargos de la administración virreinal y metropolitana). De entre todos estos beneficiarios sobresalen los descendientes y familiares de Cristóbal Colón, el emperador Moctezuma II y Hernán Cortés, quienes fincaron en las mercedes otorgadas por la corona con cargo al real erario novohispano una fuente de ingresos rica y periódica.

La siguiente partida en el rubro "otros gastos" fue la administración de justicia, más concretamente el pago de los sueldos de los cargos de las dos audiencias existentes en el reino de Nueva España y sus provincias adyacentes: la Real Audiencia de México y la de Guadalajara. Se trataba de tribunales de apelación, con competencias de primera instancia en determinadas circunstancias –en caso de que los intereses de la Real Hacienda se viesen afectados–, conformados por oidores, alcaldes del crimen y fiscales del crimen y lo civil, que recibían al apoyo de un nutrido grupo de relatores, agentes fiscales y alguaciles.

Hay que señalar que el caracterizar únicamente como "gastos de justicia" a los egresos efectuados en el pago de los sueldos de ambos tribunales constituye una distorsión si tenemos en cuenta que la mayoría de los ministros y oficiales del real erario, así como la oficialidad del ejército, también ejercían funciones de justicia en materia hacendaria y militar. Actividades que, sin solución de continuidad, iban ligadas al desempeño de sus oficios y por los cuales percibían un sueldo con cargo al real erario.

Finalmente, cabe ubicar una diversidad de egresos, que hemos denominado "gastos varios" (pago de pensiones de inválidos, reintegro de depósitos, pago de fletes, obras públicas, gastos de comunidades de indios con cargo a los ramos de propios y arbitrios gestionados por el real erario, así como los gastos incurridos en las pensiones emanadas de los diversos montepíos –militar, de ministros, de oficinas, de pilotos–, entre otros rubros). Objetos que completaron los cometidos asignados al real erario novohispano.[103] Estos rubros crecieron de forma notable si comparamos, una vez más, los datos del quinquenio de 1744-1748 con el de 1795-1799 (véase cuadro 6).

Es patente cómo el monto global de esta categoría se elevó ostensiblemente entre mediados y finales del siglo XVIII, es decir 601%. Un crecimiento que no dependió tanto de los gastos realizados en estipendios y gastos

---

[103] Sánchez, *Corte*, 2013, pp. 102-125.

Cuadro 6. Composición y evolución del rubro "otros gastos"
(1744-1748 *vs.* 1795-1799), en pesos

	1744-1748	*1795-1799*
Estipendios y gastos religiosos	163 937	148 949
Gastos de justicia	99 160	180 812
Mercedes	152 639	214 503
Gastos varios	190 350	3 707 290
Total	606 086	4 251 554

Fuentes: AGN, Archivo Histórico de Hacienda, vol. 1381, s. f.; AGI, México, leg. 1145, fs. 663-665 y legs. 1588, 2026 y 2034, y AGN, *Historia*, vol. 600, fs. 88-89v.

religiosos, en el pago del personal de las Reales Audiencias novohispanas o en las pensiones otorgadas a la nobleza y a ciertas corporaciones y la alta administración de la corona. Este incremento hay que atribuirlo a dos fenómenos. Por una parte, al pago de las pensiones de los montepíos que se fueron creando durante la segunda mitad del siglo XVIII y a los pagos al personal militar inválido, tras varias décadas de guerras. Por la otra, al agotamiento de las existencias de un conjunto de rubros fiscales conformados en la década de 1760, como parte del cada vez más acentuado regalismo de los Borbones. Un proceso que derivó en la constitución de nuevos ramos fiscales del real erario, como sucedió con el de temporalidades, o en la "incorporación" de otros, como ocurrió con los arbitrios municipales, el medio real de ministros o el de comunidades de indios. Si bien todos ellos fueron conceptuados como "ramos ajenos" al real erario (así fueron tratados en la clasificación de rentas de 1784-1786), no pudieron escapar a la avidez de recursos de la corona, en la crítica coyuntura que se desató a partir de la década de 1780. De ahí que muchos de los gastos que aparecen consignados a estos ramos no puedan considerarse, por ejemplo, como el pago de las pensiones de los jesuitas expulsos o a las necesidades de las repúblicas de españoles e indios (ayudas para epidemias, malas cosechas, obras públicas, pago de maestros, etc.), sino sólo como la incautación "a título de reintegro" de unos fondos que fueron empleados por las autoridades virreinales para la compra de deuda pública española (como el caso del Banco de San Carlos) o directamente para nutrir las copiosas remesas que se estaban mandando a la Depositaría de Indias, cuando no acabaron siendo usados para cubrir la deuda por cuenta corriente.[104] Un procedimiento que en la jerga de la época se llamó "barrer las cajas reales".

CONSIDERACIONES FINALES: HACIA UN BALANCE GENERAL

Siguiendo la tónica de los erarios regios europeos de la época (Reino Unido, Francia, España, Portugal, Prusia, etc.),[105] las prioridades de la Real Hacienda de Nueva España durante el siglo XVIII "largo" muestran la existencia de un instrumento de la política de la monarquía católica enfocado a financiar, y por este orden, la guerra y la estructura hacendaria que aseguraba la captación, administración y distribución de los ingresos fiscales con los que se sustentaba aquella. Sin embargo, dentro de esta continuidad general, resaltan dos fenómenos. En primer lugar, el notable crecimiento vivido a lo largo de la centuria[106] y, en segundo lugar, la alteración profunda que experimentó en su composición relativa; una realidad que se torna clara al comparar su distribución entre mediados y finales del siglo XVIII (véase gráfica 4).

Si bien el gasto de defensa (sueldos de guerra, situados "foráneos" y los "gastos de guerra varios") mantuvo la primacía en el egreso de la Real Hacienda de Nueva España, los datos de 1744-1748 y 1795-1799 ponen de manifiesto una notable caída relativa, al pasar, respectivamente, de 55 a 36% de los egresos. En este sentido, el crecimiento absoluto experimentado por el gasto realizado en la ampliación y reforma del ejército virreinal, así como en las ayudas otorgadas a las guarniciones y presidios militares del Gran Caribe y Filipinas, no crecieron a la par de los egresos totales, lo cual denota la contradicción, evidenciada por la historiografía, entre una continua sucesión de proyectos militares que pugnaban por el crecimiento y la mejora de los efectivos militares y la escasa voluntad de financiarlos con cargo al real erario.

---

[104] Para la incautación de las temporalidades y los bienes de las comunidades de indios, véase Marichal, *Bancarrota*, 1999, y Wobeser, *Dominación*, 2003; para un estudio regional que muestra cómo se vaciaron estos ramos, en este caso, en la provincia de Yucatán para cubrir la deuda por cuenta corriente regional, consúltese Sánchez, "Impactos", 2012, y Cobá, "Hacienda", 2014. Para apreciar cómo los excedentes de los ramos ajenos se empleaban para compensar los déficit del real erario durante el quinquenio de 1795-1799, consúltese AGI, México, legs. 1588, 2026 y 2034.

[105] Brewer, *Sinews*, 1988; Booney, *Rise*, 1999; Jiménez, *Nervios*, 2007; Torres, *War*, 2007 y *Precio*, 2013, y Carrara y Sánchez, *Guerra*, 2012.

[106] A título de recordatorio, en el quinquenio de 1744-1748 hemos estimado que el gasto público alcanzó en promedio los 6 254 269 pesos y en el de 1795-1799 la cifra de 26 089 808 pesos.

Gráfica 4. Composición del gasto público de la Real Hacienda de Nueva España (1744-1748 *vs.* 1795-1799)

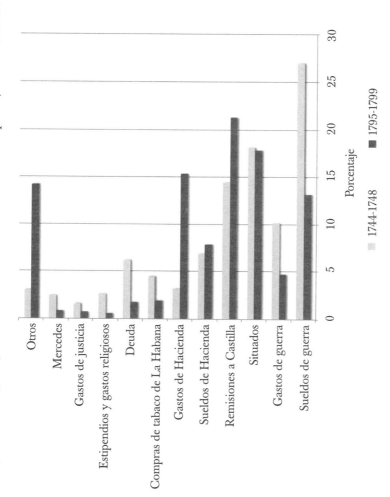

Porcentaje

■ 1744-1748   ■ 1795-1799

Fuentes: AGN, Archivo Histórico de Hacienda, vol. 1381, s. f.; AGI, México, leg. 1145, fs. 663-665, y legs. 1588, 2026 y 2034, y AGN, Historia, vol. 600, fs. 88-89v.

Por el contario, los gastos de la administración de Hacienda (sueldos, gastos generales y compras de tabaco en La Habana) experimentaron una notable expansión, al transitar de 15% en 1744-1748 a 25% en 1795-1799. Si, además de financiar ejércitos ampliados y situados "foráneos" cada vez más onerosos, se quería incrementar notablemente las remesas a la metrópoli (algo que las sucesivas guerras de la primera mitad del siglo XVIII había mostrado como imposible) se hacía imprescindible una transformación profunda del funcionamiento de la Real Hacienda de Nueva España, y eso implicaba una elevación de los gastos de la administración hacendaria. Las claves de dicha política consistieron, por una parte, en la creación de un ramo fiscal que acabó sustituyendo a la Real Casa de Moneda como el ingreso más pingüe del erario regio: el estanco del tabaco. Un rubro fiscal que en el quinquenio de 1795-1799 representó en promedio cerca de 30% de los ingresos totales. Por la otra, la creación de una administración hacendaria dotada de personal cada vez más capacitado, fuera del expediente de la venalidad en los cargos, regida por ordenanzas específicas según los ramos fiscales.

Esta estructura administrativa logró aportar crecientes recursos a la Real Hacienda gracias, entre otras cosas, al mayor nivel de información manejada, a su más amplia presencia en el territorio (en especial, por el estanco del tabaco y la renta de alcabalas, con miles de empleados y centenares de oficinas) y al despliegue de un hábil juego de presión y negociación con los diversos grupos de causantes, en especial, con las elites novohispanas. El éxito de esta política, desde el punto de vista de las autoridades metropolitanas, no deja lugar a dudas, si tomamos en cuenta que las remesas a Castilla y España pasaron en el conjunto de los egresos del erario novohispano de 14% en 1744-1748 a 21% en el quinquenio de 1795-1799.

Este difícil equilibrio se rompió a finales de la década de 1790, cuando se acentuó el trasvase de renta fiscal hacia la metrópoli. El precio pagado consistió en que los situados "foráneos" fueron desatendidos con mayor frecuencia y en que las obligaciones de la deuda pública novohispana fueron notoriamente incumplidas. Si el creciente volumen de empréstitos no se refleja en la comparación que efectuamos sobre la participación del servicio de la deuda en el conjunto del gasto público entre mediados y finales del siglo XVIII (de hecho, en términos relativos disminuyó al pasar, respectivamente, de 6% entre 1744-1748 a 2% entre 1795-1799) se debe a dos motivos. El primero, y fundamental, al reforzamiento de la capacidad negociadora de la corona frente a los principales agentes económicos novohispanos, en el contexto de una adhesión política que daría como resultado un alto volumen de suplementos y préstamos con intereses que tuvieron que satisfacer las corporaciones novohispanas, cuando en la primera mitad del siglo XVIII los intereses corrieron en su totalidad por cuenta de la Real Hacienda. La segunda, al incumplimiento cada vez mayor en el pago de intereses y los plazos de amortización con el propósito de mantener y, de ser posible, incrementar el envío de remesas al real erario español.[107] Una dinámica que se tornaría cada vez más evidente en la primera década del siglo XIX. En este contexto, el malestar provocado por la consolidación de vales reales abonó sobre una oposición cada vez más explícita contra esta política extractiva.[108]

FUENTES CONSULTADAS

Archivo

AHN   Archivo Histórico Nacional, Madrid.
AGI   Archivo General de Indias, Sevilla.
AGN   Archivo General de la Nación, México.
AGS   Archivo General de Simancas, Valladolid.

Bibliografía

[La] administración de D. Frey Antonio María de Bucareli y Ursúa cuadragésimo sexto virrey de México, México, Secretaría de Gobernación/AGN, 1936, tt. I y II.

Albi, Julio, *La defensa de las Indias (1764-1799)*, Madrid, Instituto de Cooperación Iberoamericana, 1987.

Alonso Álvarez, Luis, *El costo del imperio asiático. La formación colonial de las islas Filipinas, bajo dominio español, 1565-1800*, México, Instituto Mora/Universidade da Coruña, 2009.

_____, "La ayuda mexicana en el pacífico: socorros y situados en Filipinas, 1565-1816" en Carlos Marichal y Johanna von Grafenstein (coords.), *El secreto del imperio español: los situados coloniales en el siglo XVIII*, México, COLMEX/Instituto Mora, 2012, pp. 251-293.

[107] En sintonía con esta evolución, los gastos religiosos, de justicia, en mercedes y pensiones se estancaron o cayeron en términos relativos. El único rubro de la categoría "otros gastos" que creció fue, como vimos, el relacionado con el vaciado de los ramos ajenos del real erario.

[108] Marichal, *Bancarrota*, 1999; Wobeser, *Dominación*, 2003; Valle, *Finanzas*, 2012.

Angulo Teja, María del Carmen, *La Hacienda española en el siglo XVIII. Las rentas provinciales*, Madrid, Centro de Estudios Políticos y Constitucionales, 2002.

Archer, Christon I., "Bourbon Finances and Military Policy in New Spain, 1759-1812", *The Americas*, vol. 37, núm. 3, enero de 1981, pp. 315-350.

_____, *El ejército en el México borbónico 1760-1810*, México, FCE, 1983.

Arias, Luz Marina, "Building Fiscal Capacity in Colonial Mexico: From Fragmentation to Centralization", *The Journal of Economic History*, vol. 73, núm. 3, septiembre de 2013, pp. 662-693.

Arnold, Linda, *Burocracia y burócratas en México, 1742-1835*, México, CONACULTA/Grijalbo, 1991.

Artola, Miguel, *La Hacienda del antiguo régimen*, Madrid, Alianza Editorial/Banco de España, 1982.

Avella Alaminos, Isabel, "La experiencia de la partida doble en la Real Hacienda de Nueva España" en Ernest Sánchez Santiró, Luis Jáuregui y Antonio Ibarra, *Finanzas y política en el mundo iberoamericano. Del Antiguo Régimen a las Naciones independientes*, México, Universidad Autónoma del Estado de Morelos/Instituto Mora/Facultad de Economía-UNAM, 2001, pp. 115-137.

Bertrand, Michel, *Grandeza y miseria del oficio. Los oficiales de la Real Hacienda de la Nueva España, siglos XVII y XVIII*, México, FCE/El Colegio de Michoacán/Centro de Estudios Mexicanos y Centroamericanos/Embajada de Francia/Instituto Mora/CIDE, 2011.

Bobb, Bernard E., *The Viceregency of Antonio María Bucareli in New Spain, 1771-1779*, Austin, University of Texas, 1962.

Bonney, Richard (ed.), *The Rise of the Fiscal State in Europe*, Oxford, Oxford University Press, 1999.

Brading, David, *Mineros y comerciantes en el México borbónico (1763-1810)*, México, FCE, 1975.

Brewer, John, *The Sinews of Power: War. Money, ad the English State, 1688-1783*, Londres, Century Hutchinson, 1988.

Calderón Quijano, José Antonio, *Fortificaciones en Nueva España*, Madrid, Gobierno del estado de Veracruz/EEHA-CSIC, 1984.

Carrara, Angelo Alves y Ernest Sánchez Santiró (coords.), *Guerra y fiscalidad en la Iberoamérica colonial (siglos XVII-XIX)*, México y Brasil, Instituto Mora/Universidade Federal Juiz de Fora, 2012.

Castro Gutiérrez, Felipe, *Historia social de la Real Casa de Moneda de México*, México, Instituto de Investigaciones Históricas-UNAM, 2012.

Celaya Nández, Yovana, *Alcabalas y situados. Puebla en el sistema fiscal imperial, 1638-1742*, México, COLMEX/Fideicomiso de las Américas, 2010.

——————, "El costo fiscal en la defensa del Caribe: la Armada de Barlovento, 1702-1748" en Carlos Marichal y Johanna von Grafenstein (coords.), *El secreto del imperio español: los situados coloniales en el siglo XVIII*, México, COLMEX/Instituto Mora, 2012, pp. 213-236.

Cerdá Crespo, Jorge, "La guerra de la Oreja de Jenkins: un conflicto colonial (1739-1748)", tesis doctoral, Alicante, Universidad de Alicante, 2008.

Cervantes Bello, Francisco Javier, "La consolidación de los vales reales en Puebla y la crisis del crédito eclesiástico" en María del Pilar Martínez López-Cano y Guillermina del Valle Pavón (coords.), *El crédito en Nueva España*, México, Instituto Mora/El Colegio de Michoacán/COLMEX/Instituto de Investigaciones Históricas-UNAM, 1998, pp. 203-228.

Céspedes del Castillo, Guillermo, *El tabaco en Nueva España*, Madrid, Real Academia de la Historia, 1992.

Clavero, Bartolomé, *Tantas personas como estados. Por una antropología política de la historia europea*, Madrid, Tecnos, 1986.

Cobá Noh, Lorgio, "La Hacienda pública en Yucatán: las vicisitudes del erario nacional y estatal, 1810-1839", tesis de doctorado en Historia Moderna y Contemporánea, México, Instituto Mora, 2014.

Commons, Áurea, *Las intendencias de la Nueva España*, México, Instituto de Investigaciones Históricas-UNAM, 1993.

Cordoncillo Samada, José María, *Historia de la Real Lotería en Nueva España (1770-1821)*, Sevilla, EEHA-CSIC, 1962.

Deans-Smith, Susan, *Bureaucrats, Planters, and Workers: The Making of the Tobacco Monopoly in Bourbon Mexico*, Austin, University of Texas Press, 1992.

Delgado Ribas, Josep M., *Dinámicas imperiales (1650-1796). España, América y Europa en el cambio internacional del sistema colonial español*, Barcelona, Ediciones Bellaterra, 2007.

——————, "Construir el estado, destruir la nación. Las reformas fiscales de los primeros borbones. El colapso del sistema de equilibrios en el imperio español (1714-1796)", *Illes i Imperis. Estudis d'història de les Societats en el Món Colonial i Postcolonial*, núm. 13, 2010, pp. 63-85.

Donoso Anes, Alberto, "Nuevo método de cuenta y razón para la Real Hacienda en las Indias. La instrucción práctica y provisional en forma de advertencias comentada (27 de abril de 1784)", *Revista Española de Financiación y Contabilidad*, vol. XXVIII, núm. 101, julio-septiembre de 1999, pp. 817-862.

Escamilla González, Iván, "La memoria de gobierno del virrey duque de Alburquerque, 1710", *Estudios de Historia Novohispana*, núm. 25, julio-diciembre de 2001, pp. 157-178.

Fonseca, Fabián de y Carlos de Urrutia, *Historia de Real Hacienda*, México, Imprenta de Vicente G. Torres, 1845-1853, 6 vols.

Franco Cáceres, Iván, *La Intendencia de Valladolid de Michoacán: 1786-1809. Reforma administrativa y exacción fiscal en una región de la Nueva España*, México, Instituto Michoacano de Cultura/FCE, 2001.

Garavaglia, Juan Carlos y Juan Carlos Grosso, *Las alcabalas novohispanas (1776-1821)*, México, Archivo General de la Nación/Banca Cremi, 1987.

Grafenstein, Johanna von, "El abasto de la escuadra y las plazas militares del gran Caribe, con harinas y víveres novohispanos, 1755-1779" en Carmen Yuste López y Matilde Souto Mantecón (coords.), *El comercio exterior de México, 1713-1850*, México, Instituto Mora/Instituto de Investigaciones Históricas-UNAM/ Universidad Veracruzana, 2000, pp. 42-83.

——————, "La provisión de armadas y presidios de las islas de barlovento: intereses novohispanos *vs.* habaneros" en Guillermina del Valle Pavón (coord.), *Mercaderes, comercio y consulados de Nueva España en el siglo XVIII*, México, Instituto Mora, 2003, pp. 67-97.

——————, "Situado y gasto fiscal. La Real Caja de México y las remesas para gastos militares en el Caribe, 1756-1783" en Angelo Alves Carrara y Ernest Sánchez Santiró (coords.), *Guerra y fiscalidad en la Iberoamérica colonial (siglos XVII-XIX)*, México y Brasil, Instituto Mora/Universidade Federal Juiz de Fora, 2012, pp. 115-148.

——————, "El situado novohispano al Circuncaribe, una análisis de su composición, distribución y modalidades de envío, 1791-1808" en Carlos Marichal y Johanna von Grafenstein (coords.), *El secreto del imperio español: los situados coloniales en el siglo XVIII*, México, COLMEX/Instituto Mora, 2012, pp. 143-169.

Heredia Herrera, Antonia, *La renta del azogue en Nueva España (1709-1751)*, Sevilla, EEHA-CSIC, 1978.

Hernández Palomo, José de Jesús, *El aguardiente de caña en México*, Sevilla, Escuela de Estudios Hispanoamericanos, 1974.

——————, *La renta del pulque en Nueva España (1663-1810)*, Sevilla, Escuela de Estudios Hispanoamericanos, 1979.

Humboldt, Alejandro de, *Ensayo político sobre el Reino de la nueva España*, México, Editorial Porrúa, 1966.

Ibarra, Antonio, "Mercado urbano y mercado regional en Guadalajara colonial, 1770-1810", tesis de doctorado en Historia, México, CEH-COLMEX, 2000.

Informe del marqués de Sonora al virrey don Antonio Bucareli y Ursúa, México, CIESAS/Miguel Ángel de Porrúa, 2002 (edición facsimilar).

Jáuregui, Luis, *La Real Hacienda de Nueva España. Su administración en la época de los intendentes (1786-1821)*, México, FE-UNAM, 1999.

Jiménez, Alfredo, *El Gran Norte de México. Una frontera imperial en la nueva España (1540-1820)*, Madrid. Editorial Tébar, 2006.

Jiménez Estrella, Antonio, *Los nervios de la guerra. Estudios sociales sobre el ejército de la monarquía hispánica (siglos XVI-XVIII): nuevas perspectivas*, Granada, Editorial Comares, 2007.

Klein, Herbert S., *Las finanzas americanas del imperio español, 1680-1809*, México, Instituto Mora/UAM, 1994.

Lira González, Andrés, "Aspecto fiscal de la Nueva España en la segunda mitad del siglo XVIII", *Historia Mexicana*, vol. XVII, núm. 3(67), enero-marzo de 1968, pp. 361-394 .

Marichal, Carlos, "Las guerras imperiales y los préstamos novohispanos, 1781-1804", *Historia Mexicana*, vol. XXXIX, núm. 4(156), 1990, pp. 881-907.

——————, "La bancarrota del virreinato. Finanzas, guerra y política en la nueva España, 1770-1808" en Josefina Vázquez (ed.), *Interpretaciones del siglo XVIII mexicano*, México, Nueva Imagen, 1992, pp. 153-186.

——————, "La Iglesia y la corona. La bancarrota del gobierno de Carlos IV y la Consolidación de Vales Reales en la Nueva España" en Pilar Martínez López-Cano (ed.), *Iglesia, Estado y economía, siglos XVI al XIX*, México, UNAM, 1995, pp. 241-262.

——————, *La bancarrota del virreinato. Nueva España y las finanzas del imperio español, 1780-1810*, México, FCE, 1999.

Marichal, Carlos y Johanna von Grafenstein (coords.), *El secreto del imperio español: los situados coloniales en el siglo XVIII*, México, COLMEX/Instituto Mora, 2012.

Marichal, Carlos y Matilde Souto, "Silver and Situados: New Spain and the Financing of the Spanish Empire in the Caribbean in the Eighteenth Century", *Hispanic American Historical Review*, vol. 74, núm. 4, 1994, pp. 587-613.

——————, "La Nueva España y el financiamiento del imperio español en América: los situados para el Caribe en el siglo XVIII" en Carlos Marichal y Johanna von Grafenstein (coords.), *El secreto del Imperio Español: Los situados coloniales en el siglo XVIII*, México, COLMEX/Instituto Mora, 2012, pp. 61-93.

Méndez Reyes, Juan Ramón, "La quiebra del Tribunal de Minería de Nueva España vista mediante el financiamiento a las actividades bélicas de la corona española, y su herencia a la deuda pública Mexicana", *Revista Mexicana de Historia del Derecho*, vol. XXVI, 2012, pp. 25-68.

Moorhead, Max L., *The Presidio. Bastion of Spanish Borderland*, Norman, University of Oklahoma Press, 1975.

Ogelsby, J. C. M., "Spain's Havana Squadron and the Preservation of the Balance of Power in the Caribbean, 1740- 1748", *The Hispanic American Historical Review*, vol. 49, núm. 3, agosto de 1969, pp. 473-488.

Ortiz Escamilla, Juan, *Guerra y gobierno: los pueblos y la independencia de México*, Sevilla, Universidad Internacional de Andalucía, 1997.

_____, *El teatro de la guerra: Veracruz 1750-1825*, Castellón, Universitat Jaume I, 2008.

Pablo Cantero, Antonio de, "El ejército de ultramar en el reinado de Carlos III. El virreinato de Nueva España" en *Milicia y sociedad ilustrada en España y América (1750-1800). Actas XI Jornadas Nacionales de Historia Militar*, Sevilla, Cátedra "General Castaños"/Editorial Deimos, 2003, t. I, pp. 455-470.

Pacheco Díaz, Argelia, "Las transferencias fiscales novohispanas a Puerto Rico: siglos XVI-XIX" en Carlos Marichal y Johanna von Grafenstein (coords.), *El secreto del imperio español: los situados coloniales en el siglo XVIII*, México, COLMEX/Instituto Mora, 2012, pp. 115-141.

Pérez Herrero, Pedro, "Los beneficiarios del reformismo borbónico: metrópoli *versus* élites novohispanas", *Historia Mexicana*, vol. XLI, núm. 2(162), octubre-diciembre de 1991, pp. 207-264.

Pietschmann, Horst, *Las reformas borbónicas y el sistema de intendencias en Nueva España. Un estudio administrativo*, México, FCE, 1996.

Pieper, Renate, "La aportación americana a la Real Hacienda española en la segunda mitad del siglo XVIII", *Estudios de Historia Social y Económica de América*, vol. 6, 1990, pp. 69-75.

Pinzón Ríos, Guadalupe, "Entre el deber y la muerte. Hombres de mar en las costas novohispanas. El caso de San Blas (1768-1800)", tesis de Maestría en Historia, México, Facultad de Filosofía y Letras-UNAM, 2004.

_____, *Acciones y reacciones en los puertos del Mar del Sur. Desarrollo portuario del Pacífico novohispano a partir de sus políticas defensivas, 1713-1789*, México, Instituto de Investigaciones Históricas-UNAM/Instituto Mora, 2011.

_____, "Políticas y costes defensivos en el Pacífico novohispano (siglo XVIII)" en Enriqueta Quiroz (coord.), *Hacia una historia latinoamericana: homenaje a Álvaro Jara*, México, Instituto Mora, 2012, pp. 233-267.

Reichert, Rafal, "Entre la paz y la guerra, el gasto militar novohispano en la región del Gran Caribe (1609-1648)" en Angelo Alves Carrara y Ernest Sánchez Santiró (coords.), *Guerra y fiscalidad en la Iberoamérica colonial (siglos XVII-XIX)*, México y Brasil, Instituto Mora/Universidade Federal Juiz de Fora, 2012, pp. 39-64.

Rodríguez Gordillo, José Manuel, "La renta del tabaco: un complejo camino hacia la administración directa en el siglo XVIII" en Luis Alonso Álvarez, Lina Gálvez

Muñoz y Santiago Luxan (eds.), *Tabaco e historia económica. Estudios sobre fiscalidad, consumo y empresa (siglos XVII-XX)*, Madrid, Fundación Altadis, 2006, pp. 71-92.

Rodríguez Medina, Alexandra María, "72 días de lucha: El costo fiscal del ejército realista durante el sitio de Cuautla", tesis de licenciatura en Historia, México, Instituto Mora, 2013.

Salas, Gustavo A., "Apuntes históricos sobre la organización y los uniformes del ejército colonial", *Boletín del Archivo General de la Nación*, t. XI, núm. 4, octubre-diciembre de 1940, pp. 617-663.

Sánchez Santiró, Ernest, "La Hacienda reformada: la centralización de la renta de alcabalas en Nueva España (1754-1781)" en Ernest Sánchez Santiró, Luis Jáuregui y Antonio Ibarra, *Finanzas y política en el mundo iberoamericano. Del Antiguo Régimen a las Naciones independientes*, México, Universidad Autónoma del Estado de Morelos/Instituto Mora/Facultad de Economía-UNAM, 2001, pp. 143-177.

——————, "La Armada de Barlovento y la fiscalidad novohispana (1636-1749)" en Angelo Alves Carrara y Ernest Sánchez Santiró (coords.), *Guerra y fiscalidad en la Iberoamérica colonial (siglos XVII-XIX)*, México y Brasil, Instituto Mora/Universidade Federal Juiz de Fora, 2012, pp. 65-90.

——————, "Los impactos fiscales de una guerra distante: crisis y restauración de la Real Hacienda en la provincia de Yucatán (1801-1821)", *Revista de Historia Económica, Journal of Iberian and Latin American Economic History*, vol. 30, núm. 3, 2012, pp. 323-252.

——————, *Corte de caja. La Real Hacienda de Nueva España y el primer reformismo fiscal de los Borbones (1720-1755). Alcances y contradicciones*, México, Instituto Mora, 2013.

Sarrablo Aguareles, Eugenio, *El Conde de Fuenclara, embajador y virrey de Nueva España (1687-1752)*, Sevilla, Escuela de Estudios Hispano-Americanos-CSIC, 1966.

Serrano Álvarez, José Manuel, "Dominio, presencia militar y situados en Texas a mediados del siglo XVIII", en Carlos Marichal y Johanna von Grafenstein (coords.), *El secreto del imperio español: los situados coloniales en el siglo XVIII*, México, COLMEX/Instituto Mora, 2012, pp. 237-250.

Slicher van Bath, B. H., *Real Hacienda y economía en Hispanoamérica, 1541-1820*, Amsterdam, CEDLA, 1989.

Solórzano y Pereira, Juan de, *Política indiana. Sacada en lengua castellana de los dos tomos del derechos y gobierno municipal de las Indias Occidentales que más copiosamente escribió en la latina...*, Madrid, por Diego Díaz de la Carrera, 1648.

Souto, Matilde, "Los costos del imperio en la frontera oriental: el asedio inglés en el Golfo de México. Florida y Laguna de Términos, 1702-1750" en Enriqueta Quiroz (coord.), *Hacia una historia latinoamericana: homenaje a Álvaro Jara*, México, Instituto Mora, 2012, pp. 205-232.

TePaske, John J. y Herbert S. Klein, *Ingresos y egresos de la Real Hacienda de Nueva España*, México, INAH, 1986-1988, 2 vols.

Torre Villar, Ernesto de la (coord.), *Instrucciones y memorias de los virreyes novohispanos*, México, Editorial Porrúa, 1991, 2 tt.

Torres Ramírez, Bibiano, *La armada de Barlovento*, Sevilla, Escuela de Estudios Hispano-Americanos, 1981.

Torres Sánchez, Rafael, "Incertidumbre y arbitrariedad. La política de deuda pública de los Borbones en el siglo XVIII", *Estudis. Revista de Historia Moderna*, vol. 34, 2008, pp. 262-282.

_____, *El precio de la guerra. El estado fiscal-militar de Carlos III (1778-1783)*, Madrid, Marcial Pons, 2013.

Sánchez, Rafael (ed.), *War, State and Development. Fiscal-Military States in Eighteenth Century*, Pamplona, Eunsa, 2007.

Valle Menéndez, Antonio del, *Juan Francisco de Güemes y Horcasitas: primer conde de Revillagigedo: la historia de un soldado (1681-1766)*, Santander, Ediciones Librería Estudio, 1998.

Valle Pavón, Guillermina del, "El Consulado de comerciantes de la ciudad de México y las finanzas novohispanas, 1592-1827", tesis de doctorado en Historia, México, CEH-COLMEX, 1997.

_____, "Los empréstitos de fines de la colonia y su permanencia en el gobierno de Iturbide" en José Antonio Serrano Ortega y Luis Jáuregui (ed.), *Hacienda y política. Las finanzas públicas y los grupos de poder en la Primera República Federal*, México, El Colegio de Michoacán/Instituto Mora, 1998, pp. 49-78.

_____, "El apoyo financiero del consulado de comerciantes a las guerras españolas del siglo XVIII" en María del Pilar Martínez López-Cano y Guillermina del Valle Pavón (coords.), *El crédito en Nueva España*, México, Instituto Mora/El Colegio de Michoacán/COLMEX/Instituto de Investigaciones Históricas-UNAM, 1998, pp. 131-150.

_____, "Oposición de los mercaderes de México a las reformas comerciales mediante la resistencia a otorgar crédito a la corona" en Carmen Yuste López y Matilde Souto Calderón (coords.), *El comercio exterior de México, 1713-1850*, México, Instituto Mora, 2000, pp. 84-109.

_____, "Respaldo de Nueva España para la guerra contra Gran Bretaña, 1779-1783. Las aportaciones de los mercaderes, el consulado de la ciudad de México y sus allegados" en Angelo Alves Carrara y Ernest Sánchez Santiró (coords.), *Guerra y fiscalidad en la Iberoamérica colonial (siglos XVII-XIX)*, México y Brasil, Instituto Mora/Universidade Federal Juiz de Fora, 2012, pp. 143-167.

_____, *Finanzas piadosas y redes de negocios. Los mercaderes de la ciudad de México ante la crisis de Nueva España, 1804-1808*, México, Instituto Mora, 2012.

Vázquez Cienfuegos, Sigfrido y Antonio Santamaría García, "Cuba económica en tiempos de las independencias, La Hacienda y la consolidación de los vales reales en comparación con el caso de México", *Revista de Historia Económica/ Journal of Iberian and Latin American Economic History (New Series)*, vol. 30, núm. 1, marzo de 2012, pp. 91-124.

Velázquez, María del Carmen, *La frontera norte y la experiencia colonial*, México, Secretaría de Relaciones Exteriores.

Villaseñor y Sánchez, Joseph Antonio, *Theatro Americano. Descripción general de los Reynos y Provincias de la Nueva España y sus jurisdicciones*, México, Editorial Trillas, 1992.

Weber, David J., *The Spanish Frontier in North America*, New Haven, Yale University Press, 1992.

Wobeser, Gisela von, *Dominación colonial. La consolidación de vales reales, 1804-1812*, México, UNAM, 2003.

EL GASTO PÚBLICO EN LAS ISLAS FILIPINAS. LA OBSESIÓN POR LA DEFENSA DEL IMPERIO, 1690-1800

Luis Alonso Álvarez
Universidad de A Coruña

INTRODUCCIÓN

En una fecha tan tardía como la de 1858, a medio siglo de la independencia americana y a casi tres centurias de la conquista de las islas, un anónimo funcionario de la contaduría de la Hacienda filipina se quejaba amargamente, en un folleto para uso interno de la administración colonial, de la desidia y las dificultades que se observaban en la conservación de los documentos tributarios. Decía así:

> El libro de la *Razón General de la Real Hacienda*, que se ordena por la ley 1ª, t. 7, libro 8º de las recopiladas de Indias, que se mandó formar y tener por la real cédula de 12 de febrero de 1591, y que ha debido ser redactado con arreglo a lo prevenido en los artículos del 122 al 128 inclusive de la *Ordenanza de Intendentes* de 1803, no ha llegado a formarse en las Islas Filipinas, no obstante las prevenciones hechas por el Gobierno de S. M. y por las autoridades superiores de la Colonia.[1]

---

[1] D. O., *Islas*, 1858, p. 3. Se ha de señalar, en descargo de nuestro funcionario, que el proyecto de formar en los territorios americanos y asiáticos del imperio el libro de una *Razón General* sólo pudo concretarse en dos demarcaciones, pese a la prescripción imperativa de la *Recopilación de las Leyes de Indias* y la *Ordenanza de Intendentes*. El primero, en Nueva España y a instancias del virrey segundo conde de Revillagigedo, que presentaron sus autores –don Fabián de Fonseca y don Carlos de Urrutia– en 1791 (Fonseca y Urrutia, *Historia*, 1845 [1791]), en el que colaboró don Joaquín Maniau y del que redactaría un resumen en 1794 (Maniau, *Compendio*, 1914 [1794]). El segundo, escrito en 1806 por orden del intendente de Venezuela, se debe a la pluma de don José de Limonta y fue publicado por Briceño, *Temas*, 1981. Véase Andreo, *Intendencia*, 1990.

Nuestro informante señalaba, además, que algunas de las razones de esta contrariedad habría que buscarlas en "la falta de datos y antecedentes de que carecen los archivos, ya por efecto de la ocupación de Manila por los ingleses en 1762 y 1763, y ya también por la destructora plaga de *lanay*, que con frecuencia invade y pulveriza los estantes llenos de papeles".[2] La información nos remite a la consideración de la complejidad de las investigaciones sobre la Real Hacienda en las islas, una dificultad a la que se ha de añadir la práctica insuficiencia de bibliografía contemporánea sobre el gasto público. La mayoría de publicistas que redactaron trabajos sobre la administración tributaria en las colonias para uso de funcionarios redujeron su campo de atención a la cuestión del ingreso, que constituía el elemento más atractivo para la voracidad de la metrópoli. Así, en la *Historia general de la Hacienda* de los mencionados Fabián de Fonseca y Carlos de Urrutia, escrita como vimos en 1791 a instancias del virrey conde de Revillagigedo, un tratado monumental distribuido en seis volúmenes,[3] apenas figuran alusiones al gasto público. Algo semejante sucede con la obra de Joaquín Maniau,[4] por citar tan sólo dos de los textos que más han contribuido a dar a conocer la formación y la estructura de la tributación novohispana.

Si nos aproximamos a lo publicado sobre el archipiélago asiático, el panorama resulta aún más desolador. Con un título tan sugerente como el de *Guía de empleados de Hacienda de Filipinas, con la historia de todos los ramos que forman la Hacienda pública de las islas*, Javier Tiscar y José de la Rosa redactaron una enjundiosa historia de la tributación[5] en la que apenas encontramos referencias a la ejecución del gasto. Si retrocedemos en el tiempo, sucede lo mismo con los textos de Manuel Buzeta y Felipe Bravo,[6] con abundantes alusiones a la recaudación, y de Tomás de Comyn,[7] obra fundamental para el conocimiento de otras realidades a comienzos del siglo XIX. Para el setecientos hay que remontarse al trabajo hagiográfico de José Antonio Nuño de Villavicencio[8] o a obras generales –la de Juan de la Concepción,[9] entre otras– que incluyen siempre algunas cifras de ingresos, pero escasamente del gasto, al punto que el lector interesado podría preguntarse por el destino

---

[2] D.O., *Islas*, 1858, p. 3.
[3] Fonseca y Urrutia, *Historia*, 1845 [1791].
[4] Maniau, *Compendio*, 1914 [1794].
[5] Tiscar y De la Rosa, *Guía*, 1866.
[6] Buzeta y Bravo, *Diccionario*, 1850.
[7] Comyn, *Estado*, 1820.
[8] Villavicencio, *Demostración*, 1737.
[9] Concepción, *Historia*, 1788-1792.

de las ingentes cantidades de plata que recaudaba el fisco mexicano o las más modestas de la tesorería filipina. En realidad, hemos de admitir que en el siglo XVIII los gobiernos recaudaban, pero apenas daban cuentas de la dimensión del gasto, algo especialmente agravado en las islas, tan distantes de su matriz americana.

Desde un punto de vista administrativo –y como veremos también económico–, las Filipinas y algunos archipiélagos asiáticos menores que se incorporaron al imperio conforme progresaba la hispanización[10] constituían una dependencia de Nueva España, una capitanía general, un territorio de frontera como podían ser las provincias de Sonora y Sinaloa o también y de algún modo las Floridas. Pese a que el primer contacto con europeos data de 1521, fecha de la arribada de Hernando de Magallanes, su conquista no comenzó hasta 1565 tras la expedición comandada por Miguel López de Legazpi. Se trataba de una iniciativa diseñada en México, tras el fracaso de las enviadas desde España. La comunicación entre el virreinato y su dependencia quedó muy tempranamente asegurada a través de un galeón despachado cada año para remitir la ayuda –el *socorro*, el precedente de lo que luego se calificaría como *situado*– a los conquistadores en un territorio hostil, en donde escaseaban los alimentos, municiones y pertrechos para proseguir la ocupación y en un contexto de significativos desembolsos militares y aún sin ingresos públicos autóctonos. Más adelante, el mismo galeón del socorro se transformó de manera paulatina –y muy clara a partir de 1573– en un transporte regular en el que acudía también la plata americana para reintegrar las sedas y mercancías asiáticas previamente llagadas a Acapulco, de modo que se institucionalizó una carrera comercial en el Pacífico similar a la del Atlántico.

La presencia hispano-mexicana en las islas hay que relacionarla con la función que desempeñaron aquellas en la estrategia imperial.[11] Anexionadas en unas circunstancias en que Castilla pretendía aún competir con Portugal en el comercio y suministro de las especias en Europa –pese a la renuncia de Carlos V en el Tratado de Zaragoza (1529)–, Felipe II las recuperó como empeño preferente. Las instrucciones entregadas a Legazpi y las iniciativas que este acometió en los primeros momentos permiten deducir que el papel que la monarquía reservaba a las islas giraba en torno a la competencia con los portugueses en el comercio de la especiería. Pero ese objetivo, que se impulsó

---

[10] Los de las Marianas, Carolinas y Palaos, que se incorporaron formalmente a la corona española durante el siglo XVIII.

[11] Alonso, "Don", 2005, pp. 243-246.

entre 1565 y 1580, se manifestó inviable por la insuficiencia de especias en cantidad y calidad suficiente y a precios asequibles en la metrópoli y, sobre todo después de 1580, por la fusión de las dos coronas ibéricas en la persona del heredero del imperio.

Este fracaso relativo dio paso a una opción descabellada, consistente en la emulación de la iniciativa de Cortés y su asalto de las Antillas al continente americano y que, en este caso, habría de producirse entre las Filipinas y la Tierra Firme asiática, es decir, la misma China. La iniciativa estuvo precedida por el envío al continente de misioneros y agentes, cuando no verdaderos espías, para conocer de primera mano los recursos del adversario. Sin embargo, este empeño se vio de nuevo truncado –aunque nunca abandonado– por el naufragio financiero que había supuesto la guerra con Inglaterra de 1585-1604.[12] El fracaso de la Invencible echó así por tierra los preparativos y planes de entrada en China.

Sin otros objetivos para la colonia de suficiente dinamismo, la presencia de los holandeses, que comenzaban a tejer sus intereses en el sureste asiático en competencia con los de Portugal, integrado ahora en la corona española y al que estaba por tanto obligada a defender, precipitó la opción militar que no abandonaría el archipiélago hasta la segunda mitad del siglo XVIII. Se trataría de convertirlo en una poderosa fortaleza de carácter ofensivo y defensivo para controlar la presencia europea en la orilla asiática del Pacífico, en un elemento de disuasión que obligaría a sus competidores –la Vereenigde Oostindische Compagnie holandesa sobre todo, pero también la Honourable East India Company británica– a fortificar y armar sus bases operativas, distrayendo de este modo recursos que minimizarían sus intervenciones en América, lo que de verdad resultaba decisivo. La formulación de esta opción aparece claramente reflejada en la *Relación* y, en especial, en el *Memorial* del procurador de las islas don Juan Grau y Monfalcón,[13] textos ambos dirigidos al monarca en plena guerra con Holanda.

Ahora bien, en torno a esta función ofensivo-defensiva se construyó una constelación de intereses con los que habrían de atraerse los colonos y pobladores necesarios desde México. El fundamental de estos intereses quedó configurado de manera explícita en el privilegio real concedido a los vecinos de Manila para continuar en exclusiva con el comercio del galeón[14]

---

[12] Carlos, *Felipe*, 2008, pp. 243-249.
[13] Grau y Monfalcón, "Relación", 1866 [1637], t. VI, pp. 345-364 y, sobre todo, Grau y Monfalcón, "Memorial", 1866, t. VI, pp. 364-484.
[14] Alonso, "Nave", 2013, pp. 67-71.

y en torno al cual se articularon la economía y la Hacienda de las islas. La agricultura e industria doméstica indígenas quedaron subordinadas a los empeños del galeón, de igual modo que el suministro de *inputs*, alimentos y pertrechos se mantuvo asegurado mediante los ingresos procedentes del tributo, las ventas forzadas y el empleo semigratuito o la venta del producto indígena por parte de encomenderos, frailes y funcionarios territoriales. De esta manera, los vecinos de Manila se convirtieron en uno de los protagonistas de ese comercio de intermediación entre el sureste asiático y los dos virreinatos americanos –el de Nueva España de una manera legal; ilegal para el Perú, pero ampliamente frecuentado.[15] Asimismo, la corona se aseguraba con unos costos mínimos la nueva función asignada al archipiélago, dotado para ello de una Hacienda pública en la que los mayores ingresos procedían de los gravámenes sobre los campesinos indígenas y el comercio transpacífico.

Sin grandes mutaciones se mantuvo esta función ofensivo-defensiva durante el resto del siglo XVI, todo el XVII y la primera mitad del XVIII. Sin embargo, la participación española por un lado en la guerra de los Siete Años, en cuyo contexto sobrevino la toma británica de Manila y, por otro, la creación del estanco del tabaco corrigieron los objetivos de la corona. Sin abandonar los aspectos militares, cuya financiación adquirió dimensiones espectaculares durante las guerras finiseculares, las islas comenzaron a desempeñar ya una nueva función en el mercado internacional como productoras de azúcar, abacá y tabaco, empeño que pudo desarrollarse en todo su vigor ya entrado el siglo XIX y en plena administración liberal.

En lo que sigue procederemos del siguiente modo. En una primera parte, precisaremos el estado de la cuestión que ha de poner de manifiesto la situación actual de nuestros conocimientos sobre el gasto público en las Filipinas. En una segunda parte, rastrearemos las principales fuentes que nos proporcionen información sobre el gasto y su tratamiento metodológico. A continuación, analizaremos sus componentes y reduciremos a categorías básicas la multitud de epígrafes, cambiantes a lo largo del siglo XVIII, con los que los funcionarios de la Hacienda calificaron sus modalidades. En una cuarta parte intentaremos realizar una reconstrucción del gasto público en las islas para, por último, extraer algunas conclusiones forzosamente provisionales.

---

[15] Bonialian, *Pacífico*, 2012.

UN ESTADO DE LA CUESTIÓN

Nunca se había producido de manera directa hasta ahora una discusión académica en torno a la naturaleza o la dimensión del gasto público en las islas Filipinas del setecientos, ni tampoco para tractos anteriores. En publicaciones contemporáneas en las que aparecen cifras fragmentarias y, en general, en otro tipo variado de fuentes, se ha dictaminado que la principal partida del gasto se dirigía hacia defensa. Ahora bien, ya desde antes se dirimió un debate, que planteaba de modo indirecto alguna de estas cuestiones, en torno al papel desempeñado por la ayuda –el *situado*– enviada de México para la defensa del archipiélago o, dicho de otro modo, sobre la autonomía de su Hacienda. En general, determinados autores del siglo XVIII[16] se apoyaron en afirmaciones nunca comprobadas de algunos cronistas de comienzos del seiscientos para fundamentar la tesis del déficit fiscal y, por lo tanto, la conveniencia de continuar y ampliar la ayuda mexicana.

Esta interpretación, que hace hincapié en la financiación de la Hacienda filipina a partir de las compensaciones de la plata novohispana, tiene su origen en los testimonios de los primeros cronistas españoles –Pedro Chirino y Antonio de Morga–,[17] que escribieron muy tarde, ya entrado el siglo XVII, cuando estaba consolidada la situación económica y en plenas hostilidades con las Provincias Unidas. En general, los argumentos en los que se sustentaba se reducían a uno: que las islas generaban muy pocos ingresos para la corona. No había minas de metal precioso –por lo tanto no se disponía de ingresos que gravasen las prácticas mineras–; la actividad comercial resultaba estacional –se reducía a la salida anual del galeón y a su avituallamiento por los *sampanes* chinos–, por lo que los almojarifazgos no podrían ser muy sustanciosos, y el tributo indígena recaudado entre los campesinos tendía a disminuir por la cesión de las encomiendas a particulares destacados en la conquista.[18] Pero además de generar escasos recursos, las islas habrían desarrollado un desembolso crecido, sobre todo en defensa –con tendencia a incrementarse debido a las guerras con Holanda–, pero también en financiar el gasto propio de la administración y, en menor medida, los costos de instrucción religiosa, que en Filipinas resultaron en proporción mayores que en América.

---

[16] Véanse entre otras las obras de San Agustín, *Conquistas*, 1698; Villavicencio, *Demostración*, 1737; Murillo, *Historia*, 1749, y Concepción, *Historia*, 1788-1792.

[17] Chirino, *Relación*, 1604, y Morga, *Sucesos*, 1997 [1609].

[18] Sobre el papel de esta institución, véase Hidalgo, *Encomienda*, 1995. Sobre el tributo, Alonso, *Costo*, 2009, pp. 181-221.

Sin embargo, en documentos de mayor privacidad, como la propia correspondencia de virreyes y gobernadores dirigida al monarca, nada de esto se aseguraba tan abiertamente. Así lo manifestaba, por ejemplo, Grau y Monfalcón en su *Memorial* escrito en 1637 y enviado al rey "en su Consejo de Indias":

> De lo que gastan y contribuyen las islas, y lo que excede el cargo a la data, suelen algunos menos inservidos en la materia sacar el mayor fundamento contra ellas, ponderando que sirven poco y cuestan mucho. Y aunque la primera de estas proposiciones está bien apugnada y satisfecha con lo hasta aquí alegado, también la segunda carece de fundamento en el sentido que se pronuncia, que es de atribuirles más gasto que provecho, por donde las Filipinas por sí solas más contribuyen de lo que cuestan.[19]

Felipe María de Govantes, un funcionario español afincado en Manila lo acreditaba, además, de manera concluyente en la segunda mitad del siglo XIX: "Creen muchos equivocadamente, que el *situado* que venía de Méjico a Filipinas, era por consecuencia de hallarse en *déficit* las Cajas del Estado del Archipiélago, y vamos a demostrar su error, grave, por las consecuencias que ha traído y trae a Filipinas."[20]

La interpretación más tradicional mantenía, sin embargo, lo contrario: que el ingreso no alcanzaba para cubrir el gasto, y que por ello las Cajas de México hubieron de cubrir la diferencia. Los argumentos que amparaban este punto de vista están extraídos en los escritos de algunos contemporáneos, que reproducen ensayistas y académicos de los siglos XIX y XX. Existe, sin embargo, una línea de pensamiento que en lo fundamental arranca, como vimos, de Grau y Monfalcón –el primero que teorizó en los años treinta del seiscientos la utilidad para la corona española de las islas Filipinas–; pasa por Tomás de Comyn a comienzos del ochocientos y acaba en Felipe María de Govantes en la segunda mitad de la centuria.[21] Sin negar la existencia de algún grado de dependencia tributaria entre el archipiélago y Nueva España, introdujeron una serie de matices a los que la evidencia de las cifras de la Hacienda mexicana parecen haber dado la razón.

Grau y Monfalcón sostenía que el déficit filipino que financiaban las Cajas novohispanas había de producirse necesariamente porque, de no exis-

---

[19] Grau y Monfalcón, "Memorial", 1866 [1637], t. VI, p. 429.
[20] Govantes, *Compendio*, 1877, p. CLXV.
[21] Grau y Monfalcón, "Memorial", 1866 [1637], t. VI; Comyn, *Estado*, 1820, y Govantes, *Compendio*, 1877.

tir este, el resto del imperio, y en especial los territorios de la fachada del Pacífico, verían incrementados sus gastos en defensa. Se trataba, en suma, de dotar de un *socorro* a las islas para mantener hostigados a los competidores holandeses en Asia, lo que les supondría un esfuerzo insoportable para el sostenimiento de su comercio con Europa –aumentaban para ellos los costos de transacción– lo que, al tiempo, minimizaría sus agresiones al imperio americano. En suma, la cuestión se reducía a lo que los economistas califican como *costos de oportunidad*, de modo que la ejecución de un desembolso reducido en las islas evitaría consecuencias no mensurables en términos de gasto en América. Por todo ello, concluía que "las Filipinas por sí solas más contribuyen de lo que cuestan".

Tomás de Comyn aclaraba la aparente paradoja de la siguiente manera:

> Esta colonia asiática, si bien ha dado siempre gran lustre al monarca, por ser un indicante de la vasta extensión de los límites de sus dominios, en realidad ha sido durante largos tiempos un verdadero gravamen de la corona, o al menos una posesión cuyas ventajas en tanto lo eran solamente, en cuanto la dejaban de aprovechar las demás potencias, rivales de nuestra importancia marítima.[22]

En suma, Comyn repetía casi dos siglos después el mismo argumento que Grau: si consideramos los beneficios derivados de las dificultades que tendrían sus competidores para agredir al imperio, quedaba compensado el gasto ejecutado en Filipinas gracias a la ayuda americana. No obstante, Govantes aportaba nuevas evidencias:

> Por mandato superior de España durante la primera época, las naos que llevaban efectos de Filipinas iban de Manila a Acapulco, y en este punto se cobraban los derechos de *exportación* de los efectos que las naos llevaban de Manila, porque no había en ésta Aduana, y como en Méjico se calculaban los *gastos* de Filipinas, se mandaba lo *preciso* de lo producido por la *exportación* de Filipinas, y en Méjico quedaba la mayor parte. Lo que llegaba á Manila *se llama* el *situado*: *no había pues déficit, y sí muchos sobrantes.*[23]

En alguna otra de sus publicaciones, Govantes insistía en los mismos argumentos:

---

[22] Comyn, *Estado*, 1820, p. 72.
[23] Govantes, *Compendio*, 1877, apéndice 23, p. CLXV. Cursivas del autor.

Algunos han creído, y creen aún, que el *situado* era un déficit que tenían las Cajas de Filipinas, y ese error ha traído malas consecuencias. El tanto por ciento de los efectos que iban de Manila á Méjico era muy grande, y todo se cobraba y quedaba en Méjico, menos una pequeña parte que se mandaba á Manila: eso se llamaba el *situado*. Hoy se manda tabaco á España, y aquello de antes, y esto ahora prueban plenamente que en rigor Filipinas nunca ha estado en *déficit*.[24]

En otras palabras, Govantes argumentaba que el situado constituía el resultado de reunir lo abonado en Acapulco por los derechos de entrada y salida del galeón en Manila –puerto que no disponía de aduana para cobrarlos–, derechos que se computaban en las Cajas de México como ingresos propios y que luego se libraban a Manila como situado. Por ello, la ayuda no suponía una compensación fiscal *stricto sensu*, porque no procedía de ingresos novohispanos sino de tasas filipinas, con lo que existiría de hecho una autofinanciación de las Cajas asiáticas.

La hipótesis de Govantes, un alto funcionario del gobierno español en la capital filipina –había ocupado por tres veces el cargo de intendente, responsable de la Hacienda pública–, con sólida formación económica y jurídica –era doctor en derecho por la universidad de Madrid– y autor de numerosos libros y folletos sobre la historia y la actualidad de las islas,[25] se apoyaba abiertamente en una legislación que conocía muy bien. La real cédula de 19 de febrero de 1606 y sus antecedentes de 1593 expresaban de una manera indiscutible que habrían de remitirse a Manila lo recaudado por derechos de almojarifazgo, fletes y alcabalas de Acapulco generados por el transporte y la primera venta de las mercancías, completándose –sólo en caso necesario– con un suplemento de las Cajas virreinales.[26]

Sin embargo, la interpretación de Govantes no dejó de resultar una provocación. La difusión de su opúsculo en Estados Unidos coincidió con la guerra hispano-norteamericana de 1898 y la posterior ocupación militar del archipiélago, que originaron un arsenal de publicística de trasfondo po-

---

[24] Govantes, *Episodios*, 1881, p. 113. Cursivas del autor.
[25] Aparte de los ya mencionados, escribió unas *Noticias y Geografía de Filipinas*, Binondo, 1866, las *Lecciones de geografía descriptiva de Filipinas*, Manila, 1878, un *Discurso leído en la Universidad Central […] en el ejercicio del grado de doctor en jurisprudencia*, 1882, unas *Ordenanzas de buen gobierno*, una *Vida de D. Simón de Anda y Salazar*, 1884, y un número indeterminado de folletos sobre agricultura, cultivo y fiscalidad del tabaco y otras materias.
[26] *Recopilación*, ley 35, tít. 45, libro 9, 1681, t. 4, p. 131.

lítico,[27] en donde se cuestionaba la eficacia de la administración colonial española (para contrastarla con la estadounidense).[28] Pero esta polémica tuvo también su versión historiográfica en el debate académico en el que intervinieron los historiadores Edward Gaylord Bourne,[29] James E. LeRoy y, más adelante, el propio William Lytle Schurtz,[30] que aún no había publicado el libro sobre el galeón que le haría popular.[31] Bourne criticaba a Govantes y señalaba que el déficit quedaba suficientemente respaldado por las cifras que en su momento aportaron Alexander von Humboldt y John Foreman.[32]

Pero LeRoy, aunque rechazaba las tesis de Govantes, desestimaba de igual modo las de Bourne, dado que Humboldt escribía por lo que había oído a los hombres de negocios novohispanos –pese a su brillante análisis de la economía y sociedad virreinales, el viajero prusiano nunca había visitado el archipiélago–, mientras que el británico Foreman usaba datos de Juan de la Concepción[33] que ya en aquel momento inspiraban muy poca confianza. LeRoy sostenía que la solución pasaba por resolver la clave fiscal: ver en qué medida los ingresos de Acapulco coincidían con lo remitido por México. Años después, Schurtz concluyó con elegancia en su trabajo que, con las escasas cifras en aquel momento disponibles, existían periodos en los que los ingresos de Acapulco igualaban el déficit –y por lo tanto no habría sido necesario el situado– y otros en los que Nueva España tendría necesariamente que establecer una compensación. Habría que aguardar, en todo caso, a conocer con mayor precisión la confirmación cuantitativa.

Se ha de esperar, así, hasta bien entrado el novecientos para que los investigadores recuperasen el tema. En 1960 apareció el monumental estudio de Pierre Chaunu *Les Philippines et le Pacifique des Ibériques*,[34] una obra que aportaría, entre otros muchos elementos, las primeras evidencias empíricas sobre el gasto filipino. En conjunto, la investigación de Chaunu supuso el es-

---

[27] LeRoy ("Philippine", 1905, pp. 929-931, y 1906, pp. 722-723), era un defensor a ultranza de la política de la nueva administración norteamericana. Sobre la fiabilidad de su obra en general, me remito a Cano, "LeRoy's", 2013, pp. 3-14.
[28] Se trataba de diferenciar la administración "compulsiva" española y la "benevolente" norteamericana. El testimonio del presidente McKinley es muy significativo al respecto: calificaba a los filipinos de "nuestros pequeños hermanos" a quienes los estadounidenses darían la "felicidad, la paz y la prosperidad". Véase al respecto Delgado, "Filipinas", 2003, p. 1.
[29] Bourne, "Philippine", 1905, pp. 459-461.
[30] Schurtz, "Philippine", 1918, pp. 461-464. La polémica aparece detallada en Bauzon, *Déficit*, 1981, pp. 56-58.
[31] Schurtz, *Manila*, 1939.
[32] Humboldt, *Ensayo*, 1822, pp. 280-281, y Foreman, *Philippine*, 1889, p. 278.
[33] Concepción, *Historia*, 1792, vol. XIV, pp. 47-50.
[34] Chaunu, *Philippines*, 1974 [1960].

fuerzo más notable de recopilación de fuentes cuantitativas y de análisis que hasta ahora se había realizado. El autor consultó varios cientos de legajos del Archivo de Indias, especialmente en su sección de Contaduría, sobre tributación, población, circulación de navíos y, en general, todo tipo de indicios de actividad económica, aunque siempre con el objetivo de reconstruir el movimiento comercial en el largo plazo en el Pacífico y establecer sus tendencias, de igual modo a lo que había realizado en su anterior investigación sobre el Atlántico.[35] En otras palabras, no se trataba de conocer de manera directa la evolución tributaria sino de utilizar fuentes fiscales para estimar la actividad comercial.

Respecto a las cifras de la recaudación, Chaunu realizó un ejercicio de centralización estadística –por las dificultades materiales insalvables que presentaba un trabajo de tales dimensiones y realizado en una época pre-informática– a partir del cálculo de medias quinquenales entre el siglo XVI y fines del XVIII. Sin embargo, en el análisis posterior de las cifras seleccionaba únicamente aquellos ingresos considerados relevantes durante los siglos XVI y XVII, pero que dejaban de serlo en el setecientos, mientras que se le deslizaban otros que podían resultar de mayor interés.[36] La secuencia del gasto obedecía a la misma lógica analítica: se estimaba una parte notable de las *datas*, pero no su totalidad.[37] Por otra parte, mientras que la reconstrucción del ingreso figuraba en su conjunto (1586-1790), la del gasto se limitaba a concluir en 1700, con lo que renunciaba a estudiar el siglo XVIII. La clasificación, finalmente, que realizaba del gasto, agrupado en epígrafes en aquel momento novedosos, ahora poco reveladores, dejaba una parte significativa sin incluir en ninguno de ellos, lo que podría deformar el conjunto. Veamos algunos ejemplos: los *salarios ordinarios*, los pagos para *guerra de tierra*, la *guerra de mar*, las *remesas a provincias*, la *factoría* y otros menores que analizó por separado habrían debido congregarse en un conjunto superior que podría calificarse como de *gasto militar* –es decir, el destinado a financiar los costos de la defensa de las islas–, el de mayor escala en el periodo que abarca. Asimismo, a los *gastos de evangelización*, que derivaban del apoyo público a la labor de hispanización realizada por la Iglesia, entre los que el autor destacó únicamente los *estipendios eclesiásticos*, podrían también agregarse otras partidas como las de *ministros de doctrina*, *cantores*, *espiritual*, *hospitales*, *escolta de misioneros* y *mercedes y limosnas*. En general, la estrategia desplegada en la organización de la in-

---

[35] Chaunu y Chaunu, *Séville*, 1955-1960.
[36] Chaunu, *Philippines*, 1974 [1960], pp. 77-83.
[37] *Ibid.*, pp. 85-89.

vestigación que realizó Chaunu resulta poco útil para responder con cierta precisión a la pregunta de cómo se ejecutaba el gasto público en el siglo XVIII.

Otra de las limitaciones del trabajo del francés, dentro por otra parte de un océano de aciertos, apuntaba a que la fuente de las cifras empleadas no procedía de los libros de Contaduría –que detallan con minuciosidad el volumen del ingreso y el gasto efectuados y sobre todo su destino–, sino de los *sumarios generales*, que constituyen resúmenes de los cientos de folios que les preceden y en donde figura la información más útil para conocer la dirección del gasto (pero también la más laboriosa). Esta limitación puede derivar de las dificultades materiales –supone una fuerte inversión en operaciones de trascripción– para conocer con precisión los valores del gasto al estar escritas las cifras en modalidad latina, no arábiga, y realizadas en una maraña entrelazada de signos en la que resulta muy fácil enredarse. Descifrarlas y transcribirlas conlleva una mayor intensificación del esfuerzo de pesquisa con altos costos para el investigador, pero crucial, como se ha señalado, para conocer las dimensiones y la dirección del gasto. Con todo, se puede concluir que la obra de Chaunu confirma de manera empírica que entre los siglos XVI y XVII la mayor cantidad de recursos públicos se destinaron en las islas a las necesidades militares –sin matices ulteriores– y constituye, además, el mayor esfuerzo realizado nunca para conocer la historia cuantitativa de las islas Filipinas bajo administración española, pero también de difícil lectura por su organización y que explica que haya sido poco referenciada en el mundo académico.

En esta tradición, el historiador filipino de formación angloamericana Leslie E. Bauzon publicó a principios de los años ochenta su difundido ensayo sobre la dependencia tributaria de Manila,[38] que contribuyó de manera decisiva a sustentar la tesis de la dependencia exterior del archipiélago. El estudio de Bauzon resulta modélico en muchos aspectos, aunque difícilmente se puede compartir sin matices su conclusión principal que no es otra que el tópico ya aludido: al no existir unos ingresos fiscales suficientes para financiar el gasto público, muy elevado, sobre todo en sus derivaciones militares, la corona optó por compensar el déficit con la creación de un situado que pagaron las Cajas de la Nueva España. Sin embargo, las escasas evidencias que aporta, tanto generales como del propio déficit, situados y préstamos de particulares, no se corresponden –a veces, las desviaciones son muy sustanciales– con las de la contabilidad oficial de los ingresos y gastos que llegaban

---

[38] Bauzón, *Déficit*, 1981.

a España y que están depositadas en el Archivo de Indias sevillano. Las cifras que proporciona Bauzon[39] proceden de informes de los gobernadores generales y altos funcionarios de la corona en Filipinas –hoy depositados en el Archivo General de la Nación (México)–, o, más comúnmente, de las que facilitaron Blair y Robertson,[40] quienes a su vez las tomaron de informes puntuales de oficiales de la Hacienda o de estimaciones realizadas por viajeros y eruditos contemporáneos, pero nunca de fuentes primarias de manera sistemática.

Por otra parte, desde los años setenta habían comenzado a publicarse en España determinados trabajos monográficos, en gran parte dirigidos por Lourdes Díaz-Trechuelo, sobre el perfil histórico de los gobernadores generales.[41] En ellos aparecen de manera fragmentaria algunas cifras tributarias que tienen el valor de servir de contraste para comparar con las cifras generales. A todas ellas se ha de sumar el libro de José Cosano sobre la Hacienda filipina durante los años centrales del siglo XVIII.[42]

A finales de la década de los ochenta, John J. TePaske y Herbert S. Klein dieron a conocer los grandes números de la Hacienda novohispana procedentes de las *cartas-cuenta* del virreinato, custodiadas en el Archivo de Indias. En ellas figuran los ingresos y gastos anuales, agrupados por partidas y cajas de procedencia –para el caso filipino interesan en especial las de Acapulco y México– que permiten establecer comparaciones con las procedentes de la contaduría de las islas.

Por último, a partir de la primera década del siglo XXI, yo mismo he intentado proseguir con los estudios de la Hacienda filipina en varias publicaciones, algunas de ellas reunidas en el libro *El costo del imperio asiático*.[43] Lo

---

[39] *Ibid.*, pp. 47 y 48 (cuadros 5 y 6). Ambas series –que suministran la mayor evidencia empírica en apoyo de la tesis de la dependencia fiscal– constituyen más la excepción que la tendencia, en la medida en que cuantifican únicamente los periodos en los que el *situado* se mantuvo elevado debido a la coyuntura bélica: la primera mitad del siglo XVII (guerras con Holanda) y el último tercio del XVIII (conflictos finiseculares con Inglaterra y Francia). Una simple lectura del libro de Chaunu podría haber proporcionado una cobertura empírica más completa a la investigación sobre la dimensión del situado, pero Bauzon parece desconocer su contenido.

[40] Blair y Robertson, *Philippine*, 1903-1907, vol. 6, pp. 47-49, vol. 14, pp. 243-269, vol. 22, pp. 263-266, vol. 27, pp. 132-138, y vol. 30, pp. 44-48.

[41] Entre otros los de Parajón, *Gobierno*, 1964; Ortiz, *Marqués*, 1974; Rodríguez, *Gobierno*, 1976, y García, *Gobierno*, 1991. El último de ellos, el de Barrio, *Vientos*, 2012, procede de una tesis doctoral dirigida por Carlos Martínez Shaw.

[42] Cosano, *Filipinas*, 1986.

[43] Alonso, *Costo*, 2009, especialmente los capítulos 5 ("Sobre la naturaleza de la fiscalidad imperial en las islas, 1565-1804: lugares comunes y evidencias empíricas", pp- 145-180) y 8 ("La ayuda mexicana en el Pacífico: socorros y situados, 1565-1816", pp. 261-304), y del que recientemente se ha publicado una versión actualizada en Marichal y Grafenstein, *Secreto*, 2013, pp. 251-293.

que se destaca en ellas constituye la base sobre la que se asienta el presente ensayo.

FUENTES Y METODOLOGÍA

Las dos grandes fuentes para reconstruir las cifras de la Hacienda real en Filipinas y, por ello, las dimensiones y la dirección que tomó el gasto público, se encuentran depositadas en el Archivo General de Indias.[44] La primera figura en la sección de Contaduría y cubre el periodo de 1565 a 1760, año en que fue transferida al acervo sevillano desde el Archivo General de Simancas. Desde entonces, los oficiales reales de Manila enviaban de forma periódica las cuentas para su control por el Consejo de Indias. La segunda de las fuentes se encuentra en la sección de Filipinas, también en el AGI, y se extiende entre 1764 y 1833.[45] Se trata, por tanto, de duplicados de los libros contables que, como hoy sabemos, fueron en gran parte destruidos por los británicos durante la ocupación de Manila en 1762 y la precariedad de un soporte tan inestable como el papel de arroz. Ambas series están despachadas por los tres oficiales reales –contador, tesorero y factor–, tomadas por el contador de cuentas y remitidas a la contaduría general en España para su aprobación. Esta información se ha de completar con referencias fragmentarias procedentes del Archivo Histórico Nacional (Madrid), del Archivo General de la Nación (México), de los Philippine National Archives (Manila) y de determinados testimonios de analistas contemporáneos.

Entre las fuentes básicas destacan dos tipos de documentos, los resúmenes de cargo y data (*sumarios generales*), similares a las cartas-cuenta, y la información detallada con el desglose de las partidas del gasto que figuran en las copias de los libros de Contaduría.[46] La diferencia entre las primeras, que

---

[44] No sólo figuran las cuentas de la Hacienda filipina, sino también las de todo el imperio. Por desgracia, han sido muy poco utilizadas hasta ahora.

[45] Archivo General de Indias (en adelante AGI), Contaduría, legs. 1195-1291, y Filipinas, legs. 858-871.

[46] La contabilidad de la Administración española se regía por el sistema arcaico de *cargo* y *data*, desechado ya en general desde la baja Edad Media por las sociedades mercantiles, que utilizaban en mayor o menor intensidad la partida doble (*debe* y *haber*, con los tres libros: Manual, Mayor y de Caja). La modernización de los registros contables en la Hacienda pública, pese a los esfuerzos desplegados en época de Felipe II para generalizar el sistema en España e Indias, se impuso de manera paulatina con los Borbones. Durante el reinado de Fernando VI, en 1752, se estableció la partida doble en la sección de liquidación de las cuentas del Giro Real. En 1767, el contador general Ortiz de Landázuri estableció algunas pautas en la línea de generalizarla al conjunto de la Administración.

sólo ofrecen un extracto agregado por capítulos de la información cuantitativa, y las segundas puede apreciarse en este apunte contable tan minucioso:

Dinero remitido. Dan en data los jueces oficiales de la Real Hacienda de estas islas Filipinas arriba nombrados [...] a la parte de los naturales del pueblo de Lipa en la provincia de Balayán cincuenta pesos de oro común que se les libraron y pagaron de la Real Caja a cuenta de mil trescientos y treinta y cinco pesos, tres tomines y un grano que se les estaba debiendo por el valor de diferentes géneros que dieron de *bandala* a su Majestad desde el año de 1647, que se les dejaron de pagar, los cuales quedan cargados en el pliego que se formó a dichos naturales [...] ....L p.[47]

Se trata tan sólo de uno de los cientos de miles de registros que aparecen en la documentación desagregada. Como puede apreciarse, la información contenida en los libros de Contaduría resulta muy rica y compleja, pero presenta graves inconvenientes de escala. Ante ello, ¿cómo manejar una información tan voluminosa? En buena lógica y previo a la formación de una base de datos que nos permita recomponer la dimensión cuantitativa del gasto y sus fluctuaciones durante el siglo XVIII, se precisa de una selección ante las dimensiones de la información. En este punto, se ha procedido a realizar únicamente cortes de caja quinquenales, de modo que las cifras resultantes, medidas de cinco en cinco años, no deformen excesivamente el conjunto. No obstante, se nos presentan varios inconvenientes añadidos,

---

Más adelante se quiso extender a las Cajas americanas tras la visita a la Nueva España de José de Gálvez. El mayor activista del proyecto fue el contador general de Indias Francisco Xavier Machado Fiesco. En 1780 presentó un informe a Carlos III, quien le encargó la redacción de una "Ynstrucción Práctica y Provisional en forma de advertencias, que debe servir á todas las Caxas Reales, ó Tesorerías Generales, Principales y Foráneas de las Indias, para el modo de llevar las cuentas de la Real Hacienda [...]" que publicaría en 1784. Ese mismo año, el método de partida doble y obligación de los tres libros se extendió a todas las Cajas de Indias, pero las dificultades de adaptación, la resistencia a las innovaciones de los funcionarios (según el virrey segundo conde de Revillagigedo en su *Instrucción*, 1831 [1794], p. 193, "muy pronto se empezaron a encontrar dificultades que no se pueden vencer") y, sobre todo la muerte de Gálvez y la llegada al cargo de Antonio Valdés, contrario al nuevo procedimiento, precipitaron su revocación en 1787. De este modo, se regresó al método de Ortiz de Landázuri con algunas modificaciones. Véanse al respecto Donoso, "Estudio", 1997, pp. 1045-1089, y Esteban Hernández Esteve, "Renacimiento del pensamiento contable español en el siglo XVIII" en *VI Encuentro de trabajo sobre Historia de la Contabilidad. Ponencias y comunicaciones*, Valladolid, 5 a 7 de noviembre de 2008, Asociación Española de Contabilidad y Administración de Empresas (AECA), 2009, en <http://dialnet.unirioja.es/servlet/articulo?codigo=2974492>. [Consulta: 24 de octubre de 2014.]

[47] AGI, Contaduría, leg. 1257, fs. 130v-131r. La contabilidad filipina hasta entrado el siglo XVIII figura en cifras romanas y no arábigas. Las bandalas constituían las ventas forzadas o repartimientos de mercancías. Véase Alonso, *Costo*, 2009, pp. 223-258.

porque no todos los capítulos de la data constituían una aplicación efectiva del gasto. Era frecuente, sobre todo hasta la década de 1790 y en momentos que exigían una inversión militar significativa, disponer de partidas nunca ejecutadas que conformaban una provisión de gasto, como las calificadas de *Lo que queda en Caja, Arcas para cargo de la cuenta siguiente, Existencias, Existencia en la Real Caja, Visita y balance* o, la más clarificadora de *Balance*. Se trataba de epígrafes de reserva de caja –durante los años ochenta y noventa rebasaron el millón de pesos– que la incertidumbre del gasto militar exigía mantener.

Asimismo, resultan también muy frecuentes los apuntes contables que se anotaban con expresiones como *Lo debido cobrar* que figura en el *cargo* con su réplica en la *data*. En este caso se trataba de cantidades que determinados particulares adeudaban a la Hacienda, especialmente durante la segunda mitad del siglo XVII y los dos primeros tercios del siglo XVIII.[48] En el cuadro 1 pueden apreciarse las dimensiones de la deuda, que alcanzó un promedio anual que superó los 86 000 pesos, y que resultó más significativa durante el primer cuarto del siglo, con cantidades que oscilaron entre los 520 000 pesos de 1715 a los 88 000 de 1705, para desaparecer a partir de 1770.

En ambos casos, balances y deudas se han extraído de las cifras de gasto, porque en realidad no constituyeron más que apuntes contables sin ejecución real. Disponemos, en resumen, de un gasto nominal y de un gasto real, cuyos contenidos quedarían definidos en la siguiente ecuación:

$$G_r = G_n - D - B$$

en donde G_r es el gasto real, G_n el nominal (que figura en la data), D la deuda y B el balance. La gráfica 1 nos muestra el perfil de ambos gastos, el nominal, que incluye la deuda y los balances anuales, y el real del que han sido extraídas estas partidas.

---

[48] Véase una descripción minuciosa en Concepción, *Historia*, 1788-1792, vol. IX. p. 207. Prieto, *Filipinas*, 1984, p. 23, señala que la deuda, generada durante el mandato del gobernador Diego Fajardo (1653-1663), alcanzaba a mediados del siglo los 1 100 000 pesos. Según Barrio, *Vientos*, 2012, p. 195, las cantidades adeudadas procedían generalmente de la gestión de los alcaldes mayores y corregidores, que no liquidaban en tiempo el tributo indígena o morían durante el desempeño de su cargo, de militares al mando de galeones, de encargados de los reales almacenes o de arrendatarios de alguna licitación pública. Se trataba, pues, de una deuda *morosa* en donde las Cajas reales eran acreedoras (no deudoras) ante determinados particulares, por lo que en los asientos contables figuraba la expresión de "lo debido cobrar". Durante la primera mitad del siglo XVII y coincidiendo con la guerra de Holanda, existió, además, una deuda de la Hacienda con instituciones (el caso de *La Mesa de la Misericordia* de Manila) o particulares ante emergencias militares, que se liquidaba con el situado novohispano.

Cuadro 1. La evolución de la deuda con la Hacienda en el siglo XVIII (en pesos de a 8)

Años	Deuda	Años	Deuda	Años	Deuda
1690	108 944	1730	2 513	1770	0
1695	130 716	1735	5 086	1775	0
1700	102 358	1740	14 919	1780	0
1705	88 433	1745	6 868	1785	0
1710	246 769	1750	9 568	1790	0
1715	520 912	1755	2 295	1795	0
1720	391 688	1760	3 121	1800	0
1725	351 158	1765	2 490	Media	86 427

Fuente: AGI, Contaduría, legs. 1248-1291 y Filipinas, legs. 858-871.

Gráfica 1. Gasto nominal y gasto real en las islas Filipinas, 1690-1800 (pesos de a 8)

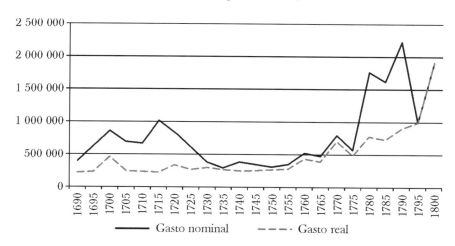

Fuente: elaboración propia a partir de AGI, Contaduría, legs. 1248-1291, y Filipinas, legs. 858-871.

Tras esta operación, se trataría en segundo lugar de diseñar unas categorías básicas de los componentes del gasto real, dada la dispersión y clasificación de las partidas, de modo que todas ellas se han reducido a tres, como desarrollaremos a continuación: el *gasto militar* (G_m), el *administrativo* (G_a) y el religioso o *de evangelización* (G_e), de modo que

$$G_r = G_m + G_a + G_e.$$

Con esta clasificación disponible resulta sencillo, en tercer lugar, diseñar las grandes etapas de la historia tributaria de las islas, lo que nos permitirá conocer, por último, las prioridades del gasto en cada uno de los tractos, su tipología y objetivos específicos con la finalidad de establecer una relación con la coyuntura filipina, del virreinato novohispano y, en general, del imperio español.

PRINCIPALES COMPONENTES Y EVOLUCIÓN DURANTE EL SIGLO XVIII

El conjunto de las partidas que constituyen los componentes el gasto pueden agruparse, como anticipamos, en tres categorías cardinales: *a)* los militares o de *protección* del territorio y su gente; *b)* los de *administración y gestión* de la colonia y, por último, *c)* los de *evangelización* o religiosos. A estos tres epígrafes generales pueden reducirse todos los apuntes contables que conformaban las datas de la Hacienda, una clasificación que se justifica en cuenta con precedentes en los escritos de los contemporáneos que fundamentaron doctrinalmente el sistema tributario desde el siglo XVI. Según esta lógica, Juan de Solórzano, uno de los más destacados juristas del derecho indiano, destacaba que el gasto derivado del ingreso tributario habría de servir a la "república de indios" para contribuir en "su cristiana *enseñanza* y *gobierno* y en *defenderlos y ampararlos* en paz y guerra".[49] Cuarenta años atrás, el lascasiano arzobispo de Manila, Miguel de Benavides (1602-1605), lo había registrado con expresiones similares: "el indio está obligado a pagar el tributo, como el Rey está obligado de su parte a cumplir con ellos, amparándolos con justicia [...]; que el rey acude y lo cumple y que para este fin envía justicias, tiene soldados y en Manila tiene una Audiencia y aparato de guerra para defensa de estas

---

[49] Solórzano, *Política*, 1647, 170. Cursivas mías.

islas".[50] De una manera más formalizada, Tomás de Comyn enumeraba en 1820 los gastos "de administración", "conservación", es decir, de defensa, y finalmente "del ramo eclesiástico".[51] Y para los conocidos Fabián de Fonseca y Carlos de Urrutia, la finalidad de los tributos serían también "la cristiana enseñanza, gobierno, defensa y amparo [...] y los gastos que estos objetos exigen",[52] es decir, las tres categorías señaladas.

La protección resultaba la partida tributaria más elevada en las Haciendas de los Estados modernos en Europa. Existe sobre esta cuestión un amplio consenso en la historiografía reciente,[53] al punto de que el origen, la existencia y la continuidad de los propios Estados se pone en relación con el crecimiento de la fiscalidad –tax State, fiscal-military State–, en donde el objetivo prioritario durante el antiguo régimen y en especial en el siglo XVIII derivaba de la financiación del aparato militar-burocrático. La transferencia de soberanía y recursos desde los poderes territoriales (ciudades, señoríos, etc.) a los Estados centrales desde comienzos de la Edad Moderna –y, más adelante, la garantía de suficiente protección frente a las amenazas exteriores– habían generado fuertes resistencias y conflictos que sólo se solucionaron con una mayor cobertura del Estado militar. De esta manera se producía una retroalimentación de la situación y todo incremento de la financiación estaría relacionado con un mayor desembolso militar destinado a conseguir nuevas fuentes de tributación. Dicho de otro modo, los recursos fiscales se asignaban a incrementar la tropa y armamento lo que, a su vez, se consignaba a alcanzar mayores recursos y conformar de este modo un "círculo virtuoso".

Esto resulta especialmente cierto para la España de los Austrias, pero adquiere una mayor dimensión con la llegada de la nueva dinastía en el siglo XVIII. La Hacienda de Felipe V, exhausta tras la guerra de Sucesión, se recuperó para iniciar una política internacional agresiva gracias a la nueva fiscalidad introducida en los territorios de la corona de Aragón[54] y cuando se agotó el ciclo, fracasado el proyecto de la Única Contribución de Ensenada, Carlos III reforzó la tributación en las colonias americanas, sobre todo en la

---

[50] "Tratado muy docto hecho por el señor Arçobispo D. Fr. [...] acerca de los tributos que pagan los yndios y la obligación que tienen de pagarlos fielmente", [Manila], c. 1605, manuscrito, en APSR, Sección Miscelánea, t. 1, fs. 193-209 y 193-194.

[51] Comyn, Estado, 1820, pp. 124, 125 y 132.

[52] Fonseca y Urrutia, Historia, 1845 [1791], vol. I, p. 413.

[53] Brewer, Sinews, 1989; O'Brien y Hunt, "England", 1999; Storrs, "Introduction", 1999; Bonney, Rise, 1999; Gelabert, "Castile", 1999; Epstein, Freedom, 2000; Glete, War, 2002; Bowen y González, Mobilising, 2006; Black, Trade, 2007; Torres, War, 2007; Dickson y Storrs, Fiscal, 2009 y Yun, O'Brien y Comín, Rise, 2012. Un estado de la cuestión en Delgado, "Construir", 2010.

[54] Delgado, "Construir", 2010, p. 67.

Nueva España[55] tras la visita de Gálvez (1765) y las modificaciones recaudadoras que desencadenó, entre ellas el estanco del tabaco y la alcabala.

Las islas Filipinas como territorio de frontera evidencian aún más, si cabe, los ecos de este papel militar-fiscal del Estado ya desde comienzos del siglo XVII, pero se manifiesta a través de dos dinámicas convergentes. Por un lado, la puramente defensiva contra los enemigos interiores, es decir los propios campesinos indígenas objeto de la hispanización, los chinos residentes en Manila, dedicados al comercio y a los oficios, y los pobladores de los territorios del sur islamizado, los denominados *moros*, vocablo que procedía de la época de la reconquista medieval. Por otro lado, la asociada a la política imperial frente a los competidores europeos: holandeses en la primera mitad del siglo XVII, que se habían adueñado gradualmente del tráfico de las especias mantenido de manera virtual por un Portugal integrado en la corona española; y británicos en el XVIII, atraídos por las riquezas del galeón y con algunas bases en el sureste asiático. En ambos casos, enemigos interiores y exteriores obligaban a un continuo rearme militar que se abastecía de una elevada financiación tributaria.

Una simple relación de las partidas del gasto militar que figuran en las cuentas de la Hacienda filipina son sobradamente reveladoras de esta situación. Entre otras, las destinadas a respaldar campañas militares, el pago de salarios a soldados y marinos, la formación de destacamentos y, sobre todo, el mantenimiento de presidios en cada una de las demarcaciones territoriales, que conforman lo que en la jerga tributaria se traducía según momentos como *campo de Manila, marina y arsenales de Cavite, mar de Manila, gente de guerra y mar de Cavite, presidios* o *dinero remitido a provincias, sueldos de tropa veterana* y *miliciana, fortificación ordinaria* y *extraordinaria, fundición de artillería, provisiones de reales almacenes, factoría, gastos de armadas* y *corso contra moros*. En el cuadro 2 se reproduce la distribución territorial del gasto militar de las islas en 1753 y el costo que suponía para la Hacienda real el mantenimiento de sus dotaciones y el pago de salarios en dinero y especie (alimentación y vestuario). En el mapa 1 figura la situación geográfica de cada una de las fortificaciones y presidios.

El *gasto de evangelización* constituía una partida muy específica del archipiélago filipino, donde la hispanización se ejecutó de manera por lo general incruenta –no se produjo, por ejemplo, una resistencia equivalente a la de los chichimecas novohispanos– dada la escasez de militares y la repugnancia de

---

[55] Marichal, *Bancarrota*, 1999; Marichal, "Bankruptcy", 2010, y Marichal y Grafenstein, *Secreto*, 2013.

Cuadro 2. Los componentes del gasto militar en las islas Filipinas en 1753, según su distribución territorial

Fortificaciones	Dotación (militares)	Socorros (pesos)	Raciones (unidades)	Vestuario (unidades)
Campo y fortificaciones de Manila	1 532	64 698	18 834	1 345
Puerto de Cavite	522	26 957	16 580	485
Fuerza de Cebú	104	1 584	1 248	100
Fuerte de Iligan (Mindanao)	43	540	516	43
Fuerte de Dapitan (Mindanao)	28	336	336	28
Fuerte de Cagayán (Mindanao)	16	204	192	16
Fuerza de Ilo-Ilo (Otón)	96	1 338	1 152	96
Fuerza de Cápiz (Panay)	26	360	300	25
Fortificación de Romblón (Panay)ᵃ	0	0	0	0
Fuerza de Tanda (Caraga)	84	1 182	978	84
Fuerte de Catel (Caraga)	10	120	120	10
Fuerte de Linao (Caraga)	10	120	120	10
Real Fuerza de Taytay (Palawan)	114	1 614	1 368	89
Fuerte de Cuyo (Calamianes)ᵃ	0	0	0	0
Fuerte de Agotaya (Calamianes)ᵃ	0	0	0	0
Fuerte de Culión (Calamianes)ᵃ	0	0	0	0
Fuerte de Linacapán (Calamianes)ᵃ	0	0	0	0
Fuerza Nueva Segovia (Cagayán)	86	1 653	1 200	86
Fuerte Capinatan (Cagayán)	12	114	144	12
Fuerte Caricunga (Cagayán)	12	126	144	12
Fuerte Ajona (Cagayán)	102	1 392	1 224	102
Presidio Playa Honda	20	120	240	20
Presidio Zamboanga	578	12 338	7 008	357
Totales	*3 395*	*114 796*	*51 704*	*2 920*

ᵃ Lo defienden los naturales sin costo para la Hacienda real.

Fuente: Descripciones con planos y figuras de la capital de Manila, puerto de Cavite, fuerzas de los presidios y otras fortificaciones en todo el distrito de las provincias que sugeta el real dominio en las Yslas Filipinas: Relación de la artillería y su tren, armas y demás peltrechos de guerra, dotación de plazas que tienen, sueldos, raciones y vestuarios que gozan, con inclusión de los sueldos de la Real Capilla, Contadurías, Colegios y otras officinas que se halla dentro de la ciudad y fuera de ella, de cuio importe al año se pone sumario y resumen general al final. Año de 1753, en AGI, Mapas y planos, Libros manuscritos, 81.

Mapa 1. Las defensas de las islas Filipinas en el siglo XVIII

Fuente: elaboración propia con base en AGI, Mapas y planos, Libros manuscritos, 81 y Buzeta y Bravo, *Diccionario*, 1850.

las órdenes religiosas en asumir la teoría de los "justos títulos" y más en con-
sonancia con las prácticas lascasianas. Ya desde muy temprano, el rey Felipe
II había apoyado abiertamente esa labor misionera,[56] no sólo de una manera
retórica, sino también mediante contribuciones de numerario que quedaron
en gran parte reflejadas, si lo sabemos deducir, en las *datas* de los papeles de
Contaduría. Todas ellas conformaban lo que hemos denominado gastos de
evangelización, es decir, el costo que supuso mantener a los misioneros y sus
parroquias para trasmitir la doctrina cristiana a los campesinos filipinos. Entre aquellas podemos destacar, ya en el siglo XVIII, los estipendios a los frailes
regulares –como párrocos–, sobre todo en el interior de las islas (*highlands*) a
donde apenas alcanzaban a llegar los militares (véase el cuadro 3), los emolumentos al arzobispo de Manila y a los obispos de Nueva Cáceres, Cebú y
Nueva Segovia y la contribución a la financiación de la beneficencia (hospitales) y la enseñanza (colegios y universidad).

Por otra parte, Manila destinaba a la Iglesia otros recursos de mayor
dimensión. El principal procedía del tributo indígena, del que se descontaba
medio real de plata o su equivalente en especie por unidad contribuyente.[57]
Según las series conocidas, en 1690 el número de tributos netos ascendía a
algo más de 34 000; en 1750 rebasaba ya los 193 000 y en 1799 superaba los
312 000, cantidades que hablan por sí solas del costo de la evangelización
filipina.[58] El fuerte crecimiento en el número de tributos durante el siglo XVIII
no guarda tanto relación con el aumento de la población como de una mayor
eficiencia en su recaudación.

El mantenimiento del aparato burocrático de la colonia conformaba
los *gastos de administración*, que incluían, entre otros, la gestión de la justicia, la
Hacienda, el gobierno central y provincial y que se calificaban en las datas
de la Contaduría como *salarios ordinarios*, *sueldos Real Audiencia* y *Real Hacienda*
(véanse cuadros 4 y 5), *salarios de ministros*, *jornales* –para la construcción de
obra pública–, *salarios alcaldes mayores y corregidores*[59] y un sinfín de pequeñas
costas necesarias para la obtención de sus respectivos ingresos.

---

[56] Habrían de usar "de los medios más suaves que pudieren para los aficionar [*a los indígenas*] a
que las quieran deprender [*las cosas de la santa fe católica*]". Véanse las "Ordenanzas sobre descubrimiento nuevo y pacificación", Bosque de Segovia, 13 de julio de 1563, Madrid, 4 de abril de 1590 y Manila,
9 de febrero de 1599, en *Colección*, 1867, vol. VIII, pp. 484-537. La referencia es de la página 532.

[57] El tributo acabó fijándose en diez reales de plata o su equivalente en especie, a elección de los
tributantes. Alonso, *Costo*, 2009, p. 193, nota 50.

[58] *Ibid.*, pp. 216-217.

[59] Se ha de destacar que, durante gran parte del siglo XVIII, no se registraban los gastos de la
administración provincial, ya que el tributo indígena cumplía este cometido y no llegaban a las cajas
de Manila más que los saldos.

Cuadro 3. Los estipendios eclesiásticos a comienzos del siglo XVIII en las islas Filipinas

Conceptos	Pesos[a]	Conceptos	Pesos[a]
Arzobispo de Manila	5 000	Obispo de Nueva Segovia	4 000
Obispo de Cebú	4 000	Limosna vino y aceite	8 814
Obispo de Nueva Cáceres	4 000	Otros	14 470
		Total	*41 186*

[a] La mitad de los salarios se efectuaba en arroz.
Fuente: AHN, *Consejos*, leg. 21022.

Cuadro 4. Los gastos de la Audiencia filipina comienzos del siglo XVIII

Conceptos	Pesos[a]	Conceptos	Pesos[a]
Gobernador	13 235	Relator	300
Oidores y fiscal	13 235	Portero	144
Jueces	183	Alcaide cárcel	180
Capellán	300	Defensor de pobres	25
Agente fiscal	300	Cuatro indios porteros	96
		Total gastos Audiencia	27 975

[a] La mitad de los salarios se efectuaba en arroz.
Fuente: AHN, *Consejos*, leg. 21022.

LA RECONSTRUCCIÓN DEL GASTO

La gráfica 2 reproduce la distribución del gasto real entre dos fechas significativas. Arranca de 1690, durante el mandato del gobernador don Fausto Cruzat y Góngora (1690-1701) en el que se efectuaron significativos cambios en la regulación de la Hacienda pública, entre ellos un nuevo procedimiento para calcular la dimensión del situado, tras la desaparición ya en gran medida de la amenaza holandesa, y una mayor eficiencia en el conjunto de la gestión tributaria. Y finaliza en 1800, cuando aquel se dispara por la intervención española en las guerras finiseculares. El gasto medio anual ascendió a 488 938 pesos según las cifras de la Contaduría, rozando el medio millón,

Cuadro 5. Los gastos de la Hacienda filipina a comienzos del siglo XVIII (pesos de a 8)

Conceptos	Pesos	Conceptos	Pesos
Factor, contador y tesorero	4 687	Gastos menudos	500
Oficiales primeros	1 250	Contador de cuentas	1000
Oficiales segundos	750	Oficial mayor contaduría	700
Otros[a]	744	Oficiales contaduría[a]	168
Indios[a]	720	Indios contaduría	225
Arraez y otros[a]	66	Tenedor Reales almacenes[a]	500
Marineros y otros[a]	126	Indios Reales almacenes[a]	319
Balanzario	400	*Totales Hacienda*	*12 352*

[a] Un porcentaje de los salarios se efectuaba en arroz.
Fuente: AHN, *Consejos*, leg. 21022.

Gráfica 2. El gasto real en las islas Filipinas, 1690-1800 (pesos de a 8)

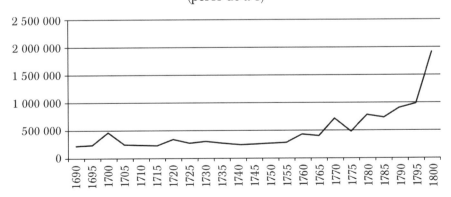

Fuente: elaboración propia a partir de AGI, Contaduría, legs. 1248-1291, y Filipinas, legs. 858-871.

una cantidad significativa para un territorio periférico en el conjunto del imperio.

Pero este promedio enmascara otras realidades más reveladoras. Si examinamos con detención el perfil de la curva observaremos en ella tres etapas bien diferenciadas. Una primera muy extensa, que se corresponde *grosso modo* con los reinados de Felipe V y Fernando VI, que abarcaría entre 1690 y 1764, año este último del fin de la ocupación británica de Manila, en donde el gasto resulta 60% del promedio secular, para rebasar ligeramente los 295 000 pesos. Le prosigue una segunda etapa que se extiende entre 1764 y 1780, coincidente también en líneas generales con la época de Carlos III, donde la media sobrepasa los 594 000 pesos, 21% por encima ya de la media secular. Y por último, una tercera más breve pero muy intensa en términos de gasto, que alcanza el final de siglo y se ajusta a la mayor parte del reinado de Carlos IV, con un promedio que dobla con fuerza al total y sobrepasa ligeramente el millón de pesos. Tenemos así detalladas las grandes fluctuaciones del gasto en el archipiélago asiático y conformadas sus etapas.

Veamos ahora hacia qué prioridades se dirigía. La gráfica 3 nos muestra sus componentes en función de los tres epígrafes que detallábamos atrás. Destaca en primer lugar el dirigido a la defensa, que alcanza un porcentaje sobre el total que se sitúa en 66.4 y presenta un perfil muy similar al del conjunto, aunque se diluye ligeramente la correlación hacia finales de la centuria en beneficio sobre todo de los administrativos, algo que debemos vincular a la implementación del estanco del tabaco. A su vez estos ocupan un segundo lugar, con 26.3% y, por último, los de evangelización que representan tan sólo 7.3% (lo que no quiere decir, como hemos visto, que el costo de la Iglesia filipina fuese tan exiguo). En suma, *dos de cada tres pesos del gasto se dirigían a la defensa*, que se convirtió en la prioridad absoluta durante toda la centuria y sobre todo a partir de los años ochenta, lo que debió suponer una de las proporciones más elevadas del conjunto imperial.

La evolución del gasto militar (véase gráfica 4) se ha de dividir también en tres etapas bien diferenciadas. La primera, que arranca ya de la segunda mitad del siglo XVII, en donde se percibe una tendencia al estancamiento, se sitúa en un promedio anual en torno a los 197 000 pesos. Esta situación se corrige en una segunda etapa a partir de los sesenta, tras la toma británica de Manila, con una subida que se cifra en una media de 439 000. Finalmente, una tercera comienza en los primeros ochenta con dígitos que alcanzan los 688 000 pesos de promedio.

Gráfica 3. Los componentes del gasto público en las islas Filipinas, 1690-1800 (en pesos de a 8)

Fuente: elaboración propia a partir de AGI, Contaduría, legs. 1248-1291, y Filipinas, legs. 858-871.

Gráfica 4. El gasto de defensa en las islas Filipinas, 1690-1800 (en pesos de a 8)

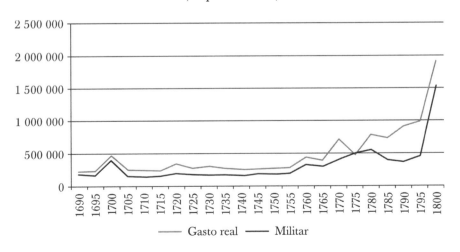

Fuente: elaboración propia a partir de AGI, Contaduría, legs. 1248-1291, y Filipinas, legs. 858-871.

En la fase inicial, que se extiende entre 1690 y 1764 y coincidiendo en gran parte con la política revanchista de Felipe V, se ha de relacionar el menor gasto militar con la reforma a la baja del situado efectuada por el gobernador Cruzat, que obligó a ajustar la defensa como hemos visto, con la coyuntura de las islas, en especial con los fondos destinados a combatir la piratería musulmana de los territorios australes (Mindanao y Joló) y con las revueltas internas de filipinos, chinos y mestizos de *sangley*. Sólo después de la ocupación inglesa de Manila, y en desarrollo ya los planes militaristas de Carlos III, comienza a hacerse visible en los egresos la coyuntura general del imperio, en donde se produce una gran movilización de recursos militares.

El gasto interno en defensa resulta quizás el más notable durante gran parte de su historia colonial y también en este tracto inicial. Con una conquista rápida del territorio desde que los españoles desembarcaron en Panay al mando de Legazpi, hacia fines del siglo XVI había ya concluido la ocupación del territorio. Pero piénsese que los españoles tan sólo dominaban algunos enclaves situados en las costas y orillas de los ríos –Manila, Cebú y algunas localidades menores emplazadas en las *lowlands*–. El resto, las *highlands* o tierras montañosas, apenas habían experimentado otro contacto con la hispanización que el del misionero europeo. El equilibrio se alcanzó con una especie de acuerdo tácito que a veces se quebraba por la intransigencia o abusos de los españoles, en especial de las autoridades provinciales –alcaldes mayores y corregidores– y religiosas, lo que conformaba revueltas de cierta consideración que en algunos casos llegaron a cuestionar su poder en la colonia. Especialmente significativa resultó, si nos centramos ya en el setecientos, la gran revuelta de Luzón durante la ocupación inglesa de Manila –en el contexto internacional de la guerra de los Siete Años–, que arrastró a miles de campesinos indígenas en las provincias de Pangasinán, Ilocos, Cagayán, los Camarines y algunas de las islas Visayas, a la que se ha de sumar la revuelta de los chinos –unos 50 000 en el entorno de Manila–, que se pusieron a disposición de los ocupantes británicos.[60]

Pero no fue esta la única de las protestas interiores, aunque sí la más desafiante y peligrosa para la administración española en el siglo XVIII. Con anterioridad, durante el gobierno de don Manuel de Bustamante (1717-1719), las escaramuzas contra los musulmanes del sur habían obligado a un mayor desembolso inversor en la edificación de una fortificación en Lebo, situado en la isla de Balabag y perteneciente al archipiélago de las Joló, el

---

[60] Martínez, *Historia*, 1803, pp. 655 y ss.

punto más meridional de las posiciones militares españolas, y los comienzos de la reconstrucción de la gran fortaleza de Zamboanga, que no finalizaría hasta 1738.[61] Y en el mandato de su sucesor don Francisco de la Cuesta (1719-1721), el gasto militar se elevó a un punto crítico –obsérvese el pico en la gráfica 4, que alcanzó los 200 000 pesos– con una campaña contra el sur islamizado para reconquistar las fortalezas de Zamboanga, Balabag, Lebo y otras menores y la toma de la isla de Palawan.[62] Pocos años después, durante el prolongado gobierno de don Fernando Valdés y Tamón (1729-1739) se inició una escalada militar sin precedentes tras la compra masiva de armas –cañones, fusiles y otros efectos–, se reedificó la Casa de la Pólvora y se ejecutaron otras obras menores, se emprendió la construcción de atalayas y fuertes en todas las islas para la defensa de las poblaciones indígenas costeras y se alcanzó a fabricar una "armadilla de galeras y guardacostas […] como lo hacen la Armada de Barlovento y se practica en todos los reinos que confinan con el mar".[63]

Asimismo, en el gobierno de don Gaspar de la Torre (1739-1745) se produjo una sublevación de los chinos de Manila y de los campesinos de Batangas, Balayan y Taal, en un momento de serios problemas para la ciudad por los ataques de los británicos al mando del almirante George Anson, en plena guerra del Asiento o de la Oreja de Jenkins (1739-1748), que consiguió apresar al galeón Covadonga que transportaba el situado y la plata de los comerciantes mexicanos.[64]

Durante la administración de don Juan de Arechederra (1745-1750), el gobernador general y obispo hubo de sofocar el alzamiento de varios pueblos en la llanura tagala (Bulacán, Tondo, Cavite) y en las provincias de

---

[61] Govantes, *Compendio*, 1877, p. 253. También Pajarón, *Gobierno*, 1964. El presidio y base naval de Zamboanga se reconstruyó sobre los cimientos de otro más antiguo, eregido en 1635, y que se había abandonado en 1662, según Concepción, *Historia*, 1792, vol. ix, pp. 222-225. Constaba en su recinto exterior, en forma cuadrilonga, de cuatro baluartes, con sus parapetos, plataforma y orejones, un cuartel para infantería española, cuerpo de guardia, almacenes y capilla. En su interior se había edificado la ciudadela cerrada en dos baluartes, con su santabárbara, cuerpo de guardia, cuartel de infantería pampanga y casa del gobernador. Estaba defendida por 61 piezas de artillería de gran calibre en bronce y hierro y disponía de unos almacenes que albergaban las armas ligeras (mosquetones, arcabuces, fusiles y bayonetas). Su mantenimiento alcanzaba los 12 500 pesos anuales más 4 120 cavanes de arroz, sin contar los suministros y pertrechos. En 1737 se calculaban los gastos de mantenimiento en más de 25 000 pesos anuales, una cantidad elevada sólo para uno de los quince presidios existentes en aquellos momentos. Véase Govantes, *Compendio*, 1877, pp. 253 y ss.

[62] Govantes, *Compendio*, 1877, pp. 253 y ss., y 257 y ss.

[63] Anónimo, *Relación*, 1734. Véase también Govantes, *Compendio*, 1877, pp. 262 y ss. De una manera más detallada en Barrio, *Vientos*, 2012, pp. 51-152.

[64] Govantes, *Compendio*, 1877, pp. 265 y ss.; Martínez, *Historia*, 1803, pp. 541 y ss., y Rodríguez, *Gobierno*, 1976.

Batangas y Bohol debido a conflictos por la propiedad de la tierra con los frailes regulares, mientras corrían rumores alarmantes de un inminente desembarco inglés[65] en la coyuntura todavía de la guerra del Asiento. Por otra parte, su sucesor el marqués de Ovando (1750-1754), preparó una costosa defensa ante los amenazadores ataques británicos al galeón y varias expediciones muy planificadas contra los musulmanes que asolaban las costas visayas. Para ello, el gobernador creó una flotilla de pequeños navíos dotados de una desconcertante artillería –tras la rehabilitación en los Almacenes reales de algunos viejos cañones que mandó sujetar en forma de tubos de órgano y que sembraron el pánico entre sus enemigos–, hasta que por último ordenó erigir una fortaleza disuasoria en la isla de Palawan, esta última con escaso éxito, y reforzar aún más la de Zamboanga.[66]

Asimismo, durante el mandato de don Manuel de Arandia (1754-1759) se produjeron también sublevaciones en la Pampanga, la provincia que suministraba la mayoría de alimentos a Manila, lo que obligó a la creación de sendos batallones de 2 000 hombres y la formación del Regimiento del Rey, al estilo de las tropas europeas. Como subrayaba un antiguo cronista, "señaló tanto a los soldados como a los oficiales un sueldo con que se pudiesen mantener con decencia y asistir a su obligación sin distraerse a buscar lo necesario para la vida".[67] Arandia reformó también la fundición de artillería y amplió los arsenales de Cavite, hizo lo mismo con varias expediciones contra los musulmanes del sur.[68] Esta lucha contra los denominados *moros* continuó durante la gestión de Miguel Lino de Espeleta (1759-1761), quien se vio obligado a efectuar un desembolso superior.[69]

Durante esta larga etapa inicial, que coincide en gran parte con las administraciones de Felipe V y Fernando VI, el gasto militar más significativo se había destinado a la represión de la piratería del sur y de las insurrecciones de chinos y filipinos hispanizados. Por el contrario, a partir de la ocupación inglesa de Manila y coincidiendo con el reinado de Carlos III, que reinició la política agresiva de su padre y el gasto militar alcanzó como vimos unos

---

[65] Govantes, *Compendio*, 1877, pp. 267 y ss. Véase también García, *Gobierno*, 1976, pp. 20-31 y 112-124.

[66] Govantes, *Compendio*, 1877, pp. 270 y ss.; Martínez, *Historia*, 1803, pp. 555 y ss.; Ortiz, *Marqués*, 1974, pp. 196-197. En 1753 la fortaleza estaba servida por 578 militares, dos galeras y dos galeotas y su costo anual había ascendido a 114 000 pesos sin contabilizar los gastos en alimentos y vestuario. Véanse Descripciones con planos, 1753, en AGI, Mapas y Planos, Libros Manuscritos, 81, fs. 53v-59v.

[67] Martínez, *Historia*, 1803, p. 576.

[68] Govantes, *Compendio*, 1877, pp. 273 y ss., y Martínez, *Historia*, 1803, pp. 576 y ss.

[69] Govantes, *Compendio*, 1877, pp. 276 y ss., y Barrantes, *Guerras*, 1878, pp. 17 y ss.

niveles superiores, las prioridades se dirigieron a la defensa de Manila, al hostigamiento de los bastiones musulmanes en el sur y a la protección del galeón de los ataques británicos, pero sobre todo a una mayor implicación de la colonia asiática en la estrategia internacional de los borbones.

Si bien la política revanchista de Felipe V, como vimos, había sido financiada en gran parte con recursos procedentes de una corona de Aragón (Cataluña, Aragón y los reinos de Valencia y Mallorca) recién integrada en la monarquía hispánica, tras una larga guerra civil, a la que se aplicó el modelo fiscal castellano –Decretos de Nueva Planta–,[70] las de Carlos III y Carlos IV iban a implicar una mayor movilización de los recursos tributarios americanos, especialmente los procedentes de México.[71] No cabe duda que la experiencia del primer Borbón español hubo de influir en lo que se han llamado reformas ilustradas y que pretendían una *modernización* de las Haciendas indianas. La aplicación de esta política se aceleró tras la ocupación de La Habana y Manila por los británicos durante la guerra de los Siete Años, con importantes pérdidas para España.

La visita general de Gálvez (1765), que coincidió con los decretos de comercio libre, de los que hablaremos de inmediato, cobra nuevo sentido observada desde esta perspectiva. Según nos recuerda Delgado, pretendía alcanzar tres objetivos: aumentar los ingresos de las cajas americanas mediante la multiplicación de los estancos y el aumento de tipos en alcabalas y almojarifazgos; moderar los gastos de administración –generalización de la gestión directa de los tributos– y eliminar o reducir el fraude a partir de un mayor rigor en los juicios de residencia a virreyes y autoridades coloniales.[72] El proyecto quedaba completado con la imposición del sistema de comercio libre, cuyos puertos de destino en América coincidían, y no casualmente, con las áreas afectadas por la recepción de situados.[73] Para evitar la extracción de

---

[70] La nueva imposición sobre la corona de Aragón, que aumentaría el conjunto de la recaudación tributaria y explicaría la "hiperactividad bélica" de la nueva monarquía, consistió en la introducción de las Rentas generales (que agrupaba las antiguas aduanas y otros derechos existentes), los monopolios fiscales (tabaco), el equivalente (rentas provinciales castellanas en gestión directa) y una contribución extraordinaria de guerra (para mantener el ejército de ocupación). Véase Delgado, "Construir", 2010, p. 71.

[71] Marichal, *Bancarrota*, 1999; Marichal, "Bankruptcy", 2010, y Marichal y Grafenstein, *Secreto*, 2013.

[72] Delgado, "Construir", 2010, pp. 80-81.

[73] En el caso de Filipinas, receptora también de un situado y que no quedó afectada formalmente por los decretos de comercio libre de 1765, se produjo un efecto similar mediante la liberalización del tráfico a partir de navíos de permiso entre Cádiz y Manila por el cabo de Buena Esperanza que, en la práctica, supuso la ruptura del monopolio del galeón. Véase Alonso Álvarez, *Costo*, 2009, pp. 305-337.

la moneda que implicaba el situado (y por ello, un descenso en las remesas enviadas a España), se fomentó el cultivo de productos tropicales o se impuso la creación de estancos (licores, tabaco, etc.) que habrían de estimular la autonomía de sus Haciendas.[74] El desenlace de las reformas tributarias en América y el comercio libre facilitaron, en suma, una mayor transferencia de recursos fiscales a la metrópoli que, de ese modo, pudo acometer la financiación de la política militar de Carlos III y Carlos IV.[75]

En la gráfica 4 hemos podido observar cómo se elevaba el gasto total y el gasto militar. En la etapa de Carlos III, donde alcanzó a duplicarse respecto a la de Felipe V, y tras un periodo de paz de doce años (1763-1775) –que resultaron fundamentales para diseñar las reformas con vistas a la obtención de ingresos en las Haciendas coloniales y obtener nuevos recursos para reanudar las ofensivas contra Inglaterra–, España realizó un esfuerzo financiero de ayuda a los colonos norteamericanos que se refleja también en el gasto militar filipino. Esto se tradujo en las islas sobre todo en la reorganización realizada durante el gobierno de don José Basco y Vargas (1778-1787), el prototipo de gobernante ilustrado. Basco limpió la llanura de Luzón de *tulisanes* e hizo la guerra a los musulmanes del sur, pero sobre todo promovió con un esfuerzo extraordinario la construcción de nuevos buques de guerra, recompuso y mejoró las fortificaciones de la capital que había reconstruido anteriormente don Simón de Anda y Salazar, introdujo una mayor disciplina entre los militares y aun pudo anexionar el archipiélago de las Batanes al norte de Luzón. En gran parte, este impulso pudo ejecutarse gracias a la llegada de situados más voluminosos, pero sin duda lo que contribuyó a ello de una manera decisiva fue la introducción del estanco del tabaco (1782), cuyo consumo, muy extendido en las islas, quedó gravado desde entonces para los filipinos.[76] Tras la inflexión de 1785-1790, el gasto tornó a elevarse durante la administración de don Félix Berenguer de Marquina (1788-1793), futuro virrey de Nueva España, que realizó varias expediciones contra el sur islamizado, pero también contra los filipinos no hispanizados del interior de Luzón. En aquel momento, las islas contaban ya con unos 5 000 soldados europeos.[77]

---

[74] Delgado, "Construir", 2010, p. 81. En Filipinas, la introducción del estanco del tabaco proporcionó una recaudación que hizo innecesario el situado que, no obstante, se mantuvo debido al crecimiento del gasto militar durante el reinado de Carlos IV. Los ingresos por estancos (tabaco y licores) permitieron una continuidad sin ruptura de la colonia asiática tras la emancipación mexicana, con la consiguiente desaparición del galeón y el situado. Véanse Jesus, *Tobacco*, 1980, p. 205, y Fradera, "Estanco", 1996.
[75] Delgado, "Construir", 2010, pp, 80-81.
[76] Jesus, *Tobacco*, 1980, pp. 30-34 y 205-206, y Fradera, "Estanco", 1996, pp. 85-98.
[77] Govantes, *Compendio*, 1877, pp. 331 y ss.

Con todo, el gasto militar de mayores dimensiones se ejecutó en el mandato del gobernador don Rafael María de Aguilar (1793-1806), cuya administración coincidió con la guerra de la Convención (1793-1795) contra la Francia revolucionaria y la contienda hispano-británica de 1796-1798. Los rumores de guerra pusieron en armas a 10 000 soldados, entre españoles, mestizos e infantería pampanga. Se reforzaron, además, las murallas de la capital, se mejoró la organización de la armada y construyeron varias fragatas, todo ello con altísimos costos. Asimismo, se creó un sistema de alertas en todas las islas, que habrían de prevenir de ataques exteriores, con lo que la escuadra británica no pudo hacer gran cosa para quebrar el blindaje con el que Aguilar había protegido al archipiélago, pese a las escaramuzas de los filipinos islamizados, aliados de los ingleses.[78] Durante los años finales del siglo el gasto militar había ascendido, según las cifras de la gráfica 4, de casi 500 000 pesos en 1795 a una cantidad ligeramente superior a 1 500 000 pesos en 1800, es decir, se había triplicado en sólo cinco años.

La cuantificación del gasto militar puede dimensionarse, además, a través de las partidas enviadas desde México bajo la cobertura del *situado* (véase gráfica 5), por la fuerte correlación que se produce entre ambas magnitudes, ya que a un mayor desembolso en defensa respondía –aunque no siempre y de manera inmediata– el virreinato con una ayuda superior. En él pueden observarse también las tres fases seculares en las que descomponíamos el gasto: una primera que se inicia a comienzos del siglo XVII y alcanza hasta 1762, en donde la ayuda roza los 8 000 000 pesos, con un promedio anual de 126 000; una segunda que se extiende durante casi todo el reinado de Carlos III, con un total de más de 6 000 000 de pesos y una media anual de más de 237 000 y, por último, una tercera que cubre el periodo final de siglo y gran parte del reinado de Carlos IV, que asciende a casi 6 000 000 pesos y el promedio anual a 284 000.[79] Un esfuerzo impresionante para un virreinato que hubo de asumir la mayor parte del gasto militar provocado por la política agresiva del Estado fiscal de los Borbones españoles.

CONCLUSIONES

Las cifras de la Hacienda de las islas Filipinas evidencian y confirman, en primer lugar, que el gasto militar resultó prioritario en la política internacional

---

[78] *Ibid.*, pp. 336 y ss.
[79] Sobre el papel de los situados en el siglo XVIII, véase Marichal y Grafenstein, *Secreto*, 2013.

Gráfica 5. Evolución del situado filipino según las Cajas de Acapulco,
1700-1809 (pesos de a 8)

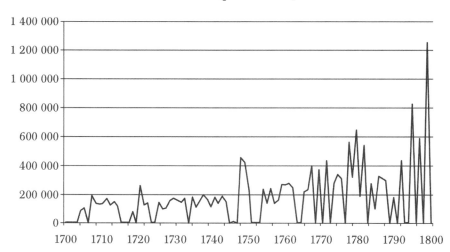

Nota: el situado filipino, sin embargo, no sólo contemplaba la financiación del gasto militar,
sino que incluía además algunas partidas para el pago de los gastos eclesiásticos. Véase AHN, *Consejos*,
leg. 21022.

Fuente: elaboración propia a partir de TePaske y Klein, *Ingresos*, 1988, vol. 2.

de los Borbones. En este sentido es necesario olvidar lo que en determinada
bibliografía se nos han querido presentar como el siglo de la modernización
de las sociedades española y colonial, cuando en realidad sus iniciativas de
gasto y su escasa inversión en actividades tendentes a mejorar el conjunto de
la economía resultaron también exiguas en el archipiélago asiático y, cuando
se produjeron, lo hicieron para mejorar la extracción de recursos tributarios.
Por todo ello, se ha de confirmar aquella tesis de que "las prioridades del
monarca ilustrado", en expresión de Barbier y Klein,[80] caminaron también
en esta dirección en la frontera asiática.

En segundo lugar, se puede confirmar para las islas la hipótesis de Delgado,[81] de modo que el establecimiento del estanco del tabaco filipino obe-
deció no sólo a una voluntad de acrecentar la recaudación, sino también de

[80] Barbier y Klein, "Prioridades", 1985, p. 473.
[81] Delgado, "Construir", 2010, pp. 80-81.

impulsar una agricultura de plantación cuyos recursos hicieran innecesaria la continuidad del situado. Todo ello permitiría evitar la extracción de plata mexicana hacia China y al tiempo quebrar el monopolio comercial del galeón en donde el extrañamiento del metal precioso alcanzaba cifras elevadas. El efecto derivado de estas políticas facilitó que el archipiélago pudiese mantener su lealtad a la corona en un momento en el que la emancipación mexicana le sustrajo ambos recursos, el del situado y el del comercio de Acapulco.

FUENTES CONSULTADAS

Archivos

AGI   Archivo General de Indias, Sevilla.
AHN   Archivo Histórico Nacional, Madrid.
ASPR Archivo de la Provincia del Santísimo Rosario de Filipinas (Manila y Ávila).

Bibliografía

Alonso Álvarez, Luis, "Don Quijote en el Pacífico. La construcción del proyecto español en Asia, 1591-1606", *Revista de Historia Económica*, año XXIII, núm. extraordinario, 2005, pp. 241-273.

_____, *El costo del imperio asiático. La formación colonial de las islas Filipinas bajo dominio español, 1565-1800*, México, La Coruña, Instituto Mora/Universidad de A Coruña, 2009.

_____, "*E la nave va*. Economía, fiscalidad e inflación en las regulaciones de la carrera de la Mar del Sur, 1565-1604" en Salvador Bernabéu Albert y Carlos Martínez Shaw (eds.), *Un océano de seda y plata: el universo económico del Galeón de Manila*, Madrid, CSIC, 2013, pp. 25-84.

Andreo García, Juan, *La intendencia en Venezuela: Don Esteban Fernández de León, intendente de Caracas, 1791-1803*, Murcia, Publicaciones de la Universidad de Murcia, 1990.

Anónimo, *Relación de los sucesos de Mindanao en las islas Philipinas. Año de 1734*, Manila, Convento de N. S. de los Ángeles, 1734.

Barbier, Jacques A. y Herbert S. Klein, "Las prioridades de un monarca ilustrado: el gasto público bajo el reinado de Carlos III", *Revista de Historia Económica*, año III, núm. 3, 1985, pp. 473-495.

Barrantes, Vicente, *Guerras piráticas de Filipinas contra mindanaos y joloanos*, Madrid, Imprenta de Manuel G. Hernández, 1878.

Barrio Muñoz, José Ángel, *Vientos de reforma ilustrada en Filipinas. El gobernador Fernando Valdés Tamón (1729-1739)*, Sevilla, CSIC, 2012.

Bauzon, Leslie E., *Deficit Government. Mexico and the Philippine Situado, 1606-1804*, Tokio, The Centre for East Asian Cultural Studies, 1981.

Black, Jeremy, *Trade, Empire and British Foreign Policy, 1689-1815. The Politics of a Commercial State*, Londres, Routledge, 2007.

Blair, Emma Helen y James Alexander Robertson (eds.), *The Philippine Islands, 1493-1898*, Cleveland, Arthur H. Clark, 1903-1907, 55 vols.

Bonialian, Mariano Ardash, *El Pacífico hispanoamericano. Política y comercio asiático en el imperio español (1680-1784)*, México, COLMEX, 2012.

Bonney, R. (ed.), *The Rise of the Fiscal Estate in Europe, c. 1200-1815*, Nueva York, Oxford University Press, 1999.

Bourne, Edward Gaylord, "The Philippine Situado from the Treasury of New Spain", *The American Historical Review*, vol. 10, 1905, pp. 459-461.

Bowen, H. V. y A. González Enciso (eds.), *Mobilising Resources for War: Britain and Spain at Work During the Early Modern Period*, Pamplona, EUNSA, 2006.

Brewer, J., *The Sinews of Power. War, Money and the English State, 1688-1783*, Londres, Unwin Hyman, 1989.

Briceño Perozo, Mario, *Temas de historia colonial venezolana*, Caracas, Academia Nacional de la Historia, 1981.

Buzeta, Manuel y Felipe Bravo, *Diccionario geográfico, estadístico, histórico de las islas Filipinas*, Madrid, Imprenta de don José de la Peña, 1850, 2 vols.

Cano, Glòria, "LeRoy's *The Americans in the Philippines* and the History of Spanish Rule in the Philippines", *Philippine Studies*, vol. 61, núm. 1, 2013, pp. 3-14.

Carlos Morales, Carlos de, *Felipe II: el imperio en bancarrota. La Hacienda Real de Castilla y los negocios financieros del Rey Prudente*, Madrid, Editorial Dilema, 2008.

Chaunu, Pierre y Huguette Chaunu, *Séville et l'Atlantique (1504-1650)*, París, SEVPEN, 1955-1960, 12 vols.

Chaunu, Pierre, *Les Philippines et le Pacifique des Ibériques (XVIe, XVIe, XVIIIe siècles). Introduction Méthodologique et Indices d'activité*, París, SEVPEN, 1960 [Trad. Castellana: *Las Filipinas y el Pacífico de los ibéricos. Siglos XVI, XVII y XVIII (estadísticas y atlas)*, México, Instituto Mexicano de Comercio Exterior, 1974.]

Chirino, Pedro, *Relación de las islas Filipinas*, Roma, Estevan Paulino, 1604.

Colección de documentos inéditos relativos al descubrimiento, conquista y organización de las antiguas posesiones españolas de América y Oceanía sacadas de los archivos del reino (CODOIN), Madrid, Imprenta de Frías y Cía, 1867, vol. VIII.

Comyn, Tomás de, *Estado de la islas Filipinas en 1810*, Madrid, Imprenta Repullés, 1820.

Concepción, Juan de, *Historia general de Philipinas*, Manila, Imprenta del Seminario Conciliar y Sampaloc, Convento de Nuestra Señora de Loreto, 1788-1792, 14 vols.

Cosano Moyano, José, *Filipinas y su Real Hacienda (1750-1800)*, Córdoba, Caja de Ahorros de Córdoba, 1986.

D. O., *Islas Filipinas. Apuntes para la razón general de su Hacienda*, Madrid, Imprenta de Manuel Minuesa, 1858.

Delgado, Josep M., "Construir el Estado, destruir la nación. Las reformas fiscales de los primeros borbones y el colapso del sistema de equilibrios en el imperio español (1714-1796)", *Illes i Imperis*, núm. 13, Universitat Pompeu Fabra, 2010, pp. 63-85.

_____, "Filipinas 1898-1940. ¿Un experimento de clonación social?", ponencia presentada al simposio Filipinas desde Miradas Contrapuestas, Barcelona, Casa Asia y CSIC, 2003.

Dickson, P. G. M y Christopher Storrs, *The Fiscal-Military State in Eighteenth-Century Europe: Essays in Honour of P. G. M. Dickson*, Farnham, Ashgate, 2009.

Donoso Anes, Alberto, "Estudio histórico para un intento de reforma en la contabilidad pública: la aplicación del método de la partida doble en las Cajas Reales de Indias (1784-1787)", *Revista Española de Financiación y Contabilidad*, núm. 93, 1997, pp. 1045-1089.

Epstein, S. R., *Freedom and Growth: The Rise of States and Markets in Europe*, Londres, Routledge, 2000.

Fonseca, Fabián de y Carlos de Urrutia, *Historia general de la Hacienda*, México, Vicente G. Tomás, 1845 [1791], 6 vols.

Foreman, John, *The Philippine Islands. A Political, Geographical, Ethnographical, Social and Commercial History of the Philippine Archipelago and its Political Dependencies*, Nueva York, C. Scribner's and Sons, 1899.

Fradera, Josep M., "El estanco del tabaco y la reforma de la Hacienda filipina, 1760-1860", *Hacienda Pública Española*, núm. extraordinario, Instituto de Estudios Fiscales, Madrid, 1996, pp. 85-98.

García González, Antonio, *El gobierno en Filipinas del Ilmo. Sr. Don Fray Juan de Arechederra y Tovar, Obispo de Nueva Segovia*, Granada, Universidad de Granada, 1976.

Gelabert, Juan, "Castile, 1504-1808" en R. Bonney (ed.), *The Rise of the Fiscal Estate in Europe, c. 1200-1815*, Nueva York, Oxford University Press, 1999.

Glete, Jan, *War and the State in Early Modern Europe: Spain, the Dutch Republic and Sweden as Fiscal-Military States*, Londres, Routledge, 2002.

Govantes, Felipe María de, *Compendio de la historia de Filipinas*, Manila, Imprenta del Colegio de Santo Tomás, 1877.

――――――――, *Episodios históricos de Filipinas*, Manila, Imprenta de Valdezco, 1881.

Grau y Monfalcón, Juan, "Memorial dado al Rey en su Real Consejo de las Indias por D. […], procurador general de las islas Filipinas, sobre las pretensiones de la ciudad de Manila y demás islas del Archipiélago en su comercio con la Nueva España", en *Colección de documentos inéditos relativos al descubrimiento, conquista y organización de las antiguas posesiones españolas de América y Oceanía sacadas de los archivos del reino*, Madrid, Imprenta de Frías y Cía, 1866, t. VI, pp. 364-484.

――――――――, "Relación del Procurador general de la ciudad de Manila e islas Filipinas a S.M., sobre la conservación de éstas y sobreseimiento en la cobranza de cierto impuesto a las mercaderías que van a Nueva España", en *Colección de documentos inéditos relativos al descubrimiento, conquista y organización de las antiguas posesiones españolas de América y Oceanía sacadas de los archivos del reino*, Madrid, Imprenta de Frías y Cía, Madrid, Imprenta de Frías y Cía, 1866 [1637], t. VI, pp. 345-364.

Hernández Esteve, Esteban, "Renacimiento del pensamiento contable español en el siglo XVIII" en *VI Encuentro de trabajo sobre Historia de la Contabilidad. Ponencias y comunicaciones*, Valladolid, 5 a 7 de noviembre de 2008, Asociación Española de Contabilidad y Administración de Empresas (AECA), 2009, en <http://dialnet.unirioja.es/servlet/articulo?codigo=2974492>. [Consulta: 24 de octubre de 2014.]

Hidalgo Nuchera, Patricio, *Encomienda, tributo y trabajo en Filipinas (1570-1608)*, Madrid, Universidad Autónoma de Madrid/Ediciones Polifemo, 1995.

Humboldt, Alejandro de, *Ensayo político sobre el reino de la Nueva-España*, París, Casa de Rosa, 1822.

Instrucción reservada que el conde de Revillagigedo dio al sucesor en el mando marqués de Branciforte, México, Imprenta de Agustín Guiol, 1831 [1794].

Jesus, Edilberto C. de, *The Tobacco Monopoly in the Philippines. Bureaucratic Enterprise and Social Change, 1766-1880*, Quezon City, Ateneo de Manila University Press, 1980.

LeRoy, James A., "The Philippine 'Situado' from the Treasury of New Spain", *The American Historical Review*, vol. 10, 1905, pp. 929-931, y 1906, pp. 722-723.

Maniau, Joaquín, *Compendio de la historia de la real Hacienda de Nueva España*, México, Imprenta y Fototipia de la Secretaría de Industria y Comercio, 1914 [1794].

Marichal, C., *La bancarrota del virreinato. Nueva España y las finazas del imperio español*, México, FCE, 1999.

——————, "Bankruptcy of Empire. Mexican Silver and the Wars Between Spain, Britain and France, 1760-1810", *Latin America in Economic History,* vol. 17, núm. 2, 2010, pp. 297-299.

Marichal, Carlos y Johanna von Grafenstein (eds.), *El secreto del Imperio Español: Los situados coloniales en el siglo XVIII,* México, COLMEX/Instituto Mora, 2013.

Martínez de Zúñiga, Joaquín, *Historia de las islas Filipinas,* Sampaloc, Fr. Pedro Argüelles de la Concepción, 1803.

Morga, Antonio de, *Sucesos de las islas Filipinas,* Madrid, Polifemo, 1997 [1609]. [Ed. Patricio Hidalgo, que incorpora las notas de los textos de José Rizal, 1890, y W. Retana, 1909.]

Murillo Velarde, Pedro, *Historia de la provincia de Philipinas de la Compañía de Jesús,* Manila, Imprenta de la Compañía de Jesús, 1749, 4 vols.

O'Brien, P. y P. A. Hunt, "England, 1485-1815" en R. Bonney (ed.), *The Rise of the Fiscal State in Europe,* Nueva York, Oxford University Press, 1999.

Ortiz de la Tabla Ducasse, Javier, *El marqués de Ovando, gobernador de Filipinas (1750-1754),* Sevilla, Publicaciones de la Escuela de Estudios Hispano-Americanos, 1974.

Pajarón Parody, Concepción, *El gobierno en Filipinas de Don Fernando Manuel de Bustamante y Bustillo (1717-1719),* Sevilla, Escuela de Estudios Hispano-Americanos, 1964.

Prieto Lucena, Ana María, *Filipinas durante el gobierno de Manrique de Lara, 1653-1663,* Sevilla, Escuela de Estudios Hispano Americanos, 1984.

Recopilación de Leyes de los Reinos de las Indias, Madrid, Impr. Ivlian de Paredes,1681. 4 tt.

Rodríguez García, Vicente, *El gobierno de don Antonio Gaspar de la Torre y Ayala en las islas Filipinas,* Granada, Universidad de Granada, 1976.

San Agustín, Gaspar de, *Conquistas de las islas Philipinas [...],* Madrid, Imprenta de Manuel Ruíz de Murga, 1698, 3 vols.

Schurtz, William Lytle, "The Philippine Situado", *The Hispanic American Historical Review,* vol. 1, 1918, pp. 461-464.

——————, *The Manila Galleon,* Nueva York, E. P. Dutton, 1939 [trad. española, *El galeón de Manila,* Madrid, Instituto de Cooperación Iberoamericana, 1992.]

Solórzano Pereira, Juan de, *Política indiana,* Madrid, Oficina de Diego Díaz de la Carrera, 1647.

Storrs, Christopher, "Introduction: The Fiscal-Military State in the 'Long' Eighteenth Century" en Christopher Storrs (ed.), *The Fiscal-Military State in Eighteenth-Century Europe. Essays in honour of P.G.M. Dickson,* Ashgate, Surrey, 1999.

TePaske, John J. y Herbert S. Klein, *Ingresos y egresos de la Real Hacienda de Nueva España,* México, INAH, 1988, 2 vols.

Tiscar, Javier y José de la Rosa, *Guía de empleados de Hacienda de Filipinas, con la historia de todos los ramos que forman la Hacienda pública de las islas*, Manila, Establecimiento tipográfico de Amigos del País, 1866.

Torres Sánchez, Rafael (ed.), *War, State and Development. Fiscal-Military States in the Eighteenth Century*, Pamplona, EUNSA, 2007.

Villavicencio, José Antonio Nuño de, *Demostración del cuerpo de cargos de la real caxa de Manila*, Sampaloc, Convento de Nuestra Señora de Loreto, 1737.

Yun Casalilla, Bartolomé, Patrick O'Brien y Francisco Comín Comín, *The Rise of Fiscal States: a global history, 1500-1914*, Cambridge, Cambridge University Press, 2012.

EL GASTO PÚBLICO EN EL VIRREINATO PERUANO, 1700-1820*

Carlos Contreras Carranza
Departamento de Economía-Pontificia Universidad
Católica del Perú

INTRODUCCIÓN

Expondremos en este artículo los caracteres generales del gasto público en el virreinato peruano durante la era borbónica. La historiografía sobre la fiscalidad en el Perú borbónico se ha concentrado en el tema de los ingresos, prestando muy poca atención a su contraparte, del gasto. En las décadas pasadas el tema de las rebeliones y los movimientos "antifiscales", llevó al estudio de los impuestos, y sus modalidades de cobranza, como detonantes de las conmociones sociales y políticas. La recaudación tributaria fue enfocada como uno de los factores principales del descontento campesino y también del de la población urbana.[1] La propia revolución de independencia podía entenderse como un gran movimiento antifiscal.[2]

Pero los impuestos no bastan para soliviantar a una población. La recaudación fiscal termina perdiendo legitimidad y se vuelve causa de descontento cuando no se ve acompañada de un gasto público equivalente, median-

* La base de este texto es la ponencia presentada en el coloquio internacional El Gasto Público en los Imperios Ibéricos Durante el Siglo XVIII, celebrado en el Instituto Mora, México, D. F., entre el 29 y el 30 de octubre de 2013. Agradezco los comentarios de Ernest Sánchez Santiró y los de los demás participantes en el coloquio (Fernando Jumar, Carlos Marichal, Johanna von Grafenstein, entre otros) a la versión inicialmente presentada en dicha reunión, y a Mauricio Díaz por la eficaz asistencia en la investigación para este trabajo.
[1] Véanse por ejemplo O'Phelan, "Reformas", 1983, así como su libro O'Phelan, *Siglo*, 2012, y Fisher, *Gobierno*, 1981; o los diversos estudios sobre tributo indígena y alcabalas, especialmente en su relación con los movimientos sociales y las protestas indígenas. Por ejemplo: Sala, *Armó*, 1996, y Tord y Lazo, *Hacienda*, 1981.
[2] Además de los trabajos citados en la nota anterior, véanse también Brown, *Borbones*, 2008, o Anna, *Caída*, 2003.

te el cual el gobierno devuelve al contribuyente sus aportes, convertidos en bienes y servicios públicos. Caminos bien conservados y seguros, hospitales donde atender las dolencias del cuerpo, o un buen servicio de correos, podían llegar a convencer a los contribuyentes de que los tributos eran justos y correspondidos.

Por ello es importante el estudio del gasto público. No sólo puede ayudarnos a entender las rebeliones sociales y políticas; también puede brindar pistas sólidas acerca de los propósitos y naturaleza de los gobiernos; vale decir, qué cosa estos temían o valoraban más, y a quiénes engreían socialmente hablando. El gasto público es una de las más poderosas herramientas con que los gobiernos intervienen en la marcha de la economía y la estructura social de un país, ya sea alterando la distribución de las rentas, o invirtiendo en el adelanto de algún sector productivo. La orientación del gasto también expresa la herencia del pasado y las hipotecas políticas del grupo gobernante (es decir, a quiénes este se ha comprometido a apoyar, o se siente movido a hacerlo).

En la escasa historiografía sobre el gasto público en la época borbónica ha primado una idea "exaccionista", de acuerdo a la cual el Estado virreinal habría procurado el mínimo gasto, a fin de ensanchar la brecha entre los ingresos y los gastos fiscales dentro del virreinato. Siguiendo esta idea, la meta era conseguir un superávit destinado a su remisión a la metrópolis. Eso era lo que en el campo fiscal se entendía era una "colonia": un territorio donde a sus habitantes se les arrancaban tributos, pero no se les devolvían servicios públicos, salvo los estrictamente necesarios para poder seguir cobrando aquellos, como por ejemplo el sueldo de recaudadores, contadores y soldados.[3]

El "exaccionismo" fiscal sería, en verdad, un signo característico de los gobiernos de la era mercantilista, tanto en las metrópolis como en las colonias. Era el equivalente, en el campo fiscal, de la búsqueda del superávit comercial en el rubro del comercio exterior. Durante el tiempo de paz el saldo fiscal positivo debía servir para el pago de la deuda pública; durante el tiempo de guerra sería para financiar esta.[4]

Por gasto público entenderemos el erogado por el Estado central o gobierno virreinal. Preferimos esta expresión a la de "gasto público", porque hubo otras instituciones en esa época que realizaron gastos que hoy entenderíamos como de naturaleza pública, tales como los cabildos, que cuidaban

---

[3] Véanse, por ejemplo, Tord y Lazo, *Hacienda*, 1981, o Roel, *Historia*, 1985.
[4] Sobre la fiscalidad del mercantilismo véase Heckscher, *Época*, 1983.

del ornato de las ciudades y pueblos; la Iglesia, que mantenía hospitales, hospicios y cementerios; o el Tribunal de Minería, que, por ejemplo, sufragó la parte más importante de los gastos de la expedición de mineros alemanes que llegaron a finales del siglo XVIII para modernizar la tecnología en materia de refinación y producción de la plata.[5] Una forma frecuente de manutención de las entidades que ofrecían servicios públicos, como las Universidades o los hospitales, era que el Estado, o también las familias de la elite, les cediesen haciendas o terrenos agrícolas que aquellas arrendarían como medio de contar con ingresos periódicos y estables. En este artículo nos centraremos, pues, en el gasto realizado por las Cajas Reales, que fueron las oficinas fiscales del Estado central encargadas de la recaudación de los tributos y la ejecución del gasto en las diversas regiones del virreinato, y cuya labor era coordinada por las autoridades del gobierno español. En la segunda mitad del siglo XVIII se tomaron diversas medidas para mejorar el control de las finanzas reales, como reemplazar con una administración fiscal propia la práctica de los remates o concesiones a particulares de la recaudación de los impuestos, y crear una Superintendencia de Real Hacienda, que ejerciera un control más vertical de las Cajas Reales.[6]

De cualquier modo, la menor centralización de las finanzas públicas en el Perú del siglo XVIII, con relación a los tiempos republicanos, hará que el gasto público desplegado por el Estado virreinal luzca más reducido, en función al tamaño de la economía, del que realmente tenía si incluyésemos las cantidades gastadas por las instituciones que no eran parte del Estado central pero brindaban o asumían servicios públicos. Esta observación vale sobre todo para los renglones del "gasto social", en el que hoy suelen englobarse los rubros de la salud, educación y la ayuda a los pobres, pero también puede extenderse a los rubros de la investigación científica y a algunos otros campos, como el cuidado de las fronteras, que en el siglo XVIII corrieron a cargo de entidades relativamente autónomas del Estado central, como las Universidades y las órdenes religiosas.[7]

La comprensión de lo que territorialmente era el virreinato peruano pasó por importantes cambios a lo largo del siglo XVIII. Un Informe del "Importe anual de la Real Hacienda ordinaria que rinden a S. M. los Reinos de

---

[5] Sobre el financiamiento de la expedición del barón de Nordenflicht, véanse Fisher, *Minas*, 1977; Molina, *Real*, 1986, y Contreras, *Mineros*, 1995.

[6] Véase *Relación*, 1982. También Fisher, *Gobierno*, 1981, y O'Phelan, *Siglo*, 2012.

[7] Sobre el papel de las órdenes religiosas como guardianas de las fronteras, a la vez que impulsoras de su expansión, véase García, *Cruz*, 2001.

Nueva España y el Perú", de 1726, incluía dentro de este último "reino", las siguientes 55 oficinas, como se muestra en el cuadro 1.

Por entonces el Reino del Perú constituía prácticamente toda Suda-mérica menos el Brasil. Pero en la primera mitad de la centuria se creó el virreinato de Nueva Granada; este tuvo su primera aparición en 1717, para anularse en 1723 y crearse, ya definitivamente, en 1739. La nueva circuns-cripción absorbió los territorios de la parte norte: lo que hoy son los países de Venezuela, Colombia, Panamá y Ecuador. En 1776 se estableció el virrei-nato del Río de La Plata, que, gruesamente, contuvo a los territorios del sur: los actuales países de Argentina, Uruguay, Paraguay y Bolivia. La Capitanía General de Chile no fue adscrita a ninguno de los nuevos virreinatos, y se manejaba con bastante independencia desde finales del siglo XVII. La tenden-cia fue así a una contracción del territorio virreinal, el que fue ajustándose al espacio controlado por la Audiencia de Lima (véase mapa 1). A partir de 1809, por la vía de los hechos más que de las leyes, la Audiencia de Char-cas (la base del actual territorio boliviano) volvió a estar bajo el control del virrey de Perú, a raíz de la campaña insurgente de los patriotas del Río de la Plata.

Por motivos en parte prácticos y en parte históricos nuestra compren-sión del virreinato peruano en este estudio se ceñirá al territorio del Bajo Perú (véase mapa 1), que más o menos coincidió con el de la Audiencia de Lima hasta 1787, cuando, recortando su comprensión, se creó la nueva Audiencia del Cuzco, y con el espacio de la actual república del Perú (que al territorio de la antigua Audiencia de Lima ha incorporado la Amazonía).

Los motivos prácticos tienen que ver con el hecho de que la reconstruc-ción de las cuentas de las Cajas Reales hecha por Herbert Klein y John Te-Paske, en que basaremos nuestro análisis, contemplan para el área sudame-ricana sólo las cajas del Alto y el Bajo Perú. Los motivos históricos aluden a que las Audiencias de Santa Fe y Quito, ubicadas al norte de Lima, siempre se manejaron con bastante independencia en materia administrativa de la Audiencia de Lima. Lo mismo podríamos decir de la Capitanía General de Chile. Únicamente en el caso de Charcas (la región del Alto Perú) podría ser discutible su exclusión, dado que los virreyes de Lima mantuvieron sobre ella un control más cercano, a raíz de la importancia económica de las minas de Potosí y de su densidad demográfica. Por ello trataremos de incluir sus cuentas en los cuadros más generales.

En cuanto a la cobertura temporal, cubriremos el lapso corrido desde el inicio del siglo XVIII hasta 1820, vale decir toda la era borbónica, hasta la

Cuadro 1. Cajas Reales comprendidas dentro del "Reino del Perú" en 1726

1. Potosí
2. Carangas
3. Oruro
4. Paz
5. Chucuito
6. Caylloma
7. Carabaya
8. Cuzco
9. Huancavelica
10. San Juan de Matucana
11. Vico y Pasco
12. Arica
13. Arequipa
14. Truxillo
15. Piura
16. Loja
17. Guayaquil
18. Cordova de Tucuman
19. Presidios de Lima, Panamá y Portobelo
20. Concepción de Chile
21. Santiago
22. Buenos Aires
23. Lima
24. Quito
25. Santa Cruz de Mompox
26. Mariquita
27. Anserma
28. Antioquia
29. Pamplona
30. Popayán
31. Quitama
32. Guatavita
33. Guatavita
34. Ubaque
35. Paipa
36. Ubatte
37. Musso
38. Chocó
39. Nra. Sra. de los Remedios
40. Zaragoza
41. Tucuyo
42. Santa Ana de Coro
43. Truxillo
44. Valencia del Rey
45. San Juan de Cazona
46. Barquisimeto
47. Nirgua
48. San Sebastián de los Reyes
49. Santiago de León de Caracas
50. Santa Marta
51. Santo Thome de la Guadiana
52. Cumana
53. Maracaybo
54. Cartagena
55. Santa Fe

Nota: este documento me fue cedido gentilmente por Ernest Sánchez Santiró, a quien agradezco la generosidad. Transcribimos respetando el orden en que estas son presentadas, así como la ortografía del documento.

Fuente: Archivo Histórico Nacional (España), sección Estado, libro 917.

Mapa 1. Cajas Reales comprendidas en la Audiencia de Lima, siglo XVIII

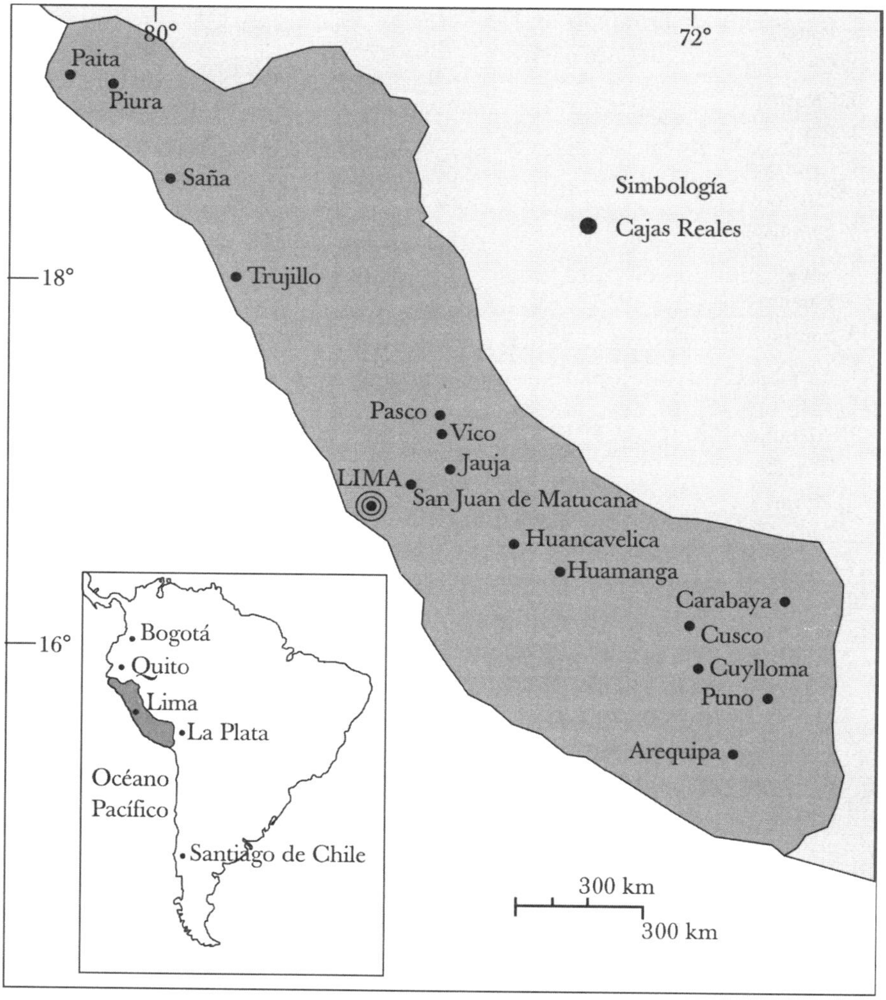

Fuente: TePaske y Klein, *Royal*, 1982. Elaboró: Felipe de Jesús Calderón.

víspera de la independencia. El gobierno virreinal se mantuvo en Lima hasta julio de 1821, y en gran parte de la sierra peruana hasta el fin de 1824, con la sede virreinal en el Cuzco, pero las cuentas son muy irregulares después de 1820, y aun después de 1817, por lo que las cifras del decenio de 1810 deben tomarse con mucha reserva.

Tanto el inicio, cuanto el final del periodo analizado, fueron momentos de grave crisis para la Hacienda peruana, en el sentido de que se trató de coyunturas de baja recaudación tributaria y, por consiguiente, de severas limitaciones para afrontar las necesidades de gasto. En los inicios del siglo XVIII la producción de plata, que era por entonces el único sector de exportación de la economía del virreinato, había descendido a una cuarta parte de sus mejores años, ubicados en la primera mitad del siglo XVII.[8] La propia economía virreinal se había vuelto más compleja y había aumentado su necesidad de numerario, absorbiendo una parte mayor de la plata producida, en comparación con lo que sucedía a finales del siglo XVI, por lo que el margen para las remisiones a España se adelgazó hasta llegar casi a cero entre los decenios de 1680 y 1710.[9]

Los principales asideros fiscales del Estado virreinal eran en ese tiempo el comercio, la minería y la población indígena, y los tres sufrieron fuertes disminuciones a lo largo del siglo XVII. El comercio ultramarino dependía del volumen de la producción de plata, puesto que mayores exportaciones de esta traerían mayores cargas de retorno desde la península. El derrumbe de la producción argentífera desde los mediados del siglo XVII trajo así consigo el declive del comercio ultramarino, además de que la propia economía peruana aprendió a autoabastecerse de bienes como bebidas, textiles y mobiliario, que antes se importaban de Europa. En cuanto a la población indígena, aunque las razones para su disminución (las epidemias traídas por la presencia de los conquistadores y la violencia de las guerras del siglo XVI) ya habían cesado, la caída inercial se mantuvo todavía a lo largo del siglo XVII, hasta la gran epidemia de 1720.[10]

Un panorama similar aconteció a partir de los años de 1800 a 1805: la producción minera, que había alcanzado sus cifras record en la década de 1790, comenzó a decaer a una velocidad que ya parecía un derrumbe. En la década de 1810 la producción de plata, que era, con mucho, su producto

---

[8] Véase TePaske y Brown, *New*, 2010.

[9] Consultar Klein, *Finanzas*, 1994. Sobre la economía peruana en el siglo XVII, véanse Andrien, *Crisis*, 2011, y Glave, *Rosa*, 1998.

[10] Drinot y Garofalo, *Más*, 2005.

más importante, montaba apenas la mitad del nivel de dos décadas atrás. El comercio ultramarino nuevamente se contrajo y, con él, la recaudación de los impuestos.[11] Como si todavía hiciesen falta más malas noticias, desde aproximadamente 1802 se propagó una epidemia de viruela por todo el sur del virreinato, que provocó una importante mortalidad.[12] La situación bélica en Europa tampoco alentaba el comercio. Poco después ocurrieron las abdicaciones de Bayona, que tanta consecuencia y desorden político trajeron para el futuro del imperio y de sus territorios ultramarinos.

UNA GEOGRAFÍA DEL GASTO PÚBLICO

El informe de la Real Hacienda de 1726 antes citado, hace un cotejo, caja por caja, de los "importes anuales de Real Hacienda" y las "cargas ordinarias anuales" que sobre ellas pesaban, con la idea de identificar las cajas superavitarias de las deficitarias. Se advierte que todas las cajas, salvo las de Lima y Santa Fe, eran superavitarias. En el cuadro 2 van listadas de acuerdo al volumen de su superávit.

Podemos distinguir en este cuadro tres clases de oficinas en el virreinato del Perú: 1. Las que operaban básicamente como unidades de recaudación. No ejecutaban gastos, o estos se limitaban a los derivados de la cobranza de los tributos. 2. Las que operaban como unidades de recaudación, pero que por la complejidad del asentamiento donde lo hacían, debían satisfacer, asimismo, algunos gastos del gobierno civil y militar ahí constituidos, y 3. Las cajas de las sedes de gobierno importantes, donde las sumas de gasto superaban a las de recaudación, por la necesidad de satisfacer diversos servicios gubernamentales en ellas.

Las del primer tipo eran las más numerosas. Diez de las 55 cajas incluidas en el cuadro no ejecutaban ningún gasto, y en otras veinte el gasto efectuado era inferior a la mitad de las sumas ingresadas. Se trataba de las oficinas situadas en campamentos mineros, puertos o asentamientos productores donde no había alcanzado todavía a erigirse una sociedad civil compleja. Un ejemplo de ello serían las oficinas de Oruro, Caylloma y Chucuito, que eran asientos mineros en los que la brecha entre lo recaudado y lo gastado era enorme. Las autoridades reales estaban ahí para recaudar antes que para

---

[11] Véase Contreras, *Crecimiento*, 2014.
[12] Tandeter, "Población", 1995.

Cuadro 2. Balance fiscal de las Cajas Reales del Reino del Perú en 1726
(cifras en pesos de 8 reales)

Cajas Reales	Ingresos anuales	Cargas anuales	Saldo superavitario	Saldo deficitario
Potosí	710 899	383 685	346 045	
Oruro	289 994	101 582	188 412	
Chucuito	79 689	16 737	62 952	
Cartagena	85 834	26 183	59 650	
Paz	74 456	23 524	50 932	
Quito	87 567	45 495	42 072	
Santiago	117 799	77 381	40 418	
Caylloma	62 057	24 395	37 662	
Huancavelica	48 096	13 876	34 220	
Cuzco	66 025	33 471	32 554	
Presidios de Lima, Panamá y Portovelo	83 806	57 708	26 098	
Vico y Pasco	29 320	9 162	20 158	
Buenos Aires	40 416	21 785	18 631	
Truxillo	31 307	14 041	17 266	
Maracaybo	20 357	4 604	15 753	
Santiago de Leon de Caracas	46 158	32 419	13 739	
Popayán	20 558	6 942	13 606	
San Juan de Matucana	18 282	5 180	13 102	
Piura	11 847	1 517	10 330	
Carangas	15 759	5 055	10 204	
Arequipa	17 685	9 398	8 287	
Cordova de Tucumán	14 013	7 027	6 986	
Concepción de Chile	13 833	8 177	5 656	
Guayaquil	9 703	4 183	5 520	
Arica	10 074	5 860	4 214	
Carabaya	7 540	3 710	3 830	
Anserma	4 911	1 124	3 787	
Tucuyo	3 273	000	3 273	
Mariquita	3 817	685	3 132	
Santa Cruz de Mompox	6 514	3 425	3 088	

Cajas Reales	Ingresos anuales	Cargas anuales	Saldo superavitario	Saldo deficitario
Loja	9 058	6 718	2 340	
Santa Marta	7 463	5 558	1 905	
Santa Ana de Coro	1 758	000	1 758	
Antioquia	5 944	4 383	1 561	
Guatavito	1 621	162	1 458	
Santo Thome de la Guadiana	3 302	1 893	1 408	
Quitama	2 352	960	1 392	
Barquisimeto	604	000	604	
Ubatte	2 230	1 647	583	
Cumaná	5 564	4 980	583	
Ubaque	2 105	1 531	574	
Truxillo	527	000	527	
Valencia del Rey	465	000	465	
San Juan de Casona	434	000	434	
Nuestra Señora de los Remedios	327	000	327	
Mirgua	298	000	298	
Zaragoza	232	000	232	
San Sebastián de los Reyes	97	000	97	
Pamplona	278	239	39	
Santa Fe	145 054	176 090		31 036
Lima	521 557	1 155 395		633 838
Total	2 747 049	2 309 704		

Fuente: Archivo Histórico Nacional (España), sección Estado, libro 917.

otro tipo de tareas de gobierno o administración. El segundo tipo correspondería a ciudades como Potosí, Santiago, Quito, Cuzco o Arequipa, donde además de los gastos propios de la recaudación, debían atenderse los sueldos de autoridades políticas, incluyendo eventualmente jueces y comisionados, y militares. Este tipo muestra sistemáticamente cantidades de gasto inferiores a lo recaudado, pero no en tanta desproporción como en el primero. De ordinario lo gastado (las "cargas") era la mitad, o más, de lo recaudado. Se trataba de emplazamientos de varios miles de habitantes. Algunos, como Potosí, podían haberse originado como campamentos mineros, pero habían alcanzado a transformarse en urbes donde, además de las labores productivas, discurrían otras actividades de gobierno, comercio y servicios públicos. También se trataba de puertos, como Guayaquil, Arica o Buenos Aires.

El tercer tipo está representado en el cuadro únicamente por dos lugares: Lima y Santa Fe. La primera era la capital del virreinato, y la segunda iba a convertirse pocos años después en la capital del nuevo virreinato de Nueva Granada. Se trataba de ciudades mayores, en las que su razón de ser principal eran los servicios administrativos y la escenificación del poder. No se trataba de lugares de producción económica, sino de sedes de gobierno. El tipo de gasto público más importante en este tiempo era el derivado del gobierno político y militar; esto es, los derivados de imponer la ley y dotar de seguridad a las fronteras del imperio. Este tipo de erogaciones, que se concentraba en las grandes sedes virreinales, es lo que explica que en las Cajas Reales situadas en ellas el nivel del gasto sea bastante superior al de las entradas. En sus oficinas también existían algunos ingresos importantes porque la misma concentración física de altos funcionarios relativamente bien remunerados que ocurría en esas capitales, atraía la actividad comercial y de servicios, que eran asideros fiscales de la época. Lima, por ejemplo, recaudaba más de medio millón de pesos anuales, casi tanto como el gran asiento minero de Potosí, pero su gasto era de más de un millón de pesos, con lo que más que doblaba la cantidad recaudada. El gasto de la caja de Potosí era en cambio inferior a los 400 000 pesos anuales (cuadro 2).

Por lo menos para la primera mitad del siglo XVIII, época a la que corresponde el documento presentado en el cuadro 2, el gasto estaba, pues, bastante centralizado. Las tres cuartas partes del gasto total ocurrían en sólo tres cajas: Lima, Potosí y Santa Fe, y la mitad del gasto total correspondía a la capital del virreinato. El superávit fiscal de la mayor parte de cajas estaba destinado a drenar hacia las grandes sedes administrativas, puesto que se entendía que estas producían servicios o bienes públicos útiles para todo el conjunto virreinal.

EN LA SIERRA SE RECAUDA, EN LA COSTA SE GASTA

Al cobrar impuestos, los gobiernos retiran dinero de las manos de las personas, suprimiendo un gasto o inversión que estas podrían haber hecho con dicho dinero. En ese momento el gobierno estaría contrayendo la economía, al desviar cantidades de dinero que habrían alimentado al organismo económico. Hace lo contrario cuando gasta el dinero; entonces inyecta dinero en el organismo económico, enriqueciendo su flujo. Si los gobiernos ejecutasen como gasto durante un lapso, por ejemplo de un año, exactamente la cantidad que recogieron durante el mismo lapso como tributo, su papel debería ser neutral frente al desenvolvimiento económico. Pero esto casi nunca sucede, porque los gobiernos suelen recoger el dinero de unas manos, para entregarlo a otras, que no harán con el dinero precisamente lo mismo que habrían hecho las primeras.

Una primera mirada a las cifras de los ingresos y gastos fiscales de las Cajas Reales peruanas proporcionadas por Herbert Klein, nos muestra que dentro de la natural tendencia a que los gastos sigan a los ingresos, de modo que cuando estos ascienden o descienden, también lo haga el gasto, en el virreinato peruano hubo cierta tendencia a un gasto expansivo; es decir, a un nivel de gasto superior al de los ingresos recaudados. En seis de las once décadas comprendidas entre los años 1700 y 1809 el gasto promedio anual fue mayor que el ingreso promedio anual, situándose el gasto promedio en 3% más que el ingreso promedio (véase cuadro 1). Ciertamente, el margen es muy pequeño, de modo que predomina más la tendencia al equilibrio que al gasto expansivo, pero de todos surge la pregunta de cómo se financió esa pequeña diferencia: ¿transferencias desde otras regiones?, ¿ganancia de intereses del dinero de los impuestos?

Sin embargo, y como más adelante veremos con más detalle, una parte importante del gasto del virreinato consistió en transferencias hacia fuera de este. Estas representaron 11% del total del gasto. Pero también una parte importante de los ingresos provinieron de transferencias desde fuera. De modo que si quisiéramos restar ese 11% de los gastos realizados fuera del virreinato, también correspondería hacerlo con los ingresos provenientes de fuera. Según el estudio de Irigoin y Grafe hecho para el periodo de finales del siglo XVIII, Perú era una de las reparticiones gananciosas (es decir, con un saldo neto favorable) en este juego de transferencias: recibía más de afuera que lo que remitía.[13] Los datos desprendidos del documento de 1726 reseñado antes, coinciden en ello para ese momento de la primera mitad del siglo: las cajas del Bajo Perú tenían como ingreso 969 363 pesos, pero su carga de gastos era de 1 350 450 pesos. En cambio las del Alto Perú tuvieron cifras de

---

[13] Irigoin y Grafe, "Absolutismo", 2012, p. 314.

1 091 108 y 514 116 pesos, respectivamente.[14] Se hace visible quién cargaba con el déficit fiscal del virreinato.

En la década de 1740, quizás por el severo terremoto de Lima de 1746 y la consiguiente necesidad de aliviar los efectos de la destrucción y reconstruir cierta infraestructura indispensable, el gasto llegó a rebasar al ingreso en 43%, como promedio anual. En el resto de décadas los márgenes de variación del gasto sobre el ingreso fueron más reducidos, pero sin llegar a ser desdeñables: en nueve de las once décadas el margen de variación fue mayor a 10%.[15] El periodo 1740-1779 fue en el que se registró un mayor gasto expansivo, mientras en el periodo siguiente, de 1780 a 1809, tuvo en cambio un nivel de gasto contractivo, o sea: gastos menores que los ingresos (véanse gráfica 1 y cuadro 3). Todo ello sin considerar los situados y remisiones a otras tesorerías fuera del virreinato.

Es distinto el caso de la Audiencia de Charcas, donde predominó un patrón contractivo del gasto: en ocho de las once décadas el nivel de gasto fue menor que el de los ingresos. Durante el periodo de 1710-1739, el gasto fue sistemáticamente inferior al ingreso por cantidades mayores a 20% (véanse gráfica 2 y cuadro 4). María Alejandra Irigoin y Regina Graffe han propuesto que en Hispanoamérica hubo en materia de hacienda dos tipos de regiones financieras: las que creaban la riqueza fiscal y las que la gastaban, figurando la Audiencia de Charcas entre las primeras y el virreinato de Lima entre las segundas.[16] El financiamiento del mayor gasto o "déficit fiscal" del virreinato peruano se lograría mediante las transferencias del superávit fiscal de otras regiones, como la Audiencia de Charcas. La pérdida de control sobre esta región a raíz del establecimiento del virreinato del Río de la Plata desde 1777, llevó, junto con otras razones, a que en adelante disminuyese la brecha entre los gastos y los ingresos estatales, hasta volverse incluso negativa (véanse gráfica 1 y cuadro 3).

Los impuestos recogidos en Charcas afectaban sobre todo a los productores mineros, a los comerciantes que los abastecían y a los campesinos indígenas.[17] En el Bajo Perú el gasto beneficiaba a la burocracia que habitaba en las ciudades, aunque también a los cuerpos militares, dispersos por

---

[14] Archivo Histórico Nacional (en adelante AHN), Estado, libro 917.

[15] Herbert Klein tiende, en cambio, a despreciar esta brecha como poco importante: "[...] es obvio que la corona gastó solo lo que tenía y que cuando ese ingreso desapareció no 'inventó' nuevos ingresos o entró en un violento déficit financiero". Klein, *Finanzas*, 1994, p. 52.

[16] Irigoin y Grafe, "Absolutismo", 2012.

[17] Véase Klein, *Finanzas*, 1994, pp. 63 y ss.

Gráfica 1. Ingresos y gastos de las Cajas Reales del Perú, 1700-1809
(ingresos = 100)

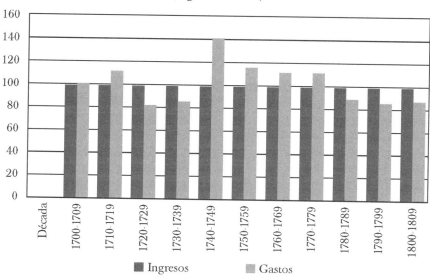

Fuente: construido a partir de los datos de Herbert S. Klein. Klein, *Finanzas*, 1994.

diversos puntos del territorio. Podríamos dibujar una rápida figura de una economía de productores rurales sosteniendo sobre sus hombros el consumo de una población urbana poblada de funcionarios, pero es importante entender que estos eran también "productores", al proveer los servicios de dirección política, administración y vigilancia de los intereses comunes del virreinato.

¿Se sostiene la tesis "exaccionista" para el caso del virreinato peruano? Por lo que vemos, el dinero recaudado en el virreinato básicamente se gastaba dentro de él, e incluso algo más, aunque siempre podía suceder que los funcionarios peninsulares que recibían sus salarios hiciesen luego remesas de parte de ellos a la península ibérica u otros lugares. La tesis exaccionista valdría en cambio para el caso del Alto Perú o Audiencia de Charcas: esta surtía al imperio de dineros fiscales que luego no volvían a su territorio, salvo bajo la forma de servicios públicos difusos, como la administración y protección política y militar dispensada desde el gobierno virreinal. Es interesante ver cómo después de la independencia, los dos Perús, convertidos ahora en dos repúblicas independientes por los avatares

Cuadro 3. Ingresos y gastos totales en las Cajas Reales del Bajo y Alto
Perú, 1700-1809 (en números índice; ingresos totales = 100)

| | Virreinato del Perú | | Audiencia de Charcas | |
Década	Ingresos totales	Gastos totales	Ingresos totales	Gastos totales
1700-1709	100	102	100	120
1710-1719	100	113	100	77
1720-1729	100	83	100	77
1730-1739	100	87	100	79
1740-1749	100	143	100	89
1750-1759	100	117	100	101
1760-1769	100	113	100	90
1770-1779	100	113	100	97
1780-1789	100	90	100	94
1790-1799	100	87	100	100
1800-1809	100	88	100	93
Promedio	100	103	100	85

Fuente: construido a partir de los datos de Herbert S. Klein. Klein, *Finanzas*, 1994.

de la guerra de la emancipación, buscaron reunificarse, como intuyendo que
fiscal y políticamente hacían un solo paquete.[18]

Centrémonos ahora en el virreinato peruano considerando sólo la región del Bajo Perú, entendido como el territorio de las Audiencias de Lima y
Cuzco. La evolución de su nivel de gasto fue bastante inestable durante el siglo XVIII, como era ordinario en las haciendas del antiguo régimen, pudiendo
ascender o caer violentamente de un año al siguiente (véase gráfica 2). Pero
en el fondo conoció durante el periodo borbónico tres grandes fases: una de
nivel bajo hasta aproximadamente 1760, con hondos pozos en algunos años,
en los que el gasto no llegó a sumar siquiera un millón de pesos; otra de
fuerte crecimiento entre 1760-1790, y una de estancamiento y declive a partir
de entonces hasta el final del régimen virreinal (véanse gráfica 2 y cuadro 4).

[18] Se trató del proyecto de la confederación peruano boliviana, que llegó a plasmarse efímera-
mente, entre 1836 y 1839, bajo el liderazgo de Andrés de Santa Cruz. En 1841 volvió a intentarlo
Gamarra. En 1873 suscribieron un tratado de alianza defensiva, que los llevó unidos a la guerra del
salitre contra Chile. Sobre la confederación puede verse el reciente libro de Donoso y Rosenblit,
Guerra, 2009.

Gráfica 2. Gasto del Estado virreinal en el Perú, 1700-1820 (en pesos)

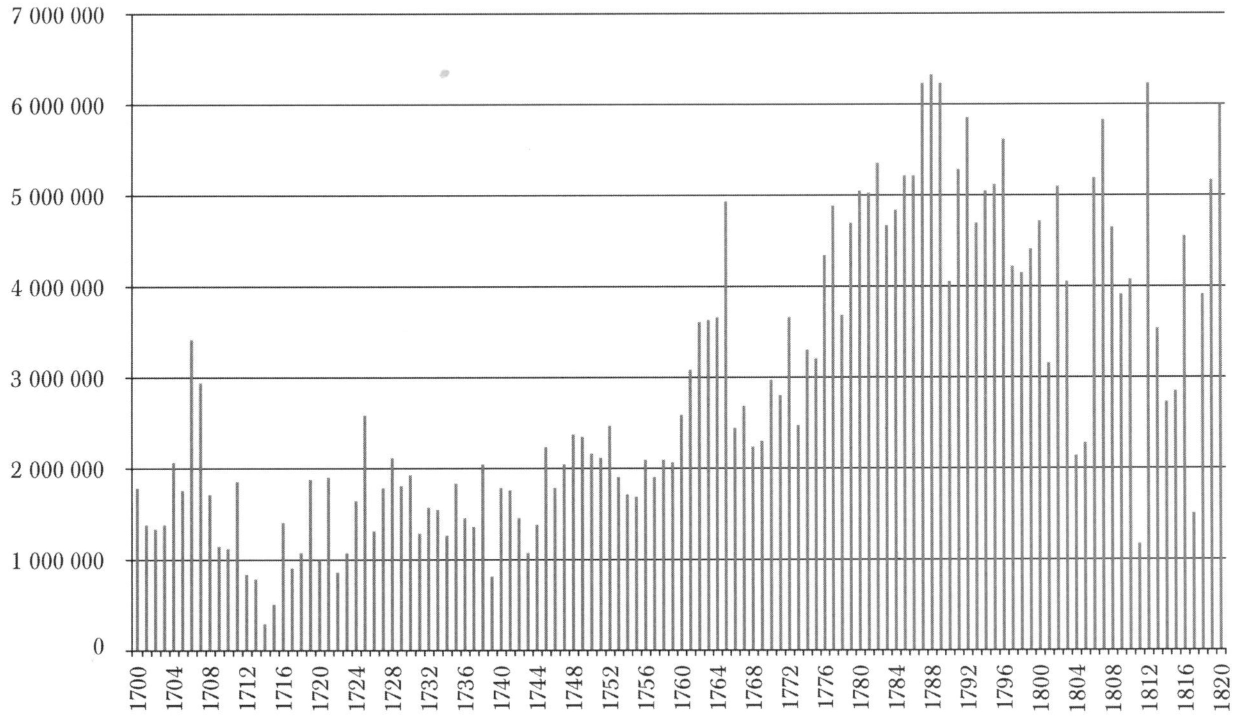

Fuente: elaborada a partir de los datos de TePaske y Klein, *Royal*, 1982, vol. 1, pp. 398-399.

Cuadro 4. Gasto promedio anual de la Hacienda Real en el Perú, por décadas, 1700-1819

Décadas	Gasto promedio anual (en pesos de 8 rs)	Números índice (1700-1709=100)
1700-1709	2 157 382	100
1710-1719	1 447 893	67
1720-1729	1 689 990	78
1730-1739	2 196 173	102
1740-1749	2 428 127	113
1750-1759	2 245 542	104
1760-1769	3 010 536	140
1770-1779	3 089 404	143
1780-1789	5 277 414	245
1790-1799	4 653 888	216
1800-1809	5 191 798	241
1810-1819	3 948 758	183

Fuente: Klein, *Finanzas*, 1994, p. 54. La edición estadunidense de este libro (*The American Finances of the Spanish Empire*) presenta cifras algo diferentes de este mismo cuadro (p. 49) para los cinco primeros decenios.

Según nos informan estos materiales: el gasto del Estado virreinal llegó a un pico en la década de 1780, cuando superó los seis millones de pesos. Esta cantidad, más que duplicó el nivel vigente en el inicio de la centuria y más que triplicó las del periodo de miseria fiscal entre 1708 y 1723. Existen, sin embargo, algunos problemas con esta serie. Quizá el menos grave sea el de la estabilidad en el valor o poder de compra de los pesos de a ocho reales, la moneda en que están expresados los valores, puesto que los datos que se han recogido acerca del movimiento de los precios en el Perú del siglo XVIII han registrado hasta ahora una tendencia estable, cuando no depresiva de ellos.[19] Si los precios más bien cayeron que subieron, entonces la brecha entre el bajo nivel de gasto de la primera mitad del siglo y el nivel más alto de la segunda, acrecería todavía más.

El problema más serio es el de los cambios en las prácticas contables de la administración virreinal. Antes de 1780 era usual que las autoridades locales

[19] Macera, *Precios*, 1992; Tandeter y Wachtel, *Precios*, 1985, y, asimismo, el reciente artículo de Cosamalón, "Precios", 2013.

consignasen en las cuentas de las Cajas Reales únicamente el producto líquido que resultaba tras haber restado de las cantidades recaudadas lo entregado a sus ayudantes y lo consumido en las operaciones de la recaudación. Cada caja funcionaba como una entidad contable autónoma y exhibía ante la oficina central sólo sus sobrantes, aunque el problema es que no todas lo hacían así, variando las prácticas contables de un lugar a otro y de una época a otra. La Visita de Antonio de Areche al virreinato (1777-1787) sirvió, precisamente, para extirpar esta práctica, ordenándose a los corregidores desde 1779 que consignasen las cifras sin descuentos.[20] Esta reforma implicó el uso de la contabilidad por partida doble, registrándose incluso los dineros que físicamente no habían pasado por la caja, pero que habían sido cobrados y pagados en nombre de ella. Naturalmente, las nuevas instrucciones inflaron las cifras registradas a partir de 1780, viciando su comparación con las anteriores, dado que estas estarían registrando únicamente los saldos o importes netos.[21] Una forma de posibilitar la comparación sería calculando los gastos de recaudación antes de 1780 y sumarlos entonces a las cuentas de gastos. Como veremos más adelante, aunque ello lleva a reducir la brecha entre la aparente pobreza de la primera mitad del siglo y lo rumboso de la segunda, no la borra en lo sustancial.

EL CENTRALISMO DEL GASTO PÚBLICO

Como llevamos ya dicho, una característica fuerte del gasto público en el Perú borbónico fue su gran concentración en la Caja Real ubicada en la capital virreinal. Un promedio de 68% del gasto durante el periodo 1700-1820 fue ejecutado por esta oficina fiscal. Fuera de la de Lima, funcionó dentro del territorio del Bajo Perú (o territorio del virreinato peruano a partir de 1776) una media de una docena de otras cajas fiscales. En el norte existieron las de

---

[20] Véase el Informe del Tribunal de Cuentas al Visitador y Superintendente General de Real Hacienda del 11 de noviembre de 1782 en Archivo General de Indias (AGI), Lima, leg. 1087. Agradezco a Miguel Maticorena la copia de este documento. Dice el documento respecto del ramo de tributos: "El método con que se hacían los acopios ya se ha expuesto, era por mano de los corregidores, estos pagaban a los agraciados de que resultaban los atrasos experimentados que han producido quejas repetidas y sólo se ponía en arcas reales el sobrante que a Su Magestad pertenece. Para contener todo vicio en las pagas han entrado desde el cuarto año de este último cuatrienio [1777-1780] en las cajas reales por disposición de Vuestra Señoría [Areche] todos los productos de los tributos y en ellos sin gratificación se satisface a los que corresponde su porción legítima; […]", fj. 7vto/8.

[21] Kendall Brown, quien trabajó en la recopilación de las Cartas Cuenta para Klein y TePaske me refirió este mismo problema en correspondencia personal (septiembre de 2013). Según él, antes de 1780 las cuentas fueron tan desordenadas que difícilmente puede hacerse un análisis comparativo de ellas con las cifras posteriores.

Piura (con un anexo en el puerto de Paita), Saña y Trujillo. En la zona central funcionaron las de Vico o Pasco, Jauja (que durante algún tiempo funcionó en Matucana) y Huancavelica. En la zona sur existieron las de Huamanga, Cuzco, Arequipa, Caylloma y Carabaya. Esta última fue cerrada y trasladada a Puno, cuando esta intendencia regresó a Perú tras haber sido ubicada dentro del virreinato del Río de la Plata durante 20 años (1777-1796).[22]

El origen de varias de las oficinas en "el interior" fue la explotación minera. Tal es el caso de la de Huancavelica, nacida en torno a la explotación de la mina de azogue de Santa Bárbara y de las otras minas de plata existentes en los corregimientos aledaños de Angaraes y Castrovirreina; de la de Vico/Pasco, nacida a raíz de la explotación del cerro mineral de Yauricocha o Pasco; de la de Caylloma, donde se explotaron minas de plata desde los inicios del siglo XVII, y de la de Carabaya, región de minas auríferas ubicada en el altiplano del lago Titicaca. Otras Cajas Reales, como las de Piura, Trujillo, Huamanga, Cuzco y Arequipa fueron abiertas a raíz del florecimiento de las ciudades de españoles fundadas en dichas plazas. Otras ciudades fundadas por la hueste conquistadora, como por ejemplo Chachapoyas y Huánuco, no prosperaron lo bastante como para merecer la apertura de una oficina fiscal. El conjunto de cajas no limeñas reportó 32% del total del gasto realizado durante el periodo bajo estudio, aunque buena parte de dicho gasto no eran sino transferencias hacia Lima.

En el cuadro 5 hemos desagregado porcentualmente la distribución del gasto por décadas, desde la de 1700 hasta la de 1810. Las oficinas de Matucana y Jauja, Piura y Saña, y Arequipa y Caylloma las hemos refundido en una sola cada par, por su relativa proximidad geográfica. En el cuadro aparecen como Jauja, Piura y Areq., respectivamente. El cuadro deja ver que después de Lima, el orden de importancia del resto de cajas en materia de gasto fue: Huancavelica (Hca. en el cuadro), con una media de 7% respecto del total del gasto; Cuzco, con una de 6%, Arequipa, con una de 5%; y Pasco y Trujillo (esta aparece como Truj. en el cuadro) con una de 4% cada una. Más abajo seguía el resto de cajas, con una media de alrededor de 1 por ciento.

La concentración del gasto en Lima fue mayor en los primeros decenios, cuando campeaba la pobreza fiscal. En las décadas finales del siglo XVIII dicha concentración se atenuó, hasta llegar a un mínimo de 52% en el decenio de 1790. Esto ocurrió cuando tanto la recaudación como el gasto llegaron a sus montos máximos, de modo que el crecimiento del gasto a su

---

[22] La historia de la apertura y cierre de las Cajas Reales puede verse en Fisher, *Gobierno*, 1981, y Klein, *Fiscalidad*, 1994.

Cuadro 5. Distribución porcentual del gasto según Cajas Reales en el Perú, por décadas, 1700-1819[a]

Décadas	Lima	Hga.	Pasco	Hca.	Jauja	Puno	Cuzco	Areq.	Truj.	Piura	Total
1700-1709	86	–	3	–	–	–	5	3	3	1	100
1710-1719	72	–	3	–	–	1	6	4	3	1	100
1720-1729	80	–	3	7	1	0	–	6	2	1	100
1730-1739	59	–	2	27	1	1	4	5	1	1	100
1740-1749	55	–	2	31	1	1	5	4	1	1	100
1750-1759	77	–	2	6	1	2	5	3	2	1	100
1760-1769	78	1	3	1	1	4	6	6	1	2	100
1770-1779	69	0	4	2	2	3	7	6	6	2	100
1780-1789	64	3	4	2	2	3	7	8	9	–	100
1790-1799	52	6	12	3	–	–	9	8	10	–	100
1800-1809	56	5	10	–	–	7	8	7	7	–	100
1810-1819	70	3	6	–	–	6	6	5	4	–	100

[a] La suma de los porcentajes no siempre suma 100 (sino 99 o 101) por el redondeo de los valores.

Fuentes: Klein, *Finanzas*, 1994, y TePaske y Klein, *Royal*, 1982.

vez lo descentralizó fuera de la capital.[23] Fueron las cajas de Pasco, Trujillo, Cuzco y Arequipa las que consiguieron en dichos años acumular una cantidad estimable de gasto gubernamental.

En líneas generales el gasto sigue a la recaudación fiscal en la mayor parte de las cajas. Vale decir, que las cajas con mayor gasto son a su vez las de mejor recaudación. Las excepciones son Jauja, que gozó de un gasto significativamente mayor a su nivel de recaudación, y, a la inversa, Huamanga, en la que el gasto quedó por debajo de lo recaudado. La correlación entre ingresos y gastos puede tener que ver con el hecho de que la recaudación de sumas mayores exigía, a su vez, mayores esfuerzos administrativos y, en consecuencia, un número más alto de empleados y misiones de cobranza. Pero, como veremos luego, una buena parte del "gasto" de las cajas del interior consistió en transferencias de dinero hacia la caja central de Lima y no en sueldos de autoridades locales o en la provisión de servicios públicos

[23] La relativa recentralización que en el cuadro 5 ocurre en la década de 1810, cuando sube hasta 70%, tuvo probablemente que ver con el hecho de que en varias cajas provinciales los datos no están completos para los años finales de dicha década.

en las regiones. Por lo que dicha correlación es en parte apenas una ilusión contable (véase cuadro 6).

LA DESAGREGACIÓN FUNCIONAL DEL GASTO PÚBLICO

Para comprender mejor la naturaleza del gasto público del Estado borbónico en el Perú hemos procedido a clasificarlo en grandes grupos según la orientación del gasto. La clasificación original que presenta el trabajo de TePaske y Klein muestra que las oficinas distintas a la capital virreinal tenían relativamente pocos rubros de gasto. En las cajas de menor importancia fiscal, tales como las de Jauja o Caylloma, por ejemplo, estos rubros no eran más de una decena, entre los que figuraba de ordinario como el más protagónico: la partida de "Remisión a Lima". Las cajas de Lima o Cuzco tenían, en cambio, un manejo mucho más complejo, alcanzando desde finales del siglo XVIII a sumar sus rubros de gasto más de medio centenar de partidas; véase el ejemplo que presentamos en la gráfica 4, de los gastos de la Caja de Lima para el año de 1796, que comprende 55 partidas de gasto, cuyas sumas variaron entre los quince pesos (para el caso de Efectos y alhajas en depósito) y los 742 000 pesos (para el de Cuerpo de Marina).[24] La variedad de rubros registrada supera en verdad el centenar, aunque la mitad de ellos son relativamente excepcionales, puesto que aparecen sólo una o dos veces (véase gráfica 3).

La clasificación del gasto que hemos realizado comprende nueve categorías,[25] a saber:

I. Transferencias a otras tesorerías. Donde se han incluido las remisiones a otras Cajas y los Situados. Lima enviaba regularmente varios situados, como los de Valdivia y Chiloé, en Chile, y Panamá.[26] En el caso de remisiones dentro del mismo virreinato existe el problema de incurrir en una doble contabilidad, puesto que el "gasto" anotado en una caja provincial, consistente en remisiones a la caja de Lima, volverá a aparecer en la caja de Lima en alguna partida de gasto. Sin embargo, nos imaginamos que lo mismo sucedía en el caso de los ingresos, por lo que esta doble contabilidad infla las cifras, pero no altera el balance de los ingresos y gastos.

---

[24] Elegimos este año al azar, aunque procurando elegir alguno que tuviese una mayor cantidad de rubros y permitiese mostrar así la complejidad que alcanzó el gasto de la Real Hacienda desde los años finales del siglo XVIII.

[25] El trabajo de Klein, *Finanzas*, 1994, comprendió solamente dos categorías: gastos de guerra y gastos administrativos. Mi intención fue mostrar una clasificación más desagregada.

[26] Sobre estos "situados" véase el estudio de Flores, "Situados", 2012.

Cuadro 6. Total de ingresos y egresos por cajas reales, 1700-1809
(en números índice)

Cajas	Ingresos	Egresos (como porcentaje de los ingresos)
Lima	100	94
Huamanga	100	83
Pasco	100	100
Huancavelica	100	105
Jauja	100	132
Puno/Carabaya	100	95
Cuzco	100	96
Arequipa/Caylloma	100	99
Trujillo	100	102
Piura/Saña	100	108

Fuente: Klein, *Finanzas*, 1994.

II. Pago de deuda. Incluye los pagos a particulares por razón de depósitos, censos, así como los pagos por "alcances de cuentas" y empréstitos en general.

III. Producción y fomento de la economía. Es sabido que el Estado colonial manejó estancos y minas que producían bienes como tabaco y azogue. Aquí se reúnen los gastos realizados para ello, así como también el gasto que ocurría para la promoción de actividades económicas. El gobierno podía, a su costo, abrir socavones de drenaje en las minas, como en efecto hizo en el Cerro de Pasco, o ayudar a que ello se realice, fuere con fondos, asistencia técnica o promoviendo la unión de los mineros para juntar el caudal necesario.

IV. Recaudación y administración fiscal. Hemos reunido aquí los gastos realizados para la recaudación de los tributos, incluyendo los gastos de las oficinas de Real Hacienda, sean estos ordinarios o extraordinarios.

V. Gobierno y administración política. Entran en esta categoría los salarios de las autoridades políticas: virreyes, intendentes, corregidores; en general cualquier autoridad que no pertenezca a los ramos de Hacienda, la Iglesia o el sector militar; vale decir: oidores, caciques, jueces, etcétera.

VI. Religioso. Se incluye aquí el sostenimiento de los cargos religiosos y los gastos de recaudación de los impuestos que correspondían a la Iglesia;

vale decir: diezmos y primicias, vacantes mayores y menores, espolios, bulas de Santa Cruzada. Asimismo incluye la fábrica de iglesias y los gastos relacionados al culto religioso.

VII. Militar. Van aquí los sueldos de los oficiales y milicianos; los gastos ordinarios y extraordinarios de guerra, cuerpo de marina, lanzas y arcabuces y guardia del virrey.

VIII. Social. Se incluye aquí el gasto en salud y atención del cuerpo: hospitales, hospicios, cementerios; asimismo las transferencias y ayudas graciosas: limosnas; el gasto en educación: salarios de preceptores y fábrica de escuelas hecho por el gobierno.

IX. Otros. Se trata de una categoría residual, donde se ha colocado todo lo que no ha podido encontrar cabida en los rubros anteriores.

El cuadro 7 descompone el gasto clasificado de acuerdo con dichas categorías para todo el lapso 1700-1820.[27] Nos informa que de un total de 357 000 000 gastados por el Estado, casi cien millones se orientaron a la defensa militar, con una representación de 27% sobre el total. En orden de importancia, siguieron las transferencias; vale decir, dinero que se movió de un lado a otro dentro del mismo imperio y que representó 23%. De los 81 000 000 que sumó el rubro de transferencias, 43 000 000 fueron remisiones de las cajas provinciales hacia Lima, mientras que 38 000 000 fueron remisiones desde Lima hacia cajas fuera del virreinato.[28] Vale decir que Lima recibió remisiones por 43 000 000 del interior, retuvo 5 000 000 y reenvió el resto hacia afuera del virreinato. Una parte importante dentro de este rubro tendría que sumarse al gasto militar, puesto que se destinaba a situados como los de Valdivia, Chiloé y Panamá, a fin de mejorar su defensa, por tratarse de puntos vulnerables del imperio. De los 81 000 000 contemplados en las transferencias, 28 000 000 correspondieron a estos situados fuera del virreinato, los que añadidos al gasto militar implicarían casi ocho puntos porcentuales adicionales; es decir que el gasto en defensa sumaría 34.8%; algo más de un tercio del gasto total.[29]

[27] Después de 1819 las cifras son ya muy escuálidas (sólo en dos casos llegan hasta 1822), pero las hemos incluido en la medida que existan en la fuente de TePaske y Klein, *Royal*, 1982, vol I.

[28] Aparte de ello, también remesas de fuera del virreinato, que figuraban dentro del flujo de ingresos. Véanse TePaske y Klein, *Royal*, 1982, vol. I, e Irigoin y Grafe, "Absolutismo", 2012.

[29] Herbert Klein, en su propio estudio, llega a una conclusión muy parecida: "Cuando se examinan los componentes principales de los gastos es evidente que en Perú los relacionados con la guerra por asuntos del ejército y navales fueron el único rubro importante de los costos gubernamentales. [...] Estos sumaban en promedio más de una tercera parte de todos los egresos, aunque en tiempos de rebeliones internas –como la de Túpac Amaru en 1780– esta categoría podía representar casi la mitad de todos los gastos", Klein, *Finanzas*, 1994, pp. 54-56.

Gráfica 3. Desagregación del gasto de la Caja de Lima para el año de 1796 (pesos de 8 rs.)

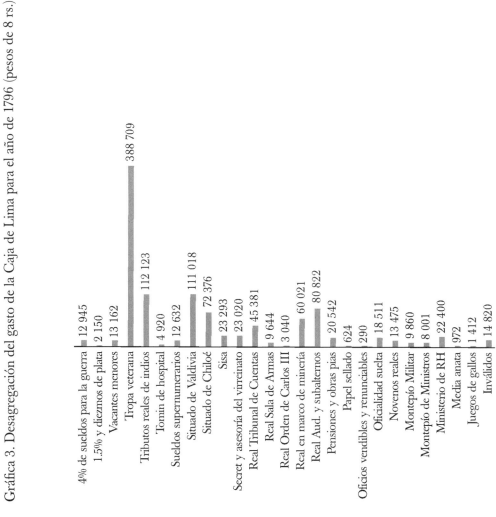

4% de sueldos para la guerra	12 945
1.5% y diezmos de plata	2 150
Vacantes menores	13 162
Tropa veterana	388 709
Tributos reales de indios	112 123
Tomín de hospital	4 920
Sueldos supernumerarios	12 632
Situado de Valdivia	111 018
Situado de Chiloé	72 376
Sisa	23 293
Secret y asesoría del virreinato	23 020
Real Tribunal de Cuentas	45 381
Real Sala de Armas	9 644
Real Orden de Carlos III	3 040
Real en marco de minería	60 021
Real Aud. y subalternos	80 822
Pensiones y obras pías	20 542
Papel sellado	624
Oficios vendibles y renunciables	290
Oficialidad suelta	18 511
Novenos reales	13 475
Montepío Militar	9 860
Montepío de Ministros	8 001
Ministerio de RH	22 400
Media anata	972
Juegos de gallos	1 412
Inválidos	14 820

Categoría	Valor
Imposiciones y rendiciones de Principales	220 750
Gastos ordinarios de RH	422
Gastos ordinarios de guerra	21 507
Gastos generales	13 513
Gastos extraordinarios de la RH	13 434
Gastos extraordinarios de guerra	66 973
Gastos de minas de Huancavelica	145 131
Gastos de ensaye y fundición	3 633
Fábricas de cuarteles	215
Efectos y alhajas en depósito	15
Donativo para la guerra	4 252
Depósitos	151 603
Cuerpo de Marina	742 146
Créditos pasivos	91 601
Compra de pólvora	21 744
Composición de pulperías	1 375
Compañía de Guardias del virrey	21 565
Comisos del Real Consejo de Indias	392
Comisos del Excmo. Super. Gral. de RH	392
Comisaría de guerra	7 239
Censos	63 198
Capitanía general y Estado Mayor	91 525
Bulas de Santa Cruzada	12 025
Azogues de Almadén	112 903
Asignaciones y rentas para España	945
Asamblea y milicias provinciales	87 822
Arrendamiento de cajones de Palacio	1 718
Alcances de cuentas	731

Fuente: TePaske y Klein, *Royal*, 1982, vol. 1, pp. 398-399.

Cuadro 7. Gasto del Estado virreinal en el Perú borbónico, según tipo de gasto

Tipo de gasto	Cantidad en pesos de 8 rs.	Porcentaje sobre el gasto total
Transferencias	81 197 229	22.8
Deuda pública	17 382 598	4.9
Producción y fomento económico	19 101 685	5.4
Recaudación y administración fiscal	78 736 863	22.1
Gobierno y administración política	24 350 974	6.8
Religioso	10 170 317	2.9
Militar	96 692 752	27.1
Social	1 283 149	0.4
Otros	27 927 971	7.8
Total gastado	356 843 538	100.2 [a]

[a] El total no suma 100.0, por el redondeo de las cifras.
Fuente: construido a partir de los datos de TePaske y Klein, *Royal*, 1982, vol. I.

Después del gasto militar y de los situados/transferencias, el siguiente rubro en importancia es el de gastos de recaudación y administración fiscal, con 22.1%.[30] Gastar en las operaciones fiscales y su control una quinta parte de lo que se recaudaba, no parece revelar una administración ineficiente, dadas las circunstancias. El estado de los caminos (inadecuados para el transporte rodado) y la lentitud, en general, de las comunicaciones, hacía forzoso dejar en manos de los funcionarios locales una buena parte de las responsabilidades. Supervisarlos era, desde luego, costoso, pero es lo que pasó a hacerse con mayor ahínco en el último cuarto del siglo XVIII.

La administración política consumía casi 7%. Si sumáramos esta categoría a la anterior, tendríamos que el gasto administrativo general (fiscal y político) representaba tanto como el gasto militar.

Por otro lado, resulta interesante constatar que más de 5% del gasto era destinado al fomento económico. Ello comprendía labores de infraestructura en los centros mineros (como, por ejemplo, la apertura del socavón de Yanacancha en Cerro de Pasco, entre las décadas de 1770 y 1780, y desde 1806 la del socavón de Quiulacocha, en el mismo asiento), así como los gastos

---

[30] Klein le adjudica sólo 15%. Klein, *Finanzas*, 1994, p. 56.

acarreados por estancos de la producción. Hemos considerado a estos dentro de los gastos de fomento económico antes que de administración fiscal, puesto que, al menos en el caso del azogue, había un interés de apoyo a la minería detrás de dicho estanco, aunque simultáneamente también se trataba de controlar la producción de los mineros, monopolizando un insumo tan importante para ellos.

La atención de la deuda pública consumía 5% del total de las erogaciones, y el gasto a favor de la Iglesia algo menos de 3%. Los Borbones no fueron partidarios, como se sabe, de consolidar el poder de la Iglesia, a la que más bien vieron como una entidad rival del Estado. Buena parte del gasto social debió estar en manos de ella, lo que explicaría que este tipo de gasto represente en las cuentas estatales una fracción casi inexistente (medio por ciento) del total del gasto gubernamental.

Conforme avanzó el siglo XVIII puede advertirse un cambio en la composición del gasto del Estado. Durante la primera mitad de la centuria los gastos de recaudación y los de guerra montaban cantidades relativas similares y sólo un poco mayores que las dedicadas a los gastos de administración política. La segunda mitad deja ver una transformación, en la que tanto los gastos de recaudación cuanto los de guerra se disparan sobre el resto. Durante las tres primeras décadas (el periodo 1750-1780) son los gastos de administración fiscal y recaudación la parte más dinámica, mientras que a partir de 1780 fueron los gastos militares los que despuntaron, tendencia que continuó y se acentuó durante las primeras décadas del siglo XIX. Las transferencias se movieron de forma más o menos constante con la recaudación (a mayor recaudación fiscal, mayores transferencias). El gasto de fomento, por su parte, mejoró su proporción dentro del total, a finales del siglo XVIII (véanse cuadro 8 y gráfica 4).

El cuadro 9 nos permite apreciar la diferencia entre las diversas cajas respecto del tipo de gasto, con datos acumulados para toda la época borbónica. Igual que en los cuadros anteriores, hemos refundido las cuentas de ciertas cajas; así, la caja de Arequipa incluye las cifras de las de Caylloma; la de Piura, incluye las de Saña; la de Jauja ha absorbido la de Matucana, y la de Puno la de Carabaya. Las cajas de Matucana, Saña, Caylloma y Carabaya tuvieron periodos de funcionamiento que no cubrieron todo el siglo XVIII. Esto ocurre también con otras de las cajas: algunas no funcionaron todo el periodo bajo análisis. La de Jauja-Matucana, por ejemplo, sólo funcionó entre 1721 y 1785; en adelante sus funciones fueron asumidas por la caja de Pasco, o la de Lima. La de Huancavelica cerró en 1783; sus cuentas se

Cuadro 8. Gasto del Estado virreinal en el Perú borbónico,
según tipo de gasto, por décadas (números porcentuales.
Total de década de 1810-1819 = 100)[a]

Décadas	Trans.	Deuda	Fomen.	Recaud.	Gobier.	Relig.	Militar	Social	Otros	Total
1700-1709	11	3	4	8	5	1	10	0	4	47
1710-1719	3	2	2	6	4	1	7	0	1	27
1720-1729	10	2	5	9	6	1	7	0	2	42
1730-1739	11	3	4	8	6	0	7	0	1	40
1740-1749	11	2	3	11	5	0	11	0	5	49
1750-1759	8	2	1	24	5	1	7	0	2	50
1760-1769	14	6	1	33	6	1	9	0	7	77
1770-1779	25	5	3	15	7	2	19	0	11	89
1780-1789	19	7	6	35	3	7	42	1	13	133
1790-1799	39	4	8	21	4	3	31	0	9	120
1800-1809	31	3	5	13	4	5	30	1	10	101
1810-1819	14	4	6	10	5	2	55	0	5	100

[a] Cuando se indica 0 significa que hubo gasto, pero que este fue inferior a medio por ciento.
Fuente: construido a partir de los datos de TePaske y Klein, *Royal*, 1982, vol. I.

derivaron hacia la caja de Huamanga. La de Piura cerró en 1779, pasando en adelante sus cuentas a Trujillo.

El cuadro permite ver que el rubro de Transferencias era el principal en casi todas las cajas fuera de Lima. Sólo en las del Cuzco y Huancavelica existe algún rubro que pesa más que este. Esto querría decir que estas cajas del interior cumplían una función ante todo recaudadora; se aclara así el panorama en el sentido de que estas oficinas, más que atender necesidades de gobierno, estaban destinadas a reunir fondos para ser transferidos al centro (todas sus remisiones eran virtualmente a Lima). Son emblemáticos en ese sentido los casos de las cajas de Arequipa, Huamanga, Puno y Trujillo, en las que casi la mitad de lo recaudado se trasladaba a Lima. El resto se consumía en los gastos de la recaudación, siguiendo luego los asuntos de guerra y de gobierno.

El gasto de fomento fue importante sobre todo en Huancavelica y algo en Trujillo, donde alcanzó porcentajes de 35 y 10% respectivamente. Se trató de zonas de minería, en las que el gobierno colonial asumió algunas obras de infraestructura que mejorasen las posibilidades de la explotación. En el

Gráfica 4. Gasto del Estado virreinal peruano desagregado según tipos de gasto, por décadas

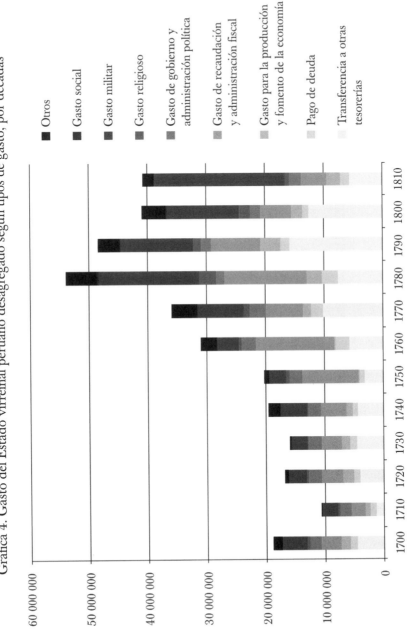

Fuente: TePaske y Klein, *Royal*, 1982, vol. I.

Cuadro 9. Gasto del Estado virreinal en el Perú borbónico por tipo de
gasto, según Cajas Reales, 1700-1819 (desagregado en porcentajes)

Cajas Reales	Trans.	Deuda	Fomen.	Recaud.	Gobier.	Relig.	Militar	Social	Otros	Total
Arequipa	47	1	3	17	3	4	9	2	14	100
Cuzco	28	8	1	33	5	3	14	0	8	100
Huamanga	40	2	3	31	2	9	3	1	9	100
Huancavelica	22	0	35	17	3	1	0	0	22	100
Jauja	29	1	2	11	4	4	21	13	15	100
Lima	15	5	5	22	8	2	35	0	8	100
Pasco	53	5	8	13	2	3	8	0	7	99
Piura	37	2	0	21	8	5	1	0	26	100
Puno	40	7	1	21	2	4	16	1	8	100
Trujillo	41	2	10	22	4	5	3	0	13	100

Fuente: basado en TePaske y Klein, *Royal*, 1982, vol. I.

caso de Trujillo se trataba principalmente de las minas de Hualgayoc, en el
partido de Chota, cuya producción de plata despegó en la década de 1770,
ubicándose como la segunda región minera del Bajo Perú (después de las
minas de Pasco).[31] El gasto militar, en cambio, fue relativamente débil en las
cajas del interior.

EL TAMAÑO DE LA ECONOMÍA FISCAL

La reconstrucción del producto bruto interno (PBI) del virreinato peruano
ofrecida por Bruno Seminario (véase gráfica 5) permite estimar la proporción que el gasto público tuvo sobre el conjunto de la economía virreinal.
Si confrontamos esta gráfica con la gráfica 2 podemos advertir que, en términos gruesos, las curvas del PBI y del gasto público se movieron con cierto
paralelismo, pero que esta sincronía se perdió a partir de 1790. Desde este
momento el gasto comenzó a aflojar, mientras el crecimiento del PBI se man-
tendría por un lapso de quince años más. Puesto que el gasto del Estado
es de ordinario uno de los resortes que favorece el crecimiento económico,

---

[31] Véanse Fisher, *Minas*, 1977, y Contreras, *Mineros*, 1995.

Gráfica 5. PBI del Perú en millones de pesos nominales,
según Bruno Seminario

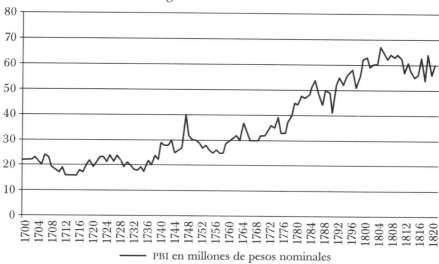

Fuente: Seminario, "Cuentas", 2012.

podríamos especular que uno de los factores que detuvieron el prolongado ciclo de crecimiento desde aproximadamente 1730 fue la disminución del gasto público (véase cuadro 10).

Para el cálculo de la incidencia del gasto público en el PBI virreinal, hemos restado del gasto total, tanto las transferencias desde las cajas del interior hacia Lima, cuanto las transferencias desde Lima hacia el exterior. Lo primero, para evitar la doble contabilidad; lo segundo, para tomar en consideración únicamente el dinero gastado dentro del virreinato, que supuestamente es el único que podría desencadenar efectos multiplicadores en la economía local. La incidencia del gasto sobre la economía fue de seis y medio por ciento como promedio para toda la época borbónica, con picos de 9.7% en la década de 1780, y de 4.6% en la de 1800 (véase cuadro 10).

Se trata de un tamaño de incidencia no despreciable. En los inicios del siglo XX la presión tributaria de Perú osciló entre 3.6 y 5.6.[32] El gasto público debió tener un tamaño similar; vale decir: menor que en el siglo XVIII, contradiciendo la ley de Wagner (que dicta que a medida que transcurre el tiempo el

---

[32] Véase mi trabajo Contreras, *Economía*, 2012. .

Cuadro 10. Proporción del gasto público sobre la economía del virreinato peruano, 1700-1819, por décadas

Décadas	Población en miles (promedio de la década)	1. PBI en millones de pesos	2. Ingresos totales. En pesos (promedios anuales)	3. Gasto público menos transferencias del interior hacia Lima	4. Gasto público menos transferencias del interior hacia Lima y menos transferencias al exterior desde Lima. En pesos	Porcentaje de 4 sobre 1	Gasto público anual (4) por hab. en pesos
1700-1709	673	215	2 111 361	18 532 386	14 438 027	6.7	2.14
1710-1719	701	178	1 283 928	10 355 154	9 378 826	5.3	1.34
1720-1729	654	217	2 047 889	15 840 512	12 726 292	5.9	1.95
1730-1739	699	199	2 519 855	14 745 009	11 385 860	5.7	1.63
1740-1749	765	298	1 703 036	17 839 123	15 265 365	5.1	2.00
1750-1759	785	271	1 921 581	19 129 754	16 991 164	6.3	2.16
1760-1769	856	318	2 672 469	28 206 954	25 383 315	8.0	2.97
1770-1779	966	356	2 730 640	31 038 876	25 839 675	7.3	2.67
1780-1789	1.083	477	5 846 004	49 332 337	46 297 993	9.7	4.27
1790-1799	1.203	524	5 373 077	36 822 404	32 624 734	6.2	2.71
1800-1809	1.320	627	5 907 361	32 541 246	28 567 461	4.6	2.16
1810-1819	1.410	582		37 363 591	35 094 092	6.0	2.49
Totales						6.4	

Fuentes: Seminario y Alva, "PBI", 2012, pp. 117-191; Klein, *Finanzas americanas*, 1994, y TePaske y Klein, *Royal*, 1982, vol. I.

tamaño relativo de la economía pública tiende a aumentar). El tamaño relativamente grande de la economía pública del siglo XVIII se hace todavía más notorio si consideramos que en el siglo XX el gasto ha estado más centralizado, una vez que la Iglesia y las familias de la aristocracia dejaron de competir (o compitieron más débilmente) con el Estado en la atención de los servicios públicos.

Claro que en el siglo XVIII se trató esencialmente de gasto militar y no de inversión en infraestructura para la producción o el comercio, ni de servicios sociales. La década de 1780 fue la de mayor gasto relativo, a raíz de la pacificación de la gran rebelión de Túpac Amaru II. Pero también el gasto militar puede ejercer un efecto multiplicador en la economía. Las compras de uniformes, calzado, tiendas y frazadas de campaña, caballos, mulas y sus aperos, además de sables, lanzas y cañones, pueden llegar a revolucionar una economía, como lo constataron los historiadores de la economía europea.[33] Esto no ocurrió, sino parcialmente, en Perú, puesto que sólo la industria textil del sur se vio alentada con las compras militares. Los demás bienes para equipar a los ejércitos se trajeron de otras partes del imperio, cuando no de la propia península ibérica. Se trata, sin embargo, de un tema que ameritaría mayor investigación.

El incremento del gasto tuvo, por su parte, una dinámica más elástica que la demográfica. El gasto por habitante osciló entre los extremos de un peso y un tercio durante la década de 1710, y los cuatro pesos y un cuarto en la de 1780. En general, el gasto fue mayor durante la segunda mitad del siglo XVIII, aunque la tendencia fue moderándose desde los años de 1790 (véase cuadro 10).

REFLEXIONES FINALES

El gasto público durante la era borbónica tuvo una incidencia importante en la vida económica y política del virreinato peruano. Su dimensión creció más enérgicamente que la producción y que la población, dotando al Estado de mayor poder para intervenir en la sociedad. La cima de ello se alcanzó durante la época de 1760-1790, que coincidió con la fase más enérgica de las "reformas borbónicas".

En cuanto al tipo de gasto, encontramos que el gasto militar fue, efectivamente, el más importante, y que su peso dentro del total fue creciendo a lo largo del siglo XVIII, hasta representar en la última década de vida de dicho Estado 55% del total. Sin duda, esto tuvo que ver no solamente con cierta

---

[33] Por ejemplo, Vries, *Economía*, 2000.

vocación pretoriana del gobierno o la sociedad coloniales, sino con el asedio externo e interno que desde la segunda mitad del siglo XVIII comenzó a sufrir el imperio español americano.

El replanteamiento del sistema de administración fiscal y política encarado en la segunda mitad del siglo, permitió un incremento de la recaudación, que sólo en parte era una ilusión contable. Dichas reformas implicaron también un aumento del gasto en estos rubros, hasta competir en importancia con el gasto militar. Tal vez esta es la conclusión más novedosa con la que hemos dado, puesto que el estudio de Klein antes citado (*Las finanzas imperiales del imperio español*), adjudica a los gastos administrativos un peso bastante menor que el hallado por nuestra investigación (sobre la base de sus propias cifras). El componente más importante del gasto administrativo fue el fiscal, puesto que los nuevos impuestos y el nuevo sistema de administración directa elevó, naturalmente, los gastos de la recaudación. Por otro lado, creemos que no es desdeñable haber encontrado que 5% del gasto haya tenido el propósito de estimular la producción económica, en especial aquella que incidía directamente en la recaudación fiscal y en el comercio ultramarino, que era a su turno otra fuente de recaudación, como la minería.

Otra característica fuerte del gasto público fue su grado de centralización en la caja de Lima: el gasto se organizaba básicamente desde la capital y las regiones interiores servían sobre todo como espacios de recaudación. Esto iba en sintonía con la organización centralista de todo el aparato de gobierno y fue un patrón que la organización republicana después de la independencia no llegó a modificar.

La concentración del gasto público en los rubros militar y recaudatorio, ¿demostrarían la naturaleza colonial del Perú? Por un lado sí, puesto que esas fuerzas eran las necesarias para conseguir un superávit fiscal; por otro no, porque igual debía ser en España y en todos los países del antiguo régimen. Recordemos, además, que el superávit fiscal lo producía el Alto Perú y no el Bajo; era en este donde, al menos parcialmente, se consumía. Asimismo es discutible si el pago de los situados debería considerarse un caso de exacción o de gastos no compensados. Lima cubría el mantenimiento de las plazas de Panamá y Concepción en Chile, porque se trataba de las fronteras de las que dependía su propia seguridad.[34] Cierto es, sin embargo,

---

[34] Carlos Marichal y Johanna von Grafenstein sostienen que los situados expresaban un tipo de financiamiento de un imperio, peculiar del imperio español, al hacer reposar sus gastos de manutención y defensa en los recursos fiscales de las mismas reparticiones coloniales. Véase su Introducción a *El secreto del imperio español*. Marichal y Grafenstein, *Secreto*, 2012.

que en esto hubo un fuerte peso inercial; es decir, que una vez establecido un "situado" era muy difícil que este llegase a modificarse, a pesar de que las condiciones económicas de las regiones designadas para pagarlos y cobrarlos hubiesen sufrido cambios. Chile y Nueva Granada habían prosperado lo bastante como para asumir la defensa de tales puntos, que, por su parte, resguardaban también su propia seguridad y recién alcanzada prosperidad. Pero en el cenagoso sistema de decisiones imperiales era difícil para los espacios periféricos introducir una novedad radical.

La disminución del gasto público a partir de 1790 debió traer consecuencias para la desafección política con el gobierno español. Entre los decenios de 1780 y 1800 el gasto neto (es decir, descontando el pago de los situados y la doble contabilidad de las remisiones de las cajas del interior hacia Lima) descendió de 46 000 000 a 29 000 000, mientras que la recaudación tributaria no aflojó: pasó de 58 000 000 en la década de 1780 a 59 000 000 en la de 1790 (véase cuadro 10). La percepción de los peruanos debió ser la de un pueblo al que se le extraía "la última gota de sangre de sus venas" para sostener al imperio, como proclamó el abogado Manuel Vidaurre en 1817.[35] Ello podría explicar la transición de un fidelismo más o menos acentuado, hacia una actitud de ruptura con el imperio español.

FUENTES CONSULTADAS

Archivos

AGI   Archivo General de Indias, Sevilla.
AHN   Archivo Histórico Nacional, España.

Bibliografía

Andrien, Kenneth, *Crisis y decadencia. El virreinato del Perú en el siglo XVII*, Lima, Banco Central de Reserva del Perú/Instituto de Estudios Peruanos, 2011.
Anna, Timothy, *La caída del gobierno español en el Perú. El dilema de la independencia*. Lima, Instituto de Estudios Peruanos, 2003.

---

[35] Vidaurre, "Memoria", 1929, p. 18.

Brown, Kendall, *Borbones y aguardiente. La reforma imperial en el sur peruano: Arequipa en vísperas de la independencia*, Lima, Banco Central de Reserva del Perú/Instituto de Estudios Peruanos, 2008.

Contreras, Carlos, *Los mineros y el rey. La minería colonial en los Andes del Norte: Hualgayoc 1770-1825*, Lima, Instituto de Estudios Peruanos, 1995.

——————, *Crecimiento económico en el Perú bajo los Borbones, 1700-1820*, Lima, Departamento de Economía-Pontificia Universidad Católica del Perú, 2014 (Documento de Trabajo núm. 376).

——————, *La economía pública en el Perú después del guano y del salitre. Crisis fiscal y élites económicas durante su primer siglo independiente*, Lima, Banco Central de Reserva del Perú/Instituto de Estudios Peruanos, 2012.

Cosamalón, Jesús, "Precios y sociedad colonial (1700-1816): transformaciones en los mercados y ciclos económicos en Lima", *Historia Mexicana*, vol. LXIII, núm. 219, julio-septiembre de 2013, pp. 51-109.

Donoso, Carlos y Jaime Rosenblit (eds.), *Guerra, región y nación: la Confederación Peruana-Boliviana, 1836-1839*, Santiago de Chile, Dirección de Bibliotecas, Archivos y Museos/Universidad Andrés Bello, 2009.

Drinot, Paulo y Leo Garofalo (eds.), *Más allá de la dominación y la resistencia. Estudios de historia peruana, siglos XVI-XX*, Lima, Instituto de Estudios Peruanos, 2005.

Fisher, John, *Minas y mineros en el Perú colonial, 1776-1824*, Lima, Instituto de Estudios Peruanos, 1977.

——————, *Gobierno y sociedad en el Perú colonial, 1784-1814*, Lima, Pontificia Universidad Católica del Perú, 1981.

Flores, Ramiro, "Los situados desde Chile hasta Panamá, 1700-1800" en Carlos Marichal y Johanna von Grafenstein (coords.), *El secreto del imperio español: los situados coloniales en el siglo XVIII*, México, COLMEX/Instituto Mora, 2012, pp. 33-60.

García Jordán, Pilar, *Cruz y arado, fusiles y discursos. La construcción de los Orientes en Perú y Bolivia, 1820-1940*, Lima, IFEA-Instituto de Estudios Peruanos, 2001.

Glave, Luis Miguel, *De rosa y espinas: economía, mentalidad y sociedades andinas, siglo XVII*, Lima, Banco Central de Reserva del Perú/Instituto de Estudios Peruanos, 1998.

Heckscher, Eli, *La época mercantilista: historia de la organización y las ideas económicas desde el final de la Edad Media hasta la sociedad liberal*, México, FCE, 1983.

Irigoin, Alejandra y Regina Grafe, "Absolutismo negociado: la trayectoria hispana en la formación del Estado y el imperio" en Carlos Marichal y Johanna von Grafenstein (coords.), *El secreto del imperio español: los situados coloniales en el siglo XVIII*, México, COLMEX/Instituto Mora, 2012, pp. 295-339.

Klein, H. S., *Fiscalidad real y gastos de gobierno: el virreinato del Perú 1680-1809*, Lima, Instituto de Estudios Peruanos, 1994 (Documento de Trabajo núm. 68).

_____, *Las finanzas americanas del imperio español*, México, Instituto Mora, 1994.

Macera, Pablo, *Los precios del Perú, siglos XVI-XIX*, Lima, Banco Central de Reserva del Perú, 1992, 3 vols.

Marichal, Carlos y Johanna von Grafenstein (coords.), *El secreto del imperio español: los situados coloniales en el siglo* XVIII, México, COLMEX/Instituto Mora, 2012.

Molina Martínez, Miguel, *El Real Tribunal de Minería de Lima, 1785-1821*, Sevilla, Diputación Provincial de Sevilla, 1986.

O'Phelan, Scarlett, "Las reformas fiscales borbónicas y su impacto en la sociedad colonial del Bajo y el Alto Perú", *Historia y Cultura*, núm. 16, Lima, Museo Nacional de Historia, 1983, pp. 113-128.

_____, *Un siglo de rebeliones anticoloniales. Perú y Bolivia 1700-1783*, Lima, Instituto de Estudios Peruanos-IFEA, 2ª ed., 2012.

Relación y documentos de gobierno del Virrey del Perú, Agustín de Jáuregui y Aldecoa (1780-1784), ed. y estudio Remedios Contreras, Madrid, Consejo Superior de Investigaciones Científicas/Instituto Gonzalo Fernández de Oviedo, 1982.

Roel, Virgilio, *Historia social y económica de la colonia*, 2ª ed., Lima, Herrera Editores, 1985.

Sala, Nuria, *Y se armó el tole tole: tributo indígena y movimientos sociales en el Virreinato del Perú, 1790-1814*, Huamanga, IER José M. Arguedas, 1996.

Seminario, Bruno, "Las Cuentas Nacionales del Perú 1700-2011", Lima, manuscrito, 2012.

_____ y Nikolai Alva, "El PIB: tres siglos pasados y media centuria venidera" en Bruno Seminario, Cynthia Sanborn y Nikolai Alva (eds.), *Cuando despertemos en el 2062. Visiones del Perú en 50 años*, Lima, Universidad del Pacífico, 2012, pp. 117-191.

Tandeter, Enrique, "Población y economía en los Andes, siglo XVIII", *Revista Andina*, Centro de Estudios Andinos Bartolomé de Las Casas, núm. 25, 1995, Cuzco, pp. 7-42.

_____ y Nathan Wachtel, *Precios y producción agraria en Potosí y Charcas, siglo XVIII*, Buenos Aires, CEDES, 1985.

TePaske, John y Herbert S. Klein, *The Royal Treasuries of the Spanish Empire in America*, Perú, Durham, Duke University Press, 1982, vol. 1.

TePaske, John y Kendall Brown, *A New World of Gold and Silver*, Leiden/Boston, Brill, 2010.

Tord, Javier y Carlos Lazo, *Hacienda, comercio, fiscalidad y luchas sociales (Perú colonial)*, Lima, BPHES, 1981.

Vidaurre, Manuel, "Memoria sobre la pacificación de la América Meridional", *Boletín del Museo Bolivariano*, año II, núm. 13, noviembre y diciembre de 1929, Lima.

Vries, Jan de, *La economía de Europa en un periodo de crisis, 1600-1750*, Madrid, Cátedra, 2000.

EL GASTO PÚBLICO COMO DINAMIZADOR DE LA ECONOMÍA LOCAL. RÍO DE LA PLATA, EN LA PRIMERA MITAD DEL SIGLO XVIII

Fernando Jumar
Universidad Nacional de La Plata (IdIHCS), Universidad Nacional
de Tres de Febrero, CONICET, Argentina

María Emilia Sandrín
Universidad Nacional de La Plata (IdIHCS), Argentina

INTRODUCCIÓN

El objetivo de este texto es acercarnos al papel de la corona en tanto que agente dinamizador de la economía local en la región del Río de la Plata en la primera mitad del siglo XVIII a través de las demandas generadas para sostener sus esfuerzos bélicos en la región. Las investigaciones que confluyen se enmarcan en un conjunto de trabajos que se vienen llevando adelante con el objetivo general de aportar explicaciones a la naturaleza y funcionamiento de la economía rioplatense en su largo siglo XVIII (1680-1820).

Este trabajo es el resultado de un acercamiento tangencial al tema fiscal dentro de nuestro equipo de investigación, aunque tenemos largo trato con las fuentes fiscales para la realización de investigaciones en torno a la circulación mercantil y los actores involucrados. Se presenta el análisis de las cartas-cuenta de la Caja de Buenos Aires elaboradas para el periodo 22 de abril de 1734 a 8 de noviembre de 1742 y el de las cuentas de gastos del sitio a Colonia del Sacramento que tuvo lugar entre el 1 de octubre de 1735 y el 15 de septiembre de 1737. Se suman también resultados de investigación previos producidos por nuestro equipo de investigación e informaciones rescatadas de la bibliografía consagrada a la historia rioplatense en el periodo observado.

Las investigaciones sobre el desempeño de la Real Hacienda en Río de la Plata no tienen el mismo desarrollo que las dedicadas a otros dominios americanos de la monarquía española. La relativamente poca atención que ha recibido se centra en el periodo virreinal y los trabajos que han resistido la crítica son los de Tulio Halperin Donghi[1] y Samuel Amaral.[2] Para los fines de este trabajo, de *Guerra y finanzas…* se retiene el temprano acento en el problema del gasto público y, dentro de él, la importancia de los gastos militares. De los trabajos de S. Amaral, basados en la explotación de cartas-cuenta, es necesario rescatar las prevenciones metodológicas realizadas al criticar el trabajo publicado por John J. TePaske y Herbert S. Klein[3] en relación a la consideración de los encajes entre los ramos a la hora de analizar sus cuentas, para evitar aumentar indebidamente los montos considerados en los análisis por las transferencias entre ramos.

El trabajo más reciente que aborda el tema fiscal, y que además engloba el periodo bajo observación, es de Martín Cuesta. Se acerca a la temática como una variable más para hacerse preguntas sobre el crecimiento de la economía regional en el periodo 1700-1800. El capítulo 4 de la obra[4] está dedicado al análisis de las cartas-cuenta mediante un sondeo[5] con la información procesada en función de objetivos diferentes a los nuestros. Dado que el periodo que analizamos no forma parte del sondeo de M. Cuesta, su valioso trabajo no nos sirve para contrastar resultados.

Nuestra investigación está pensada más desde la tradición historiográfica que utiliza fuentes fiscales para abordar lo socioeconómico que desde las perspectivas y problemáticas específicas de lo fiscal. Ha sido encarada como una suerte de estudio de caso dedicado a un actor complejo pero con un muy importante papel económico, a partir de preguntas relacionadas con el impacto de sus acciones sobre la sociedad.

Dada la vastedad de las posesiones del actor, observaremos su accionar en una de ellas, Río de la Plata. Por eso en primer lugar se presenta breve-

---

[1] Halperin, *Guerra*, 1982.

[2] Amaral, "Public", 1984, y "Finanzas", en prensa.

[3] TePaske y Klein, *Royal*, 1982.

[4] Cuesta, "Crecimiento", 2006, cap. 4: "Real Hacienda: la Caja Real de Buenos Aires (1700-1800)", pp. 242-307. Agradecemos al autor habernos facilitado una copia del trabajo.

[5] Los años retenidos por M. Cuesta son: 1700 a 1728, 1755, 1758 a 1764, 1767, 1769, 1773, 1775 a 1781, 1784, 1789, 1792, 1796 y 1798. "La selección se basó en la relevancia de esos años debido a la coyuntura bélica internacional. […] Teniendo en cuenta que la selección de los años no permitió una continuidad en la serie de datos, y también con el objetivo de obtener una aproximación a la tendencia de las series a lo largo del siglo, las series de ingresos y egresos fiscales son gráficas con sus correspondientes tendencias calculadas como la media móvil de cinco años". Cuesta, "Crecimiento", 2006, p. 278.

mente el espacio bajo estudio, con el objetivo de diferenciar lo que definimos desde un punto de vista económico en tanto que región Río de la Plata, dentro de la Gobernación del Río de la Plata o de Buenos Aires. Junto a ello, de su biografía, que es de todos conocida en sus rasgos generales, se presentan los aspectos sobre los que nos parece oportuno llamar la atención para comprender la parte de sus libros de caja y otras cuentas que analizaremos. Ello se traduce en una apretada síntesis de la coyuntura rioplatense en la primera mitad del siglo XVIII, vista desde los intereses de la corona española en la región.

Luego tratamos de entender en líneas generales cómo son sus ingresos y sus gastos, con la atención más puesta en los segundos. De modo que, en segundo lugar, se realiza el estudio de las cartas-cuenta entre 1734 y 1742 y en tercer lugar, el de los gastos del sitio a Colonia del Sacramento entre 1735 y 1737. Con ello, nos proponemos aportar elementos para el análisis de la capacidad de movilización de recursos por parte de la corona con fines bélicos y su incidencia en la dinamización de las economías regionales.

La confluencia de intereses de los autores de este texto se encuentra en las preguntas generales para las que los datos provistos pueden ser fuente de contrastación de hipótesis relacionadas con distintos objetos de estudio específicos. Lo que ambos necesitamos conocer para nuestras investigaciones respectivas es en qué gastaba sus ingresos la corona española en América. Por tanto, en las conclusiones se resaltan algunos de los aspectos observados y buscamos relacionarlos con las problemáticas generales abordadas en el simposio que dio pie a este trabajo para el que se elaboró la primera versión de este texto, a saber: las explicaciones existentes sobre el papel de lo fiscal dentro de las monarquías de antiguo régimen.

RÍO DE LA PLATA EN LA PRIMERA MITAD DEL SIGLO XVIII

Desde 1617 hasta 1782 existe una Gobernación del Río de la Plata, dependiente del virreinato del Perú hasta 1777 y del virreinato del Río de la Plata hasta 1782, cuando por aplicación de la Real Ordenanza de Intendentes en 1783 se reconfiguran las jurisdicciones administrativas dentro del virreinato rioplatense. A lo largo de su existencia esa gobernación tuvo un territorio cambiante, no tanto en términos nominales, sino efectivos. En primer lugar, por el lento pero sostenido aumento de la población emergente de la conquista, que se fue diseminando por el territorio. En segundo lugar, y en estrecha relación con lo anterior, los cambios estuvieron signados por los avances y retrocesos en las fronteras indígenas[6] y con Portugal.[7] En el periodo analizado es cuando comienza a salir del control, más nominal que efectivo, del gobernador de Buenos Aires el territorio nombrado Río Grande de San Pedro, que pasa a manos portuguesas y es la base del actual estado brasileño de Rio Grande do Sul.[8] También en ese periodo, con la fundación de Montevideo (1724-1729), se inicia el proceso que culmina en 1752 con la creación de un gobierno militar con sede en dicha ciudad, pero dependiente de la gobernación de Buenos Aires. La aplicación de la Real Ordenanza de Intendentes no introdujo cambios jurisdiccionales en la región; solamente reorganizó su administración.

En el periodo observado, la gobernación del Río de la Plata incluye las jurisdicciones de las ciudades de Buenos Aires, Santa Fe, Corrientes y Montevideo (desde su fundación entre 1724 y 1729). Depende en lo político del virreinato del Perú y en lo jurídico de la Audiencia de Charcas. La ciudad de Corrientes conecta el litoral de los ríos del sur americano con Paraguay, mira hacia ambos mundos y los complementa haciendo de pivote. Santa Fe tiene un peso específico propio y ya era sede de una Tenencia de Gobernación desde antes de que por una reforma jurisdiccional se crease en 1617 la Gobernación del Río de la Plata. Santa Fe quedó con Buenos Aires y en el periodo estudiado aún ocupa un lugar central en los circuitos de la yerba mate. También es cabeza de frontera con los indígenas independientes del Chaco, lo que consume buena parte de sus energías.

Buenos Aires, hacia los años 1730, está en plena ebullición. Y aquí es el momento de justificar nuestro espacio de observación. No miraremos las cuentas de la Real Hacienda en la Gobernación del Río de la Plata, cuya caja principal era la de Buenos Aires y tenía como subordinadas las de Corrientes, Santa Fe y Montevideo. Sólo trabajamos las cuentas de la caja principal, que organiza fiscalmente los límites de lo que llamamos la región Río de la Plata. El mapa 1 propone una hipótesis sobre la territorialidad de la región a fines del siglo XVIII, realizada a partir de estudios sobre la circulación mercantil (véase mapa 1).

Definimos esa región en términos económicos, en tanto que un espacio acuático y térreo, que cubre ambas orillas del río y el río mismo, sin solución

---

[6] Fronteras pampeana y chaqueña.

[7] Para una actualizada síntesis de la historia de esta gobernación véase Fradkin, *Historia*, 2012.

[8] Para una síntesis del proceso de ocupación portuguesa de la zona de Río Grande véase Khun, *Breve*, 2002.

Mapa 1. La región Río de la Plata a fines del siglo XVIII

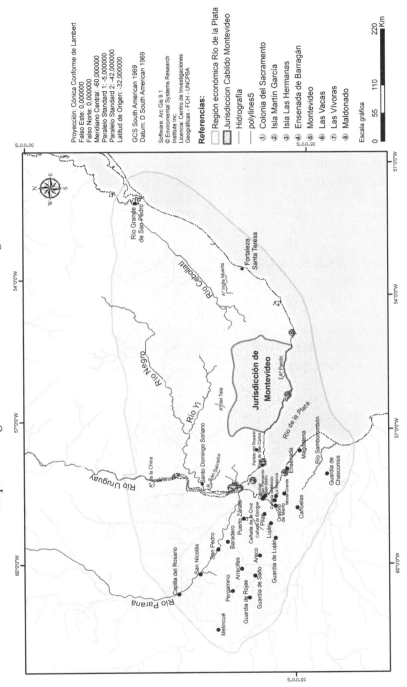

Fuente: Jumar, "Región", 2012, p. 124.

de continuidad a la hora de observar las fuerzas económicas que la integran hacia dentro o las que la vinculan con otras regiones americanas y extra-americanas. Su economía se organiza en torno a un complejo portuario que la articula internamente, al tiempo que sirve de nexo con los circuitos ultra-marinos, los fluviales en dirección de Paraguay y los terrestres en dirección de los dominios castellanos y portugueses en América. También la integra un denso complejo productivo, que provee bienes destinados a la exporta-ción (ganado mular y bovino en pie hacia otras regiones hispanoamericanas o portuguesas; cueros y otros derivados bovinos para los mercados ultra-marinos). Ese complejo productivo regional asimismo provee exitosamente el consumo de la población local (fija y flotante) y de las tripulaciones de los navíos del comercio y del rey para sus viajes de regreso, así como para soldados en tránsito. Finalmente, la región cuenta con un muy activo sector de servicios, desde todos los necesarios para el funcionamiento de la plaza mercantil hasta los relacionados con el mantenimiento a flote de las embarca-ciones, pasando por una compleja oferta de transportes, fluviales, terrestres y combinados.[9]

Los tiempos de la guerra de Sucesión señalan el primer auge de la eco-nomía regional,[10] como derivación de una serie de factores concomitantes que la hacen participar de lleno en la contienda, en todos sus niveles. En lo político, eligiendo libremente el bando Borbón (diciembre de 1701), al que sostuvo con donativos al tiempo que negoció con el pretendiente Anjou parcelas importantes de poder para su oligarquía.[11] Esa pronta fidelidad fue premiada, Luis XIV y su nieto decidieron abrir en Buenos Aires una de las factorías de la *Compagnie de Guinée et de l'Assiento* (en operaciones desde 1703),[12] que introduce el comercio de esclavos en proporciones desconocidas en la región. Se suma el comercio directo francés, que impuso un ritmo a los cir-cuitos inédito con anterioridad, lo mismo que a la producción y los servicios a la navegación.[13]

La fidelidad porteña al Borbón sin duda se reafirma ante el cambio de alianzas que supuso el paso de Portugal al bando del archiduque Carlos, y más aún si los porteños se llegaron a enterar de que se ofreció a los Braganza

[9] Jumar y Biangardi, "Conjunción", 2013.
[10] Jumar, "Primer", 2008.
[11] Jumar, "Precio", 2004.
[12] Sigue siendo esencial en el análisis de los entretelones del contrato del Asiento el clásico de Scelle, *Traite*, 1906, vol. II.
[13] Jumar, "Commerce", 2006.

que se fijaría la frontera sudamericana entre las coronas ibéricas en el río de la Plata. Y allí lo general se entrecruza con lo local. Sobre la banda norte del río, justo enfrente de Buenos Aires, se encontraba la ciudad portuguesa de Colonia del Sacramento desde 1683. Los porteños ven de buen grado su papel de *entrepôt*, pero no toleran la idea de que se convierta en una cabeza de una colonia de poblamiento, que es lo que busca Portugal. Desde mediados de la década de 1690 Buenos Aires reclama la expulsión de los portugueses, muy posiblemente porque estos se estaban dedicando cada vez más a la explotación del ganado bovino cimarrón que los porteños habían logrado que Felipe III reconociera como propiedad colectiva de sus vecinos beneméritos. Así llega la faz bélica, traducida en la expulsión de los portugueses de Colonia del Sacramento en octubre de 1705.[14]

La cercanía del fin de la guerra reanudó la presencia mercantil del circuito legal castellano (1712).[15] Los arreglos de paz cambiaron a los franceses por los ingleses en la trata esclavista (1715)[16] y trajeron de vuelta a los portugueses a la Colonia del Sacramento (1716).[17] Con independencia de estos cambios, los circuitos siguen dinámicos y el ritmo de extracción de cueros también. Mudan los interlocutores.

En los años 1720 los portugueses se expanden sobre la campaña oriental, y la ocupación toma todos los signos de una colonia de poblamiento. Inclusive se funda una segunda ciudad portuguesa en la zona, en la bahía de Montevideo (diciembre de 1723), y de su expulsión nace la castellana San Felipe de Montevideo (entre 1724 y 1729).

Las tensiones se acumulan en el río y el tema de conflicto es la explotación del ganado. No sólo entre porteños y sacramentinos, sino también con los noveles montevideanos. Nuevamente lo general se mezcla con lo local y es muy bien recibida la oportunidad de poner coto a los portugueses una vez más desparramados por la campaña tras la restitución de 1716. En el contexto de los prolegómenos de lo que se llamó la guerra de la Oreja de Jenkins, a comienzos de 1735 llega a Buenos Aires la orden de expulsión. Las pocas fuerzas de línea, las milicias porteñas y un importante contingente

---

[14] Jumar, *Commerce*, 2010. Véase especialmente el capítulo 3, "Le complexe portuaire rioplatense avorté, 1680-1715", pp. 117-180.

[15] *Ibid.* Véase el capítulo 5, "Les exportations du Río de la Plata, 1716-1778", pp. 235-326.

[16] *Ibid.* Véase el capítulo 5.1.1.4.a "Les activités de la South Sea Company dans le Río de la Plata, 1715-1740", pp. 239-244.

[17] Para detalles sobre la ocupación portuguesa durante el periodo: *Ibid.* Véase el capítulo 4, "Colonia del Sacramento et le complexe portuaire rioplatense, 1716-1777", pp. 185-234; Paredes, "Comercio", 1996, y Prado, *Colônia*, 2002, y "Shadow", 2009.

de indígenas regidos por los jesuitas parten en guerra en el mes de octubre, pero su acción eficaz se limita a saquear los establecimientos productivos que los portugueses habían desplegado en la campaña y obligar a sus moradores a tomar refugio en la ciudad. Cuando llegó el turno de asaltar la Colonia, el gobernador Salcedo quedó varado frente a las murallas, dando inicio a un sitio e intento de bloqueo naval. Este sitio a Colonia y la conservación detallada de sus cuentas permiten ver de muy cerca en qué gastaba el rey lo recaudado en América.

LAS CUENTAS DE LA REAL HACIENDA EN LA CAJA DE BUENOS AIRES, 1734-1742

La elección del periodo estuvo determinada por la necesidad de dar un contexto a las cuentas del sitio a Colonia y ello trajo dudas sobre su validez como mirador susceptible de servir de base para formular preguntas en torno al papel de la Real Hacienda en la economía local. Enseguida nos convencimos de que estábamos observando un periodo normal. Un sondeo de las cartas-cuenta hasta el fin de la pertenencia al virreinato del Perú (1777) y durante el virreinato del Río de la Plata (1777-1810), más la bibliografía disponible centrada en la fiscalidad virreinal y la general para la región durante el antiguo régimen muestran que lo anormal en Río de la Plata son los años en que la caja no debe satisfacer de modo prioritario gastos militares. Hasta la expedición de Cevallos (1776-1777) la Caja es requerida constantemente por gastos relacionados con la presencia portuguesa en Colonia del Sacramento, de modo directo[18] o indirecto.[19] A ello se suma desde mediados de los años 1760 importantes gastos destinados a explorar y ocupar (tenuemente) las costas patagónicas y las islas del Atlántico sur. Estos últimos gastos continuaron en tiempos del virreinato del Río de la Plata a los que se sumaron los relacionados con la represión de las revueltas altoperuanas[20] y, por supuesto,

[18] Como la expulsión de 1680, la de 1705, el sitio de 1735-1737; el mantenimiento de un campo de bloqueo terrestre desde 1737 en adelante; varias escuadras de navíos de guerra; la campaña de 1762-1763 que llegó hasta lo que hoy es Río Grande do Sul (Brasil); el mantenimiento de la tropa y navíos que llegaron con Cevallos, etcétera.

[19] Los crecidos gastos de las comisiones demarcadoras de límites de 1750-1760, de 1778, de 1801; los costos de la guerra contra los guaraníes que se resistieron a ser pasados al dominio portugués en virtud de un tratado de 1750; el mantenimiento de las corsarias y de las partidas terrestres que intentaban controlar el comercio ilegal; etcétera.

[20] Las de la década de 1780, pero también las de fines de la primera década del siglo XIX.

de la invasión inglesa de 1806-1807. Antes y después de la creación del virreinato del Río de la Plata, también hay que considerar los gastos causados por los enfrentamientos con los indígenas independientes, en las fronteras pampeana, oriental y chaqueña. De modo que lo anormal en esta región sería elegir años sin este tipo de gastos, lo que además se traduciría en periodos muy cortos de análisis.

Independientemente de la inclusión de la Gobernación del Río de la Plata en el virreinato del Perú, el virrey de Lima poco intervenía en la vida local y en los temas importantes; lo habitual era la comunicación directa con la corte. En temas fiscales, el principal papel del virrey limeño es aplicar las órdenes recibidas desde la corte en relación con las transferencias a Río de la Plata desde la caja potosina. Las pocas intervenciones de la corte virreinal en materia económica en general[21] y/o fiscal en particular terminaron en fracaso por acciones emprendidas por los intereses locales ante la Audiencia de Charcas y, más frecuentemente, ante las autoridades residentes en Europa.

Recién a mediados de los años 1740 el Tribunal Mayor de Cuentas del virreinato del Perú logró que se realizaran las necesarias cartas-cuenta con las que de lejos se podía tener algún control sobre los ingresos y su destino. Se las comenzó a elaborar en 1746 de modo retroactivo desde 1688. Recién se comienza a estar al día con la carta-cuenta del periodo enero de 1753 a diciembre de 1754. Luego los ejercicios fueron anuales. Metodológicamente ello nos ayuda, ya que la serie de datos fue recopilada por los mismos individuos, lo que le confiere unidad de criterios en su elaboración.

Las cartas-cuenta que serán utilizadas en este trabajo cubren el periodo 22 de abril de 1734 a 8 de noviembre de 1742.[22] Durante esos años los

[21] El intento más serio de intervención que conocemos es de 1748, cuando el virrey limeño cerró formalmente el acceso del comercio emprendido desde el complejo portuario rioplatense en dirección del Alto y Bajo Perú. La prohibición formal se mantuvo hasta que se creó el virreinato del Río de la Plata y su derogación es anterior en un año al Reglamento de Libre Comercio. Sin embargo, al estudiar las licencias de comercio negociadas con la Casa de la Contratación para Río de la Plata hasta 1778, se observa que siempre se establecen excepciones y que la ruta sigue abierta de un modo u otro. El argumento que seguramente guió a la corte fue el dado por los comerciantes ultramarinos presentes en Río de la Plata al tiempo del establecimiento de la prohibición, que organizaron la primera Junta de Comercio local sobre la que se tienen noticias. De modo apenas velado adujeron que si no se les permitía el tráfico legal, recurrirían al ilegal. De todos modos, los comerciantes que operaban desde Río de la Plata no necesitaban acceder directamente al Alto Perú para entrar en los circuitos de los metales preciosos: mediante sus acciones captaban los que las regiones a su vez recibían como pago de los insumos que vendían a los distritos mineros. Archivo General de la Nación (en adelante AGN), IX-43-1-2-5, y Jumar, *Commerce*, 2010, p. 109.

[22] Los originales se conservan en el Archivo General de Indias (en adelante AGI), Contaduría 1894A y B, y los borradores en AGN, XIII-14-1-3.

oficiales reales propietarios de la Caja de Buenos Aires eran Diego de Sorarte[23] (contador) y Alonso de Arce y Arcos[24] (tesorero). Pero durante todo el periodo estuvieron suspendidos en sus cargos por estar bajo proceso, y los cierres de las cartas-cuenta siguen el ritmo del cambio de los oficiales reales sustitutos.[25]

Son de sobra conocidas las prevenciones metodológicas que hay que considerar para la explotación de estas fuentes. Por ello se despejaron todas las transferencias entre los diversos ramos para llegar a contar con series de ingresos y egresos efectivos. Luego, la información fue organizada en función de nuestros objetivos, que no son el análisis del desempeño de la Real Hacienda en general, sino de su papel en la dinamización de la economía regional (véase cuadro 1).

Como muestra el cuadro 1, tras despejar los movimientos entre ramos, las cartas-cuenta consideradas dejan un remanente de 70 185.903 pesos. El cuadro 2 presenta una síntesis de los ingresos y se observa que mayoritariamente se compusieron por remesas hechas desde la Caja Real de Potosí (55.72%), mientras que los diversos ingresos regulares de la Caja de Buenos Aires aportaron 32.40%. El resto, 11.87%, se compuso de préstamos realizados por particulares para hacer frente a la expedición contra Colonia del Sacramento.

Del lado de los egresos, los cuadros 3 y 4 muestran que 84.17% se destinó a gastos militares. Del resto, 4.43% se empleó en gastos religiosos, 3.84% en el sostenimiento del aparato burocrático, 0.52% en el del Real Hospital, 5.95% para devolver préstamos a particulares y el 1.09% restante

---

[23] Se hizo cargo en calidad de propietario de la contaduría de la Caja de Buenos Aires el 2 de enero de 1711 (por jubilación del predecesor) y se mantiene en el cargo, aunque con numerosas interrupciones por estar sometido a proceso por irregularidades, hasta su fallecimiento el 20 de agosto de 1743. Al momento de su fallecimiento todos sus bienes y salarios estaban embargados desde 1734, cuando fue suspendido en el cargo. Lamentablemente, la Real Ejecutoria (El Pardo, 15 de marzo de 1743) que lo absolvía, reintegraba en el cargo y desembargaba sus bienes llegó a Buenos Aires tras su muerte, con lo que no tuvo el consuelo de fallecer sabiendo que su honor y el de su familia había sido restablecido. AGN, Sucesiones 8410.

[24] Recibió el empleo como gracia real en 1717 cuando contaba con 23 años de edad y como parte de varias compensaciones con que Felipe V colmó a su familia por las desdichas de su padre, Alonso de Arce y Soria, quien tras haber obtenido el cargo de gobernador de Buenos Aires como contraprestación de un donativo de 30 000 pesos en 1708, no pudo entrar en posesión del cargo por resistencias del Cabildo de Buenos Aires y falleció allí, fuertemente endeudado, en 1713.

[25] A) Entre el 22 de marzo de 1734 y el 9 de diciembre de 1736, Juan Antonio de Zavallos (tesorero) y Juan Martín de Mena y Mascarria (contador). B) Entre el 10 de diciembre de 1736 y el 7 de noviembre de 1739, Juan Martín de Mena y Mascarria (tesorero) y Juan Gutiérrez de Paz (contador). C) Entre el 8 de noviembre de 1739 y el 8 de noviembre de 1742, Juan Martín de Mena y Mascarria (tesorero) y Juan de Arozarena (contador).

Cuadro 1. Síntesis de ingresos y egresos, Caja de Buenos Aires, 20/03/1734 a 08/11/1742. En pesos de a 8 reales

Ramo	Ingresos	Egresos	Saldo
Real Hacienda	404 795.328	286 924.011	117 871.317
Depósitos	234 048.958	157 077.735	76 971.222
Medias anatas	13 303.199		13 303.199
Situados	896 926.489	881 714.750	15 211.739
Penas de cámara	593.313	62.500	530.813
Derecho del 10%	9 292.328		9 292.328
Gastos de guerra	991 014.059	707 479.344	283 534.715
Navíos del rey		516 522.143	–516 522.143
Nuevo impuesto	111 022.669	21 907.081	89 115.588
Real Hospital	14 778.000	13 609.250	1 168.750
Arbitrios p/Santa Fe	6 009.750	26 301.375	–20 291.625
Total	2 681 784.092	2 611 598.189	70 185.903

Nota: Para simplificar la presentación de los datos, en todo el trabajo las unidades monetarias fueron convertidas al sistema decimal mediante la fórmula $n,000\ pesos = x\ pesos + y\ reales/8 + z\ maravedís/272$.

Fuente: Cartas-cuenta de los Oficiales Reales de Buenos Aires, 20 de marzo de 1734 a 9 de diciembre de 1736; 10 de diciembre de 1736 a 7 de noviembre de 1739 y 8 de noviembre de 1739 a 8 de noviembre de 1742. AGN, XIII-14-1-3.

lo agrupamos en una difusa cuenta de "varios", compuesta por gastos que no se pueden atribuir a los rubros anteriores y que en función de nuestros intereses no pareció oportuno detallar para así simplificar los cuadros.

Algo a señalar: las cartas-cuenta no registran como data remesa alguna a los reinos peninsulares, con lo que observamos que en esos años el rey no se llevó nada de la Caja de Buenos Aires para la tesorería central. Esto se confirma a su vez en otro trabajo en el que se puede observar que en los diez navíos que partieron del complejo portuario rioplatense por dentro del circuito español durante el periodo observado ahora no se registra ni un solo embarque por cuenta de la Real Hacienda.[26]

Las cifras presentadas no reflejan el total de las sumas manejadas por los oficiales reales porteños, ya que dejamos fuera de nuestros cálculos los ramos que durante el periodo no registraron movimientos, arrastrándose

---

[26] Jumar, Commerce, 2010. Véase tabla C, anexo al capítulo v, pp. 604-610.

Cuadro 2. Resumen de los ingresos, Caja de Buenos Aires, 20/03/1734 a 08/11/1742. En pesos de a 8 reales

Ramo	Ingreso	Remesas desde Potosí	Préstamo de particulares	Total
Real Hacienda	404 795.328			404 795.328
Depósitos	234 048.958			234 048.958
Medias anatas	13 303.199			13 303.199
Situados	12 560.551	884 365.938		896 926.489
Penas de cámara	593.313			593.313
Derecho del 10%	9 292.328			9 292.328
Gastos de guerra	62 581.684	610 000.000	318 432.375	991 014.059
Navíos del rey				
Nuevo impuesto	111 022.669			111 022.669
Real Hospital	14 778.000			14 778.000
Arbitrios p/Santa Fe	6 009.750			6 009.750
Total	868 985.779	1 494 365.938	318 432.375	2 681 784.092
	32.40%	55.72%	11.87%	100.00%

Fuente: Cartas-cuenta de los Oficiales Reales de Buenos Aires, 20 de marzo de 1734 a 9 de diciembre de 1736; 10 de diciembre de 1736 a 7 de noviembre de 1739 y 8 de noviembre de 1739 a 8 de noviembre de 1742. AGN, XIII-14-1-3.

remanentes previos que a su vez se vuelcan para la siguiente carta-cuenta.[27] Tampoco consideramos los movimientos en las cuentas de la factoría de la South Sea Company en Buenos Aires, ya que los mismos funcionarios señalan que los registran pero que no los administran ni son considerados a la hora de establecer los alcances generales de cada carta-cuenta analizada. Finalmente, no recogemos el valor asignado en las cartas-cuenta a las existencias de plata labrada y en pasta que se registra en cuentas separadas, en las cuales se consigna los tinteros de la Caja o metales decomisados aparentemente en espera de decisión sobre su destino, ya que tampoco entran en los movimientos globales de las cuentas.[28]

---

[27] Se trata de dos cuentas particulares de tiempos de la guerra de Sucesión. Una relacionada con los gastos de la expulsión de los portugueses de Colonia del Sacramento en 1705 (con un saldo positivo de 79 pesos 2 reales y 29 maravedís) y la otra con el decomiso de un navío francés en 1712 (con un saldo positivo de 31 pesos 2 reales y 11½ maravedís).

[28] En el cierre del último ejercicio analizado sumaban 510 marcos 5 onzas y 2 adarmes.

La dinámica interna del funcionamiento de la Caja se obtiene observando también el movimiento entre las cuentas (véanse cuadros 5 y 6).

Como se observa a simple vista, todos los ramos fueron llamados en un momento u otro a sostener los gastos militares, lo que se confirma en el cuadro 3. Así se explica, por ejemplo, la data de los "navíos de rey" del cuadro 1 para la que no hay ingresos genuinos. Pero si se miran en detalle los cuadros 5 y 6 se ve que los saldos del resto del cuadro 1 son en algo engañosos aun si dan positivos, ya que cada uno, en un momento u otro, participó de los movimientos entre las cuentas. En relación con estos movimientos, algunas veces las transferencias se hacían con cargo de reintegro y otras no, dependiendo de la cuenta de origen y el destino de los fondos. Por ejemplo, los movimientos desde situado a gastos de guerra registrados no debían ser reintegrados dada la naturaleza de su afectación, convirtiéndose de algún modo en ingreso genuino de gastos de guerra. Como no contamos con precisiones al respecto para cada transferencia, se optó por tratar a todas como si hubieran sido realizadas con cargo de reintegro.

EL INGRESO

Del conjunto de ramos de la Real Hacienda en Buenos Aires y dado que nuestro interés principal está en el gasto, sólo miraremos con algún detalle algunos rubros que presentan características particulares en función de las descripciones generales sobre la composición de los cargos y la naturaleza de los derechos percibidos. Para el caso de la Caja de Buenos Aires, la descripción más densa –y reciente– es la realizada por Martín Cuesta, que opera como contexto. Nuestro objetivo aquí es dar una idea general del origen de los fondos manejados por los oficiales reales porteños, con la mira puesta en anticipar el origen de los fondos que financiaron gastos que pretendemos mirar más de cerca.

El ramo de Real Hacienda

En el periodo observado, el ramo de Real Hacienda se compone de seis subramos: General de Real Hacienda, Alcabalas de mar y tierra, Oficios, Papel sellado, Tributos y Pulperías. En el cuadro 7 se organizó la información para ver de cerca qué tipos de ingresos se trata. En los ingresos del ramo entre

Cuadro 3. Egresos, Caja de Buenos Aires,

Gastos militares

Ramo	Buenos Aires	Santa Fe	Montevideo	Expedición al Paraguay	Expedición contra Colonia	Campo del Bloqueo
Real Hacienda	2 000.000	0.000	0.000	0.000	0.000	0.000
Depósitos	0.000	0.000	0.000	0.000	0.000	0.000
Medias anatas	0.000	0.000	0.000	0.000	0.000	0.000
Situado	881 714.750	0.000	0.000	0.000	0.000	0.000
Penas de cámara	0.000	0.000	0.000	0.000	0.000	0.000
Derecho del 10%	0.000	0.000	0.000	0.000	0.000	0.000
Gastos de guerra	0.000	23 849.031	69 532.906	30 974.938	226 425.375	168 451.563
Fragatas	0.000	0.000	0.000	0.000	0.000	0.000
Nuevo impuesto	13 945.688	0.000	96.625	0.000	0.000	0.000
Real Hospital	0.000	0.000	0.000	0.000	0.000	0.000
Arbitrios p/ Santa Fe	0.000	26 301.375	0.000	0.000	0.000	0.000
Total	897 660.438	50 150.406	69 629.531	30 974.938	226 425.375	168 451.563

Fuente: Cartas-cuenta de los Oficiales Reales de Buenos Aires, 20 de marzo de 1734 a 9 de diciembre de AGN, XIII-14-1-3.

20/03/1734 a 08/11/1742. En pesos de a 8 reales

Navíos del rey	Gastos religiosos	Aparato burocrático	Real Hospital	Devolución préstamos de particulares	Varios	Total
16 728.813	112 507.843	82 918.257	0.000	55 400.000	17 369.097	286 924.011
136 000.000	3 086.000	9 352.147	0.000	0.000	8 639.588	157 077.735
0.000	0.000	0.000	0.000	0.000	0.000	0.000
0.000	0.000	0.000	0.000	0.000	0.000	881 714.750
0.000	0.000	62.500	0.000	0.000	0.000	62.500
0.000	0.000	0.000	0.000	0.000	0.000	0.000
85 734.656	0.000	0.000	0.000	100 000.000	2 510.875	707 479.344
516 522.143	0.000	0.000	0.000	0.000	0.000	516 522.143
0.000	0.000	7 864.768	0.000	0.000	0.000	21 907.081
0.000	0.000	0.000	13 609.250	0.000	0.000	13 609.250
0.000	0.000	0.000	0.000	0.000	0.000	26 301.375
754 985.612	115 593.843	100 197.673	13 609.250	155 400.000	28 519.561	2 611 598.189

1736; 10 de diciembre de 1736 a 7 de noviembre de 1739 y 8 de noviembre de 1739 a 8 de noviembre de 1742.

Cuadro 4. Distribución de los egresos, Caja de Buenos Aires, 20/03/1734 a 08/11/1742. En pesos de a 8 reales

Gastos		Porcentaje sobre gastos militares		Porcentaje sobre el total de los gastos
Militares	Buenos Aires	40.83		34.37
	Santa Fe	2.28		1.92
	Montevideo	3.17		2.67
	Exp. Paraguay	1.41		1.19
	Expedición a Colonia	10.30		8.67
	C. del Bloqueo	7.66		6.45
	Navíos del rey	34.34		28.91
	Total	100.00	Subtotal	84.17
Religiosos				4.43
Burocracia				3.84
Real Hospital				0.52
Devolución préstamos				5.95
Varios				1.09
			Subtotal	15.83
			Total	100.00

Fuente: Cartas-cuenta de los Oficiales Reales de Buenos Aires, 20 de marzo de 1734 a 9 de diciembre de 1736; 10 de diciembre de 1736 a 7 de noviembre de 1739 y 8 de noviembre de 1739 a 8 de noviembre de 1742. AGN, XIII-14-1-3.

marzo de 1734 y noviembre de 1742 dominan los aportes provenientes de la represión del tráfico ilegal (42.09% entre alcabala, almojarifazgo y las partes que le tocaban al rey del producto de las almonedas), de Tributos (23.68%) y del arriendo de la alcabala terrestre de Buenos Aires (15.08%).[29]

Los 361 064.697 pesos que conforman los ingresos propios del ramo representan 89.2% del total, el resto es el residuo del ejercicio anterior. Entre

[29] Desde 1729 las alcabalas terrestres de Buenos Aires (que unen lo que en otros dominios son las alcabalas del viento y la fija) dejan de estar en manos del Cabildo para pasar al cuidado de particulares mediante arriendo. En el periodo hay dos remates. Se observan los dos últimos años del que obtuvo Jacinto de Aldado (1734-1737) por 6 400 pesos/año y los cuatro años del remate de Gaspar de Bustamante (1738-1741) por 9 500 pesos cada uno. Aunque referido a un periodo posterior (1746-1760), para un acercamiento al funcionamiento del arriendo de las alcabalas porteñas, véase Trujillo, "Evasión", 1999.

las notas particulares a señalar figura que ingresaron en el ramo general de Real Hacienda 21 000 pesos en julio de 1741 y 42 826.25 pesos en abril de 1742 remitidos desde la Caja de Potosí, como trasvase del cobro de una parte del pago de una importante partida de hierro que fue decomisada y subastada en Río de la Plata.[30] No se diferenciaron los 63 826.25 pesos resultantes en tanto que remitidos desde Potosí, aunque así pasó, porque consideramos que aunque el dinero se haya depositado en Potosí revela un ingreso genuino de la caja porteña relacionado con la represión del tráfico ilegal.

Es un lugar común en la historiografía referida a Río de la Plata que la represión del comercio ilícito fue ineficaz, pero al menos sirvió para aportar 42.09% (almojarifazgo, alcabala y partes del rey sobre los comisos)[31] de los ingresos de libre disposición para atender los gastos de la gobernación, además de generar interesantes estímulos para la iniciativa privada[32] y buenos complementos de los salarios de varias categorías de funcionarios.[33]

Los tributos corresponden en su mayor parte a las misiones jesuitas (99.47%),[34] y el resto a reducciones cercanas a Buenos Aires, origen de las actuales ciudades de Baradero (0.35%) y Quilmes (0.17%). Sin duda ello explica que en las datas parte importante de los gastos religiosos se relacionen con los sínodos y ayudas de costa de los padres misioneros. Con estos ingresos y egresos nos acercamos al tema del origen de las sumas que manejaban los oficiales reales porteños y a preguntas en torno a en qué medida el gasto local estaba financiado por otros espacios americanos. Para responder a ese tipo de preguntas se suele considerar únicamente el situado, pero al menos en el periodo observado, no sólo se remite el situado desde Potosí. Ello se compensa con el hecho de que desde la Caja de Buenos Aires se cubren gastos de otros espacios también, lo que nos lleva a recordar que mediante

[30] Los postores sobre quienes recayó finalmente la almoneda ofrecieron quince pesos de aumento sobre la última oferta, pero con la condición de que pudieran ser pagados en Potosí.

[31] Ciertamente, no es posible saber qué proporción del tráfico ilícito fue interceptada y las preguntas pertinentes se formulan en otro trabajo que analiza los comisos entre 1693 y 1777, véase Jumar y Paredes, "Comercio", 2008.

[32] Dada la entrega de una parte del producto de la venta en almoneda a los aprehensores de contrabando se observó la aparición de empresas destinadas a ese fin. Jumar y Paredes, "Comercio", 2008.

[33] Una investigación que incluya análisis a partir de los salarios percibidos por los funcionarios reales debería incluir los ingresos originados por su intervención en las causas judiciales (y no sólo las originadas por la represión del tráfico ilícito). Como se observa en las tasaciones de costas, los funcionarios reciben hasta un peso por cada intervención, mediante el recuento de sus firmas presentes en los escritos.

[34] En 1729 treinta de las reducciones jesuitas emplazadas al noreste del río de la Plata fueron puestas bajo la jurisdicción del gobernador de Buenos Aires, sacándolas entonces de la del gobernador del Paraguay.

Cuadro 5. Cargo, transferencias, Caja de Buenos

Ramo receptor

Ramo emisor	Real Hacienda	Depósitos	Medias anatas	Situados	Penas de cámara	Derecho del 10%
Real Hacienda		6 890.063				
Depósitos	700.434					
Medias anatas						
Situado						
Penas de cámara						
Derecho del 10%						
Gastos de guerra	137 758.926	75 513.813	5 889.875	12 752.967	504.000	9 291.695
Fragatas	6 000.000					
Nuevo impuesto	500.000					
Real Hospital	2 000.000					
Arbitrios p/ Santa Fe						
Total	146 959.360	82 403.875	5 889.875	12 752.967	504.000	9 291.695

Fuente: Cartas-cuenta de los Oficiales Reales de Buenos Aires, 20 de marzo de 1734 a 9 de diciembre de AGN, XIII-14-1-3.

Aires, 20/03/1734 a 08/11/1742. En pesos de a 8 reales

Gastos de guerra	Fragatas	Nuevo impuesto	Real Hospital	Arbitrios p/ Santa Fe	Total
6 000.000		6 826.224		40.000	19 756.287
6 000.000					6 700.434
	3 000.000	63 496.118	837.250	2 520.000	311 564.643
514 146.331					520 146.331
7 058.000					7 558.000
3 422.000					5 422.000
12 520.000		6 920.250		4 358.188	23 798.438
549 146.331	3 000.000	77 242.592	837.250	6 918.188	894 946.132

1736; 10 de diciembre de 1736 a 7 de noviembre de 1739 y 8 de noviembre de 1739 a 8 de noviembre de 1742.

Cuadro 6. Data, transferencias, Caja de Buenos Aires, 20/03/1734 a 08/11/1742. En pesos de a 8 reales

Ramo receptor

Ramo emisor	Real Hacienda	Depósitos	Gastos de guerra	Fragatas	Nuevo impuesto	Real Hospital	Arbitrios p/ Santa Fe	Total
Real Hacienda		6 653.243	128 122.364		500.000	2 000.000		137 275.607
Depósitos	6 890.063		69 513.813					76 403.875
Medias anatas			5 889.875					5 889.875
Situado			12 752.967					12 752.967
Penas de cámara			504.000					504.000
Derecho del 10%			9 291.695					9 291.695
Gastos de guerra	6 000.000	6 000.000		507 234.331	7 058.000	3 422.000	12 773.250	542 487.581
Fragatas			5 520.000					5 520.000
Nuevo impuesto	6 826.224		31 541.750	21 563.868		4 590.500	21 310.750	85 833.092
Real Hospital								
Arbitrios p/ Santa Fe			2 520.000					2 520.000
Total	19 716.287	12 653.243	265 656.463	528 798.199	7 558.000	10 012.500	34 084.000	878 478.691

Fuente: Cartas-cuenta de los Oficiales Reales de Buenos Aires, 20 de marzo de 1734 a 9 de diciembre de 1736; 10 de diciembre de 1736 a 7 de noviembre de 1739 y 8 de noviembre de 1739 a 8 de noviembre de 1742. AGN, XIII-14-1-3.

Cuadro 7. Ramo de Real Hacienda, ingresos, Caja de Buenos Aires,
20/03/1734 a 08/11/1742. En pesos de a 8 reales

Origen del ingreso	Pesos	Porcentaje
Comisos. Almojarifazgo y partes del rey	135 643.659	37.57
Comisos. Alcabala	16 316.142	4.52
Diezmos. Reales novenos y arriendo	2 385.348	0.66
Almojarifazgo de salida	1 431.688	0.40
Alcabala de mar	5 470.949	1.52
Alcabala terrestre. Arriendo	54 460.000	15.08
Yerba y tabaco de Paraguay	13 239.967	3.67
Oficios	5 600.085	1.55
Papel sellado	5 580.485	1.55
Tributos	85 512.375	23.68
Pulperías. Arriendo	10 640.000	2.95
Varios	24 784.000	6.86
Subtotal	*361 064.697*	100.00
Residuo cuenta previa	43 730.631	
Total	404 795.328	

Fuente: Cartas-cuenta de los Oficiales Reales de Buenos Aires, 20 de marzo de 1734 a 9 de diciembre de 1736; 10 de diciembre de 1736 a 7 de noviembre de 1739 y 8 de noviembre de 1739 a 8 de noviembre de 1742. AGN, XIII-14-1-3.

la observación de las cuentas de la caja porteña no se tiene un panorama de la Real Hacienda en la gobernación de Buenos Aires y que para hacerlo habría que incluir los movimientos de las cajas de Santa Fe, Corrientes y Montevideo. Y ello aún no sería suficiente para esclarecer del todo las cuentas, ya que, como se verá enseguida, también se mezclan en las cuentas de la Gobernación del Río de la Plata ingresos y egresos correspondientes a la Gobernación del Paraguay, lo que lleva a pensar que desde temprano Buenos Aires tuvo injerencia en la administración de otras jurisdicciones.

Así, la yerba y el tabaco vendidos por cuenta de la Real Hacienda porteña procedían de los derechos que en Paraguay se cobraban en especie y que se remitían a Buenos Aires para ser convertidos en metálico. Suponemos que es por ello que desde la Caja de Buenos Aires se pagaban ayudas de costas de los sacerdotes de la catedral de Asunción, así como el salario del gobernador paraguayo.

La exigüidad de la alcabala de mar se explica porque durante el periodo hubo una sola nave del comercio legal castellano en el complejo portuario rioplatense y, sobre todo, porque por la aplicación del palmeo era posible que se la cobrase antes de la salida de Cádiz, como se establecía en la mayoría de las licencias que autorizaban la circulación de navíos de registro en dirección del complejo portuario rioplatense. Las alcabalas recaudadas se relacionan con una parte de la carga de los registros pertenecientes a Francisco de Alzaybar (llegados antes del periodo observado), a quien se le autorizó a pagarlas en América y en las cajas en donde se despachasen los bienes, debido a varios servicios que tenía prestados a la corona. El almojarifazgo de salida corresponde por entero a pagos de los directores de la factoría de la South Sea Company en Buenos Aires por el embarque de 34 000 cueros al pelo en cuatro navíos.

Del resto de los ingresos del ramo, diezmos, oficios, papel sellado, pulperías y "varios", sólo daremos algunas indicaciones sobre el último. Se trata de ingresos correspondientes a embargos realizados a los tesoreros de Santa Fe y de Corrientes por alcances negativos de sus cuentas; condenas a capitanes de navíos o a funcionarios por diversos motivos; devoluciones de costas percibidas por funcionarios intervinientes en procesos judiciales y que por algún motivo luego se estableció que el pago fue indebido; reintegros al ramo de sumas avanzadas para gastos finalmente no efectuados; venta de partes de navíos del rey que se desguazaron en Río de la Plata. Se tornan interesantes sólo en una observación tendente a explicar el cargo y confirman que una investigación consagrada al desempeño de la Real Hacienda en la gobernación de Buenos Aires debe aunar en la mirada la Caja porteña y las de Corrientes, Santa Fe y Montevideo.

Situados y remesas extraordinarias desde Potosí

Como se señaló, en el periodo observado el aporte de la Caja potosina no se limitó al situado, pero en nuestros cuadros sólo se discriminan las remesas que se pueden considerar como aportes extraordinarios o que no pueden ser considerados como ingresos genuinos de la Caja porteña aunque depositados en el Alto Perú (véanse cuadros 8 y 9).

Considerando la monarquía como un todo heterogéneo pero articulado en función de los objetivos dinásticos de la casa reinante, en permanente negociación con el conjunto de poderes regionales en los distintos hemisferios, el envío de importantes sumas desde la Caja Real de Potosí a la de Buenos Aires para –intentar– asegurar la defensa de la "puerta trasera" del haz de rutas que

Cuadro 8. Remesas extraordinarias desde Potosí, ingresos, Caja de Buenos Aires, 20/03/1734 a 08/11/1742. En pesos de a 8 reales

Fecha	Destino	Monto
20/02/1736	Gastos contra los portugueses	100 000.000
23/04/1737	Sin afectación precisa	100 000.000
08/10/1737	Sin afectación precisa	200 000.000
12/02/1740	Sin afectación precisa	50 000.000
03/07/1741	Fortificación de Montevideo	40 000.000
24/01/1742	Escuadra de Pizarro	100 000.000
24/04/1742	Escuadra de Pizarro	20 000.000
	Total	610 000.000

Fuente: Cartas-cuenta de los Oficiales Reales de Buenos Aires, 20 de marzo de 1734 a 9 de diciembre de 1736; 10 de diciembre de 1736 a 7 de noviembre de 1739 y 8 de noviembre de 1739 a 8 de noviembre de 1742. AGN, XIII-14-1-3.

llevaban a los distritos mineros, puede ser considerado como un recurso racional y legítimo que redundaba en la defensa del Alto Perú y en la preservación del control de los circuitos mercantiles para los vasallos de la corona española a ambos lados del Atlántico. Estos traspasos pueden ser tomados como reveladores de una racionalidad administrativa tendente a reducir costos, tiempos y riesgos, ya que la otra opción para que llegasen a Buenos Aires los recursos necesarios para la defensa del conjunto del cual el Alto Perú formaba parte, toda vez que no se quisiera usar fondos recaudados en los reinos peninsulares, habría sido que los excedentes potosinos tomasen la larga ruta de los galeones para llegar a los reinos peninsulares y desde allí se remitiesen al río de la Plata.

Los 610 000 pesos remitidos desde la Caja potosina a gastos de guerra tuvieron por finalidad colaborar con los gastos ocasionados por el sitio a Colonia del Sacramento (100 000 pesos), por la fortificación de Montevideo (40 000 pesos) y por los navíos del rey (120 000 pesos). También hay envíos a disposición del gobierno de Buenos Aires para gastos relacionados con la defensa pero sin afectación específica previa (350 000 pesos) o que no podemos conocer por los registros contables que estamos manejando.

El situado sumó 896 926.489 pesos, de los que sólo se traspasaron sumas a gastos de guerra (12 752.967 pesos): para solventar gastos del sitio a Colonia (11 497 pesos), para los navíos del rey (1 224.467 pesos) y 30.5 pesos sin precisiones sobre su destino.

Cuadro 9. Movimientos del situado, Caja de Buenos Aires, 20/03/1734 a 08/11/1742. En pesos de a 8 reales

Imputación	Fecha cargo	Monto	Fecha data	Monto
Residuo	20/03/1734	12 560.551		
Sueldos militares y afines 01/07/1734 a 30/06/1735	03/03/1735	78 770.000	15/03/1735	76 334.375
01/07/1735 a 30/06/1736	10/04/1736	81 013.000	01/06/1736	78 045.000
01/07/1735 a 30/06/1736	24/04/1737	81 674.125	03/05/1737	81 562.000
01/07/1736 a 30/06/1737	02/04/1738	111 391.188	29/04/1738	111 245.875
01/07/1737 a 30/06/1738	28/05/1739	143 187.000	03/06/1739	143 156.500
01/07/1738 a 30/06/1739	05/07/1740	131 444.875	23/04/1740	131 365.000
01/07/1739 a 31/06/1740	03/07/1741	131 118.000	10/07/1741	130 113.000
01/07/1740 a 30/06/1742	24/04/1742	125 767.750	09/07/1742	124 893.000
Socorros a oficiales				2 000.000
Pasado a gastos de guerra				12 752.967
Devolución al sargento mayor por adelantos a la tropa				3 000.000
Total		896 926.489		894 467.717

Fuente: Cartas-cuenta de los Oficiales Reales de Buenos Aires, 20 de marzo de 1734 a 9 de diciembre de 1736; 10 de diciembre de 1736 a 7 de noviembre de 1739 y 8 de noviembre de 1739 a 8 de noviembre de 1742. AGN, XIII-14-1-3.

Los préstamos de particulares

Los 318 432.375 pesos dados en préstamo (véase cuadro 1 del apéndice), componen 11.87% de los ingresos y se imputaron a gastos de guerra. Hasta el momento en que vemos las datas (11/1742) se habían devuelto 155 400 pesos y 3 000 fueron finalmente donados al rey (por Agustín de Curia).[35] Hay un préstamo de 100 000 pesos que en realidad es un préstamo forzoso o una suma que debería haber entrado en depósitos. Se trata de parte de los caudales registrados a bordo de las fragatas del rey La Galga y La Paloma por diversos particulares, que son retenidos en Buenos Aires debido a un pleito que se suscitó y mientras tanto se ingresaron directamente en gastos de guerra para financiar el sitio a Colonia.[36] El resto parece ser préstamos voluntarios realizados seguramente por pedido de las autoridades.

A partir de los registros de las embarcaciones del comercio y del servicio real que partieron del complejo portuario rioplatense con cargas conocidas por dentro del circuito castellano entre 1720 y 1778[37] se observa que algunos de los prestamistas no tuvieron vinculaciones directas con el comercio ultramarino.[38] En otros casos, vemos que se trata de individuos que llegaron a Río de la Plata en los navíos de F. Alzaybar y regresaron a Europa en ellos, permaneciendo entre 1730 y 1739 en la región y sin que hayan vuelto con posterioridad.[39] Para el resto,[40] no podemos precisar en todos los casos si se trata de hispano-criollos o peninsulares avecindados,[41]

---

[35] Personaje generoso, tenemos dato de que por la misma época también donó 500 pesos para la erección de un convento femenino y otros 3 000 para que los jesuitas fueran a evangelizar la Patagonia.

[36] El asunto debe haberse solucionado más allá de noviembre de 1742, ya que en las datas revisadas no hay mención de estos 100 000 pesos.

[37] Jumar, *Commerce*, 2010. Véase tabla I (anexo 5, capítulo 5), "Participation des *cargadores* dans les envois, 1720-1778", pp. 703-860.

[38] Se trata de Fermín de Pessoa (quien prestó 8 000 pesos), José González Marín (7 532.375 pesos), Juan Bautista de Herrera (2 000 pesos), Luis Navarro (3 500 pesos) y Pedro de Bargas (1 000 pesos).

[39] Manuel Nieto de Molina (prestó 1 000 pesos), Nicolás Gil (1 000), Francisco de Ruiloba (4 500), Gaspar Izquierdo (12 000), Juan José de Arteaga (4 000), Juan Antonio de Zevallos (20 000), Tomás Alonso Fernández (8 000), Tomás López (3 000) y Domingo de Goycolea (2 000).

[40] Juan de Mansilla aparece registrando metales preciosos y/o cueros en los registros de los navíos en 1731 y 1738.

[41] A uno de los migrantes que se radican, Juan de Eguía, se lo conoce un poco por un estudio de caso que le fue dedicado: Jumar, "Uno", 2003. También puede tratarse de peninsulares avecindados en Río de la Plata los casos de cargadores activos en Río de la Plata durante muchos años, como muestra el cuadro 2 del anexo: Juan Francisco Basurco, Melchor García de Tagle, Antonio de Larrazaval, Juan de Mansilla, Antonio Martínez, Gregorio de Otalora, Adrián Pedro Warnes.

estantes o lo que en otro trabajo se definió como "comerciante golondri-na", que en algunos casos termina por radicarse de modo definitivo y, en otros, no.[42] Lo que nos interesa señalar, en todo caso, es que no se puede afirmar que tales préstamos fueron realizados por vecinos de Buenos Aires para a partir de allí sacar conclusiones sobre los móviles que los pudieron haber impulsado, más allá del amor al rey. Si los préstamos a la corona son muestra de fidelidad, o al menos de adhesión a la causa puntual por la cual se los solicita, y si el monto de lo prestado sirve para medir esa fidelidad o compromiso; en el cuadro 2 del apéndice se presentan los años en que los prestamistas estuvieron activos en los tratos ultramarinos directos por dentro del entramado castellano y el valor total de sus envíos. También allí se expone lo registrado durante los años que cubre este trabajo y el porcen-taje de esos caudales que significó el dinero que la Real Hacienda les había devuelto entre 1737 y 1739.

Se podría proponer que la demostración de adhesión que significaría el préstamo no guarda estrecha relación con la capacidad de giro de los indi-viduos. Tomás López, por ejemplo, le había prestado al rey casi todo lo que tuvo que enviar a la península y, en líneas generales, se puede ver que –si lo registrado revela la capacidad de giro– los cargadores de más peso no apo-yaron estruendosamente la causa del rey. ¿Sería porque no tenían interés en que fueran expulsados los portugueses de Colonia del Sacramento?

El resto del cargo

Medias anatas y mesadas eclesiásticas y penas de cámara, además de tener poco peso en las cuentas, no presentan particularidades en relación con otros espacios. El derecho del 10% era una suerte de complemento de las medias anatas, ya que corresponde a 10% de los salarios de los funcionarios más allá de su primer año. El Real Hospital se nutría del cobro de un peso por botija de aguardiente que entraba en Buenos Aires.

El llamado nuevo impuesto se cobraba desde fines del siglo XVII sobre la circulación de alcoholes provenientes de la región de Cuyo y la yerba de Paraguay, y estaba destinado a gastos de defensa. Los arbitrios para Santa Fe se componen de imposiciones sobre la circulación de efectos del Paraguay

---

[42] Trasponiendo categorías utilizadas para estudiar la gran inmigración a la Argentina de fines del siglo XIX, se define como "golondrina" el comerciante que realiza varios viajes y permanece sólo lo suficiente en el espacio para concluir sus negocios.

(que no se limitaban a la yerba, aunque esta dominaba ampliamente)[43] que entraban y salían de las ciudades de Buenos Aires y Santa Fe, con lo recaudado destinado a la defensa de la última.

El ramo "navíos de rey" es una creación nuestra tendente a simplificar la presentación de los datos. En realidad se trata de la unificación de las cuentas particulares que se creaban ante la llegada de cada navío del servicio real para satisfacer las necesidades relacionadas con el mantenimiento de marinos y soldados transportados, así como de las embarcaciones durante sus estadías y sus viajes de regreso. El cargo se compone exclusivamente por transferencias desde otros ramos. En el periodo observado hay presentes en el río naves especialmente enviadas en relación con las acciones contra los portugueses y otras relacionadas con la guerra de la Oreja de Jenkins, la escuadra de Pizarro.

EL EGRESO

Organizamos los egresos en función de poder detallar lo más posible los gastos militares, que consumieron 84.17% del total registrado, como se observa en los cuadros 3 y 4.

En cuanto al resto de los egresos consignados en esos cuadros, ya hemos realizado algunos comentarios y no presentamos un análisis detallado dado que requieren investigaciones complementarias que diluciden algunos aspectos que no podemos explicar a partir de las fuentes consultadas ahora.

Por ejemplo, en relación con los gastos relacionados con el aparato burocrático, sólo figuran en las cartas-cuenta los salarios de los altos funcionarios,[44] algunos gastos relacionados con la compra de insumos para el funcionamiento de los despachos en Buenos Aires, Santa Fe y Corrientes[45] y gastos extraordinarios.[46] Resulta evidente que no están allí todos los gastos necesarios para el funcionamiento de la administración.[47] Sabemos que hay

[43] La diversidad de la circulación de bienes producidos en Paraguay se observa, aunque en un periodo posterior, en dos trabajos de Isabel Paredes: "Comercio", 2009, y "Carrera", 2014.

[44] En Buenos Aires: gobernador, asesor letrado, protector de naturales y tesorero, contador y alguacil mayor de la caja. En Paraguay: gobernador.

[45] Papel, tinta, lacre.

[46] Chasquis, peones contratados para tareas puntuales (acarreo de bienes decomisados), honorarios a escribanos por copias de documentos.

[47] No sólo no vemos aparecer salarios de funcionarios menores, tampoco consumos imprescindibles como velas o plumas para escribir o gastos en el mantenimiento edilicio.

más funcionarios que los registrados en las cartas-cuenta y nos preguntamos si sus salarios estarán en las cuentas detalladas del situado (lo que implicaría enriquecer la explicación sobre su destino).

En relación con los gastos religiosos, también es necesaria una investigación complementaria para entender los datos obtenidos. Las mayores erogaciones se destinaron al pago de sínodos y ayudas de costa de los jesuitas misioneros (85 888.5 pesos), seguidos por las dignidades de la catedral de Asunción (20 332.165 pesos).[48] El clero secular porteño recibió 5 659.331 pesos mayormente en concepto de ayudas de costa para las dignidades catedralicias[49] y 3 731.848 pesos para obras en la catedral.

Gastos militares en Buenos Aires

En conjunto, los gastos militares en Buenos Aires supusieron 40.83% de los gastos militares saldados en la caja porteña y 34.37% del total de los egresos.

El mantenimiento del fuerte se cubría con fondos del nuevo impuesto, destinándose 3 536.938 pesos para el pago del ingeniero militar que dirigía las obras (para quien se suman 2 000 pesos salidos de Real Hacienda en concepto de ayuda de costa), 6 958.0952 pesos para los salarios de artesanos y peones sin calificación y 3 450.364 pesos para materiales.

El dinero del situado se repartía entre los sueldos militares (activos, reformados e inválidos), su vestuario, los capellanes militares y el cirujano, salvo 12 752.967 pesos, que salieron para gastos de guerra (para cubrir gastos relacionados con las operaciones en la banda norte del río).

En los asientos contables se observa que pasaban en promedio cuatro meses entre que se libraba la escritura de traspaso en Potosí al apoderado del presidio[50] y el momento en que se registraba su entrada en la caja porteña por parte de los conductores de los caudales hasta Buenos Aires, quienes percibían 2.5% de la escritura como pago por el servicio.[51] Luego los fondos se entregaban al veedor del presidio (es lo que se registra como data), por entonces Juan de Gainza, quien realizaba los pagos.

---

[48] Obispo, deán, arcediano, chantre, canónigo magistral, canónigo tesorero.
[49] Arcediano, deán y canónigo magistral.
[50] Pedro Navarro hasta 1736 y Miguel Antonio de Escurrechea por el resto del periodo observado.
[51] En 1735 los conductores del situado fueron Miguel Antonio de Escurrechea y Gregorio de Larrea; en 1736 Manuel Venero de Balero; en 1737 y 1741 Domingo de Basavilbaso; en 1738 y 1740 Pedro Francisco de Irivarren; en 1739 José Domínguez de Zuzunaga y en 1742 Miguel Antonio de Escurrechea.

Gastos militares en Montevideo

El asentamiento castellano en Montevideo comienza en enero de 1724 bajo la forma de un destacamento militar que para 1729, por iniciativa del gobernador Bruno Mauricio de Zavala (1717-1734), y a pesar de una fuerte oposición porteña, ya es una ciudad con cabildo y un ejido que sustrae de la jurisdicción del cabildo de Buenos Aires una parte de la banda norte del río.

Exceptuando 96.625 pesos provenientes de nuevo impuesto (para pagar unos herrajes del fuerte), el resto de lo gastado en Montevideo salió de gastos de guerra, 69 532.906 pesos. Hay 610 pesos para 122 quintales de bizcocho enviado desde Buenos Aires para el mantenimiento de la guarnición, lo que revela tal vez que aún la producción de trigo sobre la banda norte no era suficiente para que se la alimentase con pan fresco. También hay 196.313 pesos gastados en yerba y tabaco, no sabemos si para la soldadesca o para el personal empleado en el levantamiento de la muralla. Un envío de 40 000 pesos realizado desde Potosí con cargo específico para gastos de guerra y para ser usados en Montevideo, se destinó por mitades a la fortificación y a las cureñas de las baterías del puerto. Se adelantaron en Buenos Aires 100 pesos como gratificación y ayuda de costas para cuando el capitán José de Arce marchase a Montevideo y se enviaron a la otra banda 100 pesos para el salario anual del cirujano, 99 pesos para pagar a José Grajales unos "instrumentos" que hizo para la defensa del puerto y 209.313 pesos para el pago de capataces y peones empleados por el rey. Finalmente, se emplearon 28 218.280 pesos en un genérico "gastos en Montevideo".[52]

Sin lugar a dudas, la compulsa de los papeles de los oficiales reales de Montevideo habría completado el cuadro. Ya que no se reciben en la caja porteña excedentes desde la otra banda del río, suponemos que todo lo recaudado se consumía allí y colaboraba de diverso modo en la dinamización de la economía de la ciudad de reciente creación en el periodo observado.

Gastos militares en Santa Fe

Lo primero a señalar es que al no haber revisado las cuentas de los oficiales reales de Santa Fe y los de Corrientes, sólo vemos ahora los gastos cubier-

---

[52] De esa suma, 25 000 pesos corresponden a la división por mitades de una serie de partidas registradas para "gastos del bloqueo y defensa de Montevideo". De modo que la otra mitad se afectó al campo del bloqueo.

tos desde Buenos Aires, que no deben ser todos. Esos gastos alcanzaron 50 150.406 pesos, satisfechos de modo complementario desde el ramo específico, arbitrios para Santa Fe, y desde gastos de guerra. Aparte de 4 244.219 pesos destinados a unos gastos sobre los que no tenemos precisión, el resto se utilizó en sueldos de la guarnición (38 304.625 pesos), su manutención (6 686.5 pesos) y en géneros de Castilla y de la tierra, por valor de 915.063 pesos, comprados en Buenos Aires para el pago de los jornales de peones que trabajaron en el corte de maderas para construir obras en los fuertes de Buenos Aires y de Montevideo.

Por los asientos contables se advierte que, como solía suceder en todos los dominios castellanos, el pago de las soldadas se hacía cuando y como se podía. En el caso de Santa Fe se recurre a varios expedientes y los registros de la caja porteña permiten intuir los de la santafesina. Se anotan transferencias entre cuentas de la Caja Real de Santa Fe que luego son compensadas desde la de Buenos Aires,[53] préstamos de particulares radicados en Santa Fe[54] o del teniente de gobernador[55] que son compensados con los envíos desde Buenos Aires.

De lo gastado en manutención se pueden identificar quince arrobas de yerba pagadas a 28 reales cada una; 3 575 reses a diez reales cada una en los años 1735 a 1737 y otras 1 570 a un peso en 1740. Suponemos que el resto de los insumos para el periodo considerado fueron cubiertos directamente desde la Caja de Santa Fe.

Gastos en la expedición a Paraguay

Contiene el tramo final de los gastos generados por el aplastamiento del movimiento comunero del Paraguay con fuerzas enviadas desde Buenos Aires.

En su totalidad se cubrieron desde gastos de guerra, sin que podamos dar muchas precisiones sobre el destino detallado de los fondos. Como en otros

[53] Por ejemplo, en la data de Arbitrios para Santa Fe del 13 de junio de 1736 se registra que parte de los 3 453.25 pesos imputados fueron sacados para reemplazar los 3 709 pesos que había entregado el oficial real de Santa Fe, de los ramos de Real Hacienda que había en la ciudad pertenecientes a la Santa Cruzada y para satisfacción de sueldos vencidos de oficiales y tropa.

[54] Data de Gastos de Guerra del 22 de agosto de 1735: Devolución a Ignacio Bustillo de Zevallos de 800 pesos que había prestado al teniente de gobernador, Francisco Javier de Echagüe y Andia, para el pago de sueldos.

[55] Data de gastos de Guerra del 19 de julio de 1734: devolución al teniente de gobernador de 2 000 pesos que había prestado a la Real Hacienda para el pago de dos de las compañías de la dotación de Santa Fe.

casos, las grandes sumas se entregan a un proveedor. Pero como en los otros casos, a través de algunas partidas es posible observar la dispersión del gasto. Sabemos que 112 pesos se gastaron en el envío de un chasqui desde el campamento del por entonces gobernador del Paraguay (1735-1736) y ex gobernador de Buenos Aires (1717-1734), Bruno Mauricio de Zavala a Lima para conducir un pliego relacionado con la expedición; que 2 420 pesos fue el costo del traslado de la tropa de regreso a Buenos Aires; que 109.063 pesos se usaron para alimentar a los presos remitidos por Zavala a Buenos Aires y que otros 319.438 pesos costó enviarlos a la ciudad de Mendoza (alimentos, carretas y soldados de escolta), o que el costo de los testimonios de todas las actuaciones relacionadas con el acontecimiento para ser remitidos a Lima fue de 125 pesos.

Los navíos del rey

Como se mencionó, en el origen de esta parte del trabajo estuvo la intención de dar un contexto a los datos analizados por María Emilia Sandrín para acercarse al conocimiento de los sectores medios y bajos que en la región Río de la Plata vivían de la satisfacción de las demandas de bienes y servicios generadas por el funcionamiento del complejo portuario rioplatense o por la corona. Para observar esto último es que analizó las cuentas del sitio a Colonia de 1735-1737, que se verán más abajo. Sabíamos que los navíos del rey también generaban demandas, y en algún trabajo previo se planteó su importancia a través de las cuentas de unos navíos de guerra llegados al río en 1717,[56] pero de todos modos no dejó de sorprendernos que en los años observados ahora los navíos del rey, vinculados al ataque a Colonia o no, hayan insumido 34.34% de los gastos militares en general o 28.91% de todos los egresos.[57]

---

[56] Se trata de los navíos Nuestra Señora del Carmen, San Antonio de Padua y la fragata La Peregrina, desprendimiento de la escuadra que bajo el comando de Martinet puso coto al comercio directo francés en las costas del Pacífico sur. Urdinzu tenía como misión hacer lo mismo en Río de la Plata, y llegó a capturar al menos un navío, Le Petit Danycan, de Saint-Malo. La miniescuadra entró al río septiembre de 1717 y lo dejó en marzo de 1718. Se gastaron 31 718 pesos 6 reales 8½ maravedís en víveres (vacas, corderos, gallinas, carne salada, sebo, trigo, pan, bizcocho, menestras, pasas de uva, etc.); bebidas (vino, aguardiente); diversas prestaciones (cocción del bizcocho, alquiler de un esclavo herrero, reparaciones, alquiler de habitaciones para los oficiales, reparación de faroles, transporte de lo comprado a los navíos, etc.); gastos de salud (hospitalización de marinos enfermos y una dieta de mejor calidad para ellos); compra o reparación de velas y de mástiles de los navíos, etc. Jumar, *Commerce*, 2010, pp. 279-280 y 679-685.

[57] En segundo lugar tras Buenos Aires, con 38.14%, y delante del sitio a Colonia (9.62%), el campo del bloqueo (7.16%), la devolución de préstamos (6.6%), los gastos en Montevideo (2.96%), los gastos en Santa Fe (2.13%) y el último resto de la expedición al Paraguay (1.32%).

Entre 1699 y 1778 salieron o se perdieron en el río de la Plata 166 navíos con cargas registradas relacionados con el servicio real, tanto se trate de avisos (devenidos fragatas-correo desde 1768) o de navíos de guerra.[58] Aunque no presentamos el cálculo, se puede sugerir que aun si de modo intuitivo se extienden al conjunto los datos aportados para el periodo 1734-1742, empieza a tomar forma algo que hasta aquí se fue insinuando a través de los detalles que resaltamos en torno a en qué se gastaban los fondos de la Real Hacienda en Río de la Plata. La corona aparece como la posible mayor generadora de empleo y de cierta redistribución, creando y beneficiándose de la bonanza económica rioplatense, cuyo inicio se puede ubicar plenamente en tiempos de la guerra de Sucesión. Todo posibilitado por las remesas de Potosí, que aseguraban el plus necesario para sostener parte del crecimiento rioplatense a través de los estímulos que las necesidades de la corona generaban a su economía.

Como se adelantó, este ramo "navíos del rey" surge de la unificación de las cuentas particulares generadas por los navíos del servicio real y de los pagos hechos desde las cuentas regulares a tal fin.[59] No es este el lugar de detallar los avatares de cada navío aislado o las escuadras; todos tienen su cuota de peripecias que terminan por convertir en cosa regular grandes gastos que vistos de modo aislado podrían ser tomados como circunstanciales imprevistos. Entre los gastos que se pueden considerar como previsibles figuran las tareas de mantenimiento (como el remplazo de parte de la cordelería o del velamen, la carena y calafateado) o la compra de bastimentos para marinos y soldados en tierra y para sus viajes de regreso. Pero además estaban los imprevistos, por las tormentas[60] o los malos encuentros que dejaban a navíos y tripulaciones bastante maltrechos. Hasta darse el caso, y no es el único entre 1699 y 1778, de que las averías se consideren irreparables y se desguace un navío para reaprovechar partes para reparar otros y vender el resto a particulares, como pasó con la fragata de guerra La Temeraria, de la

---

[58] La intención original al reconstruir la serie fue estudiar las remesas a Europa a través de los registros de los navíos que circularon por dentro del circuito legal castellano. No se consignaron entonces las entradas y salidas de navíos del rey que no abrieron registro de tornaviaje. Jumar, *Commerce*, 2010.

[59] Desgraciadamente no es posible, en función de los asientos contables, diferenciar con precisión la mayoría de los gastos afectados a cada embarcación o escuadra. Los pagos que salen de Gastos de Guerra no suelen dar precisiones sobre de qué navío se trata. Además, a pesar de que se abren cuentas particulares, se terminan mezclando. Por ejemplo, en la carta-cuenta de 1739-1742 se abre una cuenta para "Las fragatas de guerra al mando de Nicolás Geraldin". La data se compone en su mayor parte de entregas de dinero a Alquizalete, ahora en su papel de proveedor de los navíos del rey, para gastos indiscriminados para la escuadra de Geraldin y la de Pizarro.

[60] En Río de la Plata se suelen desatar dos tipos de tormentas, llamadas *sudestadas* y *pamperos*, que fueron responsables en el siglo XVIII de numerosas averías y hasta de hundimientos.

escuadra de Nicolás Geraldin, en mayo de 1740, tras poco más de dos años en servicio en el río.

Particularmente rica en accidentes es la historia de la escuadra de José Pizarro, de paso por el río de la Plata en viaje al Mar del Sur, en el contexto de la guerra de la Oreja de Jenkins y para interceptar una escuadra inglesa.[61] Del total de los egresos registrados para los navíos del servicio real, 210 166.969 pesos se consumieron en la asistencia de esos navíos particularmente desastrados entre enero de 1741 (cuando entran por primera vez al río) y el fin de las cuentas revisadas (noviembre de 1742).[62] La mayor parte de las sumas son entregas al tesorero de la escuadra, Manuel Marsán de Isasi para satisfacer gastos sin diferenciar, lo que no permite dar mayores precisiones sobre su destino.

El resto de los egresos relacionados con navíos del servicio real, 544 818.643 pesos, se vinculan con las acciones contra los portugueses.

Expedición contra Colonia del Sacramento, campo del bloqueo y navíos del rey vinculados

En 1735 llegan a Buenos Aires las órdenes que desataron el intento fallido de expulsión a los portugueses de Colonia del Sacramento, puestas en ejecución por el gobernador Miguel de Salcedo (1734-1742).

Como se adelantó, del conjunto de gastos generados por esa acción bélica, María Emilia Sandrín analizó en detalle las cuentas del sitio, que duró entre el 1 de octubre de 1735 y el 15 de septiembre de 1737. Ante el fracaso en los esfuerzos por desalojar a los portugueses y el fin de las hostilidades establecido por un acuerdo de paz firmado en París (15 de marzo de 1737), se levantó el sitio pero se decidió emplazar a poca distancia de Colonia del Sacramento una serie de puestos de guardia que de allí en más y hasta la última expulsión durante el antiguo régimen,[63] en 1777, recibió el pomposo

---

[61] La escuadra entró al río de la Plata en enero de 1741 para reaprovisionarse y seguir su viaje. Tuvo muchos inconvenientes en sus intentos por pasar el Estrecho de Magallanes, regresando parte de ella dos veces al complejo portuario rioplatense, perdiéndose algunas naves y otros avatares que sería extenso detallar. Para una relación detallada véase Cerdá Crespo, "Guerra", 2009, Segunda Parte, 1.14 "Pizarro llega a América", pp. 232-244.

[62] En diciembre de 1742 aún estaban en el río y luego de lograr, finalmente, pasar al Pacífico, regresaron a Europa a fines de 1743. Tal vez hayan hecho escala en Río de la Plata, generando más gastos y remesas desde Potosí.

[63] Los portugueses volvieron a ocupar parte de la banda norte del río en el contexto de las guerras de independencia.

nombre de campo del bloqueo. Tenía la doble intención de lograr que los portugueses no se expandieran sobre la campaña y frenar el contrabando. Ni una ni otra cosa se logró, el comercio siguió su curso como siempre, acomodándose a las nuevas circunstancias, y según el comandante del campo del bloqueo en 1758, este sólo mantenía el nombre de tal.[64]

La orden de expulsión de 1735 no sólo movilizó a fuerzas terrestres, sino que además se convirtió en improvisados navíos de guerra a los del comercio que estaban en el río[65] y se enviaron algunos verdaderos desde los reinos peninsulares bajo el comando de Nicolás Geraldin.

Por todos esos conceptos, y hasta que termina la última de las cartas-cuenta analizadas (08/11/1742) se gastaron 939 695.581 pesos. Esta cifra es el resultado de la suma de los gastos imputados al sitio, al campo del bloqueo y, de navíos del rey, los vinculados a la acción contra los portugueses. Revisando las imputaciones de las partidas del cargo, se observa que fueron cubiertos con 610 000 pesos remitidos desde Potosí al ramo gastos de guerra (en parte transferidos a navíos del rey), 318 432.375 pesos prestados por particulares y suponemos que los 11 263.206 pesos restantes se han de haber cubierto con transferencias, pero no podemos precisar el aporte preciso de cada ramo por la opacidad al respecto de los asientos contables.

Los navíos y el campo del bloqueo

Como en el caso de la escuadra de Pizarro, las datas de los navíos del servicio real movilizados en la expedición contra Colonia no permiten análisis detallados. Representan 57.98% del total de gastos de la contienda.

---

[64] "Este Bloqueo sólo mantiene su nombre sin ninguna formalidad de tal [...] Lo más reparable que encuentro son Cinquenta y cuatro Ranchos de paja con el nombre de Chacaras que tienen los portugueses en la inmediación de la Circunferencia de este Terreno, en las cuales tiene sus huertos, y también a su tiempo forman sementera [...]". "Copia de cuatro capítulos de una carta escrita por el Cap. Dn. Francisco Graell, nuevo comandante del Bloqueo, al Exmo. Sr. Dn. Pedro de Cevallos [Gobernador de Buenos Aires]", Campo del Bloqueo, 13 de junio de 1758, Archivo General de la Nación, *Documentos*, 1939, t. II, p. 416.

[65] Las licencias de comercio con Buenos Aires daban al capitán de los navíos la condición de serlo de mar y guerra y la obligación de prestar servicio de armas en caso de necesidad. Al desatarse las acciones contra Colonia estaban en el río los navíos de Francisco de Alzaybar. El navío San Bruno fue armado con 30 cañones y el Nuestra Señora de la Encina (que se perdió en batalla) con 36. Lo que no se pudo saber, por ahora al menos, es de dónde salieron los 66 cañones. En las datas sólo se registra que el 30 de septiembre de 1735 se entregaron 6 000 pesos a Alzaybar para el apresto de los navíos para la expedición.

De los gastos para el Campo del Bloqueo sólo podemos decir que se emplearon en "socorros" a los soldados, su vestimenta y manutención, así como para "gastos". Nuevamente, la Caja no pagaba directamente a los proveedores de bienes y servicios salvo en casos puntuales, sino que mediaba un proveedor de víveres y lo que se registra en la cuenta es la entrega de fondos al proveedor, con vagas descripciones del destino final. El primer proveedor del campo del bloqueo, hasta diciembre de 1739, fue Juan Antonio de Alquizalete y, desde enero de 1740 le sucedió Tomás José Seco, al menos hasta el fin del periodo observado. Alquizalete también fue el asentista de víveres del sitio a Colonia, de principio a fin. De modo que en las primeras partidas en donde aparece el campo del bloqueo, sobre todo en el paso del sitio a su establecimiento, a veces se mezclan fondos de la expedición.

Los proveedores de víveres son actores poco conocidos, su denominación en las fuentes es engañosa. Los "generales de víveres" aseguran la logística de una campaña militar, la atención de las necesidades de los navíos del servicio real y del comercio o de una comisión demarcadora de límites. Proveen víveres, pero también armas, medicinas, mano de obra temporaria (especializada o no), coordinación de transportes (terrestres, fluviales y combinados), insumos para carenas y reparaciones de embarcaciones, y todo lo demás que puedan requerir esas actividades. También están aquellos que más se ajustan al nombre de su función, especializados en la provisión de un bien (bizcocho, por ejemplo). María Emilia Sandrín ha realizado un primer acercamiento al tema al estudiar a los asentistas de la Marina Real en Montevideo, a caballo entre los siglos XVIII y XIX, revelando un actor que es un elemento clave en la puesta en relación entre productores, artesanos, pequeños comerciantes y mano de obra no especializada con la corona.[66]

El sitio a Colonia del Sacramento, 1735-1737

De los registros en las cartas-cuenta se pudo atribuir como gastos relacionados con el sitio a Colonia del Sacramento (01/10/1735 a 15/09/1737) un total de 226 425.375 pesos. Representan 8.67% del total de los egresos, 10.3% de los gastos militares y, dentro de estos, 19.69% de los relacionados de modo directo con las acciones contra los portugueses.

---

[66] Sandrín, "Actividad", 2014.

El sitio fue un fracaso. Más allá de ello, se observa en la primera carta-cuenta analizada que en los prolegómenos de la expedición (septiembre de 1735) se comienzan a desviar hacia gastos de guerra fondos de otros ramos a disposición del gobierno para la ejecución de las reales órdenes recibidas y que desde noviembre, cuando ya ha comenzado la expedición, se precisa que son gastos en relación con el sitio. En febrero de 1736 ya llegan 100 000 pesos desde Potosí y entre noviembre de 1736 y septiembre de 1737 se registran los préstamos de particulares (cuadros 1 y 2 del anexo). Por la relativa velocidad con que llega la remesa de Potosí y la celeridad con que se comienza a devolver los préstamos (abril de 1737, mientras se seguían recibiendo nuevos préstamos) es posible pensar que todos los actores involucrados dentro de la administración dieron prioridad al asunto y que el recurso al préstamo de particulares aparece como un reaseguro para no cortar la liquidez de la Caja, antes que como el medio principal de financiamiento de la expedición. Elemento que a la postre fue eficaz, ya que los ingresos de la Caja y las remesas del Alto Perú resultaron insuficientes para atender todos los requerimientos y a fines de 1742 aún quedaba 28.86% (63 032.375 pesos) de los préstamos voluntarios por devolver.[67] Es posible pensar que todos los involucrados, funcionarios y particulares, estaban de acuerdo con lo que se propuso hacer. Hay más que obediencia.

Aunque es obvio recordarlo, que llegue dinero extraordinario a Buenos Aires desde Potosí implica una decisión tomada en la corte, que se ejecuta desde Lima (órdenes de libramiento a la Caja potosina) en coordinación con Buenos Aires (organización del traslado de los fondos). Se observaría entonces un sistema que funciona correctamente, eficiente en función del contexto. En caso de urgencia. El atraso en el pago de los gastos fijos, notoriamente sueldos y demás gastos de la tropa fija, como se puede observar en el cuadro 9 en Buenos Aires[68] o lo comentado en relación para los gastos en Santa Fe, es el mismo que en todos lados.

Los registros contables procesados son en buena parte (96.97%) entregas de fondos a J. B. de Alquizalete, como proveedor de la expedición para que cumpla con su misión. De modo que la información, una vez más, es opaca. Para conocer en detalle en qué se los gastó, en otro trabajo se analizaron el libro de caja y el balance general de Alquizalete y los recibos individuales firmados por cada persona a la que le pagó por un producto o servi-

---

[67] Quedan las preguntas en torno a los 100 000 pesos retenidos de los registros de La Galga y La Paloma, véase más arriba, pág. 229.

[68] A partir de 1737 el pago de los sueldos militares comienza a tener un año de atraso.

cio.[69] El total que arrojan las cuentas de Alquizalete es de 226 619.440 pesos, y el que pudimos establecer con las cartas-cuenta, es de 226 425.375 pesos. Deberían coincidir hasta en los cuartillos, pero la poca diferencia, 194.065 pesos, considerando las diversas fuentes utilizadas, nos parece justificable.

LAS CUENTAS DE JUAN BAUTISTA ALQUIZALETE EN RELACIÓN CON EL SITIO A COLONIA DEL SACRAMENTO, 1735-1737

Para conocer el desglose trabajamos de ahora en más con las cifras de M. E. Sandrín, que analizan los gastos de acuerdo con el producto y/o servicio provisto. A partir de ello, se pudo establecer que hay proveedores de comestibles, de servicios relacionados con la logística y la gestión del sitio, y de bienes no comestibles y servicios relacionados con el "campamento" de la contienda. Como se observa en el cuadro 10, se analizó dentro de cada una de estas categorías, qué porcentaje de productos y/o servicios eran dinamizadores de las distintas esferas productivas: local, americana extrarregional, y extraamericana.

Los grandes rubros de gastos consignados en el cuadro 10 fueron divididos en subcategorías; al tiempo que dentro de cada una se analizó la cantidad de servicios y/o bienes provistos y el peso económico de las provisiones de los abastecedores.

Comestibles

Del total general, los pagos realizados a proveedores de bienes comestibles representaban 53.84%. Es decir que más de la mitad de la plata absorbida por la contienda fue destinada a pagar a los proveedores de bienes comestibles; aproximadamente la mitad del dinero destinado a pagar los comestibles dinamizó directamente la esfera económica local (25.46% de 53.84%).

Como puede observarse en el cuadro 11, la categoría "comestibles", fue además dividida en subcategorías, para poder analizar con mayor detalle los gastos ocasionados según la clase de comestibles y las diversas esferas económicas que dinamizaban.

[69] AGN, IX 4-4-2, IX 4-4-3, y IX 4-4-4, y Sandrín, *Bizcocheras*, 2011, "Las fuentes y la metodología de trabajo", pp. 15-17.

Cuadro 10. Gastos totales del sitio a Colonia del Sacramento, divididos por categorías y porcentaje de las esferas que dinamizan

Rubro	Pesos de 8 reales	Local	Porcentaje de las esferas económicas que los gastos dinamizan			Porcentaje del total general
			Americana extrarregional	Extra americana		
Comestibles	122 010.000	25.46	28.35	0.03		53.84
Salarios y gastos de gestión	67 407.130	29.27	0.42	0.05		29.74
Gastos de campamento	37 202.310	6.31	7.07	3.04		16.42
Total	226 619.440	61.04	35.84	3.12		100.00

Fuente: Sandrín, *Bizcocheras*, 2011, p. 19.

Si se analiza sólo la cantidad de dinero gastada, "vegetales y derivados secos" fue la más importante entre los comestibles; pero, dado que los productos incluidos en esta categoría eran de producción americana extrarregional,[70] para la región Río de la Plata "harinas y panificados" fue más importante. Los productos panificados (harina ordinaria y cernida, bizcocho ordinario y blanco, pan y bizcochuelo) son de producción netamente local;[71] dato interesante para analizar la dinamización en la esfera económica local que el sitio a Colonia del Sacramento generó en la región. Pensando además, que la llegada del bizcocho a las tropas era el último eslabón de un encadenamiento productivo, transformador y de comercialización, crece la idea del impulso que pudo suponer este rubro para la economía local.[72]

[70] Véanse, entre otros, Garavaglia, *Mercado*, 1983; Garavaglia y Marchena, *América*, 2005, y López de Albornoz, "Tiempos", 2002.
[71] Véanse Garavaglia, "Ecosistemas, 1989; "Pan", 1991; "Labradores", 1993, y *Pastores*, 1999, y Silva, "Trigo", 1968.
[72] Para que llegase el bizcocho a manos de las tropas, era necesario que se pusiera en marcha todo un encadenamiento de acciones que abarcaban desde la producción de excedentes de trigo en previsión de este empleo hasta el embarque del bien; pasando por la limpieza del trigo, su molienda, acondicionamiento en sacos, distribución entre quienes producían el bizcocho, producirlo, acondicionarlo para el viaje (después de haber fabricado los contenedores) y transportarlo. Luego había que convertir al trigo en harina. Otra esfera económica que se abría mediante la producción de harina es el acondicionamiento de la misma, para lo cual se necesitaba confeccionar los respectivos

Cuadro 11. Gastos de la categoría "comestibles", divididos en subcategorías

Subcategorías	Monto (pesos de a 8)	Porcentaje dentro de la categoría	Porcentaje del total general	Porcentaje de las esferas económicas que los gastos dinamizan			
				Local	Americana extrarregional	Extraamericana
Vegetales o derivados secos	51 583.690	42.30	22.76		22.76	
Harinas y panificados	51 060.440	41.85	22.53	22.53		
Alcohol o derivados	12 664.250	10.38	5.59		5.59	
Animales u origen animal	4 461.560	3.65	1.97	1.97		
Minerales	1 837.940	1.50	0.81	0.81		
Cereales o legumbres	240.380	0.20	0.11	0.09		0.02
Vegetales frescos	133.750	0.10	0.06	0.06		
Especias	28.000	0.02	0.01			0.01
Total comestibles	122 010.000	100.00	53.84	25.46	28.35	0.03

Fuente: Sandrín, *Bizocheras*, 2011, p. 21.

En el análisis de los proveedores de comestibles, se pudo observar que están quienes por los montos de entregas parecen ser proveedores-productores, es decir que ellos mismos han cultivado el grano y/o realizado el producto. En otros casos parece dudoso que se trate de productores dado que deberían haber tenido una gran estructura productiva para poder satisfacer las cantidades de bienes involucradas. Otros, por la diversidad de bienes que abastecen parecen ser intermediarios entre productores y los consumidores de los distintos productos. Para ver más de cerca a estos proveedores, se los dividió según cantidad de bienes provistos y peso económico de sus provisiones (véase cuadro 12).

Se ha podido inferir cierto grado de especialización en la región, ya que es mucha la gente que vivió de abastecer un solo producto, a estos se los denominó "mono-proveedores", por ejemplo, en el caso del sitio, 78.20% de los proveedores proporcionó un solo comestible. También hubo proveedores especializados en el abastecimiento de dos productos, los que, generalmente, estaban relacionados entre sí (los casos de entregas de bizcocho blanco y bizcocho ordinario; de vino y aguardiente), otros abastecedores de tres productos relacionados (bizcocho ordinario, harina ordinaria cernida y harina floreada). Más raro fue el caso de un único proveedor de vegetales frescos, quien abasteció cinco comestibles diferentes. Por último, hubo abastecedores de comestibles que fueron "proveedores-intermediarios", es decir individuos que aportaron bienes de origen extrarregional o de producción extraamericana. Estos proveedores, seguramente contaron con una red mercantil fuera de la región Río de la Plata, al igual que para los hacendados-comerciantes azucareros novohispanos analizados por Ibarra y del Valle Pavón, incluiría una serie de engranajes vinculados con el mercado urbano: comercio interno, regional, interprovincial, que le posibilitó conseguir estos productos de origen americano extrarregional, necesarios para la contienda.[73] Resulta significativo que la participación económica de estos "proveedores-intermediarios" con respecto al total provisto es mínima, lo que refuerza la idea de especializaciones en torno a las satisfacciones de las diversas demandas generadas por las tropas dentro de la región.

Sin lugar a dudas, los proveedores de comestibles más significativos son los abastecedores de bizcocho ordinario, el principal alimento de las

---

sacos y luego ensacarla. Las últimas esferas económicas que la cadena productiva del bizcocho movilizaba eran el acondicionamiento de los mismos –para esto se requiere la confección de los sacos– y el transporte y el embarque del producto.

[73] Ibarra y Del Valle, *Redes*, 2007.

Cuadro 12. Proveedores de la categoría "comestibles", distribuidos por cantidad de bienes provistos y peso económico de sus provisiones

Bienes provistos	Cantidad de proveedores	Porcentaje del total general de proveedores	Valor de sus provisiones	Porcentaje dentro de la categoría	Porcentaje del total general de gastos del sitio
1	129	78.20	56 741.810	46.50	25.04
2	23	13.95	31 319.810	25.67	13.82
3	5	3.05	10 397.810	8.52	4.59
5	3	1.80	9 369.750	7.68	4.13
6	2	1.20	7 277.810	5.97	3.21
4	2	1.20	2 983.570	2.45	1.32
13	1	0.60	3 919.440	3.21	1.73
Totales	165	100.00	122 010.000	100.00	53.84

Fuente: Sandrín, *Bizcocheras*, 2011, p. 28.

tropas y de las tripulaciones de la navegación ultramarina (véase cuadro 13). Un dato muy revelador es que más de 50% de los proveedores de bizcocho fueron mujeres, "las bizcocheras". En el caso del sitio a Colonia del Sacramento las mujeres representan 67% del total de los proveedores de este bien y económicamente recibieron 20% del total de plata gastada en la contienda. Independientemente del género del proveedor de bizcocho, como lo indica el cuadro 13, al interior del grupo se observa una notable heterogeneidad en cuanto a cantidades provistas, número de participaciones en el mercado y montos involucrados.

Así, la provisión de bizcocho no estuvo monopolizada por un grupo reducido de proveedores puesto que 8.33% del total de bizcocheros satisficieron 29.24% de la demanda, dentro de este grupo se encuentran las mayores bizcocheras del sitio a Colonia, mujeres que entregan enormes cantidades de bizcocho, con poco tiempo entre una y otra entrega. Por citar un ejemplo, doña Manuela de Ramila fue la mayor proveedora de bizcocho de la contienda, en sólo tres entregas proveyó 437.7 quintales, contenidos en 245 sacos, es decir 6.19% del total de bizcochos provistos en todo el sitio; estas ventas le redituaron 2 714.250 pesos. Cobró el 15 de septiembre de 1735 por una entrega de 45 sacos de bizcocho ordinario, con 81.23 quintales; a los dos meses, el 22 de noviembre de 1735 vuelve a cobrar

Cuadro 13. Proveedores de bizcocho ordinario, distribuidos
por cantidad de producto provisto

Cantidad provista (qq)	Cantidad de proveedores	Porcentaje del total de proveedores de bizcocho	Quintales entregados	Porcentaje del total de bizcocho entregado
437.70 a 150	9	8.33	2 068.13	29.24
149.99 a 80.00	17	15.74	1 882.53	26.62
79.99 a 55.00	13	12.04	850.23	12.02
54.99 a 40.00	24	22.22	1 112.68	15.73
39.99 a 25.00	23	21.30	737.92	10.43
24.99 a 13.17	22	20.37	421.15	5.96
Total	108	100.00	7 072.64	100.00

Fuente: Sandrín, *Bizcocheras*, 2011, p. 32. Nota: Se redujeron quintales y libras al sistema decimal mediante la fórmula $n,00\ qq = x\ qq + n\ libras/24$.

por una entrega de 78 sacos con 121.16 quintales.[74] La siguiente entrega la realiza con más de un año de diferencia, el 5 de diciembre de 1736, donde cobra por 122 sacos con 234.68 quintales de bizcocho blanco.[75] Si se toman los datos de la segunda entrega (los 121.16 quintales provistos con diferencia de dos meses con la primera entrega) puede observarse que realizó un promedio de 60 quintales de bizcocho ordinario por mes, es decir, a razón de dos quintales por día. Por más trabajadora que fuese doña Manuela es absolutamente imposible que ella haya podido cernir el trigo necesario, amasar, cocer los panes, cortarlos en lonjas, cocerlas para transformarlas en bizcocho, ensacarlo y transportarlo al ritmo necesario para cumplir con sus contratos.[76]

Al analizar los padrones de Buenos Aires de 1738 y 1744[77] se puede observar que las bizcocheras de consideración (¿empresarias bizcocheras?)

---

[74] Además, en el medio de estos dos meses, el 21 de octubre de 1735, realiza una entrega de 21.12 quintales de bizcocho blanco.

[75] En el poco más de un año transcurrido entre la segunda y la tercera entregas de bizcocho ordinario no se quedó sin realizar aprovisionamientos. Aportó bizcocho blanco: el 11 de enero de 1736 entrega 22 sacos con 41.16 quintales y el 24 de abril del mismo año entrega 18 sacos con 35.52 quintales.

[76] Para un mayor detalle véase Sandrín, "¿Quién?", 2014.

[77] Facultad de Filosofía y Letras, *Documentos*, 1955, t. 10.

están presentes en unidades habitacionales complejas, en las que además del núcleo familiar se declara la presencia de indios conchabados, esclavas, mujeres libres agregadas, quienes seguramente fueron los que hicieron el bizcocho. Una variación del caso lo presentan bizcocheras emparentadas entre sí, como las hermanas Beresosa y Contreras quienes entregaron 10% del total del bizcocho para la contienda. Aquí se pudo observar cómo "las redes de vínculos primarios cuyos núcleos eran las parentelas, constituían para los miembros de los grupos dominantes el principal recurso con el cual organizaban los negocios o, mejor dicho, la propia organización de sus empresas".[78]

Hay que contemplar la posible existencia de una preferencia por la cesión de contratas de bizcocho a estas mujeres por parte de Alquizalete, dado que Manuela de Ramila y toda su gente vivían en una casa que le pertenecía,[79] y con posterioridad a la contienda, en 1743, Ana de Beresosa y Contreras se casa con Juan Bautista Alquizalete, el escribano de Real Hacienda, Minas y Registros de Buenos Aires, sobrino del proveedor real.[80] Este matrimonio, analizado desde lo declarado por un sacerdote de la Compañía de Jesús en un juicio respecto a la división de bienes de la herencia de Juan Bautista, puede entenderse como una instancia de movilidad social para doña Ana, ya que esta (según el sacerdote) "no tenía más que deudas al momento de casarse".[81] Sin embargo, teniendo en cuenta la fortuna que hizo doña Ana gracias a las importantes cantidades de bizcocho por ella provistas, este matrimonio parece haber sido una estrategia más usada por Alquizalete para seguir construyendo lo que Moutoukias llamó "parentelas solidarias" en la vida "empresaria".[82] Ningún indicio permite afirmar que se tratase de negocios de J. A. de Alquizalete a través de testaferros, dado que él mismo figura como proveedor de bienes, con lo que no le hacía falta recurrir a encubrimientos.

Además de estas "grandes bizcocheras", se pudo identificar a 67 mujeres más, 62% del total, que sólo realizaron una o dos entregas, varias de ellas también aparecen mencionadas en las compras de bizcocho por parte de los navíos de registro,[83] con lo que se puede afirmar que se está ante individuos que tienen esta actividad económica de modo continuado.

---

[78] Moutoukias, "Réseaux", 1992, p. 1. Traducción de Fernando Jumar.

[79] Facultad de Filosofía y Letras, *Documentos*, 1955, t. 10, p. 262.

[80] Archivo Histórico de la Provincia de Buenos Aires, Real Audiencia, 1751, 5.1.16.5, f. 5v.

[81] *Ibid.*, f. 282.

[82] Moutoukias, "Réseaux", 1992, p. 17.

[83] Se han identificado proveedores de comestibles que brindaron sus productos o producciones tanto para el abastecimiento de las tripulaciones de la navegación ultramarina, como para las tropas.

Salarios y gastos de gestión

Del total del dinero gastado en la contienda, 29.74% fue destinado a pagar los servicios de las personas que, gracias a la prestación de su labor hicieron posible que el sitio se llevara adelante asegurando parte de la logística.

Para poder analizar con un mayor detalle las esferas económicas que estos "salarios y gastos de gestión" dinamizaron, se los dividió en subcategorías (véase cuadro 14).

La cantidad gastada "salarios y pagos" es la más importante de todo este grupo, pero, dada la capacidad de generar trabajo en la región Río de la Plata, la subcategoría más interesante para el objetivo general del presente trabajo es "transporte". Esta subcategoría representa 24.50% del total de los salarios y gastos de gestión. Es uno de los rubros principales de este sitio, no se puede imaginar esta contienda sin una gran cantidad de embarcaciones y carretas llenas de víveres y pertrechos, o personas desplazándose de una banda a la otra del río de la Plata, o de un lugar a otro dentro del espacio rioplatense o fuera de él.

Como era de esperar, la presencia del río más ancho del mundo llevó a que los mayores gastos en transportes fueran ocasionados por las embarcaciones (67.9%). Se identificaron patrones de lancha y marineros cruzando constantemente de una a otra banda, a la vez que también se movían por agua entre puntos distantes sobre la banda norte, dadas las características geográficas de la región. Al igual que para el caso de algunos proveedores de comestibles, se ha encontrado a personas realizando fletes con lanchas para el sitio, que también brindaron este servicio a los navíos de registro.

El otro gasto importante en transporte lo generaron los viajes en carretas (13.62%). Los viajes de los carreteros corresponden a servicios efectuados desde las casas de los porteños en donde estaban los víveres y demás géneros, hasta los almacenes dispuestos para su guarda, y desde allí al puerto del Riachuelo, donde se embarcaban en las distintas lanchas para seguir luego su camino a la otra banda, o en los barcos prestos a emprender la navegación ultramarina; otros viajes eran hacia aquellos lugares donde la gente destinada para la defensa necesitase provisiones. En el caso del sitio, también se evidenciaron carreteros trabajando en la banda norte, distribuyendo los víveres y pertrechos transportados por las lanchas. Hubo casos en los que, además de los dueños de las carretas, estaban los capataces y los peones trabajando en este servicio. Se identificaron carreteros que

Cuadro 14. Gastos en "salarios y gastos de gestión", divididos en subcategorías

Subcategoría	Pesos de 8 reales	Porcentaje dentro de la categoría	Porcentaje del total general	Porcentaje de las esferas económicas que los gastos dinamizan		
				Local	Americana extrarregional	Extraamericana
Salarios y pagos	48 217.310	71.50	21.28	21.28		
Transporte	16 505.310	24.50	7.28	6.86	0.42	
Gastos administrativos	2 684.500	4.00	1.18	1.13		0.05
Total	67 407.130	100.00	29.74	29.27	0.42	0.05

Fuente: Sandrín, *Bizcocheras*, 2011, p. 44.

realizaron viajes con sus carretas llevando y trayendo víveres y pertrechos destinados a los navíos de registro y también haciendo viajes destinados al sitio.

Si se retoman los datos teniendo en cuenta a los proveedores de "salarios y gastos de gestión", distribuidos por cantidad de servicios provistos, como describe el cuadro 15, también en este grupo de proveedores hay especialización, dado que 92.4% de los individuos detectados en relación con este rubro sólo aparecen vinculados a una única tarea. La mayoría de estos proveedores, 98%, fueron hombres.

Hay un grupo de proveedores que posiblemente accedieron a los contratos que les conciernen debido a su inserción en el aparato burocrático-militar directamente relacionado con la contienda,[84] por ejemplo un capitán destinado al sitio a quien le pagan por trasladar pliegos fuera del espacio rioplatense.

Otros fueron ellos mismos quienes brindaron el servicio: los lancheros, los carreteros (ambos pudiendo además tener personal a cargo para cumplir la labor), los marineros; los peones que romaneaban, acomodaban, cargaban, volvían a romanear y cargar para conducir al puerto y embarcar allí los bienes que la expedición demandase; peones que hacían guardias para cuidar los víveres y los géneros; varios proveedores de los cuartos que se alquilaban para hacer de almacenes de los comestibles y los pertrechos; chasquis que se movilizan con pliegos a distintas zonas del espacio americano extrarregional; individuos que se encargaban del traslado de personas y caballos; prácticos del río e ingenieros.

Estos servicios de transporte y logística brindados por "mono-proveedores" fueron muy importantes, tanto para satisfacer las necesidades de la navegación ultramarina, como de las tropas y económicamente también fueron significativos; en el caso del sitio, sumaron 17.67% del total de plata gastada en la contienda.

Gastos de campamento

Del total general gastado en el sitio a Colonia del Sacramento, los pagos realizados a proveedores de los "gastos de campamento" representaban 16.42%.

---

[84] Capitanes, tenientes, alféreces, condestables de artillería, guarda almacén, hasta el mismo proveedor real.

Cuadro 15. Proveedores de "salarios y gastos de gestión", distribuidos por cantidad de servicios provistos y peso económico de sus provisiones

Servicios provistos	Cantidad de proveedores	Porcentaje del total general de proveedores	Valor de sus provisiones	Porcentaje dentro de la categoría	Porcentaje del total general de gastos del sitio
1	170	92.40	40 048.810	59.40	17.67
2	11	5.98	22 606.500	33.54	9.97
3	1	0.54	1 752.000	2.60	0.77
4	1	0.54	308.250	0.46	0.14
5	1	0.54	2 691.570	4.00	1.19
Total	184	100.00	67 407.130	100.00	29.74

Fuente: Sandrín, *Bizcocheras*, 2011, p. 47.

Si bien estos gastos son los que menos plata insumieron en relación con los demás ocasionados por la contienda, eran muchas las personas que estaban detrás de la satisfacción de la demanda de cada uno de estos bienes y/o servicios.

Al igual que para el resto de las categorías analizadas, como lo demuestra el cuadro 16, para poder analizar con un mayor detalle las esferas económicas que estos "gastos de campamento" dinamizaron, se los dividió en subcategorías.

Dado que el objetivo de este trabajo es analizar la dinamización que los gastos del sitio a Colonia generaron en la economía rioplatense, poniendo especial atención en aquellos productos y/o servicios que dinamizaron la economía local en particular, y que la mayoría de los gastos del campamento no eran de producción local, sino productos americanos extrarregionales o extraamericanos, se resaltará el análisis de los servicios prestados dentro del espacio rioplatense, y de los bienes no comestibles que se produjeron en el espacio local.

Los bienes no comestibles de origen o producción local sólo representaron 0.6% del total gastado en la contienda; pero la provisión de badanas y de cueros de novillo o de carnero destinados a usos relacionados con la contienda fueron un impulso adicional para la producción o utilización de gran cantidad de animales en la región. Por su parte, la producción de untosinsal (para curar los cueros) y de carbón para las

Cuadro 16. Gastos de "gastos de campamento", divididos en subcategorías

Subcategoría	Monto (pesos de a 8)	Porcentaje dentro de la categoría	Porcentaje del total general	Porcentaje de las esferas económicas que los gastos dinamizan		
				Local	Americana extrarregional	Extraamericana
Materiales y equipamientos bélicos	14 156.500	38.05	6.25	0.60	4.30	1.35
Oficios	10 297.810	27.68	4.55	4.55		
Textiles e instrumentos de corte y confección	6 790.000	18.25	3.00		2.43	0.57
Gastos en hospital volante	2 546.000	6.84	1.12	0.29	0.19	0.64
Materiales de iluminación, calefacción y cocción	1 699.130	4.57	0.75	0.65		0.1
Contenedores e instrumentos de pasaje	1 327.880	3.57	0.58	0.11	0.10	0.37
Servicios religiosos	225.000	0.61	0.10	0.05	0.05	
Gastos varios	160.000	0.43	0.07	0.06		0.01
Total	37 202.310	100.00	16.42	6.31	7.07	3.04

Fuente: Sandrín, *Bizcocheras*, 2011, p. 58.

fraguas del rey (hacia allí se destinaba 90% de este material), también dinamizó la economía local.

Una subcategoría que generó mucho trabajo a nivel local fueron los "oficios", que suman 27.68% de los gastos del campamento.

Como se especificó en el resto de las categorías, para un mejor análisis se dividió a todos los abastecedores de "gastos de campamento" en proveedores de bienes y en proveedores de servicios, a la vez que se los agrupó por cantidad de bienes y/o servicios provistos y peso económico de sus provisiones.

Como puede observarse en el cuadro 17, también en este grupo de proveedores de bienes se pudo establecer una especialización, ya que 69.80% de los individuos proporcionó un solo bien; 90% de estos proveedores fueron hombres.

Al igual que para los abastecedores de servicios relativos a la logística y gestión, hubo en este conjunto de proveedores individuos que posiblemente accedieron a los contratos que los conciernen debido a su inserción en el aparato burocrático militar directamente relacionado con la contienda, por ejemplo las compras de balas y pólvora gestionadas por el guarda almacén, los caballos entregados por capitanes y tenientes; o los distintos socorros para la curación de heridas que entregaron varios capitanes.

Otros fueron proveedores-intermediarios entre los productores y los consumidores finales (varios de ellos identificados en los padrones como comerciantes) que se encargaron de suministrar los productos relativos al campamento de la expedición (armamento, maderas, hachas, clavos, brea, lienzo, ropa, cueros y demás).

Hubo además proveedores-productores/recolectores, es decir quienes directamente recolectaron o produjeron determinados bienes –carbón y leña– (véase cuadro 18).

Proveyendo servicios también se pudo establecer una especialización, ya que 69.23% de los individuos proporcionó un solo servicio, 100% de ellos eran hombres. Se han identificado a aquellos individuos que brindaban un servicio vinculado a su profesión: cirujano, boticario, capellán, cocinero.

Por último, se reconocieron proveedores que brindaron su oficio: plateros, caldereros, toneleros, un albañil, un maestro sillero, un zapatero, carpinteros, armeros y herreros. Dentro de un mismo oficio se han evidenciado distintas categorías de proveedores; entre los carpinteros y armeros hubo maestros, oficiales y peones; por parte de los herreros, había maestros y peo-

Cuadro 17. Proveedores de "gastos de campamento", distribuidos
por cantidad de bienes no comestibles provistos y peso económico
de sus provisiones

Bienes provistos	Cantidad de proveedores	Porcentaje del total general de proveedores	Valor de sus provisiones	Porcentaje dentro de la categoría	Porcentaje del total general de gastos del sitio
1	37	69.80	13 384.940	35.98	5.90
2	8	15.09	3 652.190	9.82	1.61
3	1	1.89	211.000	0.57	0.09
4	1	1.89	189.120	0.50	0.08
6	2	3.77	1 389.690	3.73	0.61
7	1	1.89	424.870	1.14	0.19
8	1	1.89	356.000	0.96	0.16
31	1	1.89	4 519.190	12.15	2.00
33	1	1.89	1 487.000	4.00	0.66
Total	53	100.00	25 614.000	68.85	11.30

Fuente: Sandrín, *Biscocheras*, 2011, p. 63.

nes. Se identificaron maestros que figuran cobrando sus trabajos a través de sus subordinados. Se pudo establecer que cuando prestaban más de un servicio, compartían la "jerarquía" dentro de ese oficio que estaban brindando. Varios de estos proveedores de servicios, al igual que se mostró para otras categorías, estaban emparentados entre sí.

Como se evidenció con los proveedores de las demás categorías mencionadas en este trabajo, también muchos individuos proveyeron el mismo bien o servicio tanto para las tropas destinadas a la defensa, como para las tripulaciones de la navegación ultramarina.

Lo interesante de resaltar con toda esta descripción es la gran variedad de actividades involucradas y de dispersión por lo tanto del gasto entre numerosos individuos.

Cuadro 18. Proveedores de "gastos de campamento", distribuidos por cantidad de servicios provistos y peso económico de sus provisiones

Servicios provistos	Cantidad de proveedores	Porcentaje del total general de proveedores	Valor de sus provisiones	Porcentaje dentro de la categoría	Porcentaje del total general de gastos del sitio
1	63	69.23	5 864.750	15.77	2.59
2	17	18.68	4 257.130	11.44	1.88
3	10	10.99	978.680	2.63	0.43
7	1	1.10	487.750	1.31	0.22
Total	91	100.00	11 588.310	31.15	5.12

Fuente: Sandrín, *Bizcocheras*, 2011, p. 68.

CONCLUSIONES. EL PAPEL DINAMIZADOR DE LA CORONA EN UNA ECONOMÍA REGIONAL AMERICANA Y UNA REGIÓN AMERICANA DENTRO DEL ESTADO FISCAL-MILITAR

Los datos exhibidos muestran que durante el periodo observado todo lo recaudado en Río de la Plata entre 1734 y 1742 se gastó allí, que eso no fue suficiente y que se debió recurrir a la Caja potosina y a préstamos de particulares. También esos datos muestran que la mayor parte de los gastos de la Real Hacienda en Buenos Aires sirvieron para dinamizar la economía regional. De conservarse las cuentas detalladas del tesorero de la escuadra de Pizarro, las de los proveedores de los otros navíos del servicio real o las de los del campo del bloqueo, sin duda su análisis ofrecería una dispersión de los gastos similar a la revelada por las cuentas del sitio a Colonia del Sacramento. Cuando los registros de las cartas-cuenta no son opacos, pudimos observar en el detalle de las distintas datas que las grandes cifras se descomponen en pagos por bienes y servicios similares a los detallados a partir de las cuentas del mencionado sitio. Y no está de más recordar que las cuentas del sitio sólo representan 8.67% del total de los egresos, 10.3% de los gastos militares y, dentro de estos, 19.69% de los relacionados de modo directo con acciones con los portugueses. De modo que pensamos que se sostienen las ideas expresadas en torno al papel dinamizador de la Real Hacienda en la economía regional durante los años observados y, si se consideran las informaciones vertidas sobre lo *normal* del tipo de demandas generadas por la Real Hacienda en la región, aunque más no sea lo que sugiere la cantidad de navíos del servicio real, la idea se puede extender hacia atrás y hacia adelante en el tiempo.[85]

Para incluir la región en conjuntos mayores, se puede observar que entre 1714 y 1778 se embarcaron desde Río de la Plata a los reinos peninsulares como pertenecientes a la Real Hacienda 3 495 435.055 pesos, que representan 6.47% del total remitido por dentro del circuito castellano, a bordo de navíos del comercio y del servicio real. Si bien no era el único circuito, nos concentramos en él.[86]

Esos pocos millones que navegaron por cuenta de la Real Hacienda se componen de diversos tipos de envíos, en oro y plata amonedados, en pasta y/o labrados, así como en producciones americanas, que procedían de derechos pagados en especie o de los estancos reales; en algunos casos fueron compradas para satisfacer necesidades en otros dominios. Los metales preciosos, 3 173 995.875 pesos (6.66% del total de metales preciosos registrados), provienen de vías diversas y no reflejan necesariamente ni en modo mayoritario la transferencia de excedentes de la Caja de Buenos Aires.

Hay allí envíos del virrey de Lima, de las cajas de Potosí, Santiago de Chile y de la administración de ramos de la Real Hacienda que exceden lo comarcal, como la parte de la corona en la trata de esclavos realizada por la South Sea Company, la Real Renta de Correos, las Temporalidades o la Real Renta del Tabaco. También están las sumas donadas o prestadas por los particulares, para las permanentes "urgencias de la Monarquía".[87]

Como se adelantó, en el periodo observado en este trabajo las cartascuenta analizadas no registran en las datas remesas a la tesorería central y en los navíos salidos del complejo portuario rioplatense no se consignan envíos por cuenta de la Real Hacienda o que le pertenezcan. En otro trabajo

---

[85] Al menos este es el núcleo de ideas de la tesis de doctorado de María Emilia Sandrín, que al momento (diciembre de 2014) se encuentra en su etapa final de elaboración.

[86] Véase Jumar, *Commerce*, 2010.

[87] Por los otros circuitos también navegaron caudales de la Real Hacienda. Michel Morineau registra la llegada a Lisboa de 6 000 000 de pesos pertenecientes a la Real Hacienda española en la *frota* de Río de Janeiro de 1749. Morineau, *Incroyables*, 1985, p. 385, tabla 58. Si salieron de la América española por el complejo portuario rioplatense estamos seguros de que no revelan la transferencia de excedentes rioplatenses y su origen se debe encontrar en el Alto o el Bajo Perú. En tiempos de guerra y cuando Portugal era neutral, se recurría al circuito portugués para asegurar los envíos.

se puede ver que entre 1680 y 1778 son muchos los años en que no hay embarques por cuenta de la Real Hacienda y que recién desde 1760 los hay todos los años.[88]

No hay nada nuevo en constatar que la mayor parte de lo recaudado en América se gastaba en América, y Río de la Plata tal vez lo ejemplifique de un modo extremo. La recaudación es considerable, pero la corona debe satisfacer necesidades que terminan tornándola en agente dinamizador de la economía, a través de la inyección permanente de fondos provenientes mayoritariamente de otras regiones y de la explotación de los indígenas. La economía minera, el trabajo indígena, además de todo, también genera bonanza en Río de la Plata por lo bajo de su sociedad a través de la satisfacción de las demandas de la corona y hasta le permite pedir préstamos a particulares para asegurar la liquidez, con promesa de relativamente rápida devolución.

Será esclarecedor establecer qué proporción de la población local se beneficiaba de los estímulos que generaban las variadas necesidades de la corona.[89] Tal vez Manuela Ramila o las hermanas Beresosa y Contreras sean casos minoritarios, verdaderas empresarias bizcocheras, pero lo que más interesa señalar es que no son las únicas proveedoras de bizcocho y que los datos consignados en este trabajo sólo dan cuenta de una demanda puntual, y no de las mayores.

Porque Río de la Plata se beneficia aún de otro derrame de la renta mitaya, el comercio. Si bien los grandes flujos no estaban controlados mayoritariamente por comerciantes arraigados y el grueso de su producto se remitía a la península hacia sus propietarios, los caudales daban varias vueltas por los circuitos intra y extrarregionales, estimulando con sus demandas de bienes y servicios diversos sectores, que en muchos casos son los mismos requeridos por la corona. Dinámica de circulación interna ya explicada por C. S. Assadourian a comienzos de los años 1970.[90] La evidencia acumulada por las investigaciones posteriores genera tensiones con el modelo general propuesto en su tiempo, aunque no se terminan de formular explicaciones alternativas.[91] Pero lo que interesa aquí es que a través de la ampliación de la observación de las actividades y sectores sociales alcanzados por los efectos

---

[88] Jumar, *Commerce*, 2010. Véase tabla L y M, anexo 3, capítulo V, pp. 638-643.

[89] Lamentablemente no se dispone de buenos ni malos datos de conjunto sobre la población de la región Río de la Plata. Los hay para las ciudades de Buenos Aires y su campaña inmediata, para Montevideo y para Colonia del Sacramento, pero o no coinciden en el tiempo o en su hechura como para osar realizar una estimación con pretensiones científicas para los años observados ahora.

[90] Assadourian, "Integración", 1972.

[91] Jumar, "Espacio", 2012.

de la circulación en tanto que generadora de estímulos, se confirma la dinámica y complementariedad de las economías regionales.

La historiografía rioplatense consagrada al periodo de sujeción a la corona española sólo recientemente ha naturalizado la idea de que su economía
es una típica de antiguo régimen, con predominio de los sectores agrarios. Lo
señalado ahora en torno a las demandas satisfechas sólo engrosa lo establecido sobre el dinamismo y eficacia de la producción agrícola, que además de
mantener sociedades en las que no se conocieron crisis de subsistencia, generó
excedentes exportables. Sólo para alcanzar la demanda potencial de bizcocho
requerida para los viajes de regreso de al menos 386 navíos del comercio (legal
e ilegal, por dentro y por fuera de los circuitos legales español y portugués) y
del servicio real (español) entre 1683 y 1778, se habrían producido 204 783.39
quintales de bizcocho.[92] El sitio a Colonia *sólo* requirió 7 072.64 quintales.

Se observa que los 2 611 598.189 pesos que suman los egresos de la
Real Hacienda entre 1734 y 1742 (cuadro 1) superan el valor de las cargas
de particulares registradas en los navíos del circuito legal en el mismo periodo.[93] Si se suma que, aunque en crecimiento desde tiempos de la guerra de
Sucesión, el comercio ultramarino del circuito legal castellano sólo tiene un
ritmo anual sostenido desde fines de la década de 1740, se abren preguntas
interesantes sobre qué pasaba con esos metales que inyectaba la corona y que
aparentemente no salían del continente como por un tobogán. Una de las
respuestas es el comercio ilícito, pero intuimos que no es la única.

Aunque el comercio ultramarino más tarde o más temprano capte una
parte –seguramente importante– de lo pagado por la corona a sus proveedores de bienes y servicios o en sueldos a militares y funcionarios, se confirma
su importante papel en la dinamización de la economía regional y, tal vez,
en el origen de una moderada prosperidad para sus sectores medios y bajos.

Todo remite a las explicaciones generales que ven en la acción fiscal de
la corona el medio de concreción de la exacción colonial. Como se sintetiza
en un texto entre otros posibles:

> Desde el punto de vista económico, un régimen colonial se puede definir como
> aquel en que los excedentes económicos de un determinado territorio colo-

---

[92] El cuadro 3 del apéndice presenta la estimación de la demanda potencial de algunos bienes
de producción rioplatense para el mantenimiento de las tripulaciones de los navíos salidos por el
complejo portuario rioplatense, calculada sobre la base de la dieta reglamentaria.

[93] En metales preciosos: 1 752 229.688 pesos y en cueros 158 830.5 pesos. Jumar, *Commerce*,
2010.

nial son apropiados por una metrópoli mediante dominación política. En tales sistemas, una forma de extracción de excedente son los impuestos, que para el caso de América española gravaron de manera precisa los tres principales sectores de la actividad productiva colonial: la agricultura, la minería y el comercio tanto interno como externo. Algunos ejemplos fueron el Almojarifazgo, que tasaba el comercio internacional[…][94]

[…]

[…], el gobierno colonial utilizó los ingresos fiscales principalmente para extraer el excedente económico y llevarlo a la metrópoli, impidiendo la acumulación de capital en la colonia y la reproducción del sistema productivo. En general, las consideraciones de redistribución de la riqueza social por medio del gasto en bienes públicos, educación, salud, infraestructura, entre otros, no estaba dentro de las preocupaciones del gobierno español.[95]

Las posibles realidades económicas locales que dejan entrever los datos expuestos contradicen la explicación canónica. Muestran que al mismo tiempo que la corona alcanza al menos sus objetivos de mínima (mantener el control nominal de la región y trabar en algo los accesos indeseados a los mercados del sur de sus dominios y de los distritos mineros altoperuanos), la sociedad local recibe muy positivos estímulos económicos.

Sin duda, la clave que permite entender esto es la existencia del trabajo forzado de los sometidos de la conquista en las minas, que generaban el grueso del excedente que se derramaba sobre toda la sociedad emergente de la conquista y que lo compartía en grados diversos con el rey. Lo único nuevo en estas ideas es que hacemos participar a todo el conjunto de las sociedades hispano-criollas de los derrames de la renta mitaya.

Los años considerados en este trabajo coinciden con uno de los momentos fuertes del contrabando en Río de la Plata, pero también con crecimiento del comercio legal. Sin embargo, el rey no logra recaudar lo suficiente en la región para saldar las cuentas locales y ni pensar en transferir recursos a la tesorería central. Pero sus buenos vasallos están prontos a realizarle generosos préstamos. Como si el lema de los americanos fuese "préstamos y donativos, sí; impuestos, no". Tal vez, porque ante la incapacidad del monarca de imponer sus puntos de vista por la violencia, el donativo y el préstamo abrían la puerta de la discusión de los términos de la dominación y para

[94] López Rivera, "Nota", 2008, p. 317.
[95] *Ibid.*, p. 318.

entablar las bases de una negociación que lleva a lo que Javier Kraselsky ha definido en términos de centralización corporativa.[96]

Además, no hay que olvidar que al menos en los años observados no sólo se recurre a fondos americanos para asegurar militarmente la región, sino que otros dominios son puestos a contribución. Si bien los navíos del rey consumieron importantes recursos locales, el costo de la inversión inicial (el armado de las expediciones) fue asumido en los dominios europeos, con fondos a su vez compuestos por proporciones que desconocemos entre remesas de Indias y recaudación (y/o endeudamiento) en la península. Además, esos navíos llegaban a América con dinero salido de las cajas peninsulares, para las urgencias del viaje, y que era el primero usado para pagar los requerimientos realizados a la sociedad local. Una última observación, que tal vez valga la pena considerar, es que buena parte de la "cuota de sangre", la marinería y los soldados que arriesgaron sus vidas para saldar un problema en los términos que más convenían a los poderes locales,[97] fue puesta por las sociedades peninsulares y por las indígenas (los guaraníes guiados a la batalla por sus misioneros jesuitas).

En relación con las preguntas y diálogos que generó el simposio para el que se compuso la primera versión de este texto, pensamos que a través del caso expuesto se observa de modo bastante concreto el funcionamiento de un sistema de dominación cuyo eje estaba en la consecución de objetivos dinásticos mediante empresas militares, para lo que se requiere el establecimiento de especializados canales de negociación con los poderes de cada componente del conjunto. Entre las explicaciones que conocemos, la que consideramos que mejor da cuenta de los fundamentos de dicho sistema es la que apela al concepto de Estado fiscal-militar y pensamos que lo observado

---

[96] Kraselsky, "Estrategias", 2011.

[97] De modo esquemático: los milicias de Buenos Aires sólo asistieron al gobernador Salcedo para desalojar a los portugueses de la campaña oriental, saquear sus establecimientos productivos y apropiarse de sus medios de producción. Cuando llegó la hora de atacar las murallas, los porteños regresaron a su banda y dejaron solo a Salcedo con sus pocas fuerzas de línea para el establecimiento de un sitio terrestre y con el contradictorio apoyo del propietario de los navíos de registro presentes en el río para establecer un bloqueo fluvial. De allí el envío de navíos de guerra y refuerzos militares, que tantos gastos insumieron. Este comportamiento de los porteños, analizado junto a los asumidos en otras coyunturas desde el primer establecimiento duradero de los portugueses (1683) y su expulsión hasta fines del antiguo régimen (1777, pero regresarían en 1811, ya en tiempos de la secesión), han sido interpretados como reveladores de una actitud coherente a lo largo del tiempo en relación con las condiciones bajo las cuales toleraban la presencia portuguesa. El problema radica en que esas condiciones (resumiendo: *entrepôt*, sí; colonia de poblamiento, no) estaban en contradicción con las de la corona, pero fue obligada a aceptarlas y apoyarlas, para así al menos alcanzar sus objetivos de mínima.

en este texto puede sumarse como un caso más que colabora con su sustentación.[98] También pensamos que el caso podría servir a los especialistas en temas fiscales para terminar de pensar de otro modo el papel de los dominios americanos en el conjunto, y una consecuente redefinición de ese conjunto.

Como anticipamos en la introducción, lo fiscal no es nuestra especialidad. Sin embargo, y por lo que observamos, las explicaciones existentes con las que lo contrastamos y el repaso de los textos presentados en el simposio, pensamos que alguna reflexión conjunta hay que hacer para reconsiderar la función "colonia" dada a los dominios americanos en el conjunto. Intuimos que ello nos permitiría alcanzar explicaciones más ajustadas del sistema de poder dentro de la monarquía hispánica y las reacciones americanas ante la crisis de comienzo del siglo XIX, lo que supondría a su vez examinar nuevamente muchas concepciones asentadas sobre las sociedades hispano-criollas, sus relaciones con las sometidas desde la conquista y con el poder superior. Para comprender las dinámicas internas americanas, intuimos que la clave está en volver a pensar la relación entre vencedores y vencidos, incluyendo entre los beneficiarios de la victoria no sólo a las elites sino al conjunto de las sociedades hispano-criollas en primer lugar, y en segundo a la corona y su círculo de intereses asociados en la península. En la dirección de pensar las relaciones de las elites americanas con el poder superior, la intuición apunta en dirección de eliminar del análisis la variable "dominación colonial" y tratar de pensar en variantes americanas que se sumarían a las existentes para explicar las singularidades de cada dominio europeo en relación con la corona, todas convertidas en conjunto bajo las lógicas del Estado fiscal-militar y su traducción política, la monarquía compuesta[99] o, en su nueva versión, policéntrica,[100] observada en nuestro caso en el momento en que cobra ímpetu el intento de transformación en dirección de la homogeneización y el absolutismo, siendo la centralización corporativa el mejor resultado alcanzado en América.

[98] Torres, "Triumph", 2007, y *Precio*, 2013.
[99] Elliot, "España", 2010, capítulo I: "Una Europa de monarquías compuestas", pp. 29-40, y Russell y Gallego, *Monarquías*, 1996.
[100] Imízcoz, "Comunidad", 1996, y Marcos, "Polycentric", 2012.

APÉNDICES

Cuadro 1. Préstamos de particulares, Caja de Buenos Aires, 20/03/1734 a 08/11/1742. En pesos de a 8 reales

Prestamista	Registro del cargo	Monto	Registro de la data	Monto
Arteaga, José de	11/09/1737	4 000.000		
Bargas, Pedro de	15/03/1737	500.000	02/05/1737	500.000
Bargas, Pedro de	12/09/1737	500.000	28/04/1742	500.000
Basurco, Juan Francisco	16/03/1737	1 000.000	14/07/1741	1 000.000
Basurco, Juan Francisco	10/07/1737	2 000.000	28/04/1742	2 000.000
Curia, Aguntín de	01/03/1737	3 000.000	02/05/1737	3 000.000
Curia, Aguntín de	09/07/1737	3 000.000		Donado
Echalecu, Nicolás de	12/01/1737	8 000.000	30/04/1737	8 000.000
Echalecu, Nicolás de	10/09/1737	8 000.000	14/07/1741	8 000.000
Eguía, Juan de	01/06/1737	2 000.000	14/07/1741	2 000.000
Eguía, Juan de	19/06/1737	2 000.000	14/07/1741	2 000.000
Fernández, Tomás Alonso	14/01/1737	4 000.000	30/04/1737	4 000.000
Fernández, Tomás Alonso	08/07/1737	4 000.000		
Gainza, Juan de	05/11/1736	10 400.000	29/04/1737	10 400.000
García de Tagle, Melchor	19/11/1736	10 000.000	29/04/1737	10 000.000
García de Tagle, Melchor	10/17/1737	10 000.000		
Gil, Nicolás	01/06/1737	1 000.000		
González Marín, José	13/09/1737	3 532.375		
González Marín, José	21/02/1737	4 000.000	02/05/1737	4 000.000
Goycolea, Domingo de	14/03/1737	1 000.000	02/05/1737	1 000.000
Goycolea, Domingo de	18/15/1737	1 000.000		
Herrera, Juan Bautista de	18/05/1737	2 000.000		
Izquierdo, Gaspar	15/01/1737	6 000.000	30/04/1737	6 000.000
Izquierdo, Gaspar	07/09/1737	6 000.000		
Larrazaval, Antonio de	15/03/1737	3 000.000	02/05/1737	3 000.000
Larrazaval, Antonio de	12/09/1737	7 000.000	29/05/1742	7 000.000
Ledesma, Domingo	09/03/1737	6 000.000	02/05/1737	6 000.000
Ledesma, Domingo	11/09/1737	6 000.000		
López, Tomás	07/03/1737	3 000.000	02/05/1737	3 000.000
Mansilla, Juan de	14/03/1737	1 000.000	02/05/1737	1 000.000

Prestamista	Registro del cargo	Monto	Registro de la data	Monto
Mansilla, Juan de	18/05/1737	1 000.000	14/07/1741	1 000.000
Mansilla, Juan de	02/09/1737	1 000.000	14/07/1741	1 000.000
Martínez, Antonio	11/04/1737	8 000.000	30/04/1737	8 000.000
Martínez, Antonio	02/09/1737	8 000.000	28/04/1742	8 000.000
Merlos, Antonio de	03/06/1737	6 000.000	28/04/1742	6 000.000
Navarro, Luis	31/05/1737	1 500.000	29/05/1742	1 500.000
Navarro, Luis	16/03/1737	2 000.000	29/05/1742	2 000.000
Nieto de Molina, Manuel	11/03/1737	1 000.000	02/05/1737	1 000.000
Otalora, Gregorio	13/12/1736	15 000.000	29/07/1737	15 000.000
Otalora, Gregorio	12/09/1737	10 000.000	29/05/1742	10 000.000
Pessoa, Fermín de	11/03/1737	4 000.000	02/05/1737	4 000.000
Pessoa, Fermín de	10/07/1737	4 000.000		
Ruiloba, Francisco de	09/03/1737	1 500.000	02/05/1737	1 500.000
Ruiloba, Francisco de	01/06/1737	4 500.000		
Varios (caudales registrados en navíos del rey La Galga y La Paloma)	28/07/1738	100 000.000		
Viera, Francisco de	06/06/1737	4 000.000		
Warnes, Adrián Pedro	18/03/1737	4 000.000	28/04/1742	4 000.000
Zevallos, Juan Antonio de	15/03/1737	10 000.000	02/05/1737	10 000.000
Zevallos, Juan Antonio de	29/06/1737	10 000.000		
Total		96 932.375		155 400.000

Fuente: Cartas-cuenta de los Oficiales Reales de Buenos Aires, 20 de marzo de 1734 a 9 de diciembre de 1736; 10 de diciembre de 1736 a 7 de noviembre de 1739 y 8 de noviembre de 1739 a 8 de noviembre de 1742. AGN, XIII-14-1-3.

Cuadro 2. Participación de los prestamistas del cuadro 1 (anexo) en los envíos
por dentro del circuito legal castellano.
En pesos de 8 reales

Cargador	Años en los que registra	Total registrado		Registrado en 1734 y 1742	
		Metales preciosos	Cueros (valor)	Metales	Préstamo s/metales (%)[a]
Arteaga, José de	1731, 1738	8 688.438			
Basurco, Juan Fco.	1727, 1731, 1738, 1739, 1745, 1746, 1750 a 1755	380 889.902	5 425.000		
Curia, Agustín de	1745, 1746	16 950.500			
Echalecu, Nicolás de	1727, 1731, 1738	200 994.688		55 980.000	14.29%
Eguía, Juan de	1738, 1745, 1746, 1749, 1750 a 1754, 1756 a 1761	229 208.554	539.000		
Fernández, Thomás Alonso	1731, 1738	171 254.750		115 860.188	2.34%
Gainza, Juan de	1737, 1731, 1739, 1745	116 509.313		85 480.563	23.87%
García de Tagle, Melchor	1731, 1738, 1739, 1745,	525 693.191		78 389.188	12.76%

Nombre	Años				
Gil, Nicolás	1746, 1748 a 1752	21 200.000			
Goycolea, Dgo. de	1731, 1739	5 769.250		5 769.250	17.33%
Izquierdo, Gaspar	1731, 1738, 1739	86 340.000		74 600.000	8.04%
Larrazaval, Antº. de	1721, 1727, 1745, 1749, 1751, 1752	51 458.875			
Ledesma Barroso, Dgo. de	1731, 1738	157 915.563		157 915.563	3.80%
López, Thomás	1731, 1739	15 228.000		3 228.000	92.94%
Mansilla, Juan de	1731, 1738, 1745, 1748 a 1752, 1754 a 1758, 1760	81 743.875	700.000	9 596.000	10.42%
Martínez, Antº.	1738, 1739, 1745, 1746, 1748, 1749	95 361.375		61 195.375	13.07%
Merlos, Antº. de	1731, 1738, 1739	35 507.000		25 907.000	
Nieto de Molina, Manuel	1731, 1739	43 875.500		28 775.500	3.48%
Otalora, Gregorio de	1745, 1746, 1748, 1749	51 987.438			
Ruiloba, Fco. de	1731, 1739	34 615.500		34 615.500	4.33%

| Cargador | Años en los que registra | Total registrado | | Registrado en 1734 y 1742 | |
		Metales preciosos	Cueros (valor)	Metales	Préstamo s/metales (%) [a]
Warnes, Adrián Pº.	1727, 1731, 1733, 1739, 1748, 1749	178 020.688	4 260.000	44 848,375	
Zevallos, Juan Antº. de	1738, 1739	212 448.000		212 448.000	4.71%
Total		2 721 660.397	10 924.000		

[a] Calculado sobre la base de las sumas devueltas, y por tanto disponibles para ser remitidas a Europa, y los caudales registrados en el periodo bajo análisis.

Fuente: cuadro 8 y Jumar, *Commerce*, 2010, tabla I (anexo 5, capítulo 5), pp. 703-860.

Cuadro 3. Estimación de algunos bastimentos requeridos por los navíos salidos del complejo portuario rioplatense, 1683-1778

Período	Cantidad navíos salidos	Tripulación estimada	Bizcocho (quintales)	Vino (arrobas)	Carne salada (quintales)	Tocino (quintales)	Menestras (quintales)
1683-1687	6	432	3 149.28	2 187.00	622.08	699.84	2 099.52
1688-1692	0						
1693-1697	3	216	1 574.64	1 093.50	311.04	349.92	1 049.76
1698-1702	1	72	524.88	364.50	103.68	116.64	349.92
1703-1707	23	1 656	12 072.24	8 383.50	2 384.64	2 682.72	8 048.16
1708-1712	33	2 376	17 321.04	12 028.50	3 421.44	3 849.12	11 547.36
1713-1717	22	1 584	11 547.36	8 019.00	2 280.96	2 566.08	7 698.24
1718-1722	15	1 077	7 851.33	5 452.31	1 550.88	1 744.74	5 234.22
1723-1727	20	1 590	11 591.10	8 049.38	2 289.60	2 575.80	7 727.40
1728-1732	14	975	7 107.75	4 935.94	1 404.00	1 579.50	4 738.50
1733-1737	9	611	4 454.19	3 093.19	879.84	989.82	2 969.46
1738-1742	11	792	5 773.68	4 009.50	1 140.48	1 283.04	3 849.12
1743-1747	8	499	3 637.71	2 526.19	718.56	808.38	2 425.14
1748-1752	15	998	7 275.42	5 052.38	1 437.12	1 616.76	4 850.28
1753-1757	13	1 129	8 230.41	5 715.56	1 625.76	1 828.98	5 486.94
1758-1762	11	811	5 912.19	4 105.69	1 167.84	1 313.82	3 941.46
1763-1767	21	1 477	10 767.33	7 477.31	2 126.88	2 392.74	7 178.22
1768-1772	46	3 235	23 583.15	16 377.19	4 658.40	5 240.70	15 722.10
1773-1777	61	4 673	34 066.17	23 657.06	6 729.12	7 570.26	22 710.78
1778	54	3 888	28 343.52	19 683.00	5 598.72	6 298.56	18 895.68
Total general	386	28 091	204 783.39	142 210.69	40 451.04	45.507.42	136 522.26

Fuente: Jumar *et al.*, "Comercio", 2006.

FUENTES CONSULTADAS

Archivos

AGI   Archivo General de Indias, Sevilla.
AGN   Archivo General de la Nación, Buenos Aires.
AHPBA   Archivo Histórico de la Provincia de Buenos Aires.

Bibliografía

Amaral, Samuel, "Public Expenditure Financing in the Colonial Treasury: An Analysis of the Real Caja de Buenos Aires Accounts, 1789-1791", *Hispanic American Historical Review*, vol. 64, núm. 2, 1984, pp. 287-295.

——————, "Las finanzas arcaicas: la atención del déficit en la Real Caja de Buenos Aires, 1789-1811", *Investigaciones y Ensayos*, núm. 60, 2011, pp. 381-436.

Archivo General de la Nación (AGN, Argentina), *Documentos referentes a la guerra de la independencia y emancipación política de la República Argentina y de otras secciones de América. Segunda serie: Campaña del Brasil. Antecedentes coloniales*, Buenos Aires, Kraft, 1939, t. II.

Assadourian, Carlos Sempat, "Integración y desintegración regional en el espacio colonial. Un enfoque histórico", *EURE*, Universidad Católica de Chile, núm. 4, 1972, pp. 11-23.

Cerdá Crespo, Jorge, "La guerra de la Oreja de Jenkins: un conflicto colonial (1739-1748)", tesis doctoral, Universidad de Alicante, 2009.

Cuesta, Martín, "El crecimiento de una economía colonial: el caso de Buenos Aires en el siglo XVIII", tesis doctoral en Historia, Universidad de Buenos Aires, 2006.

Elliot, John H., *España, Europa y el mundo de ultramar (1500-1800)*, Madrid, Taurus, 2010.

Facultad de Filosofía y Letras (FFYL), Universidad de Buenos Aires, *Documentos para la Historia Argentina, Padrones de la Ciudad y Campaña de Buenos Aires, 1726-1810*, Buenos Aires, Peuser, 1955, t. 10.

Fradkin, Raúl (dir.), *Historia de la Provincia de Buenos Aires*, t. II: *De la conquista a la crisis de 1820*, Buenos Aires, Universidad Pedagógica de la Provincia de Buenos Aires/EDHASA, 2012.

Garavaglia, Juan Carlos, *Mercado interno y economía colonial (tres siglos de historia de la yerba mate)*, México, Grijalbo, 1983.

_____, "Ecosistemas y tecnología agraria: elementos para una historia social de los ecosistemas agrarios rioplatenses (1700-1830)", *Desarrollo Económico*, vol. 28, núm. 112, 1989, pp. 549-575.

_____, "El pan de cada día: el mercado del trigo en Buenos Aires, 1700-1820", *Boletín del Instituto de Historia Argentina y Americana "Dr. E. Ravignani"*, 3ª serie, núm. 4, 2º semestre de 1991, pp. 7-29.

_____, "Los labradores de San Isidro (siglos XVIII-XIX)", *Desarrollo Económico*, vol. 32, núm. 128, 1993, pp. 513-542.

_____, *Pastores y labradores de Buenos Aires. Una historia agraria de la campaña bonaerense. 1700-1830*, Buenos Aires, Ediciones de la Flor, 1999.

_____ y Juan Marchena, *América Latina de los orígenes a la independencia*, Barcelona, Crítica, 2005, 2 vols.

Halperin Donghi, Tulio, *Guerra y finanzas en los orígenes del Estado argentino (1791-1850)*, Buenos Aires, Ed. de Belgrano, 1982.

Ibarra, Antonio y Guillermina del Valle Pavón, "Redes sociales e instituciones: una nueva mirada sobre viejas incógnitas", *Historia Mexicana*, vol. 56, núm. 3, enero-marzo de 2007, pp. 117-723.

Imízcoz Beunza, José María, "Comunidad, red social y elites. Un análisis de la vertebración social en el antiguo régimen" en José María Imízcoz Beunza (dir.), *Elites, poder y red social. Las elites del País Vasco y Navarra en la Edad Moderna*, Bilbao, Universidad del País Vasco, 1996, pp. 13-50.

Jumar, Fernando, "Uno del montón: Juan de Eguía, vecino y del comercio de Buenos Aires. Siglo XVIII", *III Jornadas de Historia Económica*, Mesa: Comercio y comerciantes: el Río de la Plata durante el siglo XVIII, Asociación Uruguaya de Historia Económica, Montevideo, 9 al 11 de julio de 2003, <http://www.fuentesmemoria.fahce.unlp.edu.ar/trab_eventos/ev.717/ev.717.pdf>. [Consulta: 2 de diciembre de 2014.]

_____, "El precio de la fidelidad. La guerra de Sucesión en el Río de la Plata, los intereses locales y el campo Borbón" en Annie Molinié y Alexandra Merle (dirs.), *L'Espagne et ses guerres. De la fin de la Reconquête aux guerres de l'Indépendance*. París, Presses de l'Université Paris-Sorbonne, 2004, pp. 203-236.

_____, "Le commerce français au Río de la Plata pendant la Guerre de Succession d'Espagne" en Christian Buchet (dir.), *La mer, La France et l'Amérique Latine*, París, Presses de l'Université París-Sorbonne, 2006, pp. 309-332.

_____, "El primer *boom* de la exportación de cueros y la sociedad local. Río de la Plata. Fines del siglo XVII, comienzos del siglo XVIII", *XXI Jornadas de Historia Económica*, Mesa: Comercio, circulación y mercados, Asociación Argentina de Historia Económica/Universidad Nacional de Tres de Febrero, Caseros, 23 al 26 de septiembre de 2008, <http://www.fuentesmemoria.fahce.unlp.edu.ar/trab_eventos/ev.712/ev.712.pdf>. [Consulta: 2 de diciembre de 2014.]

_____, *Le commerce atlantique au Río de la Plata, 1680-1778*, 2ª ed. aumentada, 1ª ed. electrónica, La Plata: Universidad Nacional de La Plata, 2010, <http://www.memoria.fahce.unlp.edu.ar/tesis/te.364/te.364.pdf>. [Consulta: 2 de diciembre de 2014.]

_____, "El *espacio colonial peruano* en la historiografía sobre circulación mercantil", III Congreso Latinoamericano de Historia Económica, Simposio 17: *A tres décadas de* El sistema de la economía colonial. Mercado Interno, Regiones y Espacio económico *de C. S. Assadourian. Reflexiones y avances*, San Carlos de Bariloche (Argentina), 23 al 27 de octubre de 2012.

_____, "La región Río de la Plata y su complejo portuario durante el Antiguo Régimen" en Raúl Fradkin (dir.), *Historia de la Provincia de Buenos Aires*, Buenos Aires, Universidad Pedagógica de la Provincia de Buenos Aires/EDHASA, 2012, t. II, pp. 124-157.

Jumar, Fernando e Isabel Paredes, "El comercio intrarregional en el complejo portuario rioplatense: el contrabando visto a través de los comisos, 1693-1777", *América Latina en la Historia Económica*, núm. 29, enero-junio de 2008, pp. 33-99.

Jumar, Fernando y Nicolás Biangardi, "La conjunción entre espacio económico y territorialidad. Río de la Plata. Siglo XVIII" en Rodolfo Richard Jorba y Marta S. Bonaudo (coords.), *Historia Regional. Enfoques y articulaciones para complejizar una historia nacional*. La Plata, Universidad Nacional de La Plata, 2014, pp. 75-91.

Jumar, Fernando, Nicolás Biangardi, José Bozzo, Sabrina Orlowski, Roberto Querzoli, María Emilia Sandrín, "El comercio ultramarino y la economía local en el complejo portuario rioplatense. Siglo XVIII", *Anuario IEHS*, núm. 21, 2006, pp. 235-254.

Khun, Fábio, *Breve historia do Rio Grande do Sul*, Porto Alegre, Editora Leitura XXI, 2002.

Kraselsky, Javier. "Las estrategias de los actores del Río de la Plata: las Juntas y el Consulado de Comercio de Buenos Aires a fines del antiguo régimen (1748-1809)", tesis doctoral en Historia, Universidad Nacional de La Plata, 2011.

López de Albornoz, Cristina, "Tiempos de cambio: producción y comercio en Tucumán (1770-1820)", *Andes*, núm. 13, 2002, <http://estudiosterritoriales.org/articulo.oa?id=12701308>. [Consulta: 27 de noviembre de 2014.]

López Rivera, Edwin, "Una nota sobre fiscalidad y comercio al interior de la Nueva Granada", *Destiempos. Revista de Curiosidad Cultural. Dossier Virreinatos*, México, año 3, núm. 14, marzo-abril de 2008, pp. 317-325, <http://www.destiempos.com/n14/lopezrivera.pdf>. [Consulta: 27 de noviembre de 2014.]

Marcos Martín, Alberto, "Polycentric Monarchies: Understanding the Grand Multinational Organizations of the Early Modern Period" en Pedro Cardim, T. Herzog, J. J. Ruiz Ibañez y G. Sabatini, *Polycentric Monarchies. How did Early Modern Spain and Portugal Achieve and Maintain a Global Hegemony?*, Brighton & Eastbourne, Sussex Academic Press, 2012, pp. 217-226.

Morineau, Michel, *Incroyables gazettes et fabuleux métaux. Les retours des trésors américains d'après les gazettes hollandaises (XVIe-XVIIIe siècles)*, París y Londres, Éditions de la Maison des Sciences de l'Homme/Cambridge University Press, 1985.

Moutoukias, Zacarías, "Réseaux personnels et autorité coloniale: les négociants de Buenos Aires au XVIIIe siècle", *Annales ESC*, vol. 47, núms. 4-5, julio-octubre de 1992, pp. 889-915.

Paredes, Isabel, "Comercio y contrabando entre Colonia del Sacramento y Buenos Aires en el periodo 1739-1762", tesis de licenciatura en Historia, Universidad Nacional de Luján, 1996.

——————, "El comercio en la subregión de Paraguay a fines del siglo XVIII", *XII Jornadas Interescuelas y/o Departamentos de Historia*, San Carlos de Bariloche (Argentina), 2009.

——————, "La carrera de Paraguay a fines del siglo XVIII", *América Latina en la Historia Económica*, vol. 21, núm. 1, 2014, pp. 66-91.

Prado, Fabrício, *A Colônia do Sacramento: o extremo sul da América portuguesa no século XVIII*, Porto Alegre, F. P. Prado, 2002.

——————, "In the Shadows of Empires: Trans-Imperial Networks and Colonial Identity in Bourbon Rio de la Plata (*c.* 1750–*c.*1813)", tesis doctoral en Historia, Emory University, 2009.

Russell, Conrad y José Andrés Gallego (dirs.), *Las monarquías del antiguo régimen, ¿monarquías compuestas?*, Madrid, Editorial Complutense, 1996.

Sandrín, María Emilia, *Bizcocheras, lancheros y demás… Los estímulos económicos de la guerra para los sectores medios y/o bajos del complejo portuario rioplatense. 1735-1737*, Saarbrücken, Editorial Académica Española, 2011.

——————, "La actividad económica de los asentistas de víveres de la Marina de Montevideo, 1770-1810", *América Latina en la Historia Económica*, vol. 21, núm. 1, enero-abril de 2014, pp. 92-114.

——————, "¿Quién amasa la masa? Los proveedores de comestibles en el sitio a Colonia del Sacramento de 1735-1737", *Andes*, núm. 24, 2014, <http://www.scielo.org.ar/scielo.php?script=sci_arttext&pid=S1668-80902013000100008&lng=es&nrm=iso>. [Consulta: 27 de noviembre de 2014.]

Scelle, Georges, *La Traite Négrière aux Indes de Castille. Contrats et traités d'Assiento*, París, Librairie de la Société du Recueil J. B. Sirey et du Journal du Palais, 1906, 2 vols.

Silva, Hernán A., "El trigo en una ciudad colonial. Buenos Aires en la primera mitad del siglo XVIII", *Investigaciones y Ensayos*, julio-diciembre de 1968, pp. 375-406.

TePaske, John y Herbert Klein, *The Royal Treasuries of the Spanish Empire in America*, Durham, Duke University Press, 1982, 3 vols.

Torres Sánchez, Rafael, "The Triumph of the Fiscal Military State in the Eighteenth Century. War and Mercantilism" en Rafael Torres Sánchez (ed.), "War, State and Development. Fiscal-military States in the Eighteenth Century", Pamplona, Eunsa, 2007, pp. 13-44.

——————, *El precio de la guerra: el Estado fiscal-militar de Carlos III (1779-1783)*, Madrid, Marcial Pons, 2013.

Trujillo, Óscar, "Evasión, resistencia y conflicto: las alcabalas de Buenos Aires y la experiencia del arrendatario Agustín de Garfias (1746-1760)", tesis de licenciatura en Historia, Universidad Nacional de Luján, 1999.

EL GASTO PÚBLICO DEL IMPERIO PORTUGUÉS, SIGLOS XVII-XVIII

Angelo Alves Carrara
Universidade Federal de Juiz de Fora

INTRODUCCIÓN

Los primeros estudios de historia fiscal del imperio portugués se deben a Vitorino Magalhães Godinho, los cuales se realizaron en la década de 1960, haciendo uso de un conjunto amplio de fuentes. El autor presentó un siglo XVI en el que ocurría la expansión continua de las fuentes de ingresos de ultramar, mismas que se consolidarían en las dos primeras décadas del siglo XVII. Sin embargo, para los primeros años de la década de 1620, se habría producido una fortísima retracción de las rentas ultramarinas conjugada con la participación creciente de nuevas fuentes internas de ingresos, como los subsidios, fintas, estancos y la "décima" (el impuesto de 10% sobre los rendimientos de todos los súbditos). A partir de los primeros años del siglo XVIII, afirmaba Godinho, se reemprendió la expansión de las fuentes fiscales externas con base en el tabaco y, pronto, por la producción aurífera de Brasil, convertido a partir de entonces en el principal manantial de rentas de la metrópoli.[1] Si bien estos rasgos generales sobre los ingresos se mantienen hasta hoy, el estudio de los egresos fiscales es más problemático.

Como punto general, cabe señalar que las fuentes de ingresos tenían por objeto cubrir los costos de la casa real, las pensiones ("tenças") y juros, los salarios de oficiales de Justicia y Hacienda, los gastos del Ejército y la Marina de guerra. Para los gastos en los territorios ultramarinos de Portugal vale la pena traer a colación la estructura presentada por Herbert S. Klein y

[1] Godinho, *Ensaios*, 1968.

John J. TePaske para las áreas hispanoamericanas.[2] Así, la estructura general sintetizada por TePaske equivale a una fórmula sencilla: tras el pago de todos los gastos con el aparato administrativo, militar y religioso creado por las conquistas y la colonización, el eventual excedente fiscal era enviado a la metrópoli para hacer frente a los gastos del reino.

Si bien estos aspectos generales del gasto son válidos para el caso portugués, lo que se busca aquí es refinar antes de nada algunos elementos de análisis, en particular las dimensiones territoriales y demográficas del imperio y la lógica de los gastos imperiales. En este sentido, el capítulo se divide en cuatro apartados: tras presentar en líneas generales los rasgos fundamentales de la formación y consolidación del imperio portugués, se adentra en la evolución básica de los ingresos del imperio. A continuación, se discuten la dimensión espacial y administrativa del gasto (en particular su lógica de funcionamiento) y, finalmente, los principales componentes y evolución de los egresos realizados durante el siglo XVIII.

Un obstáculo realmente grande para este propósito es la ausencia de información general sobre los préstamos de la corona en las fuentes disponibles hasta fines del siglo XVIII. Por ejemplo, algunos autores, como Antônio Manuel Hespanha, y para momentos precisos, los evalúan alrededor de 227 000 000 de réis en 1681, lo que equivalía a 25% de los gastos totales. De la misma manera, Fernando Tomaz, para 1766, da el valor de 228 800 000 réis, lo que supondría 6.45% del gasto total.[3] Sin embargo, son datos aislados, de forma tal que hay que esperar a las postrimerías del siglo XVIII para encontrar en la contabilidad operaciones de crédito con un "carácter notable", "obligando [el Estado] a reformar las instituciones destinadas a cuidar de su amortización".[4] Con todo, la preocupación por la manutención de fondos de reserva ya había

---

[2] En palabras de TePaske, sobre las directivas generales de la política fiscal imperial española del Perú colonial, "these policies were calculated primarily to serve the interests of the mother country; after meeting colonial necessities, any surplus revenues went home to Spain" TePaske, "Costs", 1993, p. 28. Y añade: "analysis of spending patters in the viceroyalty of Peru also reflects the truly pre-modern character of the Spanish colonial fiscal system. Individuals and institutions depending upon these outlays lived on sufferance", *ibid.*, p. 29. La lógica fiscal en las conquistas se resumiría en una fórmula simple: "income generated by the royal treasuries of Peru determined both the level of expenditures and the amount of surplus tax funds available for remission to Spain". Klein, *American*, 1998, p. 9.

[3] Hespanha, "Fazenda", 1992, pp. 233-276 y 288; Tomaz, "Finanças", 1988, pp. 355-388. Hemos optado por mantener la denominación de la moneda en portugués, réis, en lugar de traducirlo por "reales".

[4] Hespanha, "Fazenda", 1992, p. 238. Entre los instrumentos legales que reglamentaron estas operaciones se hallan los decretos del 6 de noviembre de 1799 y del 6 de enero de 1808 (que instituyó la *Junta Provisional do Erario* como el mejor medio para eliminar las pólizas del Tesoro extinto en 1801), y el permiso de 2 de abril de 1805.

sido establecida según un decreto de 23 de diciembre de 1773. De hecho, se realizaron depósitos regulares mensuales hasta 1780, de forma que, en 1784, el saldo llegaba a 940 000 000 de réis.[5]

Afortunadamente, en los últimos años hemos asistido a un interés renovado por la temática fiscal, con trabajos no solamente sobre las unidades territoriales más grandes, como el *Estado da Índia* y Brasil, sino también sobre la fiscalidad de las capitanías y villas del imperio. Dicha producción nos permite tratar el tema con mayor profundidad.[6]

Pero antes de entrar en materia, cabe realizar una advertencia con respecto a las fuentes y a los límites que representan para este estudio. No contamos con verdaderas series estadísticas de ingresos y egresos de la Hacienda portuguesa hasta 1762. El motivo básico es el incendio del archivo de la *Casa dos Contos* ocurrido a consecuencia del sismo de Lisboa de 1755. Por ello las fuentes que tradicionalmente cimentan los estudios de fiscalidad son balances y presupuestos de ingresos y egresos producidos por los oficiales de la Real Hacienda en distintos periodos. Los que aquí se citan fueron tomados como los más fiables o más completos, aunque no exclusivos para un mismo año, y son los que aparecen enlistados al final de este capítulo (véase Apéndice 1). Por tanto, nuestro trabajo está fuertemente limitado por esta circunstancia. De igual manera, hay que señalar que hemos alargado el periodo de estudio hasta el siglo XVII. Con ello se pretende facilitar al lector una visión más amplia del imperio portugués que permita una mejor comprensión de su evolución a lo largo del setecientos.

LOS INGRESOS FISCALES DEL IMPERIO PORTUGUÉS

No se puede mostrar la dimensión fiscal del imperio portugués sin atender antes, siquiera brevemente, a la expansión marítima y territorial vivida desde los inicios de la edad moderna.

Durante el siglo XV, los portugueses estuvieron involucrados en un conjunto de acciones de reconocimiento y conquista de territorios en la costa norte y occidental de África. En 1415 conquistaron Ceuta (18.5 km^2), un importante *entrepôt* comercial dominado por los musulmanes en el norte de

---

[5] Gomes, *Coleção*, 1883, vol. 1, pp. 11-12. Arquivo Histórico do Tribunal de Contas de Lisboa, Erario Régio, Livro caixa do cofre da reserva no arquivo do Tribunal de Contas, vol. 404.

[6] En particular: Miranda, *Fazenda*, 1994, y "Administração", 2007; Henriques, *State*, 2008; Carrara, *Receitas*, 2009a, y Carrara, *Receitas*, 2009b.

África. Cuatro años después de Ceuta, Portugal empezó a ocupar las islas del archipiélago de Madeira (740.7 km², 160 km de extensión de costa); en 1431, los Azores (2 333 km²), y en 1456, Cabo Verde (4 033 km²). De distintos puntos de la costa africana los portugueses obtenían productos como pimienta, oro y marfil. En 1434, el cabo Bojador fue rebasado, y en esa misma época inició la trata de esclavos africanos.[7] Entre 1487 y 1488, el cabo de Buena Esperanza fue alcanzado. Esto hizo posible que se concretara el proyecto de llegar a las Indias circunnavegando África, lo que efectivamente ocurrió en 1498, con la expedición de Vasco da Gama. A partir de ese momento, las conquistas de importantes puertos asiáticos emprendidas por los portugueses se sucedieron de forma meteórica. En 1505 se instituyó el *Estado da Índia*, una entidad que comprendía el conjunto de territorios ocupados por Portugal en el subcontinente indio, con capital en Cochim. En 1510, se conquistó Goa, que pasaría a ser la nueva sede del *Estado da Índia*. En el año siguiente, los portugueses obtuvieron el monopolio del comercio con el puerto de Cantón y, en 1557, fue conquistada la ciudad de Macao.

Esa expansión marítima portuguesa tuvo un objetivo fundamental: el control de las rutas mercantiles hacia lejano oriente. El comercio ultramarino atrajo la atención de los reyes, desde Juan I [1357-1433], en cuyo reinado y gracias a la acción de su hijo, el infante Enrique, se iniciaron los descubrimientos marítimos. Ceuta fue solamente un primer escenario; Calicut, en India, otro.

Los presupuestos disponibles para el periodo son rudimentarios, pero permiten entrever no solamente la naturaleza de los rendimientos del Estado, sino también de la empresa colonial misma. Así, la propia estructura de los rendimientos fiscales de la corona portuguesa cambió totalmente. Si hasta 1498 la principal fuente de ingresos fueron las sisas, a partir de las conquistas en el subcontinente indio, la renta derivada del comercio marítimo empezó a crecer de manera inexorable.[8] En términos nominales, saltaron casi literalmente de unos 52 000 000 de réis en 1478 hasta 300 000 000 en 1557, y, medio siglo después, llegaron a su punto culminante: 1 672 000 000 de réis.

Sin embargo, no se podría hablar de un movimiento verdaderamente colonial, al menos hasta mediados del siglo XVI, porque no había legítimas colonias de portugueses en Asia, sino enclaves, o, como en aquel entonces

---

[7] La bibliografía sobre la expansión marítima portuguesa es enorme. Entre los títulos más recientes destacamos, Bethencourt y Chaudhuri, *História*, 1998, y Bethencourt y Curto, *Expansão*, 2010.

[8] Henriques, *State*, 2008.

se les llamaba, *factorías*. Las únicas colonias de portugueses eran las islas de Madeira, las Azores y, a partir de la década de 1530, Brasil. De hecho, el "imperio" no ocupaba más de 40 000 hombres.[9]

Otro elemento estructural que hay que referir es la pesada dependencia del reino y de la corona en relación con Lisboa en lo que respecta a la fiscalidad: en 1526 Lisboa contribuía con cerca de 35% del total de los ingresos del Estado y 30 años más tarde, el 48.9%. En 1527, vivía en la capital el 5% de los portugueses; cinco décadas después, la cifra ya sumaba una décima parte, valor que se mantuvo hasta 1639, cuando la población portuguesa alcanzó los 2 050 000 habitantes, las islas de Madeira unos 42 000, y las Azores unos 100 000.[10] En el auge de la carrera de Indias, a principios de la década de 1570, los portugueses esparcidos por el *Estado da Índia* totalizaban apenas 16 000 personas. Goa, la capital, tendría poco más de 5 000, segundada por Cochim, con 1 000. En Abisinia habría unos 200 hombres, 30 en Mascate, de 150 a 200 hombres casados en Ormuz. En Diu residían 60 familias, más 350 soldados de la guarnición. En la isla de Mozambique vivían de 40 a 50 familias portuguesas. En la segunda mitad del siglo XVI unos 1 000 individuos estaban establecidos en la costa oriental, en Santo Tomé de Meliapor (Bengala) y en Malaca, enlace entre el Extremo Oriente y el océano Índico. Algunos portugueses residían también en Persia y en Bagdad, unos 900 en Benguela alrededor de 1582, mientras otros 1 000 vivían en Macao en ese tiempo. Por lo tanto, el imperio portugués representaba un contingente humano poco cuantioso y de permanencia limitada e incierta.[11] Por lo que hace al continente americano, la presencia portuguesa en Brasil no rebasaba unos pocos quilómetros de la costa y las ciudades de Salvador y Recife contabilizaban la mayoría de la población residente hasta 1680. Estos contingentes humanos y espaciales fueron los que dieron pie a la formación del imperio portugués y, por ende, a su erario.

En términos estrictamente fiscales, podemos identificar varias coyunturas que cubren desde los primeros años del siglo XVI hasta finales del siglo XVIII. La primera se ubica entre la institución del *Estado da Índia*, en 1505 y 1620, periodo en el cual los rendimientos fiscales portugueses ultramarinos provinieron abrumadoramente de las Indias orientales. Durante la segunda etapa, que abarcó las décadas de 1620 a 1680, la monarquía portuguesa se encontró sometida a intensas presiones militares de entre las que destacan las

---

[9] Dias, "População", 1998, p. 26.
[10] Matos, "Crises", 1988, y Pinto, Rodrigues y Madeira, "Base", 2001, pp. 298-299.
[11] Serrão, *Emigração*, 1982, p. 75.

"guerras de reconquista" de las capitanías del nordeste en Brasil y la guerra de independencia contra la monarquía española, lo que provocó una coyuntura de fuerte depresión. Este fue también el momento en que Brasil empezó a desempeñar un papel fiscal más destacado.

En términos de ingresos, y según las escasas fuentes disponibles, esta segunda etapa permite vislumbrar un derrumbe de las entradas de las aduanas del reino de Portugal entre 1619 y 1641.[12] Para 1656, las Indias orientales habían quedado reducidas a seis plazas (Mozambique, Goa, Diu, Cochim, Colombo y Macao). Para 1680, la situación fiscal era menos terrible, gracias a la entrada en escena de los impuestos sobre el tabaco y los donativos graciosos. Además de ello, en esa misma década, los portugueses empezaron la exportación de vino para Gran Bretaña, lo que mejoró los ingresos aduanales.

Sin embargo, fue en esa década también que empezó otro movimiento en la orilla occidental del Atlántico: la búsqueda de minerales preciosos en Brasil. En pocos años, la producción de oro significó una transformación radical, responsable de la tercera coyuntura, que se manifestó en una tendencia alcista imparable como resultado de una transformación en su base fiscal. Mientras que la recaudación obtenida por la Real Hacienda en Brasil durante la mayor parte del siglo XVII estuvo basada primordialmente en los diezmos del azúcar, desde finales del siglo XVII y a lo largo del siglo XVIII experimentó un cambio notable, gracias al ascenso vertiginoso de otros ramos fiscales ligados a la explotación de los más importantes yacimientos auríferos brasileños.

Aunque la mayoría de la producción de oro y diamante se localizó en la capitanía de Minas Gerais, otras regiones brasileñas muy alejadas lograron constituirse también como centros mineros de considerable importancia (en Mato Grosso, Goiás y Bahía). Además de contribuir a un significativo desplazamiento de población por el interior del imperio portugués, los centros mineros referidos se convirtieron en importantes puntos de articulación entre extensas áreas de la colonia. Una de las consecuencias más notables de este movimiento fue el desplazamiento del puerto más importante de Brasil, Salvador, hacia Río de Janeiro.

En términos demográficos, la minería provocó, de un lado, la más intensa migración de portugueses hacia Brasil y, del otro, un aceleradísimo proceso de ocupación de tierras en el interior de esa colonia. En 1706, la po-

---

[12] Falcão, *Livro*, 1859; Apéndice 1.

blación portuguesa en la metrópoli se distribuía en 578 733 hogares. En 1732, este número bajó hasta los 549 799 hogares.[13] O sea, en 26 años, de Portugal habrían emigrado, principalmente para Brasil, al menos unas 100 000 personas. El impacto, tanto de la inmigración de habitantes del reino, como de la mayor importación de esclavos africanos, tuvieron el efecto de acelerar fuertemente el aumento demográfico: si en 1700 la población total de Brasil, entre colonos y africanos, no rebasaba las 300 000 personas, en 1780 este número ya podía ser multiplicado por cinco.[14] Pero hay otra diferencia más notable: la internación de esa población en el territorio continental.

Debido a la naturaleza de la producción aurífera colonial brasileña, el primer impacto fue mercantil: del oro nacía la moneda y, como tal, entraba en los circuitos mercantiles como instrumento de cambio, ya fuesen para la obtención de las mercancías de consumo inmediato (productos agrícolas y ganaderos), especialmente para la población de las villas y la de los pueblos, y para la compra de elementos esenciales para los sectores productivos, como eran los esclavos y las herramientas. De hecho, al favorecer las actividades destinadas al abastecimiento de las regiones mineras, la producción y la circulación del oro patrocinaron la articulación de regiones geográficamente distintas y crearon un espacio económico propio en Brasil que sobrepasó los distritos mineros. Así sucedió con Río de Janeiro, que se transformó en el principal puerto de la región minera. En 1700, sus rendimientos fiscales no llegaban a los 44 000 000 de réis, 30 años después habían subido a 200 000 000, de los cuales 65% provenía del almojarifazgo (la "dízima da alfândega"). Un impuesto que gravaba el comercio externo.

En términos comparativos, en la década de 1770 las cuatro capitanías más importantes brasileñas desde el punto de vista fiscal –Minas Gerais, Río de Janeiro, Bahía y Pernambuco– recaudaban juntas alrededor de 1 500 000 000 de réis. En ese momento, los ingresos en las cajas reales de Portugal se ubicaban entre los 6 500 y 7 000 millones de réis, de los que 41% provenía de impuestos sobre géneros producidos en Brasil.[15]

Sin embargo, la caída de la producción de oro se acentuó en los últimos años del siglo XVIII y cambió profundamente las cosas. A partir de entonces, el dinamismo económico se basó en la expansión de las plantaciones de café, convertido en el principal rubro de exportación de Brasil hasta las primeras

[13] Serrão, "Quadro", 1992, pp. 49-69.
[14] Instituto, *Estatísticas*, 1987, p. 30.
[15] Tomaz, "Finanças", 1988, p. 376.

décadas del siglo xx. Con ello, sobrevinieron los problemas: dificultades financieras en la metrópoli, una oferta insuficiente de metal necesario para los pagos internacionales y, más importante aún, un déficit comercial crónico. Sin embargo, a medida que el oro perdía su importancia, dos géneros producidos en Brasil asumieron su lugar, especialmente el azúcar y el algodón, que juntos constituyeron 85% de todas las reexportaciones de mercancías brasileñas entre 1796 y 1800.[16]

Como síntesis de esta evolución de los ingresos del imperio portugués, mostramos a continuación un cuadro y una gráfica que desglosan su composición (véanse cuadro 1 y gráfica 1). Para hacer más evidente –y también más claramente identificables– el peso de los rendimientos directamente derivados de las conquistas ultramarinas, hemos incluido los ingresos correspondientes a cada porción imperial (asiática y atlántica) en el rubro respectivo, aunque fuesen cobrados en el reino. Así, la porción asiática comprende las rentas de los derechos de las naves y de los 20 000 quintales de pimienta; y la porción atlántica abarca el estanco del tabaco, el contrato de los diamantes y el del palo Brasil.

Como se puede apreciar, la estructura y las coyunturas de los ingresos fiscales imperiales resultantes quedan claramente ilustradas en la gráfica 1: las rentas de la producción y circulación externas del reino y de ultramar se mantuvieron como el elemento estructurador a lo largo de todo el periodo, y ni los fuertes bandazos de las décadas de 1640 a 1660 fueron capaces de producir una ruptura. En cuanto a las coyunturas, igualmente son claras las fases de predominio de la parte asiática (hasta 1621) y atlántica (a partir de 1680), mediadas por la turbulencia de 1621 a 1660, cuando las rentas del Reino de Portugal se volvieron más importantes.

Una vez más, las indefectibles obviedades: no es posible hablar de un imperio de características homogéneas entre la arribada de Vasco da Gama a India y la ruptura de 1808. El eje de gravedad económica que en el primer imperio se ubicaba en el océano Índico, se trasladó en el siglo xvii para el propio Reino, por causa del encogimiento tanto del territorio como del correspondiente rendimiento financiero de las conquistas portuguesas. El segundo imperio nació a partir de los primeros años del siglo xvii con la entrada en escena de la minería, lo que provocó que se transfiriese hacia el Atlántico su nuevo eje de gravedad económica, siendo el oro brasileño el motor de arrastre más importante.

[16] Pedreira, "Growth", 2000, p. 843.

Cuadro 1. Ingresos del imperio portugués, 1588-1776, en réis

	1588	1607	1619	1641	1681
a	19 804 588	14 166 080	43 191 858	nd	7 263 479
b	310 884 233	359 864 422	425 130 729	296 410 712	722 230 302
c	125 150 000	327 860 000	296 700 000	179 320 378	531 137 964
d	7 134 686	6 700 000	7 700 000	6 428 800	45 610 800
e	354 000 000	745 560 000	762 500 000	nd	62 192 841
f	137 920 000	199 119 928	228 421 000	nd	316 152 621
Total	954 893 507	1 672 270 430	1 774 464 587	482 159 890	1 684 588 007

	1716	1730	1761	1766	1776
a	90 000 000	nd	144 518 609	103 339 830	123 135 282
b	1 043 000 000	1 440 000 000	817 615 146	1 644 506 688	1 693 319 564
c	2 024 000 000	876 000 000	1 659 577 785	1 135 787 299	1 086 717 401
d	240 000 000	200 000 000	55 400 795	233 625 734	82 830 980
e	60 000 000	nd	nd	9 263 778	524 016 979
f	872 320 000	2 840 000 000	2 969 848 084	3 296 637 329	3 584 229 955
Total	4 329 320 000	6 356 000 000	5 646 960 419	6 423 160 658	7 094 970 161

Abreviaturas: a: rentas agrarias; b: ingresos provenientes de la producción y circulación interna de mercancías; c: ingresos provenientes de la importación y exportación de mercancías; d: emolumentos; e: ingresos ordinarios del ultramar –parte asiática–; f: ingresos ordinarios del ultramar –parte atlántica–; nd: datos no disponibles.
Fuentes: Apéndice 1.

Gráfica 1. Variación de las rentas del imperio portugués en miles de marcos de oro amonedado, 1588-1766

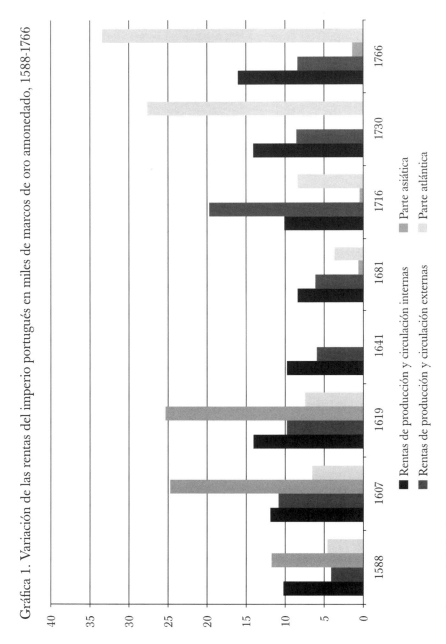

Fuentes: Apéndice 1.

- ■ Rentas de producción y circulación internas
- ■ Rentas de producción y circulación externas
- ▣ Parte asiática
- ▢ Parte atlántica

LA DIMENSIÓN ESPACIAL Y ADMINISTRATIVA
DEL GASTO PÚBLICO

El sistema de circulación de flujos fiscales de la Hacienda portuguesa en la edad moderna se caracterizó por la autonomía fiscal de cada repartición hacendística (caja real o tesorería de renta). Ese modelo se manifestaba de modo nítido con la existencia de cajas/tesorerías que no se comunicaban entre sí. O, más que cajas, en libros de cargo y data que en su conjunto constituían un sistema de informaciones desconectadas.

Sin duda, desde el siglo XIV comenzaron a establecerse distintos órganos, regimientos y ordenanzas con miras a conferir mayor sistematización a las funciones hacendísticas. Ahora bien, su papel efectivo residía en el control de las cuentas de los agentes responsables de la recaudación de los ingresos y el pago de los gastos. Observado bajo una perspectiva de más largo plazo, este movimiento parece haberse iniciado ya con el "Regimento dos Contos", en 1389. Con el tiempo, lo que se aprecia en seguida parece ser un proceso de sistematización de las normas contables, de refinamiento de rutinas y de concentración de dichas funciones en una única entidad, que culmina en 1761 con la creación del *Erário Régio*.[17] Con todo, la función básica concentrada y reglamentada hasta el siglo XVIII para cada una de las entidades que se fueron creando y reformando fue la verificación de las cuentas de todas las reparticiones de Hacienda, y no la de producir una contabilidad unificada a partir de los datos proporcionados por todas las dependencias, fuesen ellas los *almoxarifados*, *alfândegas* (aduanas) o proveedurías.

Sin embargo, la ausencia de una contabilidad unificada, efectivamente imperial, no equivale a negligencia en cuanto a las cuentas del imperio mismo. En lugar de cifras precisas de lo que había sido recaudado y gastado, el instrumento contable que jugaba ese papel eran los presupuestos, en los que se buscaba presentar cifras usuales de cada rubro de ingreso y egreso para un determinado periodo. En este sentido, el sistema fiscal portugués preservó el modelo de gestión de la Hacienda en el que "los ingresos fiscales de la monarquía eran recaudados y gastados por las distintas reparticiones fiscales esparcidas por el territorio –los "almoxarifados", denominados por Castro Henriques como "células fiscales", que fueron el fundamento de la fiscalidad portuguesa desde el siglo XV.[18]

---

[17] Para una detallada exposición sobre el tema, véase Paixão y Lourenço, "Tomar", 1999.
[18] Henriques, *State*, 2008, pp. 36-37 y 264-273.

La autonomía administrativa de cada entidad hacendística portuguesa puede ser observada plenamente a través del sistema de pago de las consignaciones, bien establecida desde finales del siglo XIV: los rendimientos de los tributos recaudados en cada una de las dependencias de Hacienda podían estar "consignados a", "asentadas en", o "aplicados para" algún gasto. O, con idéntico significado a lo encontrado en la contabilidad española de la época, existían gastos "situados" en determinadas rentas.[19]

Con el tiempo, algunos rubros fueron consolidando un patrón de gasto respecto al ramo que estaba "consignado": así sucedió con las *terças dos concelhos* (la tercia parte de los impuestos recaudados por los ayuntamientos), establecidas para las fortificaciones del Reino; la bula de la Santa Cruzada, que mantenía los gastos operacionales del cobro de la "limosna" (impresión de bulas, salarios de los oficiales de la bula, etc.), los "lugares de África" y la fábrica de San Pedro de Roma y la Inquisición (salarios del inquisidor general, inquisidores y otros oficiales). En la renta del impuesto conocido como *consulado* (entre 3 y 4% sobre el valor de las mercancías importadas o exportadas) estaba "situado" el pago de los oficiales, la fábrica de una armada compuesta por trece naves y las provisiones de boca para 2 500 hombres.

Sin embargo, en el caso específico del imperio portugués, esencialmente mercantil, hay que convenir en que "la contribución financiera del imperio residió [...] en la circulación de bienes de varios espacios para el reino, que engrosaron las aduanas y derechos de propiedad que permitieron al rey imponer la distribución de ciertos bienes como monopolio cuya renta podía ser explotada directamente por la Corona [o] cedida a particulares por medio de contratos de arriendo".[20]

En algunos territorios el saldo podría ser negativo, mientras que en otros, altamente positivo. Ciertas áreas, inclusive, representaban un gasto estructural para el imperio, a la vez que otras suponían la garantía de ingresos líquidos elevados por décadas. Ello, empero, no significa decir que los administradores regios no tuviesen conciencia de la necesidad de mantener positivo el resultado final de la ecuación correspondiente a la contabilidad fiscal del imperio.

Con todo, este tema de la contabilidad imperial exige verificar para el caso portugués la validez de la sugerencia hecha por John TePaske en cuanto a la imprecisión y atraso del sistema fiscal español:

[19] Marichal y Grafenstein, *Secreto*, 2012.
[20] Costa, Lains, y Miranda, *História*, 2011, p. 129.

[...] Perhaps this backwardness, simplicity, and imprecision in fiscal matters was one reason the Spanish empire endured for over three hundred years. Although highly structured on the surface with strict laws dictating how tax revenues should be collected and disbursed, la loose, often makeshift system emerged, allowing the viceroy and his treasury minions in Peru to adapt more flexibly and resiliently to colonial fiscal needs so as to serve local or regional interests as much as or more than the interests of the crown.[21]

Con la expansión ultramarina, este modelo administrativo "autárquico" fue trasplantado a los diferentes espacios del imperio. El principio que estructuraba este régimen fiscal era la autosuficiencia financiera de cada porción conquistada, lo que en términos de Susana Miranda, al estudiar el funcionamiento de la Real Hacienda del *Estado da Índia*, calificó de "egoísmo financiero", de forma que cada instancia fiscal tendía a gastar localmente el ingreso recaudado por ella.[22]

A esta tendencia, añádanse otros ingredientes importantes, como las prácticas fraudulentas que involucraban la complicidad entre los residentes y los oficiales regios, de modo que las cajas reales eran sistemáticamente vaciadas. En el caso del *Estado da Índia*, sus principales administradores podían ver claramente la gran discrepancia entre los superávits estimados en los presupuestos y registrados en las fortalezas de Ormuz, Diu, Málaca y Baçaim, de un lado, y las cantidades que realmente eran enviadas a Goa, las cuales siempre eran mucho más bajas. En este sentido, la falta de liquidez de las instituciones centrales parece haber sido un hecho constante, al menos a partir de 1560. Esta tendencia para enseñorearse de los recursos financieros que estaba presente en la periferia tenía consecuencias desastrosas y guarda relación con las características particulares de la empresa portuguesa en Asia.

Debido a su papel coordinador en la defensa militar del *Estado da Índia*, Goa estuvo sometida a egresos extraordinarios elevados que se relacionaron con el aprovisionamiento de las flotas que patrullaron los mares. El pago de ciertos gastos por parte de los órganos locales, una práctica común en la metrópoli, no era una opción viable.

Además, Goa fue también responsable de la redistribución del superávit fiscal del *Estado da Índia* y de transferirlo para los territorios des-

---

[21] TePaske, "Costs", 1993, pp. 29-30.
[22] Costa, Lains y Miranda, *História*, 2011, pp. 127-128.

provistos de ingresos suficientes. Bajo tales circunstancias, el flujo regular de recursos para la Tesorería de Goa, en especial de remesas líquidas desde las núcleos fiscales más lucrativos, fue vital para la manutención del *Estado*. En este sentido, Goa respondió al "egoísmo fiscal" de la periferia aplicando procedimientos administrativos extraordinarios destinados a aumentar la recaudación de flujos monetarios y materiales, en especial el envío de *comisarios* investidos de poderes especiales en materia fiscal a las fortalezas con los mayores rendimientos en el *Estado da Índia* (Ormuz, Mascate, Diu, Damão, Baçaim. Chaul y Málaca). Pero este control estuvo acotado, ya que "the financial policy of the crown operated within the limits imposed by the recognition of the privileges and rights of the ordinary magistrates".[23]

Ese modelo tiene sus semejanzas con lo practicado en el imperio español, conforme a lo ha señalado Carlos Marichal, cuando señala la existencia de una política que permitía cierta autonomía en materia fiscal por las capitanías/virreinatos.[24] Por ejemplo, el gobierno virreinal de Nueva España asumió funciones de una *submetrópoli*. La diferencia está en que en el imperio portugués no eran comunes los flujos entre las proveedurías de cada capitanía. De hecho, eso parece particularmente válido para la coyuntura de 1498-1621, y coincide con la observación ya mencionada de Susana Miranda según la cual "la arquitectura fiscal y financiera del imperio no presuponía [...] transferencias regulares de ingresos fiscales para el reino". Pero la cuestión aquí radica en las coyunturas, porque en ciertas ocasiones sí existieron transferencias anuales regulares de recursos, por ejemplo, entre la capitanía de Bahía y la de Río de Janeiro, entre 1640 y 1720. Por otra parte, y en sentido inverso, se produjeron transferencias de recursos del reino de Portugal para las zonas conquistadas y colonizadas.

En este marco, los flujos fiscales intraimperiales en el conjunto de la monarquía portuguesa parecen haber sido irrelevantes hasta la coyuntura de 1621. Sin embargo, a partir de 1697, el flujo cambia de forma y volumen, principalmente en el caso de la capitanía de Minas Gerais, gracias a las remesas líquidas anuales destinadas a Portugal, las cuales presentaron una notable regularidad y montos elevados, al menos hasta 1771, último año en que los quintos reales fueron anualmente enviados a la Corte y sometidos a una contabilidad aparte. Con la entrada en escena del oro, lo usual pasó

---

[23] Miranda, "Center", 2009, pp. 4, 9-10.
[24] Marichal, *Bankruptcy*, 2007.

a ser las remesas de los saldos positivos a Lisboa, la cual procedió a redistribuirlos.[25]

Por lo tanto, a lo largo de tres siglos los elementos constitutivos de la lógica fiscal parecen no haber cambiado en términos estructurales: hay un sentido general en los flujos de recursos: la autofinanciación de cada territorio conquistado, fuese este una factoría, una capitanía general o un virreinato, y la utilización de los excedentes fiscales de una unidad con superávit en otra deficitaria, ya fuese en un territorio de conquista o en el reino de Portugal. Lo que sí cambió en los tres siglos aquí sintetizados fue el énfasis de cada uno de los elementos que conforman esta lógica según la coyuntura general del imperio y las particulares de cada porción. Hubo capitanías estructuralmente deficitarias y otras estructuralmente superavitarias, de manera que el equilibrio financiero del conjunto dependió de los flujos intraimperiales.

PRINCIPALES COMPONENTES Y EVOLUCIÓN DEL GASTO PÚBLICO DURANTE EL SIGLO XVIII

Criterios de clasificación

El mayor problema respecto a las clasificaciones de los rubros fiscales del antiguo régimen radica en el hecho de que los ingresos y egresos no derivan en general de una lógica tributaria fácilmente adaptable a los preceptos contemporáneos. Se trata de una lógica, más que nada, oportunista, en el estricto sentido del término. Es exactamente este entendimiento el que explica la no coincidencia entre la fiscalidad metropolitana portuguesa y la de sus conquistas: en una y otra parte la historia de los impuestos es distinta. Así pues, para su clasificación puede acudirse a diferentes criterios según los propósitos específicos que se tengan en mente, tales como los presentados por distintos autores presentes en este volumen (por ejemplo, se puede abordar el tema de la tributación bajo la óptica de la incidencia del impuesto –directo o indirecto). Ahora bien, por lo que afecta a los gastos, estos se hallaban ordenados en la contabilidad del periodo en cuatro grandes ítems que reflejan la perspectiva de los oficiales de cada una de las reparticiones hacendísticas: salarios, juros, anualidades (*tenças*) y con-

---

[25] Carrara, *Receitas*, 2009b.

signaciones.[26] Esta clasificación muestra en cierto modo la historia de los rubros de gasto del reino de Portugal desde el siglo XIV.

No obstante, para los efectos del presente estudio, la clasificación que hemos adoptado ha sido la siguiente:

1. Casa Real: gastos con la familia real, sus parientes directos con sus familiares, además de los criados que cohabitaban en la casa del rey y de los que desempeñaban determinados servicios y tenían el estatuto de "moradores". Su organización se hallaba dividida en áreas como el servicio en las cámaras y casas, en la cocina, el cuidado de las caballerizas, las actividades relacionadas a la caza y vedados, así como la guardia y el servicio religioso realizado en la capilla real.[27]

2. Juros y anualidades (tenças): desde el punto de vista práctico, no existe la distinción entre ambas categorías. ¿En qué medida efectivamente guardan relación con los empréstitos? Este es el principal problema que reviste cualquier discusión respecto de la deuda contraída por la corona. Formalmente, las "tenças" constituían inmunidades y donativos vitalicios que otorgaba el rey a personas beneméritas ("dona et immunitates, quas Rex tanquam feuda benemeritis ad vitam concedit"), mientras que los juros eran réditos anuales perpetuos que el beneficiario podía legar a sus herederos ("reditus annuos quos vendit et in perpetuum haereditario jure possidendos certis personis concedit, qui sicuti alia patrimonialia bona ad haeredes transeunt").[28]

Más allá de estas caracterizaciones, las "tenças" eran las denominaciones genéricas de todas las mercedes anuales de renta vitalicia o por más de una vida y por tiempo indeterminado que el rey concedía en remuneración o reconocimiento de servicios prestados a la corona, que se plasmaban en prestaciones anuales en dinero o en varios géneros de producción agrícola. Se subdividían entre graciosas y obligatorias. Las "tenças" graciosas o "graças por tenças" eran generalmente vitalicias renovándose en ocasiones las vidas por nueva merced, aunque también había algunas perpetuas. Las obligatorias eran las "tenças de juro e herdade para sempre" (juros de heredad, según el derecho castellano), con pocas excepciones, y de ello proviene la denominación "tenças de juro", "juro real", o solamente "juro". Después que

---

[26] Moreira, *Inventário*, 1977, p. XI.

[27] Sobre la organización y composición de la Casa Real portuguesa, véase "Almanaque", 1969, pp. 97-236; Andrade, "Família", 2005; Andrade, "Morar", 2007, p. 122, y Cardim, "Casa", 2002, pp. 15-18.

[28] Al respecto Hoffman, Postel-Vinay y Rosenthal, *Priceless*, 2000, pp. 14-17; para las definiciones en latín: Laet, *Portugallia*, 1641, p. 294.

definitivamente se adoptó en el lenguaje oficial la denominación de juro para designar las "tenças" obligatorias, las que se concedían por merced regia pasaron a denominarse "tenças", sin más cualificación, cayendo en desuso la clasificación de "tenças" y "graças por tenças". El juro o "tença de juro" significaba una pensión o renta anual, perpetua o vitalicia, que podía ser rescatada por el monarca.[29]

La palabra juro en la acepción de ganancias, lucro o interés del préstamo de dinero sólo empezó a ser usada generalmente después del primer cuarto del siglo XIX, cuando las leyes permitieron el préstamo de dinero con vencimiento de un interés establecido por las mismas leyes. Con anterioridad ese contrato era condenado como usurario por el derecho canónico, y seguido por la ley civil desde el reinado del rey Afonso IV (1325-1357).[30]

3. Gastos administrativos: los salarios de los oficiales de Hacienda y Justicia, principalmente, y los gastos con la Iglesia y obras piadosas. Globalmente fueron relativamente muy bajos en comparación con el conjunto. Por eso van aquí incluidos. Sin embargo, en las conquistas, como Brasil, esa proporción no fue tan pequeña, ya que la corona se hizo cargo de todos los gastos eclesiásticos a cambio de ejercer la potestad de cobrar y administrar los diezmos.[31]

4. Gastos militares: los gastos con el ejército y la marina, en los que se incluyeron las armadas de India.

Estructura y coyunturas del gasto público

En el viraje del siglo XIV al XV, la práctica totalidad de los ingresos fiscales del reino de Portugal se gastó casi íntegramente en la casa real.[32] Este elemento estructural de los gastos se mantuvo hasta las vísperas de la llegada de Vasco da Gama a la India, cuando 70% de los ingresos totales se destinaron a la casa real, 22.8% al pago de "tenças" y el resto en salarios, básicamente la administración de la Justicia y las obras. A lo largo del siglo XV los gastos extraordinarios de la corona se cubrieron con dotes y costos de casamientos

---

[29] Gomes, *Colecção,* 1883, vol. 1, pp. 13-52. Su fuente para la situación en los otros reinos de la península ibérica es *Colección,* 1859, vol. 1. Sobre la coincidencia práctica entre "tenças" y juros véase Conde, "Preço", 2002.

[30] Gomes, *Colecção,* 1883, vol. 1, p. 20. Véase también Portugal, "Memórias", 1789, vol. 3, pp. 243-252.

[31] Carrara y Sánchez, "Historiografía", 2013.

[32] Faro, *Receitas,* 1965, pp. 17-19, 26-82 y 85-225.

de la familia real, intervenciones en la política castellana y con la expansión en Marruecos y las armadas. Fue el caso del viaje del rey Alfonso V (1448-1481) a Francia y las mercedes logradas por el rey por casamientos.[33] La expansión mercantil en las Indias cambió profundamente esta relación estructural entre el ingreso y el egreso. En términos de ingresos, Portugal pasó a corresponder con la descripción de "as a rentier state".[34]

En virtud de la perspectiva de este estudio –que versa sobre la fiscalidad portuguesa desde una dimensión imperial–, es indispensable establecer una distinción nítida entre gastos en el reino de Portugal, es decir, en la metrópoli, y aquellos efectuados en ultramar. Por eso, los gastos en el reino han sido reunidos en los siguientes rubros: casa real, juros y "tenças", gastos administrativos, gastos militares (Ejército y Marina y, para recalcar el cambio de coyunturas entre el siglo XVII y el XVIII, la armada de Indias) y extraordinarios. En relación con los gastos en obras piadosas de la Iglesia, en general, fueron pequeños en relación con el monto total, y por eso van incluidos como administrativos o extraordinarios. En los territorios de conquista, la estructura de gastos se acerca de los elementos destacados por John J. TePaske en su estudio para el virreinato del Perú: gastos militares, remesas líquidas para la metrópoli, financiación del sector minero (en Brasil, por ejemplo, en el caso de la extracción de diamantes), los gastos del aparato administrativo (gastos en salarios, material de consumo, correo, etc.), gastos con la Iglesia (congruas de los curas y otros más con diversas obras piadosas). Este modelo se aleja fuertemente de la estructura de gastos de Nueva España, que sufre una pesada presión para financiar los situados. Finalmente, señalar que los gastos extraordinarios conforman una categoría que puede ser direccionada para cada una de las anteriores.

La síntesis de la evolución del gasto público del imperio portugués para los siglos XVII y XVIII la mostramos a partir de cuatro cortes temporales en el cuadro 2.[35]

Desde el punto de vista de la contabilidad de cada territorio fiscal (reino y ultramar), hay un elemento estructural importante: una cierta especialización en el pago de determinados gastos por cada órgano recaudador de la Real Hacienda, es decir, en cada órgano había una lista relativamente fija de gastos que cada uno tendría que satisfacer con los montos recaudados a lo largo de un año. El cuadro 3 ejemplifica la situación antes del derrumbe

---

[33] *Provas*, 1742, vol. 2, pp. 17 y ss.
[34] Yun y O'Brien, *Rise*, 2012, p. 5.
[35] TePaske, "Costs", 1993, y Klein, *American*, 1998, p. 98.

Cuadro 2. Estructura del gasto, 1607-1776, en réis

	1607	1619	1681	1776
Reino	956 754 567		873 207 646	
Casa real	31 296 779	105 237 822	115 157 506	1 070 554 290
Juros y "tenças"	379 360 522		413 628 834	464 456 044
Gastos administrativos	174 617 563		105 271 918	1 194 319 900
Gastos militares	101 000 000		218 122 983	2 752 256 674
Armadas de India	268 879 703	310 000 000	21 026 405	nd
Gastos extraordinarios	1 600 000	16 000 000		130 842 769
Ultramar	364 284 454	627 778 960		309 268 191
Gasto total		1 455 077 299		6 096 462 156
Ingreso total	1 672 270 030	1 774 464 587	1 746 780 848	6 423 160 658

Fuentes: Apéndice 1: Falcão, *Livro*, 1859; Biblioteca Nacional, "Relação das rendas", 1619; Dias, "Relação dos Rendimentos", 1681, y Academia de Ciências de Lisboa, "Mapa dos rendimentos", 1776.

de los ingresos en las décadas de 1620 a 1640 con respecto a los gastos con los "lugares d'África" (los puertos y fortalezas de Ceuta, Tánger y Mazagán). Constituye asimismo un buen ejemplo de "situados" en el imperio portugués.

Estos tres puertos/fortalezas no tenían la capacidad de hacer frente a sus gastos, y por ello los recursos para pagarlos tenían que salir de distintas fuentes, en este caso, de órganos y rentas del reino de Portugal. Nos faltan estudios que busquen establecer su papel en el conjunto del imperio, pero se puede suponer que desempeñaban un papel semejante a Cuba y otras islas del Caribe para el imperio español. Lo que sí es seguro es el hecho de que, dado el monto elevado que representaban en su conjunto, tenían ciertamente un papel importante.

Desde el punto de vista del conjunto de ingresos y egresos, el cuadro 4 muestra todavía el "arreglo" que los administradores de la Hacienda efectuaban para equilibrar los saldos negativos producidos por gastos que excedían los rendimientos de cada repartición fiscal: se recurría a ingresos originarios de rubros distintos de los que tradicionalmente se empleaban para hacer

Cuadro 3. Gastos con Ceuta, Tánger y Mazagán por fuente de ingreso, 1619, en réis

	Ceuta	Tánger	Mazagán	Total
"Contrato del sal"	8 000 000	17 000 000	4 000 000	29 000 000
"Portos Secos"	6 000 000	5 000 000	12 779 200	23 779 200
Bula de la Santa Cruzada	2 000 000	6 000 000	[4 000 000]	10 000 000
Asiento del palo brasil	7 089 000	12 236 000	0	19 325 000
Aduana de Oporto	0	4 000 000	0	4 000 000
Aduana de Viana	0	4 000 000	0	4 000 000
"Três Casas y Portagem"	0	0	4 200 000	4 200 000
Total	23 089 000	48 236 000	20 979 200	96 304 200

Observaciones: los 4 000 000 de réis pagados a Mazagán por la bula es resultado del cálculo del valor total destinado a los "lugares d'África".

Fuente: Apéndice 1: Biblioteca Nacional do Rio de Janeiro/Divisão de Manuscritos/Relação das rendas que a Fazenda de Sua Majestade tem em cada un ano neste reino [de Portugal] e nas partes de ultramar; 1619; mss. 4, 2, 9.

frente a estos gastos. Esto era el modelo estándar de "situados" del imperio portugués.

Lo que la contabilidad de 1681 muestra ante todo es un evidente des-ahogo financiero que no se veía desde hacía al menos seis décadas. En este sentido, el cuadro narra parte de la historia. Al superávit allí mostrado de más de 838 000 000 de réis se debe sustraer los gastos con las consignaciones que fueron registrados aparte en el documento y fueron evaluadas en 427 000 000 de réis. Resultado: un excedente de más de 411 000 000 de réis.

Este saldo positivo es superior al registrado en 1607 (de poco más de 350 000 000 de réis), pero equivale a menos de la mitad de ese valor cuando es medido (deflactado) en marcos de oro: 4 821 marcos en 1681 contra 11 679 en 1607. De todas maneras, la situación en la década de 1680, juzgada exclusivamente a partir de ese documento contable, revela un cuadro muy alejado del encontrado en las décadas anteriores, y sugiere la aparición de condiciones alentadoras que aclaren quizá el retorno de las aventuras mili-

Cuadro 4. Distribución de los rubros de gasto por repartición fiscal, 1681, en réis

	Ingreso	Juros y "tenças"	Salarios	Consignaciones	Obra pía	Total	Saldo
a	196 608 188	127 246 520	37 338 060	47 108 942	0	211 693 522	-15 085 334
b	143 792 522	116 033 235	13 759 034	17 624 786	0	147 417 055	-3 624 533
c	396 289 786	123 336 092	44 937 199	133 328 068	0	301 601 359	94 688 427
d	854 491 876	33 839 087	9 121 725	179 847 674	0	222 808 486	631 683 390
e	110 814 858	0	0	0	1 083 593	0	110 814 858
f	44 783 320	13 173 900	115 900	1 103 6100	0	24 325 900	20 457 420
Totales	1 746 780 550	413 628 834	105 271 918	388 945 570	1 083 593	907 846 322	838 934 228

Abreviaturas: a: "Almoxarifados" del reino; b: "Almoxarifados" de Lisboa; c: Aduanas de Lisboa y del Reino; d: Tesorerías de la Hacienda Real; e: Consulados de Lisboa y del reino; f "Portos secos", contratos de Angola y naipes.
Observación: el saldo de los consulados de Lisboa y del reino fue integralmente consignado a las armadas.
Fuente: Apéndice 1: Dias, "Relações dos Rendimentos", 1681.

tares por los portugueses, en particular en América del Sur, en especial en la colonia de Sacramento.

En la segunda mitad del siglo XVIII, los datos seriales disponibles muestran cierta estabilidad en los distintos rubros de gasto. Entre 1762 y 1776 la casa real consumía unos 14.5% del total de los ingresos; el ejército y la marina 49.6%; los salarios 17.25%; los juros (aquí entendidos como lo señalado anteriormente y que incluyen las "tenças") 6.5%; obras públicas (en particular las de reconstrucción de Lisboa tras el sismo), 3.5%; en el ultramar (principalmente la armada de Indias y la fortaleza de Mazagão), 4% (véanse cuadro 5 y gráfica 2). Estos rubros y su peso relativo quizá sean los componentes estructurales más comunes a lo largo del siglo XVIII. Pese a la falta de otras cifras más consistentes, permiten establecer algunas líneas de comparación con los componentes y pesos de otros imperios atlánticos.

Una vez más hay que señalar que estos números cuentan apenas una parte de la historia. Pese a la creación del Erario Regio en 1761, que permitió consignar por primera vez las cuentas de todos los órganos de recaudación y gasto ubicados en Portugal en un único libro contable, estos registros dejaron fuera la contabilidad de las conquistas ultramarinas. O sea, el cuadro 5 refleja las cifras de egresos en casi todo el Reino. Por otra parte, los gastos que aparecen como de "ultramar" se refieren básicamente a la armada de India y a la fortaleza de Mazagán. Si quisiésemos construir una contabilidad verdaderamente imperial, tendríamos que incluir los datos de todas las proveedurías de la Real Hacienda esparcidas por las distintas partes ultramarinas.

Con el propósito de obtener una mirada "imperial" sobre el gasto público, vale la pena examinar la composición y trayectoria de los egresos en su principal espacio colonial, el Estado de Brasil, y más concretamente en su principal región económica durante el siglo XVIII: la capitanía de Minas Gerais.

Componentes del gasto en el Estado de Brasil: la capitanía de Minas Gerais en el siglo XVIII

La capitanía de Minas Gerais desempeñó un lugar preponderante en términos fiscales en el Estado de Brasil, al ser la responsable del cambio coyuntural vivido por el imperio portugués en el viraje del siglo XVII al XVIII. Asimismo, su estudio presenta la ventaja de ser la región sobre la cual contamos con datos seriales más consistentes.

Cuadro 5. Componentes del gasto del "Erário Régio", 1762-1776, en millones de réis

	Casa Real	Militares	Salarios	Juros	Obras	Ultramar	Otros
1762	292.3	2 665.7	361.8	6	0	72.4	36.1
1763	785.1	2 496.6	672.6	119.9	0	190.8	358.5
1764	605.3	2 818.4	765.8	392.9	80	120.4	220.1
1765	918.3	2 466.1	1 044.0	509.1	40	176.5	153.6
1766	1 070.5	2 752.2	1 194.3	464.4	160	309.2	145.6
1767	533.2	2 874.6	904.0	462.4	80	222.6	136.8
1768	702.3	3 039.2	872.1	373.6	200	381.6	178.0
1769	745.2	2 707.3	993.6	261.5	192	215.7	211.0
1770	750.8	2 602.5	764.3	333.6	322	268.6	266.2
1771	661.4	2 223.7	894.7	355.3	286	389.0	179.7
1772	871.8	2 232.1	824.5	365.2	320	195.8	167.5
1773	794.3	2 158.7	1 067.3	394.7	240	108.1	164.8
1774	869.7	2 430.2	964.6	309.8	240	102.0	278.2
1775	829.9	2 048.0	1 059.3	382.5	320	182.4	586.6
1776	879.4	3 010.2	938.4	351.4	240	196.5	430.7

Observaciones: los gastos militares corresponden a Ejército y Marina.
Fuente: Tomaz, "Finanzas", 1988, p. 380.

Su importancia a lo largo del siglo XVIII para Portugal radicó en que fue el espacio colonial más rentable en términos fiscales. Una primera observación al respecto consiste en que, hasta 1772, la totalidad de lo recaudado bajo el concepto de "quintos" se destinó exclusivamente al rey. Para los oficiales de Hacienda de la capitanía de Minas Gerais los quintos eran un ingreso que se convertía luego como gasto al ser enviado directamente a la Corte en Lisboa. Cabe señalar que, entre 1714 y 1721, no hay informaciones sobre los gastos ni sobre las remesas a la metrópoli.

Desde 1736 y hasta 1751 la composición de los gastos fue la siguiente: 1.33% con congruas u otros gastos eclesiásticos; 16.31% con gastos militares; 15.14% con salarios de los administradores de Hacienda y Justicia; 3.87% con extraordinarios, y 7.28% en asistencia a la minería de los diamantes. Los restantes 56.07% fueron enviados a Lisboa bajo el concepto de remesas líquidas. A estas remesas a Lisboa, sin embargo, se deben añadir

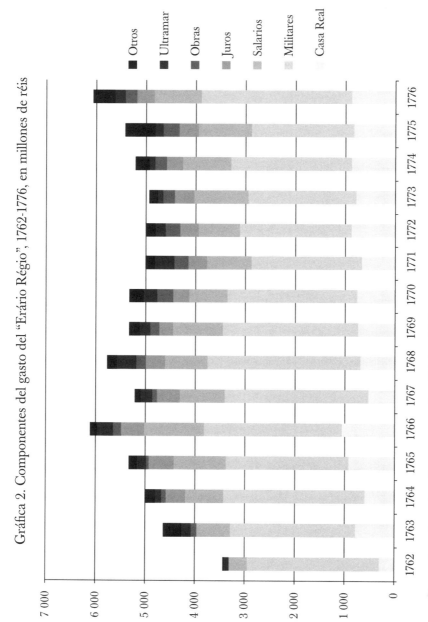

Gráfica 2. Componentes del gasto del "Erário Régio", 1762-1776, en millones de réis

Leyenda:
■ Otros
■ Ultramar
■ Obras
Juros
Salarios
Militares
Casa Real

Observaciones: los gastos militares corresponden a Ejército y Marina.
Fuente: Tomaz, "Finanzas", 1988, p. 380.

los montos relativos a la asistencia a los diamantes, porque esos recursos, aunque escriturados como préstamo, no regresaban a las cajas reales de la capitanía de Minas Gerais, sino que eran enviados directamente a Lisboa, lo que eleva el valor total de remesas líquidas producidas por la Real Hacienda de Minas Gerais (excluidos, como hemos visto, los quintos) a 63.35% del monto total recaudado hasta 1751.

En el periodo de 1752 a 1808 la fiscalidad de Minas Gerais experimenta un cambio estructural importante: la lógica fiscal mantenida durante medio siglo comienza a emitir señales de agotamiento, al estar determinada en forma directa por la reducción de la producción minera aurífera. En dos décadas, los impuestos cobrados y recaudados de modo directo por la Real Hacienda en la capitanía (diezmos y almojarifazgos, fundamentalmente) no tuvieron la capacidad para sustentar en forma integral el contrato de asistencia a la minería de diamantes. En ese momento, cesaron las remesas de valores elevados a Lisboa, con excepción del subsidio gracioso cobrado para la reconstrucción de Lisboa tras el sismo de 1755. Con ello, los quintos fueron definitivamente incorporados a la contabilidad de la Hacienda Real.

Otro rubro de gasto fundamental de la Real Hacienda de Minas Gerais es el llamado "giro de la moneda", es decir, el cambio de oro en polvo por monedas de plata o cobre acuñadas por la ceca de Río de Janeiro. Este cambio, no obstante, no era equilibrado: en verdad significaba para Minas Gerais una operación contable que representaba un déficit adicional de 10% entre el valor del oro que la Real Hacienda de Minas Gerais enviaba y el valor de las monedas remitidas por la Ceca de Río de Janeiro. En síntesis, entre 1758 y 1810, la Real Hacienda de Minas se hizo cargo de gastos adicionales fundamentales para los flujos financieros de la metrópoli y de las demás capitanías de Brasil.[36]

Así, en términos estrictamente contables, Minas Gerais se constituyó en un excelente negocio para la corona, no solamente porque contaba con cuantiosos recursos, sino por el hecho de que eran recursos netos en oro. Estos flujos regulares de una moneda de alto valor en el mercado hizo posible que Portugal profundizase sus relaciones mercantiles con distintos países europeos, en particular con Inglaterra, que recibió montos muy significativos de oro brasileño a cambio de la exportación de bienes manufacturados, principalmente telas de todo tipo.[37] Aquí tenemos un buen ejemplo del engranaje que a lo largo del siglo XVII enlazó la fiscalidad y el comercio.

[36] Carrara, *Receitas*, 2009b.
[37] Fisher, *Portugal*, 1971.

CONSIDERACIONES FINALES

Desde el punto de vista historiográfico, los estudios sobre la fiscalidad del imperio portugués han avanzado de manera considerable en los últimos años. Sin embargo, cuentan con un elemento fuertemente limitador: la ausencia de fuentes de calidad comparable a las que se empezaron a producir tras la creación del Erario Regio en 1761. Lo que se constituye como un problema también puede conformarse como una notable posibilidad de trabajo: los registros contables, algunos de excelente calidad, requieren un tratamiento renovado, con miras a establecerse la estructura real de las cuentas y en qué medida reflejan o no flujos intraimperiales. Al parecer, lo que se observa es una centralización contable de los distintos órganos responsables en la gestión de ingresos y egresos en el reino, pero no de todo el imperio.

De todos modos, la estructura de los gastos públicos arroja que no se experimentaron cambios significativos, aunque sí en el peso relativo de cada uno de sus componentes: casa real, pensiones ("tenças") y juros, salarios de la burocracia, gastos del Ejército y la Marina de guerra fueron los rubros fundamentales. En el caso de los territorios ultramarinos portugueses destacan los gastos con el aparato administrativo, militar y religioso. Si los egresos militares en el reino constituyeron sin duda el rubro más importante, este mismo cálculo queda por hacerse para el Estado de Brasil a lo largo de los siglos XVII y XVIII, ya que habría que considerar un conjunto de elementos extrafiscales esenciales, como ha destacado Antonio Henriques sobre el avance portugués en el norte de África y que podríamos pensar sobreviven hasta la segunda mitad del siglo XVII, en especial en las guerras contra los indios del interior de Brasil.

APÉNDICE 1. FUENTES FISCALES

Academia de Ciências de Lisboa, "Mapa dos rendimentos e despesas anuais do Erário Régio"; série vermelha, códice 483, fols. 58-87.

Almeida, Fortunato de, *História de Portugal*, Coimbra, F. de Almeida, 1926, vol. 4, pp. 284-285.

Arquivo Histórico do Tribunal de Contas de Lisboa Erário Régio, "Livro caixa do cofre da reserva no arquivo do Tribunal de Contas", códice 404.

Arquivo Histórico do Tribunal de Contas de Lisboa, Erário Régio, "Receita e despesa anual da Fazenda Real de Portugal e da sereníssima Casa de Bragança, extraída no ano [de] 1761", códice CC 41.

Balbi, Adrien, *Essai statistique du Royaume de Portugal et d'Algarve, comparé aux autres états de l'Europe*, París, Rey et Gravier, 1822.

Biblioteca Geral da Universidade de Coimbra, "Manuscrito 490"; fs. 46/219 y siguientes.

Biblioteca Nacional de Portugal, "Folha de todas as rendas desta Coroa de Portugal que Sua Majestade mandou fazer este ano de 1588; 16 de agosto de 1588"; Códice 637 ("livro náutico"), fs. 17v.-25v.

Biblioteca Nacional de Portugal, códice 6936, fs. 50-51, "Demonstração das receitas e despesas do Real Erário no ano de 1810"; ao final há a anotação seguinte: "Lisboa, 7 de dezembro de 1810. Visconde de Balsemão, guarda-mor".

Biblioteca Nacional do Rio de Janeiro, Divisão de Manuscritos, "Relação das rendas que a Fazenda de Sua Majestade tem em cada um ano neste reino [de Portugal] e nas partes de ultramar e dos ordenados, juros e tenças que em cada um ano se pagam das ditas rendas e consignações que nelas estão situadas e do direito que o tesoureiro-mor entrega aos tesoureiros da Casa da Índia, e dos sobejos que ficam [das] ditas rendas"; localização: 4, 2, 9.

Biblioteca Nacional do Rio de Janeiro, Divisão de Manuscritos, "Códice 10, 3, 21", fols. 34-40/113-114v.

Biblioteca Nacional do Rio de Janeiro, Divisão de Manuscritos, Coutinho, Rodrigo de Souza Coutinho, conde de Linhares. "Memória apresentada ao Príncipe Regente relativa às balanças de receitas e despesas da Real Fazenda no ano de 1800. [s. l.], [1801]; 12 p.; Coleção Portugal, I, 32, 28, 001, nº 009.

Dias Ravasco, Bartolomeu, "Relações dos rendimentos de todas as Casas dos direitos reais, almoxarifados, alfândegas, consulados, thesoureiros e contratos deste Reyno de Portugal e das despesas dos juros, tenças, ordenados e consignações que vão nas folhas do assentamento da Fazenda Real. 1681" [Biblioteca Pública de Évora, códice CXVIII/2-28, 22 fols.] en João José Alves Dias, "Um documento financeiro do século XVIII", *Nova História*, núms. 3-4, 1985, pp. 109-148.

Falcão, Luís de Figueiredo, *Livro em que se contém toda a fazenda e real patrimônio dos reinos de Portugal, Índia e ilhas adjacentes* [Madrid, 1607], Lisboa, Imprensa Nacional, 1859.

"Receitas e despesas do Erário Régio do ano de 1766" en Fernando Tomaz, As finanças do Estado pombalino, 1762-1776. *Estudos e Ensaios* [em homenagem a Vitorino Magalhães Godinho], vol. 60, 1988, pp. 355-388.

BIBLIOGRAFÍA

"Almanaque do Rio de Janeiro para o ano de 1811", *Revista do IHGB*, Río de Janeiro, núm. 230, enero-marzo de 1969, pp. 97-236.

Andrade, Santiago Silva de, "De família para família: serviço régio e relações familiares no espaço doméstico da Casa Real portuguesa (1808-1821)" en *Simpósio Nacional de História, 23, Anais do XXIII Simpósio Nacional de História – História: guerra e paz*, Londrina, ANPUH, 2005 (CD-ROM), s. p.

——————, "Morar na casa do rei, servir na casa do Império: sociedade, cultura e política no universo doméstico da Casa Real portuguesa e da Casa Imperial do Brasil (1808-1840)", *Almanack Brasiliense*, núm. 5, mayo de 2007, pp. 117-123.

Bethencourt, Francisco y Kirti Chaudhuri (orgs.), *História da expansão portuguesa*, Lisboa, Temas e Debates, 1998.

Bethencourt, Francisco y Diogo Ramada Curto (orgs.), *A Expansão Marítima Portuguesa, 1400-1800*, Lisboa, Edições 70, 2010.

Cardim, Pedro, "A Casa Real e os órgãos centrais de governo no Portugal da segunda metade dos seiscentos", *Tempo*, núm. 13, vol. 7, julio de 2002, Río de Janeiro, pp. 13-57.

Carrara, Angelo Alves y Ernest Sánchez Santiró, "Historiografia econômica do dízimo agrário na Ibero-América: os casos do Brasil e Nova Espanha, século XVIII", *Estudos Econômicos*, vol. 43, núm. 1, São Paulo, 2013, pp. 167-202.

Carrara, Angelo Alves, *Receitas e despesas do Estado do Brasil: Minas Gerais, Bahia e Pernambuco, século XVIII*, Juiz de Fora, Editora da Universidade Federal de Juiz de Fora, 2009a.

——————, *Receitas e despesas do Estado do Brasil; século XVII*, Juiz de Fora, Editora da Universidade Federal de Juiz de Fora, 2009b.

Colección legislativa de deuda pública de España, Madrid, Imprenta Nacional, 1859, vol. 1.

Conde, Antônia Fialho, "O preço do dinheiro: Estratégias financeiras num mosteiro eborense de monjas bernardas no Antigo Regime" en *Encontro da Associação Portuguesa de História Econômica e Social*, XXII, Aveiro, 2002, s. p.

Costa, Leonor Freire, Pedro Miranda Lains y Susana Münch, *História econômica de Portugal, 1143-2010*, Lisboa, A Esfera dos Livros, 2011.

Dias, João José Alves, "A População", Joel Serrão y A. H. de Oliveira Marques (dirs.), *Nova História de Portugal*, Lisboa, Editorial Presença, 1998, vol. 5, pp. 11-52.

Faro, Jorge, *Receitas e despesas da Fazenda Real de 1384 a 1481 (subsídios documentais)*, Lisboa, Centro de Estudos Econômicos, 1965.

Fisher, H. E. S., *The Portugal Trade*, Londres, Methuen, 1971.

Godinho, Vitorino de Magalhães, *Ensaios, II: Sobre História de Portugal*, Lisboa, Sá da Costa, 1968.

Gomes, José da Costa (comp.), *Colecção de leis da dívida pública portuguesa*, Lisboa, Imprensa Nacional, 1883.

Henriques, Antônio Maria Braga de Macedo de Castro, *State finance, war and redistribution in Portugal, 1249-1527*, York, University of York, 2008.

Hespanha, Antônio Manuel, "A Fazenda" en Antônio Manuel Hespanha, *História de Portugal*, Lisboa, Editorial Estampa, 1992, pp. 203-239/261-265.

Hoffman, Philip T., Gilles Postel-Vinay y Jean-Laurent Rosenthal, *Priceless Markets. The Political Economy of Credit in Paris, 1660-1870*, Chicago y Londres, University of Chicago Press, 2000.

Instituto Brasileiro de Geografia e Estatística, *Estatísticas históricas do Brasil*, Río de Janeiro, Instituto Brasileiro de Geografia e Estatística, 1987.

Klein, Herbert S., *The American Finances of the Spanish Empire. Royal income and Expenditures in Colonial Mexico, Peru and Bolivia, 1680-1809*, Albuquerque, University of New Mexico Press, 1998.

Laet, Johannis de, *Portugallia sive de regis Portugalliae regnis et opibus commentarius*, Lugdunum Batavorum, Elzevier Willems, 1641.

Marichal, Carlos y Johanna von Grafenstein (coords.), *El secreto del imperio español: los situados coloniales en el siglo XVIII*, México, COLMEX/Instituto Mora, 2012.

Marichal, Carlos, *Bankruptcy of Empire: Mexican Silver and the Wars between Spain, Britain and France, 1760-1810*, Cambridge, Cambridge University Press, 2007.

Matos, Ana María Cardoso de, "As crises de mortalidade em Lisboa no século XVIII, Lisboa", tesis de maestría, Universidade Nova de Lisboa, 1988.

Miranda, Susana Münch, "A Administração da Fazenda Real no Estado da Índia (1517-1640)", tesis doctoral, Universidade Nova de Lisboa, 2007.

Miranda, Susana Münch, *A Fazenda Real na Ilha da Madeira (Segunda metade do Século XVI)*, Funchal, Lisboa, Secretaria Regional do Turismo/Cultura e Emigração-Centro de Estudos de História do Atlântico, 1994.

_____, "The Center and the Periphery in the Administration of the Royal Exchequer of the Estado de la Índia, 1517-1640", *e-Journal of Portuguese History*, vol. 7, núm. 2, 2009, pp. 1-14.

Moreira, Alzira Teixeira Leite, *Inventário do Fundo Geral do Erário Régio*, Lisboa, Arquivo do Tribunal de Contas, 1977.

Paixão, Judite Cavaleiro y Maria Alexandra Lourenço, "Tomar em linha de conta el controlo de las contas y la sua regulamentación", *Jornal de Contabilidade*, vol. 264, 1999, pp. 76-78; vol. 265, pp. 114-115; vol. 266, pp. 155-157; vol. 267, pp. 191-193; vol. 268, pp. 231-234; vol. 269, pp. 263-266.

Pedreira, Jorge M., "From Growth to Collpse: Portugal, Brazil, and the Breakdown of the Old Colonial System (1760-1830)", *Hispanic American Historical Review*, vol. 80, núm. 4, 2000, pp. 839-864.

Pinto, Maria Luís Rocha, José Damião Rodrigues y Artur Boavida Madeira, "A Base Demográfica", *Nova História de Portugal*, Presença, vol. 7, 2001, Lisboa, pp. 398-399.

Portugal, Tomás Antônio de Vilanova, "Memórias sobre os juros", *Memórias econômicas da Academia Real das Ciências*, vol. 3, 1789, pp. 243-252.

Provas da história genealógica da Casa Real portuguesa: tirados dos instrumentos dos arquivos da Torre do Tombo, da sereníssima Casa de Bragança, de diversas catedrais, mosteiros, e outros particulares deste reino, Lisboa, Academia Real, 1742.

Serrão, Joel, *A emigração portuguesa; sondagem histórica*, 4ª ed., Lisboa, Horizonte, 1982.

Serrão, José Vicente, "O quadro humano" en Antônio Manuel Hespanha (coord.), *História de Portugal; O Antigo Regime (1620-1807)*, Lisboa, Círculo de Leitores/ Editorial Estampa, 1993, pp. 49-69.

TePaske, John Jay, "The Costs of Empire: Spending Patterns and Priorities in Colonial Peru, 1587-1820", *Colonial Latin American History Review*, vol. 2, núm. 1, 1993, pp. 1-33.

Tomaz, Fernando, "As finanças do Estado pombalino, 1762-1776", *Estudos e Ensaios* [em homenagem la Vitorino Magalhães Godinho], vol. 60, 1988, pp. 355-388.

Yun Casalilla, Bartolomé y Patrick O'Brien (eds.), *The Rise of the Fiscal State*, Cambridge, Cambridge University Press, 2012.

El gasto público en los imperios ibéricos, siglo XVIII
se terminó de imprimir el 23 de octubre de 2015, en los talleres
de SM Servicios Gráficos, Jesús Capistrán manzana 70,
lote 2, Ampliación San Pedro Xalpa, Delegación Azcapotzalco,
02710, México, D. F.
Edición realizada a cargo de la Subdirección
de Publicaciones del Instituto Mora.
En ella participaron: *corrección de estilo*, Aura Eréndira Macías;
corrección de pruebas, Javier Ledesma, Estela García
y Gustavo Villalobos; *diseño de portada*, Natalia Rojas;
formación de páginas, Kenia Salgado;
cuidado de la edición, Estela García y Yolanda R. Martínez.

La edición consta de 500 ejemplares.